아르케
북스
139

● 지은이

팡용 方拥

베이징대학 건축학 연구센터 상무 부주임, 교수, 건축사

난징대학 공학원 건축연구소 졸업

현재 국가 프로젝트 〈청사淸史·도록圖錄〉의 건축권卷 주편 담당

저서 :『베이징대 건축과 원림』

● 옮긴이

탕쿤 唐坤

중국 루동대학교魯東大學校 외국어대학 한국어과 교수

고려대학교 아세아문제연구소 연구원

신진호 申振浩

연세대학교 중어중문학과 및 동 대학원 졸업(문학박사)

연세대학교 인문학연구원 전문연구원

명지대학교 방목기초교육대학 객원교수

역서 :『마테오리치의 중국선교사』,『곽말약의 역사인물 이야기』 등

저서 :『중국현대문학사』,『중국문학사의 이해』 등

논문 : 「21세기 중국의 문화대국 전략에 관한 고찰」, 「중국문화의 세계화 전략」 등

中国传统建筑十五讲

方拥　著

Copyright © 2010 by Peking University Press.

Korean Translation Copyright © 2019 by Minsokwon Korea

Korean edition is published by arrangement with Peking University Press.

All rights reserved.

이 책의 한국어판 출판권은

북경대학출판사北京大學出版社와의 독점 계약으로 민속원에 있습니다.

저작권법에 의해 한국 내에서 보호를 받는 저작물이므로 민속원과 협의 없이 무단전재와 무단복제를 금합니다.

민속원 아르케북스 130 minsokwon archebooks

중국전통건축
중국 전통건축의 역사와 지혜를 담다

| 팡용 지음 |
| 탕쿤 · 신진호 옮김 |

민 속 원

옮긴이 서문

　인류가 구가하고 있는 물질문명 상당 부분의 긍정적 근원을 구미 전통에서 찾는 경향이 우리에게 있음을 인정하지 않을 수 없다. 특히 이 책의 주요 소재인 '건축'이라는 틀로 좁혀서 볼 때, 그러한 현상은 더욱 두드러진다. 서양으로부터 들어온 것은 '양洋'과 '신新'이라는 수식이 붙으면서 뭔가 좀 더 근사하고 멋지게 보인 것이 사실이다. 아울러 그것은 견고하고 실용적이며 아름답기까지 했던 것이다. '문혁' 이후 건축학을 전공한 1세대였던 저자 역시 그로부터 자유롭지 않았다. 하지만 그는 거기에서 머물지 않았다. 구미의 거대한 석조 건축물에 매료되었던 젊은 건축학도는 중국의 전통 건축을 공부하는 과정에서 건축의 외형만이 아닌 그 속에 담긴 사상에 주목하기 시작한 것이다. 이 책의 미덕은 바로 이 점에 있다. 중국의 전통 건축을 중심에 놓고 논의를 하기는 하지만 국수주의적 관점에서 벗어나 서양의 것과 비교해 가면서 나름의 특징을 비교함으로써 자칫 따분해질 수 있는 내용에 대해 독자들로 하여금 보다 명확한 인식을 가질 수 있도록 해 준다. 이를 통해 우리는 베이징에서 만나게 되는 사합원이나 깊은 산 속의 고찰, 무심하게 지나치게 되는 패방牌坊이나 화표華表 등을 포함한 전통 건축을 보다 높은 안목을 가지고 볼 수 있게 된다. 그 과정에서 건축에 담겨 있는 옛 사람들의 지혜와 사상을 접하게 되는 것은 커다란 행운이 아닐 수 없다. 이 대목에서 우리는 고민해 볼 수 있다. 일이백년 뒤 본인의 의지와는 무관

하게 필연적으로 이 땅에서 사라지게 될 우리가 그 시대를 살아갈 사람들에게 남겨
줄 지혜와 사상은 무엇이고, 또 그것은 어떤 형태로 전해줄 수 있을까?

　서양의 대형 석조 건축물에 비해 외관상 열등하게만 보였던 중국의 전통 건축물들
에 담긴 수많은 삶의 지혜와 심오한 사상은 첨단 문명의 시대에도 여전히 유효한 울
림을 우리에게 안겨준다. 아울러 동서양 문명의 우열을 논하는 것이 얼마나 어리석
고 부질없는 일이라는 것을 다시 한 번 확인하게 된다. 이 책은 '건축'이라는 틀로
확실한 증거를 제시해 주었다. 전문가의 공력을 손상시키지 않으면서도 일반 독자의
눈높이에 맞춘 설명, 적절한 삽도는 중국 전통 건축의 전모를 이해하는 데 크게 도움
이 될 것으로 보인다.

신진호

차례

옮긴이 서문 • 4

서장　중국 전통 건축
_____012

제1장　중국 전통 건축 개설
_____022
1. 명사 설명 ·· 23
2. 요소 분석 ·· 26
3. 건축 공간 ·· 28
4. 건축 구상 ·· 32
5. 건축사 ··· 36

제2장　건축 배경의 역사와 지혜
_____040
1. 의기欹器와 중용의 도 ···························· 41
2. 순舜 임금 ··· 44
3. '의정義正' 사회의 추구 ························· 51
4. 생물 다양화와 문화 다원화 ···················· 55
5. 조셉 니담의 난제와 기교 ······················ 59

제3장   신석기 건축의 다양화
───────────────066

1. 남부 평원 습지의 간란식干欄式 가옥 ················· 68

2. 서북 황토고원의 횡요橫窯와 수혈竪穴 ················· 74

3. 중원 구릉 비탈의 반지혈 주택 ····················· 81

4. 동부 구릉 비탈의 반지혈 배방 ····················· 87

제4장   남북 건축의 충돌과 융합
───────────────098

1. 홍수 방지용 제방과 적을 막아내는 성의 보루 ········· 99

2. 흙더미 쌓기 및 다지기 판축 ···················· 103

3. 구성, 구조 및 설비 ···························· 105

4. 시루와 정두호鼎豆壺 ·························· 111

제5장   두 건축 사상의 상호 작용
───────────────122

1. 글로벌 환경 아래에서의 토론 ···················· 123

2. 〈주역〉에서의 대장大壯 : 웅장한 아름다움과 예제 ······· 128

3. 선진 제자의 '비루한 궁실'론 ···················· 132

4. 일성一姓과 만성萬姓 ························· 136

제6장   건축에서의 주류 관념 반영
———————144

　1. 춘추시대 후기 : 고대광실 ······················ 145

　2. 서한 : 웅장하고 아름다운 것이 아니면 위엄을 발휘할 수 없다 ················ 150

　3. 북송 : 시기가 가까울수록 더 비루해진다 ················ 156

　4. 여운 : 청의원清漪園 건륭제乾隆帝 ················ 161

제7장   토목 결합 및 그 발전
———————166

　1. 토굴과 나무 둥지 ······················ 167

　2. 간란干欄 ······························ 172

　3. 요동窯洞 ······························ 177

　4. 토목 결합 및 그 발전 ················ 185

제8장   건축 재료의 문화 선택
———————198

　1. 나무와 돌, 두 재료에 관한 집착 ················ 199

　2. 석가공 기술과 예술 ················ 202

　3. 아치의 적응성과 장점 ················ 210

　4. 다른 종류의 민남 돌구조 ················ 219

제9장   궐과 관의 허실
———————226

　1. 선진 시대의 궐 ······················ 228

　2. 진나라와 한나라 궐의 휘황찬란함 ················ 234

　3. 궐의 후기 변천 ················ 241

　4. 화표華表와 패방牌坊 ················ 247

　5. 궐闕과 사공司空 ················ 250

제10장 **성문 성루와 구조의 집착** 256

1. 성문의 허와 실 …………………………………………………………… 257

2. 성루 하부의 지탱구조 …………………………………………………… 260

3. 에펠탑의 테두리 …………………………………………………………… 268

제11장 **동양과 서양**
목조 아치의 구조 비교 281

1. 대들보, 석재 아치에서 목조 아치교까지 ………………………………… 282

2. 고대 서양의 목조 아치교 ………………………………………………… 298

3. 재료와 구조의 배합 ……………………………………………………… 303

제12장 **선불탑과 대지로의 귀환** 308

1. 신선과 누각 ……………………………………………………………… 309

2. 가람탑 …………………………………………………………………… 315

3. 대지로의 회귀 …………………………………………………………… 326

제13장 **생사관념과 묘지제도** 332

1. 귀신의 일 ………………………………………………………………… 333

2. 구거탐원丘居探源 ………………………………………………………… 335

3. 연구술구燕丘述舊 ………………………………………………………… 338

4. 옛날에는 무덤을 만들어도 봉분을 만들지 않았다 ……………………… 340

5. 구농약산丘壟若山 ………………………………………………………… 344

6. 여산驪山과 패릉霸陵 ……………………………………………………… 347

7. 용의 맥이 이어지다 ……………………………………………………… 350

제14장 　원림園林의 천지天地와 인심人心
　　　　━━━━━━━━ 360
　　1. 인차因借와 체의體宜 ··· 360
　　2. 평범한 풍경 ··· 367
　　3. 해상 신선과 금기 ······································· 373

제15장 　풍수의 이성적 사유
　　　　━━━━━━━━ 386
　　1. 천문을 올려다보며 지리를 내려다 보다 ················· 387
　　2. 뛰어난 풍수 ··· 392
　　3. 낙수 북쪽 기슭에 도읍을 정하다 ···················· 399
　　4. 동남 방향의 물흐름流巽과 그 부족함의 보충 ············ 406

참고문헌 • 416
찾아보기 • 418

중국 전통 건축

중국 전통 건축

중국 전통 건축은 여전히 무거운 주제이다. 민국 초기에 구미 열풍이 대륙을 휩쓸고, 서양화된 군정 거물들의 눈에 견고한 성벽은 봉건의 보루와 다름이 없었고, 어두컴컴한 사찰은 봉건 미신과 같았다. 이 입장에서 출발하여 눈에 띄는 성벽과 사찰, 그리고 시대의 잔재들은 마른 풀과 썩은 나무를 꺾는 기세로 깡그리 소탕되고 말았다. 화남, 특히 광둥 주변의 화교들이 많이 사는 지역에서 이런 상황은 매우 심각했는데, 그 원인은 취향이 독특한 풍조가 끊임없이 바다에서 스며들었기 때문이다.

북쪽의 상황은 좀 달랐다. 신문화 운동의 격랑 속에 '국수國粹 보존'의 외침이 완전히 사그라들지 않았다. 후스胡適, 천뚜시우陳獨秀 등이 함께 베이징대학의 강단에 섰고, 또 변발과 옛날 복장을 하고 황권을 주장하는 '괴물' 꾸홍밍辜鴻銘이 있었다. 차이위안페이蔡元培가 라이프찌히 대학에서 공부할 당시에 꾸홍밍은 이미 유명 인사였다. 그는 영어, 프랑스어, 독일어, 라틴어, 그리스어, 말레이지아어 등 9개 국어에 정통하였고, 마하트마 간디에게 '가장 존귀한 중국인'이라 불렸다. 건축 분야의 상황도 사람들의 예상을 뛰어넘었다. 1921년에서 1929년까지 미국 건축가 헨리 머피가 옌징대학의 초청으로 전체 기획과 건축 설계를 진행했는데, 건축의 내부 설비, 즉 난방시설, 욕조, 수세식 변기 등과 함께 건축 외관은 중국 전통 양식을 채택하였다.

전반 서구화의 시대 배경 속에서 자신의 전통에 대한 중국인의 긍정적인 인식은 종종 유럽과 미국 사람들의 안내를 기다리곤 했다. 울 수도 없고 웃을 수도 없는 이런 현상이 건축계에서 나타났다. 1925년, 중국과 외국의 건축사 40여 명이 참가한 닌징 중산릉 실계 방안 콘테스트에서 중국 선축사 루엔스呂彥直가 1능을 차지했다. 미국 코넬 대학을 졸업한 이 젊은이는 이전에 몇 년간 헨리 머피의 조수를 하면서 현대 재료와 기술을 어떻게 이용하여 중국 전통 풍격을 갖는 건축 조형물을 어떻게 실현할 것인가를 공부하였다. 1926년, 루옌즈는 동일한 설계 방법으로 광저우 중산기념당 방안 콘테스트에서 대상을 차지하였다. 중산릉과 중산 기념당 방안 콘테스트는 당시 세간을 떠들썩하게 만든 사건이었고, 건축 차원에서 중국인의 민족 열정에 불을 붙였다.

1927년 국민정부가 난징에서 자리를 잡은 후, 민족주의 원칙을 강조하면서 공자에 대한 숭배를 외치기 시작했고, 전통 학술에서 중앙 정권을 지지하는 학설을 찾아냈다. 1930년대 초에 일본군의 침략으로 중화 민족이 위기에 빠진 상황에서 애국 정서가 높아졌고, 정부에서는 연이어 '전국의 인사들은 우리 나라를 드높일 고유 문화를 조속히 연구할 것'을 호소하였다.

이런 배경하에 건축계에서는 '중국 고유 형식'을 탐색하는 열기가 일어났다. 그 기본 취지는, 현대 건축 재료와 기술 및 설계 방법을 받아들이는 기초 위에 중국의 우수한 전통을 계승하여 민족 형식을 갖춘 건축 작품을 만들어 내자는 것이었다. 1927년, 자오션趙深이 상하이 팔선교八仙橋 청년회 건물의 건축 설계를 책임 맡았다. 이 건물은 이듬해 완공되었는데, 중국의 전통 풍격을 갖추고 있었다. 1928년 건축되기 시작한 난징 철도부 건축도 자오션이 설계했는데, 철근 콘크리트 골조로서 풍격이 모두 중국 전통을 따랐다. 그 뒤를 이은 같은 종류의 작품으로는, 1928년~1935년 광저우에서 린커밍林克明이 설계 완성한 중산 도서관, 시청 건물 및 중산대학 건물 등이 있고, 1931년~1933년 상하이에서 동따요우董大酉가 설계 완성한 정부 청사, 1934년~1936년 난징에서 양팅바오楊廷寶가 설계 완성한 중앙당사 사료 전시관, 루슈썬盧樹森이 설계 완성한 중산릉원中山陵園의 장경루藏經 樓, 쉬징즈徐敬直와 리후이보李惠伯가 설계한 중앙박물관 등이 있다.

1927년~1937년은 중국 건축의 중흥기라고 할 수 있다. 그 가운데 관방이 이끌 어간 방향이 매우 중요하다. 1929년 헨리 머피가 난징의 '수도 건설위원회'에 건 축 고문으로 초빙되어 〈수도 계획〉 제정에 도움을 주었다. 계획에서는 '중국 고 유의 형식이 가장 적합하고, 관공서와 공공 건축물은 더더욱 최대한 받아들여야 한다.'고 요구하였다.

헨리 머피, 루엔즈 및 자오션 등 중국과 외국 건축사들의 설계 창작은 마침내 건축 형식상의 복고를 주장하였다. 비록 현대 재료와 구조를 취하기는 하지만 형 식과 기능 및 경제적인 모순을 해결하기는 어려웠다. 해답을 얻기 위해 몇몇 중 국 건축사들은 부분적으로 옛 형식을 모방하는 사람들도 있었다. 즉, 전체적으로 는 현대주의 건축 원칙을 따르고, 부분적으로 중국의 전통 요소를 받아들이는 것 이다. 1934년~1935년 상하이에서 동따요우가 설계 완성한 시립 도서관과 박물관 이 그 예다. 어떤 사람은 이 길에서 너무 멀리 벗어나 중국의 전통적 특색이 가장 강한 처마를 버리고, 부분적으로 전통적인 장식만 첨가하는 경우도 있었다. 1932년 베이징에서 량쓰청梁思成, 린후이인林徽因이 설계 완성한 인리仁立 카펫 회 사 건물과 1933년 난징에서 통쥔童寯, 자오션, 천스陳植가 설계 완성한 외교부 사 무동, 양팅바오가 설계 완성한 중앙의원, 1937년 상하이에서 루지엔셔우陸謙受가 설계 완성한 중국은행 건물 등이 그 예다.

이제 유학을 다녀온 중국 건축사들은 본토 건축의 설계 시장을 대체로 장악하 였다. 학술 분야에서도 새로운 단계로 올라섰다. 중국 건축사 가운데 뛰어난 사 람들은 현대주의를 긍정적으로 받아들이는 동시에 중국 전통 건축에 대해서도 보 다 깊이 있는 이해를 가지고 있었다. 그들의 몇몇 작품은 이미 예전 서양 건축사 수준을 넘어 섰다. 이것이 바로 창의적 태도로 중국 건축의 전통을 대하는 것이고, 설계 과정에서 모양이 비슷한 것을 추구하지 않고, 정신적인 흡사함을 추구하는 것이다.

건축사들의 뛰어난 성과가 서로 빛을 발한 것은 중국 건설학사가 1929년에 수립되고 이후 다년간의 학술연구에서 드러났다. 그 가운데 특히 중요한 것은 1930년 리우둔전劉敦楨과 1931년 량쓰청의 가입이다. 두 사람은 각각 문헌부와 법식부法式部주임을 맡았다. 1932년부터 학사는 11개 성의 2,000여 곳의 고건축물에 대해 상세한 고찰과 기록을 진행하였다. 아울러 고대 건축 관련 전적에 대해 초보적으로 정리하였다. 개인이 운영하는 이 학술 단체는 비록 존속 기간이 길지는 않았지만 탁월한 사업은 중국 건축사학에 튼튼한 기초가 되었다. 이후 중국 건축 유산은 정식으로 전통문화의 중요한 구성 요소가 되었고, 나아가 세계 건축의 숲에서 특색 있는 위치를 차지하게 되었다.

아마 중국 전통문화의 전면적 부흥은 일본 군국주의자들에게 커다란 자극이 되었던 듯 하다. 1937년 일본군은 전면적인 중국 침략전쟁을 일으켰다. 연말에 상하이 전쟁의 실패와 수도 난징의 함락으로 국민정부의 이른바 '황금 10년'은 막을 내리게 되었다. 건축 분야에서 막 싹트고 있던 움직임도 돌연 중지되고 말았다. 이후 8년간의 항전과 국내 전쟁 과정에서 중국 대륙은 곳곳이 불길이 일어났고, 민생은 도탄에 빠졌으며 건축 창작상의 추구는 언급할만한 것이 없게 되고 말았다.

중화인민공화국이 수립된 이후, 량쓰청은 베이징시 기획위원회 부주임을 겸임하였다. 1950년 그는 천잔샹陳占祥과 함께 〈중앙 인민정부 행정중심 위치에 관한 건의〉를 제기하였다. 수도의 미래 발전을 위해 더욱 넓은 공간을 개척하는 기초 위에 명나라와 청나라 도성의 고건축물과 성벽을 보호하기를 희망하였다. 불행하게도 이 건의는 받아들여지지 않았다. 1951년~1954년 사이에 소련으로부터 배워온 배경하에 량쓰청은 일련의 글을 발표하여 '민족형식'에 관한 토론을 전개하였다. 비록 그는 고대 궁전을 단순하게 모방하여 이른바 '웅장한 지붕'을 지을 생각이 조금도 없었지만 엄청난 압력을 받아 눈코 뜰새 없이 움직인 끝에 마침내 후세 사람들의 비난을 초래한 '웅장한 지붕'을 전국에 유행시켰다.

1955년 2월, 건축공정부는 '설계 및 시공 사업회의'를 개최하여, 몇 년간의 전국 건설 과정에서의 낭비 문제 및 낭비를 초래한 '복고주의' 경향을 보고하였다. 전국 범위 내에서 량쓰청을 대표로 하는 부르주아 유미주의적 복고주의 건축 사상에 대한 비판이 시작되었다. 학술적 소양이 두터운 전문가로서 량쓰청의 사상은 비판에 의해 철저하게 훼손되지는 않았다. 하지만 그는 결국 중국의 돈키호테가 아니었다. 1956년 1월, 량쓰청은 전국 정협 대회에서 공개 검사를 하게 되었다.

건국 10주년인 1958년, 중앙정부는 수도에 10대 건축물 건설을 결정하였다. 9월에 베이징, 상하이, 난징, 광저우 등지의 30여 명의 건축 전문가들이 베이징에 모여서 설계에 착수하였다. 저우 총리가 내놓은 '동서고금의 경험을 우리가 모두 이용한다'는 원칙에 근거하여 건축계는 밤낮으로 노력을 기울여 10개월 내에 설계부터 준공까지의 전 과정을 완성하였다. 당시 건축사의 창작 자유는 대체로 보장되어, 10대 건축물은 백화제방의 모습을 보여주었다. 인민대회당은 서양 고전 스타일을 약간 개조하였고, 군사박물관은 소련식을 모방했으며, 민족문화관은 중국 전통에 창의성을 더하였고, 전국 농업 박물관은 일찍이 비판을 받았던 대규모 지붕 모델을 택했다.

우리는 이렇듯 급하게 완성된 작품을 귀중한 건축 탐색으로 볼 수 있다. 그 건축물들은 항전 전야의 창작 방법을 이어온 것이다. 당시 중국의 제1세대 건축사들은 여전히 건재하였고, 제2세대 건축사들은 대규모 운동 과정에서 잘 단련되었다.

이후 20년간 과열된 정치에 차가운 경제가 더해져서 중국의 건축 분야는 동면 상태에 처해 있었다. 우리는 오늘날 이 당시의 시간을 쉽게 언급하곤 하는데, 그 손실은 계산 조차 할 수 없다. 바로 이 20년간 세계 정치와 경제 구조는 천지개벽할 변화가 일어났다. 이상주의는 파탄났고, 실용주의가 곳곳에서 유행하였다. 중국의 심각한 문제는 바로 바로 여기에 있었다. 즉, 경제적인 장기 침체가 문화적인 마비를 가져온 것이다. 생활의 수요가 최저점으로 떨어졌을 때 건축 문화 또는 예술적 토론은 모두 미친 사람의 잠꼬대와 다름이 없었던 것이다.

1978년 이후, 전국적인 사상해방과 경제개혁은 건축 분야의 창작 열정을 불러일으켰다. 의심할 바 없이, 고도 경제성장하에 30년간 중국 건축 분야의 발전은 전무후무했고, 도시와 농촌에서는 모두 근본적인 변화가 일어났다. 현재 도시 건축의 물질적 차원에서 보자면, 우리는 선진국과의 격차가 거의 제로 상태에까지 이르렀다.

2008년 올림픽 성공적 개최 이후 베이징의 도시 건설은 고속 발전기도 섭어들었다. 세계 건축사들은 베이징에 모여들어 중대한 프로젝트에 경쟁적으로 참가하였고, 새로운 고층 건물이 하나씩 세워지면서 베이징은 선봉 건축사들의 시험장이 되었다. 2009년 베이징은 새로운 10대 건축물을 평가해 냈다. 득표 순대로 나열해 보면 다음과 같다. 셔우두 공항 3터미널, 국제 스타디움, 국가 대극장, 베이징 남역, 국가 수영센터, 셔우두 박물관, 베이징 TV센터, 국가 도서관(2기), 베이징 신바오리新保利 빌딩, 국가 체육관. 그 가운데 중국 건축사가 독립적으로 설계한 곳과 중국 건축사가 주도적으로 설계한 두 곳을 제외하고 나머지 7개는 모두 유럽, 미국, 일본 건축사의 작품이다. 50년 전의 10대 건축과 비교해서 새로운 10대 건축물의 안과 밖에서 우리는 설계자의 중국 전통문화에 대한 존중을 거의 찾아볼 수 없다.

이들 건축물 가운데 다수의 기술성은 진세계 최고라고 힐 수 있다. 하지만 사정이 그렇게 간단하지는 않은 것 같다. 수십억 위안 이상 들어간 커다란 건축 프로젝트가 민생과 얼마나 관련이 있고, 국민 경제의 버팀목이 될 수 있느냐의 문제이다. 건축 설계는 단순한 기술이나 예술 창작이 아니다. 전체 공정 투자의 8% 이상이 들어가는 건축 설계비용은 건축사의 설계 업무에 관한 경쟁이 사실상 국가간에 관련 건축시장의 경쟁이라는 사실을 주목하게 만든다. 이 방면에서 일본 건축사 집단은 시종 깨인 눈을 갖고 있다. 그들은 일찍이 1964년 도쿄 올림픽 스타디움 설계 기회를 이용하여 덴 시다켄조丹下健三 등 국내 건축사를 국제 경쟁의 장에 등장시켰다. 비록 일본인에게 있어서 구미 건축시장은 여전히 철옹성이었지만 광활한 글로벌 시장은 존재하기 마련이었다. 1970년 이후 단하건삼과 그 밖의 일본 건축사들은 북아프리카와 중동의 설계 시장에서 상당 부분을 차지하게 되었다. 그들이 맡았던 프로젝트로는, 요르단의 하시무 황궁, 나이지리아 수도 아부자 도시 계획, 알제리 국제공항 등이 있다.

많은 원사들을 포함한 중국의 저명한 건축사들은 지금까지 국제 시장을 멀리하였다. 그들은 베이징 올림픽 스타디움을 포함한 국내 중대한 설계 프로젝트 입찰에서 건축사 자리가 아닌 심사위원회의 보좌에 높이 앉아 있었다. 그들 가운데 어떤 사람은 중국과 서양의 교량이 되었다는 찬사를 받는 이도 있었다. 하지만 소통이 필요한 건축의 큰 길 위에서 우리는 단지 외국 설계사가 경쟁이 심한 구미 시장에서 벗어나 번영하고 있는 중국 건축시장에서 커다란 성과를 거두고 있는 것을 볼 뿐이다. 서양 박사모를 쓴 중국 건축사들은 유럽과 미국 회사의 기발을 들고 중국 시장에서의 지분을 얻고, 명목상의 외국 사장에서 번번히 조공을 바치고 있다.

최근에 중국 건축사 중에서 진정한 거물이 나타났다. 그들은 중국 각지에서의 건축 설계에서 본토 특색의 귀한 실험을 진행하여 광범위한 호평을 받고 있다. 예를 들어, 꽌자오예關肇鄴가 1998년 설계하여 완성한 베이징대학 도서관 신관, 치캉齊康이 1988년 설계하여 완성한 허난성 박물관, 허징탕何靜堂이 2007년 설계하여 지은 상하이 세계박람회 중국관 등이다. 다원화된 거시적 배경하에서 어떤 문화 분야라도 별다른 선택은 없다. 단지 본토 색채가 두드러지면 세계 문화의 숲에 우뚝 설 수 있다.

하늘은 스스로 돕는 자를 돕는다고 우리는 믿는다. 자신을 존중해야만 다른 사람의 존중을 받는 것이다. 마치 도쿄의 요요기 체육관이 일본의 독특한 조형 풍격을 갖는 것으로 인식되어 건축사 덴 시타겐조가 칭송을 받았던 것처럼, 중국 건축사가 창작 중에 자신의 독특한 탐색을 견지하는 것이야말로 세계 문화로 나아가 국제 시장에 진입하는 방법인 것이다.

하지만 이런 대가들은 이미 고희를 넘겼고, 그들의 개척한 길 위에서 충분한 후계자가 부족한 듯하다. 최근에 약진하고 있는 젊은 건축사들 가운데 전국 감찰 설계 대사의 영예를 얻은 이도 있고, 국내 건축 시장에서 나름대로의 지분을 차지한 이도 있다. 하지만 그들은 너무 일이 바쁘다. 각자 설계원의 원장 또는 지배인을 맡아 국가 기업의 중임을 수행하고 있다. 이익이 보이지 않는 것에 대한 이성적인 탐색이나, 민족의 우수한 문화에 대한 발양은 돌아볼 겨를이 없다. 얼마 전에 한 젊은 국가 감찰 설계 대사가 매체의 질문을 받았을 때, 자신의 설계 경험을 밝힌 바 있다. "중국에서 창의성은 졸선해서 모방하는 것이나." 우리는 그의 솔직함에 탄복했다. 하지만 가슴이 아프지 않을 수 없었다.

32년 전을 돌아보면, 10년 재난 이후 처음으로 입학한 건축학과 학생으로서 우리는 구미 건축에 대해 숭배하는 마음을 가지고 있었다. 당시 선생과 학생들은 세계 건축 역사의 발전을 토론하면서 그리스 로마를 거론하였다. 당대 중국 건축의 설계 방안을 사고할 때에는 구미 현대 저명한 건축사의 의지와 취향을 종착점으로 삼곤 했다. 여러 해 동안 닫혀 있다가 전반적인 서구화 관념이 불타오르던 시절에 건축 분야의 이러한 경향은 합리적 성격을 가지고 있었다. 중국의 신세대 건축사들은 이를 이용하여 자신과 세계 주류의 접촉을 완성하였다. 하지만 수십 년간 우리를 지탱해온 마음을 비운 학습의 처음 바램은 배부르고 등 따신 것에서 머물러 땅속에 묻혀 버린 것은 아닐 것이다. 국토의 자원이 침범당하지 않고, 국민의 생계가 더 이상 걱정이 되지 않고 나서 민족 자존심을 다시 세우는 것은 아마도 중국의 당면한 일일 것이고, 민족 정신의 수립은 한 국가가 강대함을 지켜나가는 근본적인 보장이 될 것이다.

본서 15강 가운데 각 강의 사고 방향과 기술은 대체로 건축과 관련된 저자의 오랫동안의 사고에서 비롯된 것이다. 30여년 전 서방 문화를 매우 숭배하는 건축과 신입생의 눈에는 구미 전통의 건축만이 인류 문명의 정통이고, 중국 전통 건축은 어둠과 낙후의 상징으로 비쳐졌다. 20여년 전 푸젠福建 찬저우泉州의 개원사 開元寺 자운전紫雲殿의 아름다우면서도 이성이 충만한 목조 건축은 당혹스러워 하는 청년 건축사에게 커다란 깨달음을 안겨 주었다.

10여 년 전, 싱가폴의 쌍림사雙林寺는 비록 유리로 뒤덮인 고층 빌딩 안에 있었지만 중년의 건축사는 이미 정신적으로 중국 전통으로 철저하게 귀의하는 모습을 보이고 있었다.

　중국 역사를 되돌아봤을 때, 우리는 위대한 건축을 못볼 수도 있다. 하지만 그 안에 담겨 있는 건축 사상을 경솔하게 포기해서는 안된다. 동양과 서양의 고대 건축의 같고 다른 점에 관해 토론을 하는 것은 물질적인 차원에만 국한되는 것은 아니다. 유럽의 전통적인 건축은 이른바, 견고함, 실용적, 미관이라는 세 가지 원칙이 있다. 단지 자신의 언어환경에 입각한 서술로는 중국에 적절하게 적용할 수는 없다. 중국 고대의 독특한 건축현상을 탐구 토론하는 것은 보다 높은 정신적 차원에 서 있어야 하고, 보다 넓은 인문적 시야를 개척해야만 치밀한 분석을 할 수 있고, 나아가 정확한 판단을 할 수 있다.

제1장

중국 전통 건축 개설

—

1. 명사 설명
2. 요소 분석
3. 건축 공간
4. 건축 구상
5. 건축사

중국 전통 건축 개설

최근에 상업 건축학의 번영과 함께 건축학 관련 도서와 영화 등이 시중에서 인기가 높다. 상업 건축학은 민생에 있어서 무시할 수 없을 정도의 긴밀한 연관성을 가지며, 본서에서는 그것의 중대한 의미를 깎아내릴 생각이 추호도 없다. 건축은 과학이자 예술이며, 총체적인 창의성이 기대되는 분야이다. 하지만 그 외에는 비상업적인 건축학도 있다. 그 의미는 과학이나 예술 등으로 커버할 필요가 없다. 생각이 주류에 들어가지 않는다는 것을 본인 스스로 잘 알고 있다. 하지만 어리석은 사람이 온갖 생각을 하다가 한 가지 얻는 경우도 있다. 이것을 거울삼아 생각이 충분히 성숙되지는 않았지만 세간의 밖에서 바라보며 여전히 다른 목소리를 낼 수 있는 것이다. 특별히 개설을 둔 것은 그 목적이 명분을 바로잡는 데 있다. 명분을 바로잡으면 논의가 순조롭게 되고 근본이 바로 서면 방법이 생긴다는 식으로, 인내심이 있는 독자들은 아래의 내용을 읽어나가는 과정에서 문장이 난삽해서 읽기가 어려운 일은 없을 것이다.

1. 명사 설명

글로벌화의 시대배경 속에서 어떤 특정 지역을 강조하는 것은 사실 전통이나 고대 문화에 대한 기본적인 동일시를 담고 있는 것이다. 예를 들어 건축사 논저 가운데 수식어를 붙이지 않은 지리 명칭은 통상적으로 고대를 통칭한다. 이집트 건축, 페르시아 건축이 가리키는 것은 고대 이집트, 고대 페르시아이다. 마찬가지로 '중국 전통건축'에서의 중국도 고대 중국을 가리킨다. 일본 건축학회가 펴낸 건축사는 서양건축사, 일본건축사, 근대 건축사 등의 3부로 나뉘어 있다. 그 가운데 '서양 건축사'는 19세기 이전 일본 이외의 유럽을 중심으로 하는 건축을 기술하고 있고, '일본 건축사'는 일본 본토의 건축을 기술하고 있는데, 19세기 이전으로 한정하고 있다. '근대 건축사'는 일본 내외를 구분하지 않고, 19세기 이후를 모두 논하고 있다. 일본의 고대 성과는 세계 몇 대 문명에 넣기에 부족하다. 하지만 19세기부터 '아시아를 벗어나 유럽으로 들어간다'는 것을 주장하면서 세계적인 열강 가운데 하나가 되었다. 이에 따라 이런 배치는 그들의 상황에 매우 부합하는 것이다. 중국의 상황과 일본의 그것은 매우 다르다. 근대 이래 중국은 전쟁에 패하여 망국의 지경까지 몰렸었다. 하지만 8천년을 이어온 화하문화는 강대한 생명력을 시종 보존하고 있었다. 건축사를 어떻게 배열하고 편성할 것인가 하는 것은 우리가 진지하게 생각해 볼 필요가 있다.

(1) 전통

중국에서 전통이라는 단어는 대체로 영어 Tradition이라는 단어와 대응된다. 옥스퍼드 사전은 Tradition을 handing down from generation to generation of opinions, beliefs, customs, etc. 세대에 걸쳐 이어져 내려온 풍속, 신념, 관습 등으로 해석하고 있는데, 〈사해辭海〉에서의 '전통'에 대한 해석과 대체로 같다. '전통'에 대해 사람들은 대체로 두 가지 태도를 갖는다. 그 하나는 '전통'이 역사 지혜의 결정으로서 귀중한 문화유산이라는 것이다. 〈사해〉에서의 '전통 극목'은 이 의미를 담고 있다. 본문에서의 '전통'은 이런 용법에 기울어져 있다. 우리가 중국 전통 건축을 추구하는 주요 착안점은 전통의 정수에 대한 감상과 학습이고, 동시에 그것을 빌어 당대 건축을 되돌아보는 것이다. 다른 하나는 '전통'의 의미가 보수에 있고, '현대'와 대립되는 것으로서, 〈사해〉에서 '전통 농업', '전통 교육'에 이런 의미가 담겨 있다. 그것들은 '현대 농업'과 '현대 교육'에 상대된다. '현대'가 '진보'로 표기되면 '전통'의 낙후 이미지는 불을 보듯 뻔하다. 미국 서부로 이주한 유럽의 이민자들은 인디언 영지에 이런 팻말을 세웠다고 한다. Tradition is the enemy of progress. 전통은 진보의 적이라는 의미이다. 문제는 쉽게 드러난다. 여기에서는 과도하게 '진보'를 찬양하고, '전통'을 극도로 폄하하는 것이다. 다원적이고 풍부한 고대 문명을 극도로 파괴하고, 심지어 날이 갈수록 심각해지는 자원과 생태 위기를 일으키고 있다. 현대인들은 그것에 대해 심각하게 반성해야 한다.

(2) 건축

건축은 사람들이 바람을 막고 비를 피할 필요에서 비롯되었다. 중국 고대에는 '건축'의 의미가 '토목', '조성' 등으로 표현되었다. '토목을 크게 일으키다', '법식조성' 등으로 표현되곤 했다. 고문에서는 건과 축 두 글자의 의미는 비슷하여 연용하는 경우는 매우 드물다. 장형의 〈동경부東京賦〉에 '초나라가 앞에서 화려하게 짓고, 조나라는 뒤에서 대를 쌓는다'고 하여 건과 축 두 글자를 댓구로 처리하고 있다. 근대에 영문 construct를 일본어로 건축(켄치쿠)으로 번역했는데, 그 의미는 건물, 도로, 교량 등을 짓는 것을 말한다. 그런데 중국에서는 construct를 건조put or fit together로 습관적으로 번역하고, build를 건축make by putting parts, material, etc. together으로 번역하였다. civil engineering을 토목 공정으로 번역하고, 옥스퍼드 사전에서는 the building of roads, railways, canals, docks, etc.로 번역하였다. 이는 일본어 번역 '건축'의 함의에 가까운 것이다.

중국에서, architecture는 건축학으로 번역되었고 옥스포드 사전은 건축에 관한 예술이나 과학을 의미하는 art and scienceof building, design or style of buildings

로 해석되었다. 중국은 architect를 건축가(홍콩 싱가포르는 제도사로 번역), 옥스퍼드 사전은 person who draws plans for buildings and looks after로 해석했다. 그 의미는 건축물과 건축 공정을 관장하는 사람이라는 의미이다. 학과 설치로 볼 때, 중국 근대 건축학은 독일, 일본과 프랑스, 미국의 양대 체계가 있다. 전자는 공정 기술에 중점을 두고, 후자는 조형 예술에 중점을 둔다. 19세기에서 20세기 초까지 서방 문화가 부분적으로 일본으로 거쳐 중국에 전해졌다. 하지만 1920년대 이후 미국 펜실베니아 대학에 유학한 칭화 학생들이 중국의 1세대 건축사 주체를 구성하였고, 건축학의 관념도 이로부터 변화되기 시작했다. 프랑스, 미국 체계의 영향을 받아 현대인들은 건축을 미술의 3대 분야 가운데 하나로 인식한다. 건축과 회화, 조소 등 세 가지를 합하여 예술(beaux-arts 또는 fine arts이라 부르고, 옥스퍼드 사전에서는 those that appeal to the sense of beauty, esp. painting, sculpture, and architecture라 해석한다)이라 부른다. 이것은 과거 주류의 서방 말이고, 오늘날 우리가 만약 그것을 아무런 생각없이 받아들인다면 사상적인 혼란을 야기할 것이다.

(3) 건축, 도시계획 및 정원

유럽 전통에서 도시계획과 정원은 건축에 부속되어 있으며, 미술에 함께 귀속되어 있다. 중국 전통에서 도시계획은 고관대작이 주관하는 것으로서 나라의 대사였다. 정원은 문예에 속하며 문인의 고상함과 멋이었다. 정원은 주인의 취향에 따라 운영되었다. 따라서 '3할은 기술자, 7할은 주인'이라는 말이 있다. 비교해 보면, 중국 건축의 관념은 비록 상류 사회의 커다란 관심을 줄곧 받아오기는 했지만 구체적인 건축을 설계하고 실시한 것은 모두 기술자였다.

19세기 이후 구미의 도시화 속도가 가속화되면서, 도시계획과 풍경 정원이라는 두 가지 전공이 점차 강화되었고, 건축과 어깨를 나란히 하는 독립된 지위를 얻는 추세를 보이게 되었다. 1970년대 말에서 1980년대 초까지 중국 대부분의 대학은 도시 계획과 풍경 정원을 건축학 아래에 전공으로 두었다. 중국의 도시화가 가속화됨에 따라 3대 학과 또한 새로운 조정의 과정을 시작하였다.

2. 요소 분석

건축세계는 다양한 요소로 구성되어 있다. 영국의 저명한 건축사학자 플레처 B. Fletcher에 따르면, 건축은 근원은 지리, 지질, 기후, 사회, 종교, 역사 등의 6가지 요소로 나눌 수 있다. 종합해 보면, 앞의 세 가지는 자연적인 조건이고, 뒤의 세 가지는 인류활동이다. 건축의 근원이 다르면 결과도 다르다. 나아가 세계 각 지역의 건축이 다른 모습을 보인다는 것을 알 수 있다. 플레처는 각국의 건축을 역사성historical과 비역사성non historical의 두 가지 유형으로 나누어, 폭넓은 비판을 받은 후에 신판 저술에서 이 설을 폐지하였다. 중국은 지형이 다양하고, 민족이 많으며 역사가 유구하고 문화가 깊고 두터운 나라로서, 이 땅 위에 점차 잉태되어 자라난 전통 건축은 자연히 독특하면서도 연관된 체계를 형성하였고, 풍부하고 다양한 면모를 드러냈다.

물질적 차원의 건축유산으로는 유럽은 벽돌, 돌을 주된 건축재로, 중국은 흙, 나무를 주재료로 하고 있다. 대체로 북방(황허 중류)은 흙, 남방(양쯔강 유역)은 나무로 볼 수 있다. '토목' 합칭은 중국어로 "건축"이라는 오래된 표현으로 중국 문화의 남북통일을 어느 정도 상징하기도 한다. 오늘날 토목이란 말은 건축의 전부를 포괄할 수 없고, 대학에서는 토목공학이라는 학과가 건축 자재와 구조 연구에 치중하고 있어 건축의 문화적 함의에 대한 관심이 적다. 초기 북방건축물은 혈거와 반혈거의 방식을 취하곤 했는데, 생산력이 향상되면서 혈거와 반혈거는 점차 지상식 토목건축으로 대체되었다. 남방의 기후는 습하고, 물을 피하고 습기를 막기 위해 보금자리를 많이 쓰는 방식으로 점차 간란식干闌式 건축으로 발전하였다.

황하 중류의 천연조건은 흙이 많고 나무와 돌이 적다. 건조하고 한랭한 기후 가운데 실정에 맞추어 흙이 자연히 가장 흔하게 사용되는 건축 자재가 되었다. 샨시陝西, 허난河南 일대의 고고학 발굴 성과가 보여주는 것처럼, 초기 건축은 지혈地穴, 반지혈半地穴에서 지면으로의 진화 단계를 거쳤다. 대략 서주 때에 지어진 〈역경易經·계사繫辭〉에서 말하길, '옛날에 동굴과 들판에 거처하였다.'고 하였다.

대략 춘추 전국 시대에 지어진 〈예기禮記・예운禮運〉에서는 '옛날에 선왕은 궁실이 없었다. 겨울에는 굴에 거하였고, 여름에는 나무 둥지에 거하였다.'고 하였다.

북방 건물의 벽체와 지붕은 나무 뼈대나 풀포기에 진흙을 바르는 방법을 썼다. 나무 뼈대를 두터운 진흙으로 감싸는 것이다. 한나라 깐수 지방의 유적지에서 다진 흙으로 만든 벽의 두께가 2m에 이르는 것을 볼 수 있다. 푸지엔福建 광둥, 장시江西 등의 지역에 사는 객가인客家人들은 밖은 흙으로 하고 안은 나무로 하는 건물을 지었다. 흙의 두께는 2m이고, 높이는 10m로서 길이와 식경은 죄대 80m 정도에 이른다. 집은 담장에 기대어 질서정연하게 지었다. 안쪽의 건축은 목재 구조가 많다. 오늘날 화베이華北 농촌에서 흔하게 보는 건축 방법은 여전히 흙이 주재료이고, 나무는 보조로 쓰고 있다.

양쯔강 유역과 그 이남의 대부분 지역은 기후가 온난 습윤하며 삼림이 우거진 지역으로서, 당연하게도 목재를 주요 건축 자재로 하였다. 남방의 목가공 기술은 신석기시대에 최고 수준으로 발달했다. 저장浙江 하모도河姆渡 유적지에서 발견된 정교하게 가공된 퍼즐 구조가 그 예이다.

6,500여 년 전에 돌과 뼈로 된 도구를 이용하여 퍼즐 구조를 이처럼 정교하게 만들었다는 것은 의심할 바 없이 남방 기예의 발달을 증명해 보이는 것이다. 퍼즐 구조를 사용한 것은 중국 전통 건축의 중요한 특징 가운데 하나이다.

옛말에 "둥지에 거하면 바람을 알고, 토굴에 거하면 비를 안다."고 했는데, 남북 두 곳의 거주 상태 차이를 정확하게 지적한 말이다. 나무 위의 둥지에는 새들이 산다. 그 때문에 남쪽 사람들은 새를 숭배한다. 남방 건축물들은 늘 새로 장식을 하곤 한다. 용마루의 제비꼬리, 지붕마루의 비둘기 등은 남방 건축물의 효과를 극대화시켜 준다. 토굴은 짐승이 사는 곳으로, 그 때문에 북쪽 사람들은 짐승을 숭배한다. 북방 건축물은 늘 짐승으로 장식을 한다. 용마루의 짐승 장식이나 지붕마루의 짐승 장식 및 분수대 등의 장식 등은 북방 건축물을 더욱 장엄하게 보이는 효과를 보여준다. 그 밖에도 중국 건축물은 단일 중심의 확장이 아니고, 서로 다른 지역의 건축물들이 종합되어 하나로 이루어진 복합체이다.

춘추 시기 또는 그보다 더 이른 시기부터 황허 중류의 한족들은 자신들을 화하라고 불렀다. 경제와 문화적으로 대적할 수 없는 강세를 보인 것이다. 화하 주변의 민족들은 야만적인 오랑캐로 멸시당했고, 게다가 문자 기록 방면에서 약세를 보여, 전체 문명사에서 이루어낸 공헌, 특히 지역 색채를 띠는 성과들은 늘 무시되었다. 문헌 가운데 이렇듯 공정하지 못한 경향에 주의를 기울여야 하고, 진지한 분류를 통하여 역사 진상을 탐구해야 한다.

중화문명 남북 교류의 발전과정에서 북쪽이 강하고 남쪽이 약한 전체적인 상태는 분명하게 알 수 있다. 황허 유역은 습관적으로 중화문명의 요람이라 부른다. 정치와 문학 등 각 방면에서 볼 때, 이론 논법은 많은 논쟁을 불러일으키지는 않는다. 하지만 기술사의 각도에서 보자면 상황은 달라진다. 신석기 시대에 양쯔강 유역은 목조 건축이 고도로 발달했는데, 이는 반드시 우수한 도구의 기초 위에서만 가능한 것이다. 춘추 전국 시대에 북방의 동으로 만든 예기는 웅혼한 자태를 보인다. 하지만 남방의 동으로 만든 무기의 견고함과 예리함은 그에 못지 않다. 진나라 왕조는 함양咸陽에 궁전을 세웠는데 쓰촨에서 목재를 운반해 와야 했다. 이는 황허 유역의 목조 건축이 이미 양쯔강 유역의 도움을 받고 있었다는 것을 말해준다. 당나라 후기부터 중원 목재 건축의 성과는 남방의 기술에 직접적으로 의존하고 있었다. 수도에서 설계와 시공을 책임진 유명한 기술자들은 대부분 남방 출신이었다. 송나라 때 돌탑과 돌로 된 다리를 세우는 데 만약 제대로 된 도구가 없었다면 공사는 진행될 수 없었을 것이다. 명나라와 청나라 때 유명한 기술자들은 남방에서 수도로 부름을 받은 사람들이었다.

재료의 역학적 특징이 구조 방식을 결정하고, 이어서 건축물의 공간 형식을 결정한다. 유럽은 벽돌과 석조 재료를 선택함으로써 건축물이 하중을 견디는 담장 구조체계를 야기하였다. 벽돌과 석조의 하중을 견뎌내는 힘은 당기는 힘보다 뛰어나 아치형으로 쌓아올리는 데 적합하다. 하지만 대들보를 만드는 데는 적합하지 않다. 유럽의 전통 건축에서 아치형 기술은 벽돌과 석조 재료의 특성을 잘 파악한 것이다. 중국의 전통 건축물은 주로 목재를 사용한다. 목재는 당기는 힘이 좋아서 대들보 조립에 적합하다. 중국에서 간결하면서도 효과적인 대들보 체계는 가장 좋은 구성방식이 되었다. 대들보는 중국 전통 관념에서 이처럼 중요하다. 아울러 치장을 하고 웅장하게 덧입혀야 한다. 예전에 토목 공사에서 대들보를 제 자리에 앉히는 일은 현대 철근 콘크리트 공사에서 지붕을 덮는 것과도 비슷했다. 서로 다른 구조 방식의 선택은 중국과 유럽 건축의 형식상에서 서로 다른 특징을 야기하였고, 일정한 사유 관성을 형성하였다.

중국에서 사람들은 대들보를 중요하게 생각하여 건축의 중요한 요소로 생각하였다. 심지어는 이데올로기 색채가 농후한 예제 시스템에 넣기까지 하였다. 이에 따라 석궐이나 돌집, 석탑, 돌로 된 정자를 지을 때에는 목재 건축 형식을 집요하게 모방하였다. 재료와 구성이 유기적으로 만들어내는 이성 형식에 기초하여 문화관념상 보편적으로 인정되면 오래도록 감정상 분리해낼 수 없는 비이성적 선택을 할 가능성이 있게 된다. 석재 본성에 적응한 구조는 종종 부정적 평가를 받거나 지하 묘실이나 교량 속으로까지 억압되곤 하였다.

대들보를 들어올리는 식의 중국식 트러스 외관은 삼각에 가까운데, 사실은 장방형을 쌓아서 이루어진 것이다. 하중 작용하에서 부분적으로 변형을 허용한 것인데, 특히 지진 등의 갑작스런 외부의 충격을 흡수하는 데 유리하다. 유럽 건축물에서 목재도 오랜 기간 사용되기 하였다. 하지만 구성 방법을 중국과 비교해보면 본질적인 차이가 있다. 영국의 half timber는 그 강점이 힘을 받을 때 형체가 변하지 않는 것이라고 하지만 부분적인 변형은 전체를 파괴할 수도 있다. 부드러움과 강함 사이에서 우열의 차이가 있다는 것인가? 즉시 판명할 수는 없는 것이다.

중국과 대응하여 유럽은 목재로 석재 작업 형식을 모방하였다. 아치형에 대한 극단적인 숭배 또한 사람들로 하여금 이 형식의 선택에 대해 이성적인 데에서 비이성적인 것으로 나아가게 만든다. 아치형의 유행은 근본적으로 벽돌과 석조 재료의 구조 적응성에 있지만 19세기에 철이 대량으로 사용될 때까지 구조는 전통의 굴레에서 벗어나지 못했다. 영국 세느강변의 철제 아치, 파리 에펠탑 하부의 아치 지지대 등이 그 예이다. 벽돌과 석조 재료가 아치 구조에 적응한 원인은 압력을 견뎌내는 정도가 당기는 힘을 견뎌내는 것보다 훨씬 더 강하기 때문이다. 철은 그렇지 않아, 두 가지 강도가 거의 대등하다. 따라서 형식이 점차 아치의 형태와 상하가 전도되기에 이른다. 유럽 사람들은 나무로 다리를 건조할 때에 늘 아치형을 택한다. 목재는 돌모양으로 가공되고, 구조는 합리적이지 않게 된다. 일본 아치 교량은 서방의 영향을 받아 이런 방법을 사용한다. 중국의 아치 교량은 전체 외관을 아치 모양으로 하지만 부분적으로 대들보처럼 힘을 받게 한다. 고대 기술자들의 지혜는 목재 구조물의 장관과 아름다움을 극도로 끌어올렸다.

3. 건축 공간

건축 공간은 내부와 외부 두 가지 형태로 나눌 수 있다. 전자는 노자의 말처럼 "진흙을 이겨서 기물을 만들 때 비어 있어야 기물의 가치가 생긴다."는 것처럼 실용적인 것과 관련된다. 후자의 협의적인 표현은 건축형식으로, 주로 미관을 염두에 둔 것이다. 하지만 이렇게 보면 회화나 조각과 구별이 힘들어진다. 따라서 건축 자체의 가치를 크게 약화시키게 된다. 정확한 태도는 물론 건축의 특징을 두드러지게 해야 한다. 따라서 건축의 내부와 외부 공간의 두 측면에서 논술해야 한다.

건축 공간 내부 형태는 재료와 구조에서 비롯된다. 중국 건축의 주요 부속품은 대들보이다. 천연 목재를 사용한다는 조건에서 들보 사이의 간격은 10m를 넘기 어려우며 공간의 척도는 불가피하게 제약을 받는다. 하지만 기둥과 들보로 구성되는 뼈대 체계에서 건축의 내부 공간은 융통성 있게 나눌 수 있고, 상당히 자유롭다. 더 넓은 간격을 만들어내기 위해서 천연 목재는 특수한 방법으로 가공될 수 있다. 북송의 명화 〈청명상하도〉에서 묘사된 다리는 바로 이 방법을 사용한 것이다. 비교적 짧은 목재 들보가 기술적인 조합을 거쳐 아치형 구조를 형성했고, 간격도 20m를 초과한 것이다. 오늘날 중국에서는 많은 곳에서 이런 형태의 다리를 볼 수 있다. 그리스 건축의 주요 부품도 들보이다. 돌로 된 들보의 간격은 10m를 넘기 어렵고, 동시에 하중을 이겨내는 담장 구조를 취하고 있고, 벽체는 매우 두텁다. 공간 형태 또한 매우 제약을 받고 있다. 로마 건축은 보편적으로 아치 구조를 채택한 이후 간격이 비교적 큰 방향으로 개선되었다.

중국 건축 공간 외부형태의 기본적인 특징은 평면으로 펼쳐져 있다는 것이다. 이는 화하의 조상들이 토지에 연연하는 심리적인 반영으로 볼 수 있다. 유럽 건축은 이와는 상반되는 모습을 보이는데, 삼각형이나 원호형, 그리고 수직형의 모습을 보인다. 중국 건축에 이런 형체가 전혀 없는 것은 아니다. 하지만 구체적인 처리 양상은 다르다. 이는 중국과 서양의 주류 문화가 서로 다른 성격을 가지고 있음을 보여주는 것이다. 하지만 인류문화는 다원적이고 풍부하다. 자연에 순종하는 심리는 사실 중국인만 가진 것이 아니다. 일본 건축사 키시 카즈오岸和郎는, 수평은 질서를 상징하고 수직은 욕망을 상징한다고 말했다. 미국 건축사라이터는 대초원에서 건축의 유기성을 추구하면서 위로 곧게 뻗은 것의 결점은 자연과 조화를 이루지 않는 것이라고 생각하면서 나즈막한 건축물들을 많이 설계하였다.

중국의 건축공간 외부형태의 또 다른 특징은 폐쇄성이다. 만리장성은 국가를 폐쇄하였고, 성벽은 도시를 폐쇄하였으며, 거리의 벽은 이웃을 폐쇄하였고, 담장은 주택을 폐쇄하였다. 유럽 건축 공간도 물론 어느 정도의 폐쇄성을 고려하였다. 이를 통해 국가 또는 도시의 방어적 필요를 만족시킨 것이나. 하지만 도시 내부에서, 또는 안전이 보장받는다는 전제하에 건축 공간의 폐쇄성은 즉각 사라진다. 주택을 예로 들어 보자. 중국식으로 담장을 쌓으면 노천 정원은 건축의 중심에 놓이게 된다. 유럽식으로 안이 들여다보이는 방식으로 울타리를 만들게 되면 개방된 녹지가 건축물의 주변을 감싸게 된다. 이는 중국인과 유럽인의 생활습속과 행위심리 방면의 차이가 반영된 것이다. 전자는 내향적이고, 후자는 외향적인 것이다. 양자의 물질적인 차이는 쉽게 알 수 있지만 정신적 측면에서 보자면 의미심장한 것이다.

4. 건축 구상

넓고도 심오한 중국 고대 문화는 19세기까지 상당히 강한 연속성을 유지해 왔다. 중국 문화의 유기적인 구성의 일부로서, 중국 건축은 이전 시대를 능가하는 조숙한 설계 구상을 가지고 있다. 린후이인은 〈중국 건축의 몇 가지 특징을 논함〉에서 다음과 같이 말했다. "중국 건축은 동방의 가장 뚜렷한 독립적 시스템이다. 그 뿌리가 깊고, 계승발전해 오면서 … 세계 각 건축 흐름과 비교해보면 매우 특수한 일관된 체계가 있다.… 오직 중국 건축만이 매우 오랜 기간을 거쳐 왔고, 넓은 지역에 퍼졌다. 최전성기나 후대 발전기에 여러 중요한 건축물들은 그 원래 모습을 잃지 않았고, 고유의 주요 성분을 보존하고 있다." 이런 연속성은 중국 전통건축의 성숙하고 완전한 체계를 가지고 강한 생명력을 가지고 있음을 나타내 준다. 하지만 근대로부터 중국은 서방의 군사적, 문화적 침입을 받기 시작했고, 혁신 구국이라는 시대적 외침 속에서 중국 전통 건축은 가혹한 운명을 맞이하게 된다. 1940년대 량쓰청은 〈왜 중국건축을 연구하는가〉에서 전통건축의 상황에 대해 깊은 우려를 나타냈다. "중국 건축을 연구하는 것은 시대를 거스르는 일이라고 할 수도 있다. 최근에 중국은 극렬한 변화 속에서 서구화되어가고 있고, 사회는 중국 고유의 건축을 보편적으로 학대하고 있다. 비록 새로 수입된 서방 공예에 대한 감별에 아직 기준이 없기는 하지만 본국의 옛 공예에 대해 싫어하고 무시하는 심리가 있다. 서양식 건물이 유행한 이후 부자집들은 새로운 것을 매우 좋아하게 되었고, 중국의 원래 건축물들은 진부한 것으로 여기게 되었다. 그들이 의도적으로 중국 건축물들을 없애버리려는 것은 아니지만 사실상 국내에 원래 있던 아름다운 건축물들은 졸렬하고 유치한 것이 되고 말았고, 서양식 건물들로 대체되고 말았다.… 이는 전쟁의 포화 속에서 부서지는 것과 마찬가지로 마음을 아프게 한다. 이런 파괴는 30여 년간 습관처럼 되고 말았다." 오늘날 옛 건축물들이 파괴되는 상황은 이미 크게 호전되었다. 사람들은 갈수록 전통 건축의 가치를 깨닫게 되었고, 점차 보호하기에 이르렀다. 하지만 중국 전통건축에 대한 사람들의 본질적인 인식은, 특히 유럽의 건축과 비교해 볼 때 아직 잘못된 점이 많아 진지한 분별과 토론이 필요하다.

물질적인 측면에서 볼 때, 누추하고 오래 지속되기 어려운 것으로 보이는 목조 건축물을 웅장하고 견고한 돌로 지어진 대성당과 비교하기는 어려울 것 같다. 이것은 많은 중국인들로 하여금 전통 건축에 대해 열등감을 느끼게 하고, 중국 건축이 서양보다 못한 것이 가치가 없다고 생각하게 한다.그러나 사상문화의 깊이에서 보면 진실은 간단치 않다. 건축과 회화와 조각의 주된 차이는 사람을 외모로 판단해서는 안 된다는 데 있다. 사람들이 쉽게 발견하지 못하는 것은, 중국 전통 건축물이 물질적인 측면에서 간략한 것이, 아마도 사상과 정교한 구상에서 앞서나간다는 점과 위대한 외적인 표현일 것이다.

서양 건축은 중국 건축에 비해 표면적인 장점이 있으며 각각의 문화적 특성과 밀접하게 연관되어 있다. 서양에서 건축은 돌의 역사서이다. 문화의 저장장치로서 건축의 기능은 문자보다 강하고, 다른 분야의 예술, 즉 회화나 조각 등은 종종 건축에 봉사하고 있다. 중국에서는 문자야말로 역사의 주된 저장장치이며, 건축은 단지 하나의 실용 기교일 뿐 다른 기예보다 우위에 있는 것은 결코 아니다. 서양인들은 건물을 영구적인 기념물로 여기며, 물질적인 거대함을 추구한다. 충분히 합리적이고 적절한 필요가 있었을 뿐. 유가가 오랫동안 주창해 온 '비루한 궁'밀卑宮室'의 사상은 사치스러운 통소를 상당 부분 억제하고 건축의 규모를 제한하고 있다. 단순히 물질적 표상으로만 중국 건축과 서양 건축의 우열을 평가하는 것은 공평하지 못하다.

중국 전통 건축물은 대들보의 틀 구조 체계를 채택하여, 서양의 하중을 견뎌내는 벽 구조와 비교된다. 현대인의 눈으로 보아도, 뛰어나고 선진적이다. 하중을 견뎌내는 형태가 아닌 중국의 벽체는 보호와 분리 작용만 한다.(벽이 무너지도 집은 무너지지 않는다) 프레임 구조가 확실하게 서면 공간은 자유로워지고 실내는 융통성 있게 분리 배치될 수 있다. 부속품 사이는 사석 구조로 되어 있어 탄성이 매우 크고 순간적인 수평력을 감소시킬 수 있어 내진 성능이 우수하다. 사석으로 연결된 부속품 조립과 해체가 쉬워 건물 전체를 해체 이전할 수도 있다. 삼국시대에 손권이 건강健康으로 천도하여 무창武昌 옛 궁의 자재를 해체하여 신궁을 보수하도록 하명하였다. 관리들은 "무창궁이 만들어진 지 28년이나 됐기 때문에 더 이상 쓸 수 없을 것 같다"고 말했다. 손권이 대답했다. "우 임금은 비루한 궁을 좋은 것으로 삼았는데, 지금은 전쟁이 끝나지 않았고, 그 곳에는 많은 부賦가 있어 농업을 방해한다. 지금의 무창은 나무가 건재하니 그것을 고쳐 쓰면 된다." 손권이 옛 건축물 철거를 새로운 출발점으로 한 것은 근검절약한 것이다. 하지만 우리는 그로부터 중국 전통의 목재 건축이 순환될 수 있다는 장점 있다는 사실을 발견하게 된다.

부속품 간의 척도는 일정한 기준으로 통일시키는 것이 건축의 계수제도이다. 송대 이계李誡는 〈영조법식營造法式〉에서 '재료를 조상으로 한다'는 재료 분배 제도를 제기하였다. '재료'는 현대의 기본 계수 단위에 해당한다. '재료에는 8등급이 있는데, 집의 크기에 따라 사용한다.' 집은 그 규모 등급이 다르기 때문에 다른 등급의 '재료'를 사용하는 것이다. 그 부속품은 모두 '재료'를 기초로 하여 계산해낸다. 전체 건축물의 서로 다른 부속품 사이에 합리적이고 내재적인 연계를 갖는다. 청대에 와서 '재료를 조항으로 한다'를 '말로 다툼'을 기준으로 하는 것으로 변화시켜 척도의 기점이 약간 변했지만 계수 사상은 일맥상통한다.

중국 건축은 일찍이 표준화와 규범화의 방향으로 발전했다. 이에 따라 중국 건축의 설계와 건설은 모두 쉽다. 토목과 석재라는 두 재료의 가공상의 난이도가 다르다는 점을 별개로 하고, 중국 건축의 시공 기간이 유럽 건축에 비해서 매우 짧다고 말할 수 있다. 중국에서 대형 건축물을 짓는 데 10년이 넘는 경우는 매우 드물다. 유럽에서는 커다란 교회당을 짓는 데 백년이 걸린다. 극단적인 예로 쾰른 교회당은 1248년에 공사를 시작해서 1880년이 되어서야 완공되어 700년이 걸렸다. 이런 건축은 신을 위한 것이지 사람을 위한 것이 아니다. 만약 강한 헌신적 태도가 없다면, 인본 정신을 극한으로까지 누르지 않는다면 이렇게 오랜 기간 동안의 엄청난 규모의 건축은 완성되지 못했을 것이다. 비교해 보면, 중국 건축은 사람에게 봉사한다. 따라서 건축 계획의 이성, 실용, 적합도는 분명하게 알 수 있는 것이다.

중국 역사상 종교가 모든 것을 지배하는 시대는 없었다. 건축에 대한 종교의 영향은 절대로 유럽처럼 보편적이고 결정적이지 않았다. 하지만 건축에 대한 예제의 영향은 무시할 수 없다. 건축활동은 곳곳에서 예의 규범적 제약을 받았다. 중국 고대에 예는 사회의 법령 제도이자 도덕적 규범이었다. "주공周公이 예악禮樂을 세정하였다."는 말은 하夏나라와 상商나라 이래 국가 제도와 각종 행위의 기준을 총결산하였고, 비교적 완전한 〈주례周禮〉를 만들어냈다. 〈주례〉의 본래 이름은 〈주관周官〉으로, '하늘과 땅, 춘하추동' 6개 부분으로 나뉜다. 천관天官은 우두머리로서 정사를 돌보고 모든 관리들을 통제하며, 지관地官은 징발과 노역을 관리한다. 춘관春官은 예제禮制를 담당하여 제사 등을 관리한다. 하관夏官은 군사를 담당하며, 추관秋官은 형옥刑獄을 담당한다. 동관冬官은 장관으로서 건축 공사를 담당한다. 이런 안배는 자연에 맞춘 것으로서, 겨울에 농민들은 일이 없어 토목 건설에 동원되는 관계로 그 이름이 붙은 것이다. 건축의 등급, 배치, 제도 등은 일찍부터 엄격하게 규정되었던 것이다.

중국은 예로부터 건축과 환경의 관계를 중시해 왔다. 전통문화는 농경이 주도하였고, 농경은 하늘의 때와 땅의 이로움에 좌우되므로 환경에 순응하는 것이 매우 중요했다. 신석기 시대 사람들은 사천을 살피고 살기 좋은 곳을 선택하는데, 이 사상은 약 3,500년 전 하나라와 상나라에 이르러서 기본적으로 성숙되어 왔으며, 이후 완벽하게 고려되는 체계를 갖추게 되었다. 한나라 때 음양오행과 같은 신비한 학설은 중국 고대의 전문적 학문인 풍수를 형성하였다. 옛 사람들은 건축 입지를 매우 중시했고 풍수사는 전문적인 직업인이었다. 지리학과의 긴밀한 연계로 인해 풍수에 종사하는 사람들은 지리선생이라고도 불렸다. 자연에 순응하는 중국인의 태도를 집중적으로 보여주는 풍수관념은 건물의 입지, 방향, 배치 등에 큰 영향을 미쳤다. 오늘날까지 전해지는 풍수학설은 매우 복잡하며, 그 속에는 어떤 미신적인 성분을 피할 수 없지만, 결점이 장점을 가릴 수 없는 것처럼, 풍수에 내포된 합리성의 요소는 영원히 그 존재 가치가 있다.

5. 건축사

유럽에서는 고대 그리스에서부터 건축가의 이름이 종종 기록되어 왔고, 신전 건축가는 심지어 신과 통하는 사람으로 엄청난 존경을 받기도 했다. 그 이유는 몇 마디 말로 설명하기 어렵다. 개략적으로 말해 보자면, 유럽 문화 가운데 개인의 독특한 창조의 가치는 단체간의 조화로움보다 훨씬 더 크다. 유럽문명의 전형적인 징표는 자연정복과 자연개조이며, 인간과 자연항쟁의 대표적인 성취로서 웅장하고 웅장한 건축물이 추앙받는 것은 당연하다.

분명히 중국 문명의 요체는 이와 다르다. 중국의 전통 관념에서 과도한 토목 공사, 즉 오늘날의 호화로운 건축물에 대해서는 종종 화려하고 우아한 전당에 오르지 않는다고 경시한다. 토목 공사 업계는 장인이 하는 것이고, 문인들은 종종 그것을 무시한다. 어떤 고대 문헌에서는, 그러한 지나치게 기교적이고 실용적인 기술이나 발명을 기술하는 '기묘한 기술'을 부속서에 수록할 것이다. 우리가 중국 고대 건축물을 감상할 때, 대부분 건축가가 누구인지 모른다. 극히 일부 건축가의 이름만이, 어떤 사건과의 관련성 때문에 전해지고 있다. 당나라 유종원柳宗元〈재인전梓人傳〉에 기술된 '재인梓人'은 도끼를 다룰 줄 모르는 목공 두목으로, 지휘 조종에 능한 오늘날의 건축가를 닮았다. 한유韓愈의 〈미장이 왕승복전王承福傳〉의 미장이는 솜씨가 뛰어나면서도 절개를 지키는 고결한 기와공이다. 비록 고대의 '건축가'의 한 단면을 볼 수 있지만, 이 두 작품의 저자는 원래 건축가의 비석을 세우는 데 목적이 있는 것이 아니라, 문이재도文以載道에 치중하여 사람과 관리의 도리를 설파하고 있다.

중국 고대에는 엄격한 공관工官 제도가 있었는데, 공관은 도시 건설과 토목 조성의 관장자이자 실시자였다. 서주西周에서 한대漢代까지 '사공司空'은 전국에서 가장 높은 공관이었다. '사司'는 관장이라는 뜻이며 '공空'은 '건축 공간'과 어떤 관련이 있다. 이에 따라 중국 고대인들은 공간이야말로 건축의 더 본질적인 것임을 일찍이 깨달은 것으로 추정된다. 〈도덕경道德經〉에는 다음과 같은 말이 실려 있다. "서른 개의 바퀴살대가 하나의 바퀴통에 모여도 빈 공간이 있어야만 바퀴로서의 쓰임새가 있고, 흙을 빚어서 그릇을 만들어도 빈 공간이 있어야만 그릇으로의 쓰임이 있게 되는 것이다. 문과 창문을 뚫어 방을 만들어도 빈 공간이 있어야만 방으로서의 쓰임이 있는 것이다. 따라서 있음으로써 우리에게 편리함을 주고 없음으로써 그것의 쓰임을 발휘하는 것이다." 조상들의 공간에 대한 중시는 건축에 발전에 커다란 영향을 미쳤다.

제2장

건축 배경의
역사와 지혜

———

1. 의기欹器와 중용의 도
2. 순舜 임금
3. '의정義正' 사회의 추구
4. 생물 다양화와 문화 나원화
5. 조셉 니담의 난제와 기교

건축 배경의 역사와 지혜

〈역경易經·계사繫辭〉에는 "형이상자는 도라 하고, 형이하자는 기라 한다."라고 하였고, 〈논어·위정〉편에서 공자가 "군자불기君子不器"라 하였다. 통찰력이 있는 두 가지 선진 시기의 말은 사실상 중화 민족이 물질문명보다 정신문명을 훨씬 더 중시했다는 기본적 특징을 총결하고 있다. 중국 전통건축의 변화발전 과정은 당연히 문명 구조의 전체적인 구속에서 벗어나지 못한다. 이후 각 강의 내용을 이해하기 쉽도록 이번 강에서는 구체적인 건축 내용을 제쳐놓고, 중국 건축 배경의 옛 역사와 독특한 지혜를 살펴보도록 하겠다. 주희朱熹가 정확하게 말하고 있다. "맑은 네모난 연못에 거울 하나 열리니, 하늘빛과 구름 그림자 함께 배회하네. 연못이 이리도 맑은 까닭이 무엇일까. 샘이 있어 맑은 물이 솟아나기 때문이라네."

중국 신석기시대의 역사와 지혜는 문자가 출현하기 이전에 존재했었던 까닭에 신화전설의 형식으로 세상에 전해지고 있다. 최근에 고고학 성과의 지속적인 누적에 따라 그 동안 모호했던 여러가지 이야기들이 분명해지고 있다. 왕국유王國維의 이른바 '이중二重 증거법證據法'을 이용하여 고고학 자료와 옛 문헌을 결합시켜 우리는 선진 시기의 삼황오제가 대략 지금으로부터 8,000년~4,000년 전의 부락 추장이었음을 추측할 수 있다. 일반적인 논법은, 수인씨燧人氏, 복희씨伏羲氏, 신농씨神農氏를 합쳐 삼황三皇이라 부르고, 황제黃帝, 전욱顓頊, 제곡帝嚳, 당요唐堯, 우순虞舜을 합쳐 오제五帝라고 부른다. 그 밖에 몇 가지 다른 논법이 있기는 하지만 차이가 그다지 크지 않다. 전체적으로 말해서 삼황오제에 관한 여러 가지 논법은 사실 우여곡절이 많은 중화 민족의 융합된 역사의 반영이다. 하나라 이전에 황허와 양쯔강 및 서요허 3대 유역에는 중심적 지위를 차지하는 화하족과 묘족 및 화하족에게 멸시당하던 만蠻, 이夷, 융戎, 적狄의 주변 민족이 살고 있었다. 현대인들은 화하족이 염황炎黃의 후손이라고 하지만 사실은 중국 3대 유역에서 강자로서 최종적으로 승리를 거둔 집단 기억이다.

1. 의기欹器와 중용의 도

황허 중류 앙소仰韶 문화 시기의 여러 유적지에서 형태가 특이한 도자기가 발전되었다. 의기라 불리는 이 그릇이 통상적인 도자기와 다른 점은 양쪽 귀가 윗부분에 있지 않고, 중간이나 아래쪽에 있다는 것이다. 최초의 용도는 물을 긷는 것이었다. 경험적으로 보아 인간들은 위에 있는 두 귀를 사용하여 용기를 위에서 아래로 물을 길을 때 중력의 작용으로 인해 용기 입구를 아래로 향하게 하여 물을 넣기가 어렵다. 의기의 기묘한 점은 바로 비어있을 때 병 입구는 약간 위로 기울어지고, 그렇기 때문에 물이 들어가기가 쉽다는 것이다. 물이 반쯤 찬 후에는 몸체

[삽도 2-1] 마가요馬家窯 앙소 의기

를 바로 세우고, 물이 꽉 차게 되면 몸체가 단번에 뒤집어져 물을 쏟아내는 것이다. 〈순자荀子·유좌宥坐〉편에 다음과 같은 기록이 있다. "공자께서 노환공魯桓公의 사당에 있는 의기敧器를 바라보며, 관리인에게 "이는 어떤 그릇이라 하오?"라고 묻자, 관리인이 대답하기를 "이것은 유좌지기宥坐之器입니다."라 했다. 그러자, 공자께서 다시 말하기를, "내가 들은 바 있지. 비어 있으면 기울고, 적당히 있으면 바르게 서고, 가득 차면 뒤집어지는 유좌지기! 예로부터 명석한 군주가 자신의 자리 옆에 설치해 놓고 스스로를 경계했다지요." 라고 했다. 그러자, 제자가 돌아보며, "그럼, 시험 삼아 물을 한 번 부어 봅시다." 라고 말했다. 이내 물이 적당히 들어가자 바르게 서고, 가득 채워지자 스스로 뒤집어져 쏟아졌다. 공자께서 탄식하며 말씀하시기를, "오호라. 그곳에 가득 채워도 뒤집어져 쏟아지지 않는 방법을 어찌 깨달으랴." 했다. 그 순간, 자로子路가 앞으로 나오며, "감히 묻사온데 도道를 가득 채워 가질 수는 없을까요?" 라고 물었다. 그러자, 공자께서 다시 말씀하시기를, "예지가 총명하구나. 어리석음으로써 가득 채우면 그 잘못으로 국가가 피해를 입게 되고, 양보로써 가득 채우면 그 뜻이 세인世人의 마음을 어루만지며 세상에 퍼지게 되고, 신중함으로써 가득 채우면 세상이 풍요로워지고, 겸손으로써 가득 채우는 것이야말로 소위 도道를 가득 채우는 일이자 도를 더는 일이니라."라고 하였다."

노나라 환공이 기원전 711년~기원전 694년에 재위하였는데, 당시는 춘추 시기 초반으로 의기는 좌우명의 역할을 하고 있었다. 서주 내지는 더 이른 시기에 사람들은 의기로 물을 뜰 때 '가득 차면 뒤집어지고 중간이면 바로 서고, 비우면 기우는' 독특한 현상을 알고 있었다. 나아가 그것을 추상적으로 인간의 생활과 사상을 지도하는 철학 관념으로 귀납하기까지 하였다. 앙소 문화의 이런 형태의 병은 묘에서 출토되었고, 집에서는 적게 출토되었다. 일찍이 6,000여 년 전에 이런 기물이 실용적인 기능에서 벗어났음을 보여준다. 그리고 거의 모든 거주지 유적지에서는 높이 8~90cm의 바닥이 뾰족한 병이 출토되었는데, 이런 큰 병들은 물을 뜨는 데 쓸 수 없다. 따라서 실용 기물이 아니라 특수한 기능이 있었던 것으

로 보인다. 이로부터 알 수 있는 것은, 공자 사상의 기원이 얼마나 오래 되었는
가 하는 것이다. 선진 제자들이 가슴에 품고 있던 비범한 지혜는 근거가 없는 것
이 아니다. 중용의 적절이라는 관념은 고대 중국의 정신 분야에 미친 영향이 도
처에 깔려 있다고 할 수 있고, 전통 건축에 대한 영향도 마찬가지로 크다.

〈중용〉은 원래 유가 경전 〈예기〉 가운데 한 장이다. 송대 이학자들이 매우 떠
받들어 그것을 독립된 책으로 만들었는데, 주희朱熹는 그것을 〈논어〉, 〈맹자〉, 〈대
학〉과 함께 〈사서四書〉로 합쳐서 펴냈다. "그러므로 군자는 덕성을 높이면서 문
학問學의 길을 따른다. 광대한 것을 지극히 하면서도 정미精微한 것을 극진히 한
다. 고명함을 지극히 하면서도 중용의 길을 따른다." '중용'의 글자 그대로의 해
석은 '가운데를 잡는다.'이다. 의기가 보여주는 물을 뜨는 경험과 일치하는 것이
다. '중용'의 비교적 깊이있는 해석은 속된 말로 '극성하면 쇠하고, 부정이 극에
이르면 태평이 온다."는 것이다. 그 의미는 〈주역周易〉에 나온다. 〈주역〉은 선진
先秦 시기의 점복과 관련된 책으로, 중국 역사상 그 지위가 매우 높고, 진시황 분
서 당시에도 화를 입지 않았다. 〈주역·건乾〉에 "높은 지위에 있는 자도 삼가지
않으면 후회하게 된다."고 했다. 〈주역·부否〉에 "부는 사람이 아니니 군자의 곧
음이 이롭지 못하다. 큰 것이 가고 작은 것이 온다."고 하였고, 〈주역·태泰〉에는
"태는 작은 것이 큰 것이 오는 것이니 길한 것이다."라고 했다. 부괘는 역경이고,
태괘는 순조로운 상황인 것이다. 역경이 극점에 달하면 상황이 바뀔 수도 있다는
것이다. 그 반대도 마찬가지이다.

위진 현학은 노장사상을 숭상하였고, 유가와 도가의 화합을 특징으로 한다. 현
학자들은 〈노자〉, 〈장자〉, 〈주역〉을 경經으로 하고, 그것을 '삼현三玄'이라 불렀다.
아울러 〈노자〉, 〈장자〉로 〈주역〉에 주를 달았다. 당나라 말기 오대五代에는 불교
선종禪宗이 극성하여 유, 불, 도 삼교가 대체로 하나로 합쳐져서 중국사상사의 전
성기를 맞았다. "꽃은 전부 피지 않았고, 달은 아직 둥글지 않다."는 것이 선종이
받드는 최고의 경지이다. 그 근거는 자연 현상에 대한 인간들의 실제 관찰이다.
다 피어버린 꽃은 시들수 밖에 없고, 완전히 둥근 달은 이지러지게 마련이다.

옛날 중국인들은 자연현상을 관찰하는 데 있어서 매우 섬세한 편이었다. 지혜로운 사람들은 그것을 귀납하여 분석한 다음에 추상적인 깅생의 깨달음으로 승화시켰다. 오늘날의 말로 하자면 그 가운데에는 고명한 과학적 지혜와 이성 정신이 담겨 있는 것이다.

2. 순舜 임금

우리가 8,000년 이래 중화문명을 크게 전후로 나눈다면 신석기시대와 금속시대가 잘 구분되어 있다는 것을 쉽게 알 수 있다. 그 가운데 요 임금, 순 임금, 우 임금으로 이어지는 것은 중국 문명이 발전해가는 이정표라고 할 수 있다. 그들은 화하 민족 최초의 주군이며 중국 고대의 우수한 문명의 개척자이다. 학계에서는 요, 순, 우의 관계가 긴밀하고, 세 사람이 잇달아 선양되는 이야기가 전환기 정신문명의 고도성장을 여실히 보여준다는 시각이 지배적이다.

전체적인 문화사적 시각에서 보자면, 신석기시대의 삼황오제 가운데 세 명의 대표를 뽑을 수 있다. 그들은 바로 염제炎帝, 황제黃帝, 순제舜帝이다. 물질 건설을 주요 내용으로 하는 염제 시대에 농기구를 만들고 오곡을 심었으며 도기를 만들고 건강을 지켰다. 또한 삼베로 옷을 지었고, 활을 만들어 안전을 지켰으며 시장을 세워 교환을 촉진하였다. 또한 악기를 만들어 즐거움을 누리기도 하였다. 제도 문화를 주요 내용으로 하는 황제 시대에는 문자를 만들고, 의관을 제정하며, 베와 수레를 만들고 지남차를 만들고, 산수를 정했고, 음률을 제정하고 의학 등을 처음 만들어냈다. 충효 도덕을 주요 내용으로 하는 순제 시대에는, "천하의 밝은 덕이 모두 우순에서 시작되었다"고 〈사기〉에서 말하고 있다. 염제와 황제 등과 비교해서 중국 문명에 대한 순 임금의 공헌은 물질적인 측면이 아닌 정신적인 측면에 있다. 오늘날의 말로 하자면 인간을 근본으로 하고, 덕을 앞세웠다는 것이다. 이에 대해서 말하자면, 순 임금은 중국 전통문화의 주요한 창시자이자,

인류가 야만에서 문명으로 나아가는 대표적 인물이다. 유가는 순 임금을 이상적인 인물이자 인仁과 효孝의 전범으로 여긴다. 〈국어國語·노어魯語〉 상편에 "고로 유우씨有虞氏가 황제의 제사를 지내고 전욱顓頊을 할아버지로 모셨던 것이다."라고 기록되어 있다.

전하는 바에 의하면, 순임금은 젊은 시절부터 온 사방에 유명했는데, 특별한 힘이나 기량을 가지고 있지 않고, 그를 학대하는 부모에게 효도를 지킬 수 있기 때문이라고 한다. 요 임금이 사방의 추상들에게 자신의 후임 인선을 타진했을 때, 순은 당연히 대대적인 추천을 받았다. 요는 순의 품행을 살피기 위해 두 딸을 그에게 시집보냈다. 〈관자管子·판법해版法解〉에는 다음과 같은 기록이 있다. "순은 역산歷山에 농사를 짓고, 하빈河濱에서 도자기를 구웠으며 뇌택雷澤에서 낚시를 하고, 이로움을 취하지 않고, 백성들을 가르쳐서 백성들이 그를 천거하였다. 이것이 바로 다른 사람들을 이롭게 하는 것이다." 〈사기史記·오제본기五帝本紀〉에도 비슷한 기록이 있다. "순이 역산에서 농사를 지었는데, 역산 사람들이 모두 그에게 땅을 양보하였다. 뇌택에서 고기를 잡았는데, 그 곳 사람들이 살 곳을 주었다. 하빈에서 도자기를 구웠는데, 그 곳의 그릇이 모두 품질이 좋았다. 1년이 지나 부락을 이루었고, 1년이 지나 읍을 이루었으며 3년이 지나 도시를 이루었다." 그가 직접 농사짓고 물고기 잡던 지방은 겸손과 양보의 기풍이 일어났다. 그가 제작한 기물은 주변 사람들에게 이익을 안겨주었다. 그가 가는 곳마다 따르는 사람들이 날로 늘어났다. 조화로운 사회를 실현한 것이다.

조화로운 사회의 덕행 이외에 순의 깊고도 큰 지혜는 숨겨져 있어 드러나지 않는 것 같다. 하지만 중국문명에 대한 영향은 더욱 커질 것이다. 이것이 바로 나쁜 싹을 잘라버리고 인류 발전과 자연 사이에서 생기는 모순을 온 마음을 다해 없애며 최종적으로 조화로운 공존을 이루는 '우'의 정신인 것이다. '유우씨'는 순이 살던 옛 부락의 명칭이다. 따라서 순의 지혜가 그 곳으로부터 시작되었음을 믿을 수 있다. 순은 우두머리가 된 후에 요 임금의 선양을 받아들여 제위에 등극하였다. 국호를 유우라 하였는데, 후세에는 우순이라 불렸다. 우나라는 도읍을 포반포坂(지금의 산시山西 용지永濟 일대)로 하였는데, 바로 여기가 중원 문명의 핵심 지역이다.

자연과 조화를 이루려는 사상과 행동은 중원 문명이 일관되게 지속 가능한 발전을 이루는 기본 요소이다. 세계 문명사에서 견줄 데 없는 소중한 결실이다. 인류 문명의 지속 가능성 심각하게 도전을 받고 있는 지금, 중원의 오랜 경험은 우리들이 주목할만한 가치가 있다. 숭산 남북의 중원 핵심지역은 자연과 조화를 이루려는 사상과 행동의 발전 맥락이 유난히 뚜렷하다. 8,000여 년 전의 배리강裴李崗문화는 앙소仰韶문화, 허난 용산龍山문화, 이리두二里頭문화, 이리강二里崗과 은허문화를 거쳐 동주東周에 이르기까지 중단된 바가 없다. 춘추 전국 시대에 제자백가는 치국의 방략에 관해 여러 가지 의견들을 개진하였다. 하지만 조급한 성공과 눈앞의 이익에만 급급한 병가兵家와 법가法家를 제외하고 자연과 조화를 이루는 측면에서의 각 가의 인식은 비슷했다.

'우虞'의 본래 의미는 '자세히 묻다', '헤아리다' 이다. 〈상서尙書·상서商書·서백감려西伯戡黎〉에 "천성을 헤아리지 않게 하며 따라야 할 법을 따르지 않게 하나이다."라고 하였다. 〈좌전〉에는 "나는 너를 속이지 않고, 너도 나를 속이지 않는다."고 하였다. 〈사기史記·화식열전貨殖列傳〉에는 "농부가 농사를 지은 후에 곡식을 먹을 수 있으며 산택을 맡은 관리가 자원을 캐내고 공인이 자원을 가공하고 상인은 이를 유통시킨다."고 하였다. '우'의 확장된 의미는 주도면밀하게 계획하고 원대하게 생각하는 것이다. 〈역易·중부中孚〉에 "염려하나 길하다. 다름이 있으니 잔치를 열 수 없다."고 하였고, 〈시詩·대아大雅·억抑〉에서는 "그대 백성을 살찌우고 그대 제후를 삼가게 하며 뜻하지 않은 환란을 대비하네."라고 노래하고 있다. 〈손자孫子·모공謀攻〉에는 "헤아려 대비함으로써 헤아리지 않은 자에게 승리한다."고 하였다.

'우'는 고대 제사 이름이기도 하다. 장례를 치르고 제사를 지내 신령을 안정시킨다는 의미이다. 예로부터 인류가 가장 곤혹스러워하는 문제 가운데 하나는 내가 어디에서 왔느냐 하는 것이다. 이 점을 고려하여 화하의 조상들은 부모의 장례를 신중하게 다루었고, 조상들에게 경건하게 제사를 지냈다. 〈논어·학이〉편에 "증자가 말하길, 상사를 삼가서 치르고 돌아가신 분을 추모하면 백성의 덕성이 후해질지어다."라고 하였다. 제사 중의 예악을 우가라고 불렀고, 제사를 지낼 때 세우는 신주를 우주라고 하였다. 〈좌전〉에 "다른 유사는 묘소에 남아서 궤연을 무덤의 왼쪽에 벌이고, 지신에 제사드리고 그 제찬을 거기에 둔다. 그리고 돌아오면 정오에 우제를 드린다."고 하였다.

오랜 기간 동안의 긍정적인 평가로 인해 '우'의 의미는 기쁨과 즐거움으로 바뀌었다. 〈여씨춘추呂氏春秋·신인愼人〉에는 "따라서 허유許由가 영수潁水의 북쪽에서 즐거움을 얻었고, 공백共伯은 공수산共首山에서 유유자적하였다."고 했고, 〈국어國語·주어周語〉에서는 "옛날 공공共工이 이 도를 버리고, 우는 음탕하여 그 몸을 방탕하게 하였다."고 하였다. 〈일주서逸周書·풍모豐謀〉에서는 '우'에 대한 주석을 '즐거움'이라 하였고, 〈광아廣雅〉에서는 '편안함'이라 하였다.

제왕의 치국을 보좌하는 여러 신하들 가운데 '우'를 잘 하는 사람이 매우 중요했다. 순 임금 때에 '우虞' 또는 '우인虞人'이라는 관직을 두었다. 〈상서尙書·요전堯典〉에 "임금이 말하길, 누가 우리의 산천초목과 짐승을 관장하겠는가? 모두 말하길, 익益이옵니다. 제왕이 말했다. 좋다. 그대가 짐의 익이 되거라."라고 기록하였다. 당시 우관虞官의 직책은 훗날의 간관諫官과 비슷해서, 간관은 춘추시대 초반에 제환공이 설치하였다. 그들은 군주의 과실에 대해 직언할 것을 요구받았다. 이후 진晉나라의 중대부中大夫, 조趙나라의 좌우사과左右司過, 초나라의 좌도左徒는 모두 간관에 속했다. 우관과 간관의 차이는 몇 가지로 나뉜다. 간관은 통상적으로 정책을 연구하고 우관은 그 정책에 대한 업무를 분명히 하여 나눈다. 주로 산림이나 수산 자원의 지속적인 사용을 촉진하고 특정한 시간과 수량 한도에서 개발활동을 통제한다.

관자管子와 공자는 모두 춘추 말기에 태어나, 관자는 제나라, 공자는 노나라로 서로 가까이에서 살았다. 관자는 지나치게 실용적인 것을 추구하여 예의를 벗어나기도 해서 공자의 매서운 비판을 받기도 했다. 하지만 관자의 자연과의 조화를 이루는 사상의 높이는 공자에 뒤지지 않는다. 관자는 이전 사람들의 경험을 총결하여 자연자원의 이용과 궁실의 건설 등에서 매우 꼼꼼한 처리를 하였고, 후세 학자들, 특히 유가에 대해서 영향이 매우 크다. 〈관자·팔관八觀〉에 다음과 같이 기록되어 있다. "그러므로 산림이 드넓고 초목이 울창해도 입산을 허용하고 금지하는 것은 반드시 일정한 때에 따라야 한다. 국고가 가득 차 있고, 금과 옥이 많아도 궁실을 건축하는 데 일정한 법도가 있어야 한다. 강과 바다가 드넓고 못이 깊어 고기가 풍족해도 그물로 고기를 잡는 데 일정한 법도를 두어야 한다. 고기를 잡는 사람이 고기 잡는 한 가지 수입원으로 살아가지 못하게 하냐고 하는 것이다. 이것은 초목과 고기를 아껴서가 아니라 백성이 곡식 생산을 그만 두지 않기를 바라기 때문이다.

맹자와 순자는 공자 이후의 유학의 대가들이다. 두 사람은 '성선'과 '성악'의 다툼 속에서 각자 자신의 의견을 고집하였다. 하지만 자연과의 조화로움이라는 사고에 있어서는 일치하고 있다. 〈맹자·양혜왕상〉편에서 "농사철을 어기지 않으면, 곡식은 다 먹을 수 없을 것입니다. 촘촘한 그물을 깊은 못에 넣지 않는다면, 물고기나 자라 같은 것을 먹을 수 없을 것이고, 일정한 계절(잎이 진 가을이나 겨울)에 산에 들어가 벌목을 하면, 목재는 다 쓰지 못할 것입니다."라고 하였다. 〈순자荀子·왕제王制〉의 기록은 다음과 같다. "풀과 나무가 자라고 꽃이 피고, 우거지고 자라는 시기에는 도끼나 낫 등의 벌목도구를 들고 산이나 숲속에 들어가지 못하게 하여 그 삶을 요절하지 않게 하고, 그 성장을 멈추게 하지 않는다. 자라, 악어, 물고기, 민물장어, 미꾸라지, 철갑상어 등 치어가 모체를 떠나는 시기에는 그물이나 독약을 연못에 들이지 못하게 하여 그 삶을 요절시키지 않고 그 성장을 멈추게 하지 않는다. 봄에는 밭을 갈고, 여름에는 김을 매고, 가을에는 수확하고 겨울에는 저장한다. 네 가지가 때를 잃지 않게 해서 오곡이 끊어지지 않게 하여 백성이 넉넉히 먹을 수 있게 해야 한다. 고여 있는 연못이나 깊은 웅덩이나 개울이나 하천에서는 엄격하게 삼가고 때를 금지시켜서 물고기와 자라가 풍족하에 하여 백성이 여유있게 먹을 수 있게 한다. 베어내고 기르는 시기를 잃지 않게 해서 산림이 무성해져 백성들이 재목을 쓰고도 남음이 있게 한다."

역사를 거슬러 올라가 보면 선진의 조정과 재야에서 지속가능한 발전에 관한 의식이 매우 명확했고, 따라서 중국 환경보호 사업의 일찌감치 촉진되었다. 이것이 바로 중국 고대 주류 사상이 생겨난 요람이라고 할 수 있고, 중국 전통사회가 면면히 이어진 튼튼한 기초이기도 했다. 오늘날의 입장에서 보자면 제자백가 가운데 많은 사람들이 시공을 초월한 과학적 시야를 가지고 있었기 때문에 2,500년 전의 고대 세계에서 그들은 인류 지혜의 최고봉에 오를 수 있었다. 불행한 것은 진한 이후의 역사발전 과정에서 환경보호를 통해 지속가능한 발전을 추구하는 의식이 점차 쇠퇴했다는 사실이다. 명청에 이르러서 자연과의 조화라는 위대한 사상이 조금이나마 남아 있었다. 그들은 농촌의 자치 규약이라는 좁은 의미의 모습으로 나타나기도 했고, 풍수 등의 미신적인 방식으로 유행하기도 했다.

서방세계에서 지속가능한 발전에 관한 의식이 늦게 나타났다. 비즈니스와 해적 출신의 유럽인들은 환경보호를 하찮게 여겼다. 정통 벼락부자로서 그들은 자연과 타인은 모두 정복할 수 있다고 믿었다. 르네상스 시기에 이르러 영국, 프랑스 등 민족국가가 형성되기 시작했다. 이후 산업혁명이 일어났고, 유럽은 열강의 요람이 되었다. 수백년 동안 뜻하지 않았던 부의 축적과 처절한 전쟁의 승리는 과학기술에 대한 전세계적인 믿음에 휩싸이게 하였다. 1962년에 미국 생물학자 레이첼 카슨의 〈침묵의 봄〉이 출판되었다. 이 책에서는 농약 살충제 DDT가 환경을 오염시키고 파괴하는 실상을 고발하였다. 이후 미국정부는 살충제 문제에 대해 조사를 진행했고, 1970년에 환경보호국을 만들었다. 각 주에도 연이어 살충제를 생산하고 사용을 금지하는 법률을 통과시켰다. 1972년, UN은 '제1회 인류 환경회의'를 개최하여 유명한 〈인류환경선언〉을 발표하였고, 환경보호 사업은 정식으로 세계 각국 정부의 중시를 받게 되었다.

1956년, 중국 전국인민대표대회에서 삥즈秉志 등의 생물학자들은 〈정부에 전국 각 성이 천연림 벌목 금지구역을 획정할 것을 요청하고, 자연식생을 보호하여 과학연구에 제공할 필요〉를 제기하였다. 같은 해 10월, 임업부는 〈자연보호구역 획정 초안〉을 제정하였고, 전국 15개 성에서 40여 개 지역을 지정하였다. 물, 토지, 삼림, 초원, 광산, 수업어업, 생물의 종, 여행 등 중점 자원에 대해서 강제성 보호를 실시하고, 지나친 지하수 개발 지역과 생태계가 취약한 지구에서 금지구역을 정했다. 1988년 전국인민대표대회는 〈중화인민공화국 야생동물 보호법〉을 통과시켜, 멸종 위기에 놓인 야생동물에 대해 중점적인 보호를 하기로 했다. 야생동물 자원을 보호하기 위해 사냥 금지 구역을 정하고, 금지 구역 내에서 수렵활동을 금지시켰다. 1995년, 황해, 동해를 시작으로 1999년에 남해서 어로행위 휴식기 제도를 시행하였다. 그 취지는 지나친 어로행위로 어업 자원이 고갈되는 것을 막자는 것이었다. 1973년, 중국 정부는 국가건설위원회 산하에 환경보호 판공실을 두고, 각 성에는 환경보호국이 속속 건립되었다. 이후 전국적으로 DDT의 생산과 사용을 금지시켰다. 2008년에는 중화인민공화국 환경보호부가 설립되었다.

그러나 중국의 환경과 자원 현황은 낙관적이지 않다. 공기, 토양, 물 등 자연자원의 오염과 이로부터 야기되는 동식물 종류의 멸절 문제는 해결이 요원하다. 국가 존망의 큰 틀에서 보자면, 근 수십년 동안 황허의 물길이 끊기는 시간이 갈수록 길어지고 있고, 양쯔강은 상류에서 오랜 기간에 걸쳐 토사가 유실되어 더욱 커다란 '누런' 강이 되고 있다. 선현들은 실제적으로 우리에게 놀랄만한 경고를 보내고 있다. 〈국어·주어〉에 "옛날에 낙수가 고갈되어 하나라가 망했고, 강물이 말라 상나라가 망했다."고 하였다. 하지만 오늘날 많은 사람들은 여전히 무관심하다.

우리가 늘상 주변에서 보는 것은 눈앞의 이익에만 급급해서 자원을 망가뜨리는 사람들이다. 그들은 강이나 호수에서 전기나 폭약을 쓰거나 촘촘한 그물을 써서 물고기 씨를 말린다. 이와 비교해서 2000년 전에 사람의 권고를 흔쾌히 받아들인 한 군왕의 이야기는 우리들을 부끄럽게 만든다. 〈국어國語·노어魯語〉의 기록이다. "노나라 선공宣公이 그물을 사수泗水 깊은 곳에 넣어 고기를 잡았다. 이 혁里革이 그의 그물을 끊고 던져 버리고는 말했다. "옛날에 큰 추위가 찾아와 깊은 곳에 숨어살던 동물들이 활동을 시작했을 때 호수와 연못을 담당하던 관리가 그물과 대나무 바구니를 사용해서 대어나 자라 등을 잡아서 조상에게 제사를 지내고자 하였습니다. 이 때 고기를 잡을 수 있게 한 것은 지하의 양기 배출에 도움이 되기 때문이었습니다. 새가 알을 낳고 짐승이 새끼를 가졌을 때에 물고기가 자라면 산림의 짐승을 담당하는 관리는 그물을 사용하여 물고기나 자라를 잡는 것을 금합니다. 또한 말려서 여름에 식용으로 하는 것도 금합니다. 이것은 새와 짐승의 생장을 돕기 위해서입니다. 새와 짐승이 자라면 물고기와 자라는 번식하기 시작하고, 호수와 연못을 관리하는 사람은 함정을 파고 그물을 설치하여 짐승을 잡는 것을 허락합니다. 그것으로 제사용이나 식용으로 하라는 것입니다. 그리고 조그만 고기는 놔주었다가 자라고 나서 다시 잡습니다. 땔나무를 마련할 때에는 어린 묘목은 베지 않습니다. 물가에서 풀을 벨 때에는 자라지 않은 어린 풀은 베지 않습니다. 물고기를 잡을 때에는 어린 물고기를 잡지 않습니다. 짐승을 잡을 때에는 새끼나 알은 반드시 남겨 놓는다. 벌레를 잡을 때 유충이 상하는 것을 피합니다. 이런 것들은 모두 만물의 성장과 번식을 위해서이고, 옛 사람의 가르침입니다. 물고기가 한창 번식하고 있을 때에 당신이 자라도록 내버려 두지 않고 그물로 잡으려 한다면 정말 너무 욕심을 부리는 것입니다." 선공이 이 말을 듣고, 말했다. "내가 틀렸다. 이혁이 나를 바로잡아 주었다. 이 또한 좋지 않은가. 이건 좋은 그물이다. 그것이 나로 하여금 나라를 다스리는 방법을 알게 해주었다. 그물을 잘 보존하여 내가 영원히 잊지 않도록 하라. 옆에서 선공을 모시고 있던 사존師存이 말했다. "이 그물을 보존하는 것 보다는 이혁을 임금의 곁에 두어 그의 권면을 잊지 않도록 하는 게 나을 듯 합니다."

3. '의정義正' 사회의 추구

산업 자본주의의 글로벌화가 심화됨에 따라 인류 전체의 생존은 날로 심각한 도전을 받게 되었다. 자연 자원과 생태 위기, 게다가 사회분야에서의 경제위기는 이미 우리들을 향해 마지막 경종을 울리고 있다. 이런 상화에서 서방의 의식 있는 인사들은 심각한 반성을 하고 있다. 1988년, 노벨상 수상자 70%가 파리에 모여 "만약 인류가 21세기에 생존해 나가려면 2,500년 전 공자에게서 지혜를 얻어야 한다."고 선언하였다. 2007년에 빌 게이츠는 하버드 대학의 졸업식에서 다음과 같이 말했다. "인류의 가장 커다란 발전은 발견과 발명에서 나타나는 것이 아니다. 어떻게 그것을 이용하여 불평등을 해소할 것이냐이다. 어떤 방식을 통해서라도 민주, 공공교육, 의료보건, 또는 경제합작, 불평등 해소 등이 인류의 가장 커다란 성취이다."

2,500년 전에 공자와 동시대를 살았던 또 다른 사상가로서 묵자는 시공을 초월한 예언을 하는 듯 하다. 〈묵자 · 천지하〉편에 다음과 같은 기록이 있다. "하늘의 뜻을 따른다는 것은 모두를 아울러 사랑하는 것이며, 하늘의 뜻에 반한다는 것은 차별을 두어 모두를 사랑하지 않는 것이다. 모두를 아울러 사랑하는 도는 '의롭게 다스리는 것'이며, 차별을 두어 모두를 사랑하지 않는 도는 '힘으로 다스리는 것'이다. '의롭게 다스린다는 것'은 무엇을 말함인가? 그것은 큰 자는 작은 자를 공격하지 않고 강한 자는 약한 자를 업신여기지 않으며 많은 자들은 적을 자들을 해치지 않고, 사기꾼은 어리석은 자를 속이지 않으며 귀한 자는 천한 자에게 오만하지 않고, 장년은 노인 것을 뺏지 않는 것이다.… 그러면 '힘으로 다스린다는 것'은 무엇을 말함인가? 그것은 크면 작은 자를 공격하고 강하면 약한 자를 업신여기며 수가 많으면 적은 자들을 해치고, 사기꾼은 어리석은 자들을 속이며 귀하면 천한 자에게 오만하고 부하면 가난한 자들에게 교만하며 장년은 노인의 것을 뺏는 것이다. 그리하여 천하의 여러 나라들은 널리 물이나 불과 독약과 무기로써 서로를 해치게 되는 것이다. 만약 일을 함에 있어 위로는 하늘에 이롭지 못하고, 가운데로는 귀신에게 이롭지 못하며 아래로는 사람들에게 이롭지 못하면 이 세 가지 이롭지 못함은 이로운 것이란 없게 되는 것이다. 이것을 하늘의 도적이라 말한다. 그러므로 이런 일에 종사하는 자들은 반란과 혼란을 일삼는 자들이며 도둑질과 남을 해치는 일을 하는 자들이며 어질지 않고 의롭지 않은 자들

이며 충성되지 않고 은혜롭지 않은 자들이며 자애롭지 않고 효성스럽지 않은 자들인 것이다. 그러므로 천하의 악한 명칭은 다 주워모아 붙이게 되는 것이다. 이것은 무슨 까닭인가? 곧 하늘의 뜻에 반하는 것이기 때문이다.

쉽게 알 수 있듯이 묵자가 추구하는 '의롭게 다스리는' 사회는 빌 게이츠가 꿈꾸는 중국식 표현이다. 묵자는 '힘으로 다스리는' 사회에 대한 묘사에서 산업 자본주의와 사회 다원주의가 만들어내는 당대 혼란상을 분명하게 예견하고 있다. 인류 문명과 동물석 야만을 평가하는 기준은 확실한 차이가 있다. 하지만 과거 300여년간 기준은 커다란 혼란을 보였다. 지금은 어지러운 세상을 바로잡아 정상으로 되돌리는 마지막 지점에 도달하였다. 숲속에서 걸어나온 인류 구성원들이 친밀하게 손을 잡고 협력할 수 있다면 점차 위기는 해소될 수 있고, 나아가 지속발전이 가능한 광명의 길로 걸어갈 수 있다. 참으로 아름다운 천국에서 인류는 서로 사랑하고 약자를 괴롭히지 않고, 다수가 소수를 핍박하지 않으며 어리석은 이를 속이지 않고, 귀함이 천함에 대해 오만하지 않고, 부자가 가난한 이에게 교만하지 않고 장년이 노인을 수탈하지 않는다. 이제 우리는 노자가 제창한 '무위'를 쉽게 이해하게 된다. 인류 문명사회에서 강자와 약자간의 좋은 관계는 강자가 무엇을 할 수 있는가가 아니라 무엇을 안 할 수 있는가에 달려 있다.

21세기인 오늘날 옛날 이야기가 다시 재연되는 듯 하다. 당대 물질문명이 극도로 발달하고, 전세계 GDP 총액을 약 400억 위안으로 계산해 보면 대략 68억 총인구의 1인당 평균 소득은 6만 위안 정도 되고, 달러로 환산하면 8,000여 달러 정도 된다. 경제학적 관점에 근거하여 1인당 GDP가 1,000달러에서 10,000달러인 국가는 이미 개발도상국 수준에 달했다고 본다. 이 숫자는 전세계가 이미 가지고 있는 물질적 자산이 전 세계의 각 개인이 먹고 입는 데 걱정이 없는 행복한 생활을 하기에 충분한 것이다. 하지만 현실세계의 전쟁, 분규, 빈곤은 우리에게 부자를 포함한 인류 구성원의 상당수가 행복하지 않다는 것을 말해준다. 공자의 명언 "적음을 걱정하지 말고, 고르지 않음을 걱정하라."는 말은 다시 한 번 충분한 인증을 얻는 셈이다. 물질문명의 과도한 발달이 만약 억제되지 않는다면 반드시 부정적인 효과가 초래될 것이고, 그 결과는 매우 심각할 수 있다. 개인적으로 말하자면 옛 교훈이 중대한 본보기로서의 의미를 갖는다고 생각한다.

　20세기 말부터 자원 고갈과 생태 악화가 인류 앞에 가로놓인 두 가지 위기이다. 인류가 어떻게 '지속 발전이 가능한지'는 각국의 정부와 민간이 풀어야 할 숙제다. 이러한 문제들 앞에서 당대 주류 사회는 지금까지 믿을 만한 정확한 방법을 찾지 못했다. 화는 홀로 오지 않는다! 자유 산업자본주의가 마침내 상대를 물리치고 전 세계를 독식하게 되자 '번성이 극에 이르면 쇠락한다'라는 역사적 법칙을 벗어날 수 없는 것이다. 2007년에 미국에서 부상하기 시작한 금융위기는 점차 세계 각국에 영향을 미치고 있으며, 비록 다국적 중앙은행이 금융시장에 여러 차례 막대한 자금을 투입하더라도 이 금융위기가 일어나는 것을 막을 수 없을 것이다. 2008년에 이르러 이 금융위기는 통제 불능이 되기 시작했다. 그러나 이번 위기의 시작 당사자는 전혀 책임질 생각이 없다. 그들은 지금까지 조금도 반성하지 않았다. 18세기 산업자본주의의 발흥에 즈음하여 영국의 경제학자 아담 스미스는 "분란하고 질서 있는 경제 활동의 이면에는 조절하는 "보이지 않는 손"이 있다고 주장했다. 모든 사람은 본래 자신의 이익을 얻으려고 하지만, 또 하나의 "보이지 않는 손"에 이끌려 본래는 실현할 생각이 없었던 목적을 실현하고, 결국은 사회의 이익의 촉진하고 그 효과는 그들이 진정으로 실현하고자 했던 것보다 더 좋게 나타난다. "고전으로 추앙받는 이 이론의 세계는 300년이 넘고, 그 안내로 인해 교묘히 정당성을 얻었으며, 전세계 부는 지속적이고 기형적으로 소수의 손에 집중되고 말았다.

　금융위기는 서방 경제학 고전 이론의 철저한 파산을 선고하였다. 또한 '보이지 않는 손'은 진상을 백일하에 드러냈다. 경제학의 관련 이론은 사실 2,500년 전중국에서 출현했었다. 관중은 공자보다 조금 이른 관리의 대가로서, 그는 '존왕양이尊王攘夷'를 주장하면서 제환공을 보좌하여 패업을 이루어냈다. 동시에 소비를 자극하는 이론을 내놓아 경제발전을 촉진하였다. 〈관자管子·치미侈靡〉편에서 그는 다음과 같이 주장하였다. "백성들이 엄한 형벌을 감수하여 법을 어기며 복종하지 않는 것은 인성이 그래서가 아니라 곤궁하기 때문이고, 부유한 사람이 충분히 소비하면 가난한 사람이 일자리를 얻게 된다." 공자는 그의 행정 능력에 대해 칭찬을 아끼지 않았다. 하지만 그 경제이론과 처세 행위에 대해서는 혹독한 비판을 가했다. "관중은 그 그릇이 작구나!" 어떤 이가 "관중은 검소합니까?"라고 여쭈니, 공자께서 "관씨는 삼귀三歸라는 대臺를 두었으며 관의 일을 관리들에게 겸직하게 하지 않았으니, 어찌 검소하다고 하랴?"라고 말씀하셨다. 다시 "그렇다면 관중은 예를 압니까?"라고 여쭈니, 공자께서 대답하셨다. "나라의 임금이여야 나무를 심어 마당을 가리는 수색문樹塞門을 둘 수 있는데 관씨는 또한 수색문이 있었으며, 나라의 임금이여야 두 나라의 임금이 우호를 할 적에 술받침대인 반점反坫을 두는데 관씨도 또한 반점을 두었으니, 관씨가 예를 알면 누구든 예를 알지 못하겠는가?"

전체적으로 말해서 중화민족은 행운이다. 역사상 공자의 지위와 영향은 관자를 크게 넘어선다. 공자의 빛이 비추는 중국은 비록 여러가지 어려움을 겪었지만 2,000여 년간 부강하면서도 통일된 대국의 모습을 유지하였고, 근대 들어 위기를 겪으면서 마침내 열강에 의한 액운을 물리치고 점차 선진 강국의 길로 들어섰다.

4. 생물 다양화와 문화 다원화

지구상에서의 인간의 격렬한 활동으로 인해, 특히 산업자본주의가 세계화를 가속화한 이후, 다양한 생물들이 위기에 직면하게 되었다. 1985년 미국 과학자 로젠이 먼저 '생물 다양화'라는 개념을 제안했다. 1992년 브라질에서 열린 지구 최고급 회의로 '생물 다양화'가 널리 인정되어 150여 개국이 자신의 국가 내 생물의 다양화를 보호하고 다른 나라들이 같은 목표를 달성하도록 협력하기로 약속했다. 사람들은 어떤 동식물도 우리가 병을 치료하거나 새로운 식량작물을 생산할 수 있도록 도와주는 것과 같은 의도하지 않은 효용을 예상할 수 있다고 생각한다. 종과 그 생태 환경을 보호하기 위해 인류는 많은 대가를 치러야 하지만, 만약 보호를 하지 않으면 어떤 재앙에 직면하게 될지 예측하는 사람은 아무도 없다. 현재의 인식으로 볼 때, 인간의 활동에 필요한 자원과 생명에 필요한 영양은 반드시 다양한 생물시스템에 의해 제공되어야 하며, 인간을 포함한 모든 생물의 생존을 위해 다양한 종들이 함께 보호되어야 한다.

슬프게도 '생물다양화'라는 개념이 과학적으로 입증되고 세계적으로 찬사를 받는 와중에도 '문화 다원화'는 여전히 의견이 분분하다. 인문학과에서 발언권이 오랫동안 사회 다원주의에 휘둘리면서 심각한 오류가 많았다. 동물의 세계에서 생존경쟁이 빚어내는 자연도태는 인류사회에서도 보편적 현상이라는 게 사회 다원주의의 핵심 개념이다. 인간이 진화하는 과정에서 열등하거나 낙후된 인종과 문화는 모두 소멸되어야 한다는 게 사회 다원주의가 받드는 논리이다. 이러한 사상의 주도하에, 아메리카 인디언 문화는 유럽 아리안 사람들의 '발견'과 정복을 필요로 할 뿐만 아니라, 아시아의 인도와 중국 문화도 모두 유럽 아리안 사람들을 위한 '발견'과 정복을 당할 처지에 놓여 있었다. 유럽 아리아인들 내부에서 발생한 두 번의 세계 대전으로 인해, '사회 다원주의'는 1945년 이후 더 이상 유행하지 않게 되었다. 하지만 이것에 종지부를 찍지 않고 철저히 자취를 감추지는 않을 것이 분명하다. 제2차 세계대전 이후 서구 열강의 식민주의는 겉으로는 역사 속으로 빠져나간 것처럼 보였고, 그렇지 않았다면 금전추구와 힘 숭배, 과학기술 미신 등으로 전 세계를 풍미한 시점에서 식민주의는 어느새 외향적 자기변환의 과정을 마쳤다.

영어는 당대 세계의 주요한 교류의 도구로서 당연히 배워야 하고, 구미 문화는 당대의 세계 주류 국가의 문화로서 외면할 수 없다. 그러나 우리가 자신의 언어를 얕잡아 봐야 하는지, 자신의 문화를 망가뜨려야 하는지에 대해서는 역사가 명확한 답을 내놓았다. 100여 년 동안 중국인들이 서양에서 배우는 것이 철저하지 못했다고 할 수 없다. 중국어 폐기, 한의사 폐기, 중국 전통 폐기에 대한 외침은 이미 서양인이 아닌 많은 고급 중국인의 자발적인 목소리에서 나온 지 오래다.

우리는 중국 전통 건축물을 가차 없이 헐고, 시시각각으로 '유럽대륙풍'을 만들어 부러움을 받지 않는 패션 하우스를 지을 수 있도록 하고, 차가운 찬바람을 참고, 옷깃이 크게 열리는 양복을 사기 위해 천금을 들였다. 이제 진지하게 생각할 시간이다. 과학이 진보했다고 자부하는 많은 상황에서 우리는 과연 무엇을 얻었는가, 또 뭘 얻었는가를 말이다.

누군가가 우리에게 인도에 대해 배우라고 하는데, 여기서는 항상 무엇을 공부해야 하는지에 대해 논의해 봐야 한다. 4대 고대 문명국 가운데 하나인 인도는 높은 성취를 거뒀고, 이로부터 탄생한 불교문화는 한 때 동양 전체에 영향을 미쳤으며, 동한부터 송대에 이르기까지 많은 중국인이 '서방'을 이상적인 '정토淨土'로 여겨왔다. 그러나 오랜 침략과 식민 이후 인도인들은 점차 문화적 자신감을 잃고 순종을 배웠다. 11세기부터 무슬림 민족은 끊임없이 침입하여 인도를 오랫동안 통치했다. 1526년에 무갈Mughal 제국이 인도에 세워졌지만, 통치자는 돌궐 혈통을 가진 몽골인이고, 공식 언어는 페르시아어이다. 1,600년에 인도는 영국에 의해 침입당했다. 1947년 6월, 영국은 인도를 인도와 파키스탄 두 개의 자치령으로 나누었고, 같은 해 8월 15일에 인도와 파키스탄으로 나누어졌다. 1950년 1월 26일 인도 공화국이 설립되었지만, 이 인도는 이미 인도, 인도인, 특히 그 상위 계급이 아닌 대체로 이미 자신의 모국어를 잊었고, 모두 영어를 말하는 것을 영광으로 여기고 있다. 인도의 휘황찬란한 역사 속에서 쉽게 파괴되지 않는 몇몇 금이나 돌로 된 물질이 잔존한 것을 제외하고는 대부분의 기억이 희미해졌다. 심지어 법현法顯의 〈불국기佛國記〉와 현장玄奘의 〈대당서역기大唐西域記〉가 인도 역사의 주요 교과서가 되었지만, 소책자는 본래 인도문화를 참배한 동방 학문 탐구자의 여행기에 불과했다. 서양 문화를 배운다는 점에서 인도인들은 불완전하다고 할 수는 없다. 그들은 결국 서양의 '과학과 민주'를 통째로 받아들였고, 찬란한 전통문화를 들는 일은 한 걸음 한 걸음 무너지고 말았다.

이웃으로서 비슷한 전통과 경험을 가진 나라로서 중국이 인도에 비애를 느끼지 않을 수 없고, 중국인은 더욱 교훈을 얻어야 한다. 실제로 인도를 제외한 바빌

로니아 이집트 미주 등 고대 문명의 소멸은 인류 전체에 헤아릴 수 없는 피해를 안겨주었다. 결국 세계는 이들에 대해 슬퍼하지 않을 수 없고, 각국은 그 속에서 교훈을 얻어야 한다. 너무 거창한 서사지만 대체로 '문화 다양화'라는 원칙에서 출발한다. 우리는 '문화 다양화'가 '생물 다양화'와 같은 합리성을 가지고 있고, '생물'이 '자연'에서 유래한 것처럼 '문화'를 낳는 온상도 '자연'이라고 생각한다. '문화'의 창조자는 '사람'인 반면 '사람'은 자연 속의 '고급 생물' 중 하나에 불과하기 때문이다. 300만 년 전 시작된 '제4기'로 거슬러 올라가면 생물의 자연학과와 문화를 연구하는 인문학과의 벽을 넘지 못한다는 사실을 알게 될 것이다. 제4기(200만년 전부터 현재까지 이르는 지질 시대)에서는 북반구의 높은 산에서 대규모의 빙하 활동이 나타난다. 빙하의 확대와 후퇴는 추운 빙기와 따뜻한 간빙기를 형성하고, 양자의 여러 번의 교체로 인해 해수면의 대폭적인 상승, 기후대의 이동과 동식물의 이주 또는 절멸과 같은 사건이 발생하였다. 따라서 제4기 지질학 연구는 구석기 시대 고고학 연구에 필수적인 근거가 된다.

19세기 중엽 이후, 전쟁에서의 여러 번의 참패로 중국인들은 침통한 반성을 하게 되었다. 양무운동, 무술변법운동, 그리고 새로운 문화 운동은 대체로 실패를 알리는 슬픈 노래가 되고 말았다. 눈물범벅의 흐릿한 눈 속에서 증국번曾國藩, 이홍장李鴻章은 중국의 기물은 인간보다 못하다고 말했고, 강유위康有爲, 양계초梁啓超는 중국의 제도가 인간보다 못하다고 말했으며, 후스胡適가 가장 철저하게 말하니, 우리들의 만사가 다른 사람만 못하고, 우리의 과학기술은 다른 사람만 못하며, 문학도 마찬가지, 건축도 마찬가지, 몸도 마찬가지로서 우리는 아무 것도 남보다 나은 것이 없고, 이렇게 인정을 해야만 우리는 비로소 죽어라고 남들에게 배울 수 있다고 외쳤다.

이러한 깊은 반성으로부터, 중국은 장기간에 걸쳐 서구화되어 20세기 말에 이르렀다. 오늘날 중국의 물질문명 건설은 큰 성과를 거두었고 경제적으로는 엄연히 세계적인 거물이 되었다. 그러나 중화민족은 이미 세계 유수민족의 숲에 우뚝 선 것일까? 중국은 과연 문화적으로 세계 강국이라고 할 수 있을까? 국토의 안전이 침해당하지 않고 국민의 생계가 걱정되지 않는 현실에서 민족 자신감의 재건이 가장 시급한 일이었을지 모른다. 양슈쯔楊叔子 교수는 인문 문화는 한 민족의 신분증으로, 선진 과학기술이 없으면 우리는 한 방에 무너질 것이고, 인문정신과 민족전통이 없으면 한 나라, 한 민족은 스스로 무너지고 만다고 정확하게 말했다. 이웃인 인도의 전례는 별로 주의깊게 보고 있지 않는 듯 하다.

세계 고대 문명국 가운데 유일하게 8,000년 동안이나 지속되어 온 나라가 어찌 제대로 된 곳이 하나도 없겠는가? 인류 대가족의 주요 구성원 중 하나인 중국의 지속 가능한 성공에 대한 역사적 경험을 세계 각국 사람들이 공유하도록 해야 한다. 언어와 문자는 역사적 경험의 주요한 담지체이다. 중화민족은 세계에서 가장 경험을 총결산하는 민족으로, 중국은 세계에서 가장 방대한 문자 사료를 축적하고 있다. "지난 일을 잊지 않으면 뒷일의 스승이 된다." 역사 속의 중국인들은 대규모 이민 운동도 있었고, 많은 물질적 부를 버린 적도 있지만, 자신의 언어를 결코 포기하지 않았다. 객가의 경우, 그들은 천 년 동안 북에서 남으로, 한 걸음씩 땅을 옮겨 다녔다. 천신만고의 험난한 여정 속에서도 그들은 "조상의 땅을 팔지언정 조상의 말을 잊지 않겠다"는 위대한 집단기억을 굳건히 지키고 있다. 객가인은 중국 이민사상 가장 장엄한 글을 썼고, 이들의 문화적 고수는 중국의 다른 족속으로부터 보편적인 존경과 존경을 받았다. 중원의 전통을 계승하여 이주지에서 만들어진 '복건 토루'가 2008년 세계유산으로 등재되면서 그들은 당연히 전 세계의 찬사와 존경을 받았다.

5. 조셉 니담의 난제와 기교

이제 우리는 수십 년 동안 중국인들을 괴롭혔던 유명 문제였던 '조셉 니담의 난제'로 방향을 틀었다. 조셉은 영국의 저명한 생화학자로 중년 시절 중국의 고대 과학과 기술, 의학을 연구했다. 자신이 펴낸 〈중국 과학 기술사〉에서 그는 엄숙하게 질문을 던졌다. "만약 내 중국 친구들이 지능적으로 나와 완전히 같다면, 왜 갈릴레오, 토리첼리, 스테빈, 뉴튼 같은 위대한 인물들은 모두 유럽인이지 중국인이나 인도인이 아니었을까?" "왜 근대과학과 과학혁명은 유럽에서만 일어났을까?" "왜 중세기까지 중국이 유럽에 비해 앞서 가다가 나중에 유럽인들에게 주도권을 뺏기게 되었을까?" 토론을 용이하게 하기 위해서, 이 난제는 전후의 두 부분으로 나누는 것도 무방하다. 일반적으로 말해서, 인류 활동의 모든 내용은 시간과 공간이라는 두 가지 제약을 피할 수 없지만, 우리는 우선 지적해야만 하는 것은 '조셉 니담의 난제의 전반부는 공간만을 다루며 시간을 무시하며, 후반부는 시간만 다루며 공간은 무시한다는 것이다.

　관련 사실을 먼저 살펴보자. 고대 문명국가로서 역사적으로 중국은 과학기술에 눈부신 업적이 있었고, 세계가 주목하는 4대 발명품 외에도 세계를 앞서가는 과학적 발명과 발견이 100가지나 더 있다. 미국 학자 로버트 템펠은 〈중국, 문명의 나라〉에서 "노벨상이 중국 고대에 이미 설립돼 각종 상금을 받게 된다면 그 주인공은 논쟁의 여지 없이 모두 중국인이 될 것"이라고 썼다. 또 서기 6세기부터 17세기 초까지 세계의 중대한 과학기술 성과 중 중국이 차지하는 비중은 54% 이상으로 집계되었다. 위의 사실들에 근거하여, 인류 역사의 긴 강 중 또 다른 단락을 고른다면, 우리는 "조셉 니담의 난제"의 전반부에 대해 "내 유럽 친구들이 나처럼 지적으로 완전하다면, 왜 4대 발명과 같은 위대한 발명가가 모두 유럽인이 아닌 중국인일까, 왜 고대 과학과 과학 혁명이 주로 중국에서 일어났을까"라는 질문을 던질 수 있을까?

　"조셉 니담 난제"의 후반부에 대해서, 우리는 인류 역사에서 도출해낼 수 있는 보편적 법칙을 끌어들일 필요가 있다. 그것은 바로 문명 발전의 궤적은 일직선 발전이 아닌 파상이라는 것이다. 흥망성쇠의 기복은 주기적으로 변하며, 전반적으로 그렇다. 역사는 우리에게 자연과 사회의 발전에는 모두 오르막과 내리막이 있으며, 지구상의 어떤 지역에 대해서도 '번성함이 극하면 쇠하여지고, 불운이 극에 달하면 행운이 온다'라는 법칙에 예외가 없다는 것을 알려준다. 고고학적 성과는 신석기 시대의 서아시아와 북아프리카 문명이 유럽 문명의 아버지라고 할 만했지만 기원전 2세기에 이르러서는 로마제국에 위치하도록 하였다는 것을 보여준다. 그렇다면 "왜 2,100년 전까지만 해도 서아시아와 북아프리카가 유럽보다 앞서 있다가 나중에 유럽인들이 주도권을 잡도록 만들었느냐"고 반문할 수도 있다.

"조셉 니담 난제"의 후반부에 대해서, 우리는 인류 역사에서 도출해낼 수 있는 보편적 법칙을 끌어들일 필요가 있다. 그것은 바로 문명 발전의 궤적은 일직선 발전이 아닌 파상이라는 것이다. 흥망성쇠의 기복은 주기적으로 변하며, 진만직으로 그렇다. 역사는 우리에게 자연과 사회의 발전에는 모두 오르막과 내리막이 있으며, 지구상의 어떤 지역에 대해서도 '번성함이 극하면 쇠하여지고, 불운이 극에 달하면 행운이 온다.'라는 법칙에 예외가 없다는 것을 알려준다. 고고학적 성과는 신석기 시대의 서아시아와 북아프리카 문명이 유럽 문명의 아버지라고 할 만했지만 기원전 2세기에 이르러서는 로마제국에 위치하도록 하였다는 것을 보여준다. 그렇다면 "왜 2,100년 전까지만 해도 서아시아와 북아프리카가 유럽보다 앞서 있다가 나중에 유럽인들이 주도권을 잡도록 만들었느냐"고 반문할 수도 있다.

기원전 5세기에서 서기 3세기까지를 돌아보면, 전국 시대 및 진한秦漢과 그리스 로마 시기에 중국과 유럽의 양대 문명이 호응했다. 그러나 7~9세기 중국의 대당大唐 문명은 고대 세계의 눈부신 업적을 만들어냈으나 유럽의 서로마제국은 멸망하고 동로마제국은 신흥 이슬람 무장의 압력을 받아 가까스로 그 세력을 보존하고 있었다. 그렇다면 "왜 1,700년 전까지만 해도 유럽은 세계의 한쪽 끝에 군림했다가 중국인과 아랍인에 앞서 주도권을 잡게 되었는가"라고 반문할 수도 있다. 이쯤 되면, 해답은 사실 이미 나와 있다. '조셉 니담의 난제'는 말 그대로 거짓 명제이다! 제대로 살펴본다면, 17세기에서 20세기의 선진 국가가 이미 정체에 빠져 있고, 중국이 이제 굴기하고 있는 것을 볼 수 있다. 옛날 침체에 빠져 있던 나라가 빠른 속도로 파고를 넘고 있다. 공자는 "사람은 먼 염려가 없으면 반드시 가까운 근심이 있다."고 말했다. 인간의 직립보행의 역사는 100만년을 넘어섰고, 지금으로부터 10만~3만년 전의 호모 사피엔스는 뇌의 용량이 현대 인류와 거의 같다. 지금으로부터 10만 년 전, 인류는 아프리카에서 유럽, 아시아 각지로 뻗어나 갔는데, 이처럼 아득하고 복잡한 시간과 공간 속에서 여러 차례의 파란과 기복이 일어났고, 다소의 흥망성쇠가 있었다. 20세기의 인류는 자신이 처한 시대를 과중 하게 여기는데 편파적이거나 지나친 나르시시즘이 있는 것은 아닐까? 과학자인 조 셉 니담이 시간의 중요성을 너무 소홀히 여긴 것은 아닐까? '조셉 니담의 난제' 토 론에 열을 올리는 학자들이 좀 더 먼 곳으로 시선을 돌려도 될지 않을까?

'조셉 니담의 난제'라는 거짓 명제에 밀접하게 관련된 것은 중국인 자신이 관 련된 '기묘한 기예와 음험한 재주'라는 전통 관념과 연관된 토론이다. 〈상서尚 書 · 태서하泰誓下〉에는 주나라 무왕이 은나라를 정벌하기 전에 은나라 주왕의 시 대의 흐름에 역행하는 갖가지 행동을 나열하면서 최종적으로 '기교를 부리고 음 험하게 행하여 부인을 기쁘게 한다'고 비난했다는 기록이 실려 있다. 청나라 관 동管同은 〈서양 물건 사용금지 논의〉에서 "옛날 성왕의 시대에는 복식이 제정되 어 있어서 기교를 부리고 음험하게 행하는 자는 주살되었다."고 기록하고 있다.

1840년 아편전쟁의 패배로부터 얼마 전까지, '기묘한 기예와 음험한 솜씨'라는 논법은 자칭 선진국임을 자부하던 중국인들에 의해 통렬하게 비판받았고, 심지어 는 160년 동안 중국이 당한 모든 치욕은 전부 이것으로 귀결되었다. 그러나 중국 문화에서 물질적 작용을 너무 경시하는 통념은 일종의 편파적이고 부당함을 부 인할 수 없다. 이러한 관념은 많은 당시 앞선 기술 발명들로 하여금 실용적인 측 면의 향상을 효과적으로 추진하지 못하게 하였으며, 시간이 지날수록 문인과 장 인匠人 사이의 습관과 습관의 벽을 허물고 기재를 소홀히 한 것이 유감스러운 장 기간의 매몰을 초래했다. 어느 정도 중국 근대의 덕목을 겸비한 명사들이 전통문 화에 대해 가차없이 비판을 가한 것은 이 같은 고민에서 비롯된 것으로 보인다. 예를 들어 루쉰은 이렇게 말했다. "우리는 화약을 발명해서는 불을 피우는 데 썼 고, 나침반을 발명하고서는 풍수를 보는 데 사용하였다."

중국 전통 문화에서는 문을 중시하고 무를 경시하여 문과 무는 배열에서 높고 낮음이 즉시 판단되었다. 문관은 줄곧 무장의 앞에 섰고, 도시에서 문묘는 무묘武

廟보다 훨씬 크다. 문인들의 마음에 만권의 책을 읽는 것이 공리를 뛰어넘는 이상이었고, 서민 계층에서는 '훌륭한 남자는 군인이 되지 않는다'는 격언이 있을 정도였다. 중화문명이 문약한 기질이 있는 것은 분명하다. 북송 시대에 문文의 기운의 과도하게 흘러넘쳐 국토의 절반을 잃는 수모도 겪은 바가 있다. 17세기 이전의 유럽은 사실상 그럴듯한 전통문화가 없다는 것을 알 수 있다. 1616년에 사망한 세익스피어는 근대 영어의 기초를 놓은 인물이다. 1066년에 노르만 정복 후 300년간 영국 국왕은 프랑스어로만 말했다. 1337년부터 1453년까지 프랑스의 광대한 땅이 영국에 의해 점령되고, 프랑스 왕이 포로로 잡혔다. 16세기 초에야 민족국가가 형성되기 시작하여 17세기 후반 루이 14세 시대에 마침내 중앙집권이 이루어졌다. 물론 로마제국이 붕괴된 이래 유럽의 역사는 공백이 아니라 단지 우리가 그 속에서 본 가장 현저한 것은 문화가 아니라 끝없는 약탈, 전쟁, 학살 그리고 정복이었다. 이에 대해 중국어로 정확히 표현하면 유럽 역사의 고전적인 장면은 주로 무력의 과장된 묘사이며 문화보다는 '무화武化'라고 할 수 있다.

문화민족이 '무화武化'민족과 충돌할 때 결과는 자명하다. 역사를 되돌아보면, 우리는 이것이 불행하고 순환 반복한다는 사실을 알게 된다. 그러나 불행 중 다행인 것은 역사의 장기적 관점에서 보면 '무화'의 승리 성과는 언젠가는 시들고, 문화의 긴 강물은 무궁무진하게 영원히 흐른다는 점이다. 중국처럼 평화로운 민족에게 침략과 패전은 고통이지만, 본질적으로는 우리 자신의 잘못이 아니며, 더욱이 우리 조상들의 잘못도 아니다. 속담에 '아들은 어머니가 못생겼다고 싫어하지 않는다.'고 했다. 한 때 한 곳에서 궁색한 일을 당했다고 해서 종일 조상 탓만 하는 사람이 있다면 영웅호걸이라 하기 어렵다. '오랑캐의 좋은 기술을 배워 오랑캐를 제압하는 것'은 필요한 일이다. 그대는 오늘날 중국이 이 방면에서 근본적인 성공을 거둔 것을 보지 못했는가? 중국이 대국으로 굴기하는 시점에 우리는 자신의 전통문화에 대해 자신감을 가져야 하며 더욱이 우수한 요소를 계승하고 드높여야 한다. 편안하지 못한 세계를 마주 대하며 중국은 자기 나름의 공헌을 해야 한다.

‘사악하고 음험한 기교’는 원래 선진 기술에 대한 단순한 비판이 아니라 지나치게 기묘한 주먹다짐을 지적하는 것이다. 예를 들어 묵자 자신은 어릴 때부터 조상 전래의 기술을 전수받아 고명한 목공 장인과 걸출한 기계 제조가가 되었지만 그는 그것으로 유명하지 않았다. 묵자는 동시대 유능한 장인(노반魯班)들과 논쟁하는 대목에서 시공을 초월한 예지를 생생하게 표현했다. 〈묵자墨子 · 노문편魯問篇〉의 기록이다. "공수자公輸子가 대나무를 깎아서 까치를 만들었는데, 성공하여 까치가 날아올랐으나 사흘 동안이나 땅에 내려앉지 않았다. 공수자는 스스로 지극히 교묘하다고 생각하였다. 묵자가 이 때 공수자에게 말했다. "당신이 까치를 만든 것은 공인이 수레빗장을 만든 것만도 못하오. 공인은 잠시 동안에 세 치의 나무를 깎아서 오십 석石의 무게를 실을 수 있는 수레에 쓰이게 하오. 그러므로 사람이 이룬 공이 사람들에게 이로운 것을 사람들이 이를 일러 교묘하다고 말하고 사람들에게 이롭지 않은 것은 졸렬하다고 하는 것이오." 중국 사상사에서 묵자로 대표되는 묵가는 과격함으로 인해 세상에 용납되지 않았다. 묵자학파가 너무 일찍 역사의 주류에서 물러난 것은 중국 문화의 커다란 손실이다. 묵자의 영향은 공자와 노자에 미치지 못하지만 그 몇몇 관념은 사라진 적이 없다. 상술한 것은 정교함과 졸렬함에 대한 깊은 사고와 변별이 있어서, 서주에 이어 청나라 말기에 이르까지 이어졌고, 오늘날에도 여전히 광채가 남아 있다.

신석기 건축의 다양화

1. 남부 평원 습지의 간란식干欄式 가옥
2. 서북 황토고원의 횡요橫窯와 수혈竪穴
3. 중원 구릉 비탈의 반지혈 주택
4. 동부 구릉 비탈의 반지혈 배방

신석기 건축의 다양화

　고대 인류의 종적은 온순한 하곡 지대에서 빈번하게 나타난다. 양쯔강 싼샤三峽의 '무산인巫山人', 윈난雲南의 '원모인元謀人', 샨시山西 루이청芮城의 서후도西侯渡, 허베이河北 양위안陽原의 니하만泥河灣, 네 곳은 지금으로부터 200만년 전의 고대 인류 유적지로서, 오랜 된 분지의 주변에 위치해 있고, 북위 25도에서 40도 사이에 분포되어 있다. 우리는 이것이 우연이 아니고 조상들이 오랜 기간 돌아다닌 끝에 경험과 심사숙고를 거친 이성적 선택이라고 믿는다. 인류는 천성적으로 안전한 느낌에 대한 심리적 요구가 있는데, 이것이 조상들로 하여금 보호를 받을 수 있는 지형을 선택하게 하였고, 기후가 좋은 구릉 동굴이 가장 적합했었던 것이다. 험준한 고산은 적당하지 않았고, 광활한 평원과 사막도 예측하기 힘든 어려움이 있었을 것이다. 자연적으로 만들어진 동굴은 인류에게 최초의 집을 제공하였다. 〈주역·계사〉에 이르기를 "상고 시대에는 동굴과 들판에서 거처하였다."고 하였다. 베이징 저우커우디엔周口店(삽도 3-1)으로부터 동굴 유적지는 남북으로 나뉘어, 랴오닝성, 꾸이저우성, 광둥성, 후베이성, 장시성, 쑤저우와 저장 등지에서 발견되었다. 불의 도움을 받아 동굴 거주인들은 춥고 긴 빙하기를 넘겼다. 지금으로부터 대략 만 년 전에 마지막 빙하기가 지나가고 인류는 서로 다른 건축 양식을 이용하여 천연 동굴의 속박에서 벗어나 서로 다른 지역의 생존 수요를 만족시켰다. 최근의 고고 발굴 작업에서 사람들은 항상 신석기 시대의 인류가 이미 돌 도구만을 이용하여 건축의 기본 문제를 해결하였고, 많은 측면에서 후세에게 깊은 영향을 미쳤다는 사실을 놀라움 속에 발견하곤 한다.

[삽도 3-1] 베이징 저우커우디엔 유적지

과거에 학계에서는 중화문명의 기원이 황허 유역이고, 그 밖의 지역은 야만 지역이라고 여겨 왔다. 20세기 후반에 양쯔강 유역의 고고학적 발견에 따라 사라진 문명이 찬란하게 떠올랐고, 과거의 오해는 점차 바로잡혔으며 중화문명의 역사는 다시 쓰여지게 되었다. 곧 이어 학계에서는 기본적인 공통 인식을 가지게 되었다. 중화문명을 길러내고 끊임없이 발전시킨 것은 황허와 양쯔강이라는 양대 강이거나 또는 중국의 두 강 유역이라 할 수 있다는 것이다.

서랴오허西遼河 유역의 고고학적 발견에 따라 학계의 중화문명에 관한 연구도 진전이 있었다. 다른 기준에 근거하여 중국의 신석기 문화를 3대 구역으로 나눈 학자도 있었다. 일본의 아키야마 신고秋山進午와 코모토 마사유키甲元眞之는 경제 유형을 기준으로 황허 유역의 잡곡 구역, 양쯔강 유역의 벼농사 구역, 서랴오허 유역의 사냥과 어로 구역으로 나누었다. 타이완의 덩슈핑鄧淑苹과 양메이리楊美莉는 옥기의 특징을 기준으로, 서부, 동북부, 중남부 등의 3대 구역으로 나눴다. 옌원밍嚴文明과 궈따순郭大順은 대표적인 도자기를 기준으로 동형관筒形罐 위주의 동북 사냥과 어로 문화구역, 발분격鉢盆鬲 위주의 중원 농업구역, 정鼎 위주의 동남 연해 농업구역 등으로 나눴다.

본문에서는 건축을 시작점으로 하여 중국 신석기 문화의 지역별 특징을 토론해 보고자 한다. 문화의 담지체로서 건축과 지리, 지질과 기후 등의 자연 조건간의 연계가 경제 유형이나 옥기 또는 도자기 등과 연계보다 더 강할 것이다. 초기 건축의 몇 가지 요소, 재료나 구조나 공간 등은 모두 자연 조건에 의해 결정된다. 건축의 생성 특성이 강하면 강할수록 지리와 지질, 기후 간의 연계는 더 긴밀해지게 마련이다. 최근의 고고학적 성과는 대체로 황허, 양쯔강, 서랴오허 등 3대 지역의 물질적인 유물을 밝혀냈고, 동시에 각 문명 간에 발생할 수 있는 충동과 융합을 다루었다. 이를 기초로 하여 건축 구조, 기능, 형식에 대한 분석을 가하여 우리는 신석기 시대의 건축을 4대 유형으로 나누었는데, 그 중의 모습은 현재 고고학자들이 그려내는 것과 완전히 같지는 않다. 이 4대 유형 각자의 특징은 다음과 같다.

1. 남부 평원 습지의 간란식 가옥
2. 서북 황토고원의 가로로 된 가마와 세로로 된 굴
3. 중원 구릉 비탈의 반지하 동굴집
4. 동부 구릉 비탈의 반지하 단층집

1. 남부 평원 습지의 간란식干欄式 가옥

"낮은 지역의 사람들은 나무위에 새집처럼 집을 만들어 살았다." 고온다습한 남부 평원의 습지에서 안전과 건강을 위하여 인류는 조류의 거주방식을 개량하여 나무의 둥지와 비슷한 '간란식干欄式' 건축을 만들어냈다. '간란'은 한문으로 된 역사책에서 고대 백월족百越族의 집에 대한 음역으로, 문화학자 린허林河의 연

[삽도 3-2] 팽두산影頭山 집터

구에 따르면, '간'은 '메벼'에 해당하고, '란'은 복도를 낀 건물로서, 합치면 벼농사를 하는 민족의 복도를 낀 건물'이라는 의미이다. 백월족의 분포 지역에서는 간란식 건축 유적지가 발견된다. 이 건축은 현지에서 쉽게 구할 수 있는 목재로 사각형이나 장방형으로 둘러싸인 공간을 만들고, 지붕에 나무껍질이나 나뭇잎 또는 띠풀로 덮어 고온다습한 기후에 인류가 살아가기에 적합하다. 그 구조는 가볍고 조립하기도 쉬워서 훗날 중국 고대 양대 구조 가운데 하나인 '천두식穿斗式'으로 발전했다. 그 특징은 가로기둥을 서로 연결하여 틀을 세우고 나서 횡목과 도리를 이용하여 연결한다는 것이다.

　물자가 풍부한 양쯔강 중류에서 신석기 문화가 발달하였는데, 최초 기원 시간은 8,000년 전이지만 결국 청동기 문화에 의해 밀려나게 되었다. 이것이 바로 량후兩湖 평원이 길러낸 4,000년에 달하는 문화로서, 팽두산影頭山, 성배계城背溪, 대계大溪, 굴가령屈家嶺으로부터 석가하石家河에 이른다. 풍양 평원 중부의 팽두산 문화 유적지에서는 차례대로 배열되어 있는 직사각형의 지혈식地穴式 주택지가 발견되었다.(삽도 3-2) 팽두산 문화 유적지는 하류의 충적 평원과 호박湖泊, 소택沼澤의 중

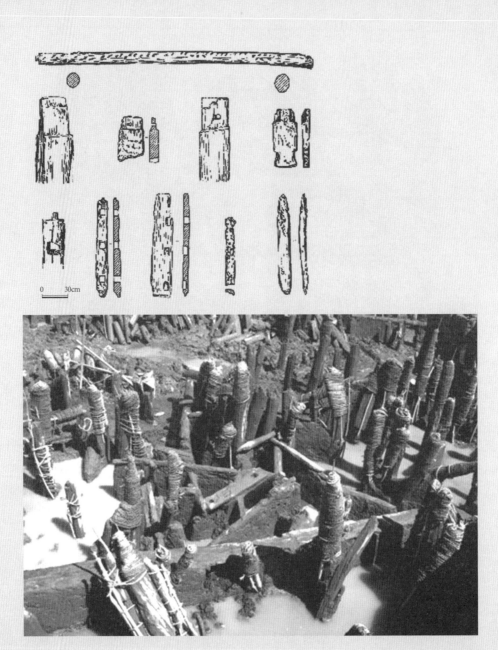

[삽도 3-3] 하모도 유적지에서 출토된 토목 부속품(상)

[삽도 3-4] 지엔촨劍川 유적지(하)

간 지대에 위치해 있고, 해발 31m로서 주변의 지면보다 약 1~2m 높다. 장방형으로 남북 길이 210m이고, 면적인 3m²로서, 주변에 도랑으로 둘러싸여 있다. 유적지 안에는 높은 건축물이 있고, 방들이 줄지어 있으며 구조는 간란식이 주를 이룬다. 줄지어 조합된 간란식 주택 유적은 오늘날 말하는 주택이라고 할 수 있다.

양쯔강 하류와 서남쪽 더 넓은 범위에서 더 많은 발견이 이루어졌다. 지금으로부터 약 6,900년 된 절강 여요의 하모도 유적지에서 간란식 건축의 부속들이 대량으로 남아 있고, 정리된 것으로는 주로 말뚝, 바닥, 기둥, 대들보, 서까래 등이다. 그 중에서 수백 건 이상의 퍼즐은 그 정교한 정도가 오늘날 못지 않다.(삽도 3-3) 지금으로부터 5,000년 된 장쑤 하이안海安의 유적지에서는 많은 양의 나무 부속 유적이 발견되었고, 그 중에 말뚝과 둥근 막대기와 목판 등은 당시 가옥의 잔여물들로 추측되는데, 이것은 지금까지 발견된 것 중에서 지리적으로 가장 북쪽에 위치한 유적지이다. 타이후太湖 동쪽에서 지금으로부터 4,200년 된 장쑤 우장吳江의 유적지에서 97 F1 집터가 발견되었다. 말뚝을 세우고 판을 깐 간란식 건축으로 비교적 온전한 모습으로 드러났다. 지금으로부터 3,500년 된 윈난雲南 지엔촨劍川 하이먼커우海門口 유적지(삽도 3-4)에서 간란식 건축 두 곳이 발견되었는데, 그 가운데 하나는 보존 상태가 양호하다.

하모도河姆渡 유적지에서 발견된 말뚝의 분석해본 결과, 당시에 최소한 6조의 건축물이 있었고, 동남쪽 방향으로 배치되어 있었으며 물을 등지고 있었고, 세로축이 등고선이 평행으로 되어 있었다. 그 가운데 한 조는 깊이가 23m가 넘고, 깊이는 6.4m에 넓이가 1.3m에 달하는 복도가 있었다. 이것이 바로 전형적인 '장옥長屋'이다. 장옥은 현관식 방의 조합으로 이루어져 있고, 또는 한 집의 소유로 되어 있었다. 구조의 편리함을 추구하여 '장옥' 지붕의 정중앙은 세로 방향 중앙의 꼭대기에 위치하게 되고, 위로부터 아래로 배수를 하게 된다. 출입구는 반드시 전체 평면에서 비교적 좁은 쪽에 설치하는데, 후대 중국에서 보이는 방법과는 많은 차이를 보인다. 이렇게 하여 지붕은 독특한 등마루는 길고 처마는 짧은 스타일을 보인다. 장시江西 칭장淸江의 신석기 유적지에서 출토된 도자기로 제작된 간

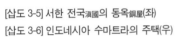
[삽도 3-5] 서한 전국滇國의 동옥銅屋(좌)
[삽도 3-6] 인도네시아 수마트라의 주택(우)

란식 건축 모형은 지붕이 이런 스타일로 되어 있다. 이런 지붕과 현관식으로 조합된 배치는 밀접하게 관련되어 있어, 배치가 바뀌게 되면 이런 스타일의 지붕도 존재의 의미가 사라지게 된다. 윈난 진닝晋寧에서 발견된 청동 간란 건축 모형의 옥상은 이런 스타일로 되어 있는데, 그로부터 초기의 특징을 보존하고 있음을 볼 수 있다.(삽도 3-5)

오늘날 동남아시아 열대 우림에서는 말레이시아 동부에 있는 사라와크주에 있는 것과 같이 장옥이 물가에 지어져 있는데, 말뚝이 생활공간을 지면 위로 2~3m 떠받치고, 아래에서는 짐승들을 기른다. 바닥은 베란다. 거실, 복도 등의 세 부분으로 나뉜다. 복도는 가족활동의 중심이자 응접실이며, 장옥이 길면 길수록 가족은 번성하는 것이다. 가족은 추가로 수입된 후에는 긴 방이 계속 늘어나며, 긴 집일수록 가문이 번창했다. 인도네시아 수마트라 주택(삽도 3-6), 과 브루나이 수상주택(삽도 3-7)도 마찬가지이다.

남방건축의 전형으로서 '장옥'의 주된 특징은 기둥을 세운 고가식 구조와 띠

[삽도 3-7] 원차이의 수상 주택

모양의 배치, 그리고 등마루가 길고 처마가 짧은 지붕으로 함께 유기적인 전체를 이루고 있다는 점이다. 세 가지 특징을 구체적으로 분석해보면 생활공간을 기둥을 세워 공중에 띄운 것은 인체 건강을 고려해서이고, 등마루가 길고 처마가 짧은 지붕 구조는 주로 비를 피하기 위해서이며, 띠 모양의 배치는 전체적인 안정성을 고려한 것이라는 점을 알 수 있다. 요약하기면 그것들이 처음 출현하게 된 주된 이유는 모두 물질적 측면의 불가피한 점들이었다. 하지만 이러한 건축적 특징이 충분히 오래 지속될 경우, 그 안에서 생활하는 종족들이 점차적으로 의존하게 된다는 것에 주목할 필요가 있다. 어느 정도 인간 건축문화의 전통은 대략 그 과정에서 점차적으로 형성되어 왔다. 세 가지 특징 중 기둥이 있는 고가식 구조는, 건조 지대로 이사한 후에 가치가 없을 수도 있고, 등마루가 길고 처마가 짧은 지붕은, 집이 지면에 위치하게 되고 문이 도로로 곧바로 연결되는 경우에 즉시 없어질 수 있으며, 띠 모양의 배치는 틀이 갖춰진 사회조직에서는 무리가 이동하는 가운데 비교적 장시간 남아 있을 가능성도 있다.

2. 서북 황토고원의 횡요橫窯와 수혈竪穴

길고도 긴 지질학적 연대에 서북 기류는 아시아 내륙 사막의 알갱이를 오랜 세월에 걸쳐 동남방향으로 불어댔고, 모래 알갱이들은 몽골 고원에 쌓였다가 내몽고, 깐쑤甘肅, 닝샤寧夏, 칭하이青海, 샨시陝西, 샨시山西, 허난河南 등의 성으로 흩어졌다. 수천년간 옮겨지다가 마침내 중국 서북쪽에 광활한 황토 고원이 쌓이게 되었다.

"높은 지역의 사람들은 동굴을 파서 살았다." 서북 황토고원의 절벽에서 사람들은 먼저 천연동굴을 모방하여 거주하기에 알맞은 횡혈식 동굴을 팠다. 이 동굴의 구조는 매우 견고하고 보온성이 양호하며 시공도 비교적 쉬운 까닭에 서북 지역 초기 건축의 기본 형식이 되었다. 그 생명력은 매우 강해서 오늘날까지도 널리 사용되고 있고, 이 지역 거주민들의 특색이 있는 주요 형식이 되었다. 횡혈식 동굴의 첫 출현은 매우 이르지만 황토 절벽의 한 측면에 위치해 있어서 절벽이 무너지면서 무너져 내리기가 쉬운 까닭에 지금까지 신석기 초중기의 유물은 발견되지 않았다. 하지만 깐쑤, 샨시陝西, 샨시山西, 내몽고, 닝샤 등지에서 최근에 신석기 말기의 횡혈식橫穴式 동굴 유적지가 많이 발견되었다.

지금으로부터 5,900년 된 깐쑤 닝현寧縣의 유적지(삽도 3-8)에서는 앙소문화 묘저구廟底溝 유형의 횡혈식 요동窯洞 유적지가 발견되었다. 그 가운데 F10 평면은 凸자 형태를 나타내고, 방과 통로 두 부분으로 나뉘며, 방의 평면은 원형으로 직경 4.6m이다. 지붕은 돔 형태로 높이는 2.8m이다. 통로는 장방형 터널 형태로, 깊이 1m, 높이 1.6m, 너비 1.5m이다.

샨시陝西 꾸링古陵 유적지의 남쪽 지역(삽도 3-9)에서 지금으로부터 5,000년 전의 앙소문화 반파半坡 4기 절벽에 나란히 분포하는 13곳의 집터가 발견되었다. 바닥은 '呂'자 형태의 앞뒤 방의 모습을 보이고 있고, 앞부분은 지면식이고, 뒷부분은 횡혈식 동굴이다. 면적은 약 10m²이다. 샨시山西 스러우현石樓縣에서 용산문화 초기의 횡혈식 요동 유적지가 발견되었다. 마을 부근의 흙 절벽 위에 F3 F5 바닥에

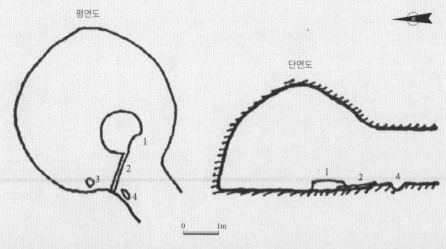

평면도

단면도

1

2

3

4

0   1m

[삽도 3-8] 깐쑤 닝현寧縣의 유적지(상)   1 부뚜막, 2 칸막이, 3 불씨 구덩이, 4 집수 구덩이
[삽도 3-9] 남쪽 지역 유적 분포 상황(하)

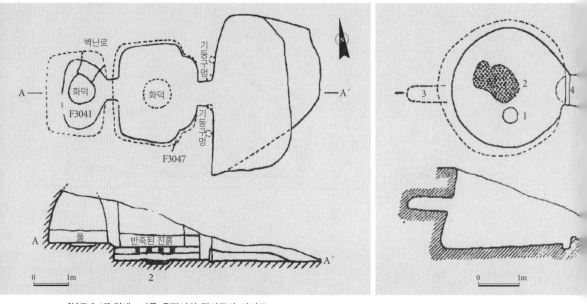

[삽도 3-10] 위엔즈꺼우 유적지의 평면도와 단면도

[삽도 3-11] 수혈식 집터의 평면도와 단면도 1 기둥구멍, 2 붉게 탄 흔적, 3 담벼락, 황토문, 5 통로

'凸'자 형태가 드러나고, 실내 중앙에 화덕이 있으며, 거주면과 벽판에 석회가 발라져 있다.

네이멍구의 량청현涼城縣의 유적지(삽도 3-10)에서 용산문화 초기의 대형 횡혈식 요동 취락 유적이 발견되었는데, 산비탈의 기복에 따라 대여섯 줄로 나뉘어져 있고, 그중 거실은 모두 28개로, 세 칸씩 한 조를 이루고 있는데, 후세의 일명양암식一明兩暗式 요동의 초기 형태로 보인다.

닝샤寧夏 하이위안현海原縣의 유적지에서 지금으로부터 4,000여 년 전의 마자요馬家窯 말기문화의 F3 횡혈식 요동이 발견되었는데, 보존상태가 비교적 양호하다. 황색 토양에서 네 벽이 활 모양으로 구부러져 지붕을 이루고 있다. 바닥면은 타원형이고, 직경 4.1~4.8m로 중간에 솥 모양의 아궁이가 있으며, 문은 동북쪽을 향해 있다.

경하涇河 중하류의 간쑤 칭양慶陽 지역, 샨시陝西 한양咸陽 북부의 장우長武, 빈현

彬顯, 순읍旬邑, 순화淳化, 영수永壽, 건현乾縣, 예천禮泉 각 현, 그리고 삼문협시三門峽市를 중심으로 황허 양안의 진남晉南과 예서豫西 지역에서 '지교원地窖院'으로 불리는 침하식 요동이 있다. 이 요동이 출현한 시기는 횡혈식 요동보다 조금 늦을 수도 있다. 옛 사람들이 들이 계곡의 높은 곳에서 낮은 곳으로 이동한 이후 일정한 적응적 성격의 개혁을 하여 이전의 거주 형태를 계속 이어온 결과이다. 만드는 방법은 평지에 네모 형태의 커다란 구덩이를 파고, 길을 내어 지면과 연결한 다음에 다시 인공직으로 만든 사면의 질벽에 횡혈식 요동을 파는 것이다. '지교원'의 배치는 중국 전통 건축의 특징을 충분히 보여주고 있다. 요동 문 앞에 있는 문은 중앙을 향하게 하고, 정원은 분산된 각각의 공간을 연계하여 하나로 만든다. 이런 방법은 토지를 효과적으로 절약할 수 있게 하고, 동시에 겨울에는 따뜻하게, 여름에는 시원하게 하면서 에너지를 절약하게 해준다. 자원 고갈과 환경 악화가 날로 심해져가는 오늘날 자원낭비와 오염을 낮춰주는 이런 거주 방식에 대해 우리는 충분한 주의를 기울여야 한다. 지하 건축에서의 채광, 통풍, 습기 방지 등에 대해서는 적당한 기술적 개량을 통해 쉽게 해결할 수 있기 때문에 미래를 기대할 수 있다.

'지교원'은 수혈竪穴과 횡혈橫穴 두 가지 형식의 결합으로, 실제 시공 각도에서 봤을 때, 수혈을 먼저 발굴하고 나서야 횡혈 발굴이 가능하다. 이로부터 추측해 보자면, 옛 사람들이 처음에 지면으로 옮겼을 때 이 곳이 옛날 방법으로 횡혈橫穴 요동을 파는 것이 적당하지 않다는 것을 알았지만 아직 '지교원'을 파내는 기술을 없어서 수혈을 파내는 방법을 많이 사용했던 것으로 보인다. 샨시山西 샤현夏縣 용산문화의 말기 유물 가운데 이런 수혈식 집터가 한 곳 있다.(삽도 3-11) 보존 상태가 좋은 구덩이 벽으로 봤을 때, 원형 자루 모양으로 구경이 2.8m, 바닥 직경이 3.15m, 깊이가 2.1m이다. 구덩이 바닥 서남쪽으로 원형 기둥이 있는데, 송곳 모양의 지붕을 지탱하기 위해 세워놓은 유적이다. 동남쪽에는 지면쪽으로 비스듬하게 기울었는데, 수혈에 드나드는 통로로 쓰였다. 어떤 수혈식 집터 중에는 비탈식 문이 없는데, 간단히 나무사다리로 오르내린 것으로 추측된다.

세로혈식 집터와 긴밀하게 연관되어 있는 것은 세로혈식 땅굴이다. 땅굴의 주요 기능은 식량을 저장하는 것인데, 고고학적으로 발굴된 현장에는 종종 회토 및 깨진 생산 도구와 생활용품이 가득 채워져 있기 때문에 재구덩이라고도 한다. 폐기된 땅굴 자연히 사람들이 폐기물을 매립하는 장소가 된다. 신석기 시대에는 배불리 먹는 것이 최우선이라 긴 겨울을 보내기 위해 비축할 음식이 없다는 것은 상상할 수 없다. 구석기에서 신석기 초기까지는 천연 동굴에 사람이 많이 살았다. 동굴 자체도 음식물을 저장하는 이상적인 장소이기 때문에 이 시기에는 땅굴이 나타나지 않았다. 신석기 중기의 경우 농업의 발전과 식량의 여유가 생기면서 천연동굴을 떠나 사람이 모여 인공적으로 발굴한 땅굴이 생겨났다. 고고학적 발견은 남쪽 일부 지역에서 수위가 높아 발굴이 쉽지 않은 경우를 제외하고는 곳곳에서 땅굴이 생겨 거주지 주변에 많이 분포하고 있다는 것을 보여준다. 땅굴의 굴착 방식은 대체로 세로혈식 집터와 유사하며, 이전에 천연동굴이 저장용이나 주거용으로도 사용되었던 것과 같다. 둘의 주된 차이점은 저장량을 늘리기 위해서 땅굴의 깊이가 더 깊다는 것이다. 예를 들어, 자산 유적지에 있는 땅굴은 깊이가 6~7m에 달한다. 출입의 편의를 위해 세로혈식 집터의 깊이가 비교적 얕아서 일반적으로 2m를 조금 넘는다.

황허 중류지역에서는 지하 깊숙이 파인 횡혈식 요동과 세로혈식 가옥터와의 존속과 함께 건축이 점차 향상되는 추세를 보인다. 고고학은 늦어도 앙소문화 말기에는 건축 유형이 매우 풍부해졌다는 것을 발견했다. 구조와 기능 양쪽의 합리성으로부터 착안하여, 반드시 먼저 횡혈식 요동이 있어야 하고, 그 다음에 수직혈식 집터가 있어야 하며, 또 그 다음에 반지혈식 집터가 있어야 하며, 마지막으로 지상의 집터가 있어야 한다. 그러나 각 지역의 경제발전의 늦고 빠름과 사회계층의 분화로 같은 시기에 몇 가지 유형이 병존하는 것도 합리적이다. 예를 들어 샨시山西 샤현夏縣 용산문화의 둥샤평東下馮유적과 같이 초기 지층에는 이미 깊이 0.46~0.64m의 반지혈 집터가 생겼고, 말기 지층에는 깊이 2.1m가 남아 있다. 모순처럼 보이는 이 현상은 사실 건축기술이 일부 사람들 사이에서 먼저 발전한 것을 보여주는 것이다. 초기 지층에 있는 반지혈식 집터는 분명히 부자 소유로, 한 작은 두 개의 네모난 거실로 이루어져 있고, 그 사이에는 통로가 연결되어 있고, 남쪽 방이 비교적 작았으며, 그 서쪽 벽에는 바깥 바닥으로 통하는 비탈길이 있었다고 추정된다. 말기 지층의 세로혈식 집터는 가장 간단한 원형 주머니 모양으로 가난한 사람들의 소유인 것이 분명하다.

지금까지의 신석기 관련 고고학적 발견에서는, 초·중기의 세로혈식의 집터는 완전히 공백상태이고, 말기 역시 그 숫자가 매우 적다. 이 문제에 대해서 주즉되는 원인은 절벽 구조상 보존이 쉽지 않았다는 것이 대체로 논리에 맞는다. 그러나 세로혈식 집터의 공백은 이미 알려진 고고학적 발견으로는 같은 이유로 보기 어렵다. 그 상황은 비교적 복잡하므로 토론할 필요가 있다.

허베이河北 우안현武安縣 자산문화 취락 유적은 발굴면적이 6,000m²에 달하고, 문화층 두께가 2m에 달하며 유적의 내포가 풍부하여 중국에서 이미 발굴된 신석기 시대 문화 유적 가운데 매우 드문 케이스이다. 하지만 2차에 걸친 지층에서 고고학자들은 남은 집터가 원형의 깊이 2m의 반지혈식 2개 뿐이며, 그 중의 한 흙더미 위에 분명하게 알아볼 수 있는 무늬가 있었는데, 이것은 당시 이 일대에서 삿자리를 만들고 있었다는 것을 알려주는 것이다. 하지만 건축 가공은 매우 조악한 상태로 내부에서는 아궁이 등의 굽는 시설이 발견되지 않았고, 지면과 벽에서 세밀함이 발견되지는 않았다. 이를 근거로 어떤 사람은 추측하기를, 이 취락의 용도는 거주 장소가 아닌 제사를 지내던 장소였을 것이라 했다. 건축사학자 리우쉬지에劉敍杰 교수는 "함께 거주하는 곳은 여전히 재구덩이로 간주되는 자루 형태의 반수혈로 468좌(각 좌당 면적 약 6~7m²)가 있고, 그 가운데 식량이 쌓여 있던 곳이 80좌인데, 거주 범위에는 넣지 말아야 한다."라고 날카롭게 지적하였다.

쯔산磁山 유적지의 물질유적을 분석해 보면 농업, 어로, 사냥, 채집 등의 생산 활동이 상당히 발달되어 있으며, 수공업이 일상생활의 중요한 일부가 되었기 때문에 의심할 여지 없이 거주성 취락이 되었다. 이 곳에서 출토된 토기를 비롯해, 뼈, 조개, 식물표본 등으로 만든 도구 등은 6,000여 종에 이르며, 삼족 사발, 사발 모양의 정 등의 도기 등이 있고, 맷돌, 절구방망이, 도끼, 삽, 정, 자귀, 낫 등의 석기가 있다. 또 사람들이 먹고 나서 버린 닭, 돼지, 개 등의 유골이 있다. 88개의 직사각형 모양의 땅굴 바닥에는 곡식의 퇴적 두께가 0.3m 이상이고, 그 중 10개 땅굴의 퇴적은 2m 가까이 된다.

지리적인 위치로 보아 쯔산 유적지는 타이항산太行山 동남쪽 기슭의 고지에 위치하여 전형적으로 살기 좋은 곳으로서, 배산임수 형태로, 겨울에는 따뜻하고 여름에는 서늘하며, 농사를 짓거나, 고기를 짓거나, 채집하는 데는 적합하지 않다. 후세의 풍수적 관점에서 봤을 때 이 곳은 지세가 뛰어난 곳으로 볼 수 있다. 남쪽으로는 남명하南洺河가 띠 모양으로 서쪽에서 동쪽으로 흐르고, 그 북서쪽에서는 주봉이 1,438m나 되는 북무당산에서 진을 이루고 있다. 각종 정보를 종합해 보면 자산유적은 거주성 유적으로 그 중 집터가 2개뿐일 수도 없고, 당시의 경제수준과 기술수단으로 볼 때 모두 선진적인 반지혈식일 수도 없다. 우리는 리우쉬지에 교수의 추측이 매우 정확하다고 생각한다. 1기에서 발견된 186개의 '재 구덩이 가운데 그 직사각형의 깊이가 6에서 7m에 이르는 원래 땅굴과, 원형 깊이가 3m 위인 것은 원래 세로혈식 집터였고, 2기 유적에서 발견된 282기의 '재 구덩이'는 마찬가지로 원래는 땅굴과 수혈식 집터였는데, 2좌만 남은 원형 반지혈식 집터는 우두머리 인물의 건축기술 발전을 보여준 것이다.

샤현 얼리터우二里頭 문화의 둥샤펑 유적지에서 고고학자들은 횡혈식 요동, 반지혈식과 지상식의 세 가지 집터가 모두 30여 채, 또 "재 구덩이"가 100여 채인 것을 발견했다. 우리는 반지혈식과 바닥식의 두 가지 집터는 지위가 높은 사람들의 소유이며, 횡혈식 토굴과 "재 구덩이"의 대부분은 가난한 사람들의 세로혈식 집터일 가능성이 있고 "재 구덩이"의 작은 부분은 땅굴일 것이라고 추측한다. 어쨌든 우리는 집터와 비교해서 숫자적으로 많은 '재구덩이'가 정말 처음 만들어졌을 당시에 폐기물을 매립하는 곳으로 정해진 것인지를 믿기는 어렵다.

북방 고고학 유적지의 발굴에서 고고학자들은 수량이 많고 크기가 다양한 수직 구덩이를 자주 발견하는데, 구덩이 안에는 석회토와 폐기물이 흔히 발견된다.

이를 흔히 재 구덩이, 즉 쓰레기 구덩이라고도 한다. 이미 발굴 당시 일부에서는 재 구덩이가 본래의 기능을 회복하지 못한 채 오랫동안 폐기물로 채워진 결과일 수 있다는 점에 주목했다. 그렇다면 재 구덩이의 원시적인 용도는 무엇일까? 과연 그것들은 단지 폐기물을 매립하기 위해 발굴된 것일까? 지금까지는 의견이 분분했다. 상식적으로는 생각해서, 이런 추측은 완전히 배제할 수 있다. 왜냐하면 옛 사람들의 생활에서 발생하는 쓰레기의 양과 가능한 오염이 적었기 때문에 이를 위해 특별히 애써 일할 필요는 전혀 없다. 사실 재 구덩이 내부에는 재가 없고, 이를 재 구덩이라고 하는 것은 고고학 용어상의 편의에 지나지 않는다. 영미 고고학계에서는 '재 구덩이'를 '구덩이pit'로 약칭하고 있는데, 이는 분명하진 않지만 오류가 적을 수 있다는 뜻이다.

3. 중원 구릉 비탈의 반지혈 주택

황허 상류 유역에서 배리강 문화는 지금으로부터 약 9,000~7,000년, 앙소문화는 지금으로부터 약 7,000~5,000년, 허난 용산문화는 지금으로부터 약 5,000~4,000년 떨어져 있다.

요동과 세로혈은 한때 저지대로 이주한 이후의 초기 주거문제를 해결했으나 음침하고 습해 인간의 건강에 좋지 않아 지붕을 구축하는 기술이 향상되면서 반지혈식 가옥이 빠르게 출현하고 유행했다. 고고학 현장에는 이런 집터의 지붕 구조가 그대로 남아 있지만 샨시성陝西省 후현戶縣, 우꽁현武功縣 등지에서 발견된 도옥陶屋은 바로 이전 가옥의 모델이다. 후현에서 출토된 홍도옥紅陶屋은 창문이 없고, 문이 가운데에 열려 있고, 지붕이 띠풀로 덮인 찬첨식攢尖式이다. 문이 설치된 위치에 근거하여 이런 도옥은 분명 반지혈식 집을 모방한 것이다.

허난 신정탕후新鄭唐戶 유적지(삽도 3-12)에서 배리강 문화의 반지혈식 집터 20좌가 발견되었다. 그 가운데 면적이 가장 적은 것이 10m²이고, 가장 넓은 것이

60m²이다. 집터의 지면이 가장 얕은 곳은 20~30cm이고, 가장 깊은 곳은 50~60cm
이다. 평면은 타원형이고, 불규칙한 형태의 원뿔 장방형도 있다. 집터는 주로 단칸
식으로 모두 17좌가 있고, 여러 칸식은 3좌로 모두 두 칸이며 중간에 통도로가 있
다. 고고학자들은 여러 차례에 걸쳐 확장한 것으로 추측한다. 집 안의 거주 공간
과 벽은 처리를 거쳤고, 주위의 원형과 타원형 기둥은 진흙벽의 나무뼈대로 남아
있다.

허난 미현密縣의 유적지에 있는 배리강 문화 취락 규모는 비교적 작다. 여러
산들이 감싸고 있는 두 물줄기가 교차하는 곳에 위치해 있다. 취락 면적은 약
8,000m²로, 가운데에 반지혈식 집터가 6좌가 있다. 그 가운데 5좌는 바닥이 원형
이고, 1좌는 네모 형태에 가깝다. 면적은 10m² 내외이고, 가장 큰 것이 11m²이
다. 유적지의 규모가 작고 집터의 수량이 적으며, 큰 집이 없는 것은 이 곳이 중
심이 아닌 덜 중요한 취락이었음을 보여주는 것이다.

배리강 문화시기의 취락유적을 분석하면 반지혈식 집터의 3대 특징을 알 수
있다.

1. 생활 공간이 깊은 곳에서 얕은 곳으로 옮겨졌고, 벽체는 목재 뼈대에 진흙을 바르

는 방법을 채택하였으며, 지붕을 덮었다.

2. 바닥면은 원형이나 타원형을 유지했는데, 생활 공간이 위로 올라오면서 장방형으로 바뀌었다.

3. 면적의 넓이 차이가 나타나서, 작은 것은 10m², 큰 것은 50m²에 이른다. 앙소문화 초기의 대표적인 유적지 가운데 이런 특징들은 다음과 같이 계속 발전하였다.

   - 초기에는 반지혈식이 주였고, 후기에는 생활공간이 지면으로 올라온 다음에는 벽체는 여전히 목재 뼈대에 진흙을 바르는 형태를 유지했으며 비교적 커다란 집터 내부에는 지붕을 지탱하는 나무기둥이 나타났다.

   - 비교적 작은 바닥면에 장방형이 나타나기 시작했고, 넓은 바닥면은 모두 장방형이다.

   - 취락은 면적이 비교적 넓은 1좌 또는 여러 좌의 넓은 집 중심으로 순서대로 조합이 형성되었다. 지혈에서 반지혈, 다시 지면 건축으로 변해간 것은 구조 기술의 발전과 관계가 있다. 원형 혈거에서 장방형 대주택으로 바뀐 것은 기술적인 발전 이외에도 우두머리 인물이 권위적인 모습을 추구했던 것을 생생하게 반영하는 것이다.

지상식 집터는 오늘날 흔히 볼 수 있는 건축형식으로 양소문화의 초기에 제일 처음 나타난다. 집터 평면이 원형에서 사각형으로 변화하는 것은 생활면이 지하에서 지면으로 상승함에 따라 발생하는데, 그 주된 원인은 지붕과 지붕 덮개 쪽의 구조 수요에 있다. 세로혈에 있어 원형은 분명 가장 견고하고 가장 힘이 덜 드는 선택이다. 현대 건축에서도 원형 평면은 드물지 않지만, 주로 조형이나 기능면에서의 특수한 고려 때문에 이를 동일시해서는 안 된다. 신석기 중기, 지금으로부터 9,000~7,000년 떨어진 집터의 평면은 절대다수가 원형이거나 가까운 형태이다. 대체로 반지혈식과 바닥식 집터의 원형 평면은 세로혈식 요소가 이어진 결과라고 볼 수 있다. 동시기 저장용으로 쓰인 땅굴은 모두 원형으로 되어 있는데, 바로 이전 집터의 여운이다. 앙소문화 초중기의 반파半坡 유적은 시안에

[삽도 3-13] 린통이 장차이 유적지

서 십여 리 떨어진 반파마을에 황허 유역의 전형적인 모계씨족 집합유적지로 약 50,000m²의 면적을 차지하고 있으며, 유적지는 서쪽으로 찬허滻河, 남쪽으로는 백 록원白鹿原이 위치해 있고 불규칙한 원형 모습으로 주변에 방호용 도랑이 있다. 이미 발굴된 장방형 집터 15기는 대부분이 반지혈식이고, 원형 집터 31좌는 직경 이 4~6m로 지면식과 반지혈식 두 종류로 나뉜다. 각 집터는 모두 단칸식으로 대 부분 남쪽이나 서남쪽을 향하고 있다. 중앙에 위치한 것은 면적이 160m²에 달하 는 큰 집으로 그 주변에 30~40m²인 중형 집터와 12~20m²인 소형 집터가 분포되 어 있다. 집터의 질서정연한 배치와 면적의 크기 등은 사람들이 조직과 규칙을 갖춘 정착생활을 했다는 것을 말해준다.

린통臨潼의 장차이姜寨 유적지(삽도 14) 면적은 약 50,000m²이며, 문화유물은 앙소 문화의 반파형을 중심으로 취락의 거주 지역의 바닥면은 타원형으로 한쪽 면은 강으로, 삼면은 인공적으로 파낸 도랑으로 둘러싸여 있다. 면적은 19,000m²이다. 집터는 모두 120여 좌로 모두 단칸방이고, 바닥면은 원형과 사각형이며 원형은 모두 지혈식이고, 사각형은 지혈식과 지상식 반반의 형태이다. 같은 시기 집터는 70좌에 가까우며 각형은 반지혈식과 지상 두 종류로 나뉘어져 있다. 같은 기간 집터는 70여 기에 가깝고, 5조로 나뉘어 고리모양으로 나뉘어져 있으며, 각 조에는 사각형의 '큰 집', 네모 형태의 중형 집터, 원형이나 네모 형태의 소형 집터 등 모두 10여좌로 구성되어 있다. 문은 모두 중앙 광장을 향해 있고, 중심을 둘러싼 형태로 되어 있다. 소형 집터는 면적이 10m² 내외이고, 대형 집터는 50m² 이상이다. 가장 큰 것은 128㎡에 달한다. 반파 유적의 단일 중심 배지와 달리 강채 유적은 다중심 배치를 보이고 있다.

앙소문화 중기는 묘저구 유형이 대표적이며, 주로 하남, 섬서, 산서 등 세 성에 분포하고 있으며 범위가 비교적 넓다. 취락 유적지의 경우 묘저구 유형의 면적이 반파 유형의 유적에 비해 현저히 확대돼 몇 배가 넘을 정도이다. 하남 섬주 고성 남쪽의 지금으로부터 5910년 떨어진 묘저구유적지에서는 네모 형태의 지혈식의 집터 3좌가 발견되었다. 실내에는 원형 화덕이 있고 그 주변은 목재 골조에 진흙이 발라져 있다. 용산문화 유적지에서 집터는 원형 반지혈식이었다.

묘저구廟底溝 유형 말기에 시왕촌西王村 유형으로 발전하였고, 취락유적의 면적은 묘저구 유형보다 또 줄어들었다. 시왕촌 유형은 샨시山西 루이청芮城 시왕촌 유적의 상층부를 대표하여 관중이 웨이수이渭水 유역, 샨베이陝北, 진난晉南과 위시豫西에 주로 분포하고, 그 바닥에는 목조집터가 비교적 많이 들어서고 다칸식 집터가 늘어났으며, 앞에 응접실이 있고, 뒤에 방이 있는 배치가 나타난다. 건축기술도 크게 향상된 모습을 보인다.

따디완大地灣 유적은 깐쑤甘肅 친안현秦安縣 동쪽에 위치하여 지금으로부터 7,800년 전으로부터 4,800년 전까지 이어졌고, 앙소문화 이전, 앙소문화 초, 중, 말기, 챵산常山 하층문화 등으로 크게 5기로 나눌 수 있다. 유적지는 칭수이허淸水河와 옌자거우閻家溝가 만나는 곳, 남쪽으로는 산등성이 닿아 있고, 북쪽으로는 하천이 있으며 그 가운데 갑터는 강 남쪽 기슭의 고지에 분포되어 있고, 을터는 남쪽 산비탈에 분포되어 있다. 갑터는 반파 유형의 말기 유적을 주로 하고, 비교적 양호

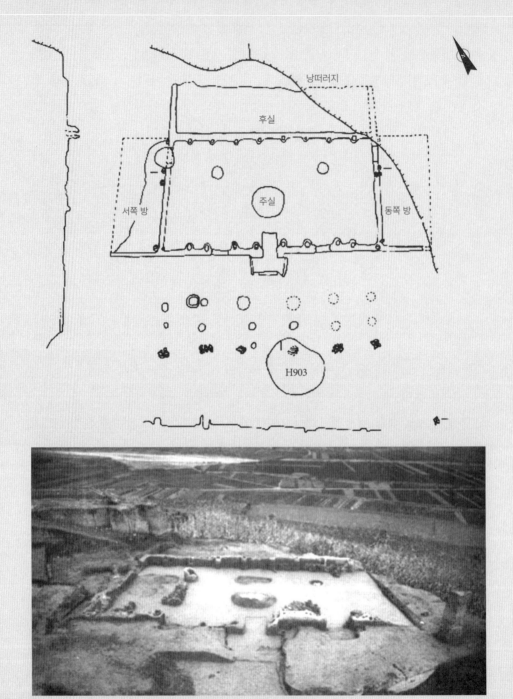

낭떠러지

후실

서쪽 방

주실

동쪽 방

H903

[삽도 3-14] 따디완의 평면도(상)

[삽도 3-15] 따디완 집터(하)

한 취락을 보존하고 있다. 모두 20좌 이상의 집이 발견되었고, 네모형태나 장방형 반지혈실 건축에 속하고, 기본적으로 도랑을 등지고 있으며 문은 중심 광장으로 향해 있다. 이미 발굴된 집터로 보아 초기에는 반지혈식, 원형이 많았고, 직경 2~3m로 실내에 화덕이 있었다. 중기에는 반지혈식 이외에 평지에 세운 집터가 나타나며 면적이 커졌고, 지면에 칠을 하였다. 말기 집터는 평지에 짓는 것이 위주였고, 높고 커졌다.

따디안 유적 중 지금으로부터 약 5,000년 전의 '큰 집' F901(삽노 3-14)은 서남 방향으로 자리잡은 복합 건축물이다. 주실 정면의 폭은 9칸으로, 축선이 명확하고 좌우측실과 후실의 삼면을 감싸는 것이 비범하고 장엄한 기세를 자랑한다. 주실 평면은 앞쪽이 넓고 뒤쪽이 좁으며 사다리꼴로 면적이 131m²에 달한다. 화덕은 거실 내 중앙에 있으며 직경이 2.6m에 이른다. 실내의 두 기둥은 지름이 50cm에 달하며, 높이가 5m에 이를 것으로 추정된다. 바닥은 자갈과 모래를 섞어서 다졌고, 표면은 평평하고 매우 단단하다.

문 앞에는 담이 없는 주청柱廳이 있는데, 폭 6기둥 5칸으로 주실과 호응하고 있으며, 나무기둥의 전체 표면에는 초토와 주춧돌을 깔고, 기둥 밑받침은 청석으로 삼아 화재와 썩는 것을 막도록 했다. 신석기 시대에 단층 건물의 면적이 이렇게 크고, 기획 설계가 이렇게 정교하다는 것은 놀라운 일이다. 이렇게 건축의 기능은 결코 일반적이지 않으며, 그것은 부족에 있는 대추장이나 대제사장을 위해서만 사용될 수 있다.(삽도 3-15).

4. 동부 구릉 비탈의 반지혈 배방

이상 남부 구릉 습지의 간란 '장옥', 서북 황토고원의 요동과 수혈 및 중원 구릉 비탈의 반지혈 대형 가옥을 소개하였다. 분석과 비교를 통해 이 세 가지 유형의 집터가 모두 소재지의 지질과 기후 등의 자연 조건과 긴밀하게 연관되어 있음과 뚜렷한 특지을 가지고 있음을 알 수 있었다. 아래에서 소개할 것은 동부 구릉 비탈의 반지혈 배방인데, 신석기 말기에 이 집터는 주로 황허 하류 및 서랴오허 유역에 분포하였다. 앞에서 소개한 세 가지 유형의 집터와 비교해서 반지혈 배방은 자연적 조건과의 관련이 긴밀하지는 않은 듯 하다. 그것이 출현한 원인도 잘 알려지지 않았다. 건축 방식으로 말하자면 황허와 양쯔강 두 지역의 요소가 결합되어 나타난 건축이라고 말할 수 있다. 건축 방식으로 말하자면 반지혈은 서북 고원의 수혈이 지상식 건축으로 발전한 과도기의 형식이다. 배치 방식으로 보면 '배방'은 동남 습지의 간란식 가옥과 어떤 내재적인 관계가 있다. 모순된 듯 보이는 건축 종합체는 겨국 현지 자연조건과 부합하여 생겨난 것으로서 말 그대로 외래 전파형인지 아니면 현지 태생과 외래적 요소가 결합된 혼합형인지 현재 알려진 고고학 자료로써는 결론을 내릴 수가 없다.

지금으로부터 8,000년에서 4,000여 년 전의 황허 유역에 신석기 계열은 허우리 後李문화 - 베이신北辛문화 - 따원커우大汶口문화 - 산둥 용산문화이다. 지금까지의 고고학 발견에 따르면 베이신문화를 제외하고 각 신석기문화 유적지에서는 반지혈의 '배방'이 나타났었다. 산둥 장치우章丘 허우리 문화의 서하 유적지에서 반지혈 배방이 발견되었다. 그 중에 집터가 30여 좌로서 사각 형태가 많았고, 남쪽 방향으로 짧은 통로가 있었으며 면적은 보통 30m²가량이고, 가장 넓은 것이 50m²를 넘었다. 순서대로 배열되어 있고, 배치는 합리적이며 밀집 분포되어 있다. 취락 형태는 상당히 완성된 계획된 설계였음을 보여 준다.

베이신 문화는 지금으로부터 약 7,300년에서 6,300년 사이에 유적이 주로 쑤蘇와 루魯와 교차하는 지역의 웨이샨호微山湖 동남쪽에 분포하여 타이이산泰沂山 남북 양쪽으로 뻗어 있다. 이 시기에는 이미 완전한 취락이 이루어졌으며, 집터는 반지혈과 얕은 구멍식 중심으로 평면이 타원형과 원형이 많고 면적이 5~10m² 사이이며 기둥 구멍이 흔하게 보인다. 입구는 동쪽과 남쪽으로 많이 나 있고, 통로는 계단식과 경사식 두 종류로 나뉜다. 원샹현汶上縣 둥자보東賈柏 유적지(삽도 3-16)에서는 집터 10여 곳이 발견되었고, 바닥은 호리병 형태와 원형 두 종류가 있는

데 모두 반지혈식으로 각각의 집터 면적은 8~20m²이다. 구조 상식으로 볼 때, 집터 평면이 원형 또는 타원형일 때 배방의 군집 조합을 형성할 가능성은 크지 않다. 비교적 이른 허우리 문화유적에서 발견된 집터가 둥근 모서리의 네모 형태 반지혈半地穴 형태가 많고, 30~50m²의 면적으로 배열되어 있다. 같은 지역에서 면적이 작은 원형의 집터가 면적이 큰 직사각형의 집터보다 먼저 위치해야 한다면, 베이신 문화가 황허 하류에서 나타나는 것은 건축 기술의 대규모 변형, 심지어 후퇴

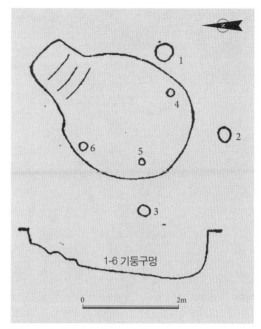

[삽도 3-16] 원상현 동자보 유적지

를 암시하는 것인가 하는 질문을 하지 않을 수 없다. 이 같은 추측은 현재로서는 황당해 보이지만 베이신 문화 도기의 제작 공정을 허우리後李 문화 도기와 비교해 보면 약간의 유사한 징후도 보인다.

합리적인 답은 베이신 문화가 한때 황허의 상류문화에 강하게 영향을 받았다는 것 정도일 것이다. 웨이샨호微山湖 동남쪽은 옛날부터 황허의 옛길로 정鼎이 중류에서 출현한 것이 하류보다 약 1,000여 년 앞서서 중류가 하류에 영향을 미치는 것은 당연하다. 이 추론을 뒷받침하는 또 다른 근거는 황허 하류 신석기 문화에서 솥이 생겨났다는 것이다. 지금으로부터 약 8,000년이 지난 즈보淄博의 허우리 문화 유적지에서 출토된 도기는 가마, 항아리, 주전자, 대야, 사발, 그릇, 잔, 접시, 뚜껑과 받침대 등이며, 정은 발견되지 않았다. 지금으로부터 약 8,000년 떨어진 장치우댜오진章丘刁鎭의 샤오징산小荆山 유적에서는 가마, 항아리, 사발, 그릇,

[삽도 3-17] 몽성현의 위지사 유적지(상)

[삽도 3-18] 꾸청의 내성 집터(하)

주전자와 함께 돼지, 고슴도치, 사람 얼굴 도기 등이 출토되었으며, 정은 나오지 않았다. 지금으로부터 약 7,300년 전의 텅현騰縣 베이신 유적지에 이르러서야 비로소 정鼎이 모습을 드러냈다.

따원커우 문화는 지금으로부터 6,300년에서 4,600년 사이에 샨둥을 중심으로 분포되어 있으며, 서쪽으로 허난 중부, 동쪽으로 랴오둥반도 남단, 남쪽으로 장쑤 북부와 안후이 북부에 이른다. 집터는 반지혈식과 지상식 두 종류로 단칸방이 많고 두 칸 짜리도 있다. 둥근 모서리의 네모형, 장방형 둥이 있고, 면직은 10m²가 많고, 가장 작은 것이 3~4m²이고, 가장 큰 것은 30m²이다. 문의 방향은 다양하여 동향, 동남향, 서남향이 많다. 따원커우 문화의 유적지인 환베이皖北 몽성현蒙成縣 허정진許町鎭의 위지사尉遲寺 유적지(삽도 17)에서 나란히 배열된 집터 10줄 41칸이 발견되었다. 면적은 2m²에서 20m²까지 다르며 집터의 총 길이는 75m에 이른다.

샨둥 용산문화는 지금으로부터 4,600~4,000년 전인데, 유적지는 주로 샨둥, 장쑤와 안후이성 북부 및 허난 동부 지역에 분포되어 있다. 집터는 반지혈식, 지상식, 대기식으로 나뉘고 단칸이 많고, 바닥면은 원형, 네모형이 있으며 벽에 백색 가루를 발랐다. 반지혈식에는 계단이나 경사식 통로가 있다. 지면 건축은 평지에 홈을 파서 기초를 잡았고, 홈 안에는 구멍을 내어 나무뼈대에 진흙과 다진 흙을 발라 담장을 둘렀다. 옌윈항連雲港 텅화뤄藤花落 꾸청古城의 내성內城에서는 (삽도 18) 집터 35좌가 발견되었는데, 통로가 모두 서남쪽으로 나 있다. 그 가운데 북쪽에 위치한 집터는 바닥이 그다지 규칙적이지 않은데, 원형, 계단형, 네모 형태 등이 있다. 매 칸의 면적은 5~7m²이고, 남부 집터의 바닥은 비교적 가지런하여 모두 네모 형태이다. 단칸방을 제외하고 두 칸과 여러 칸이 조합한 배방이 있다. 매 칸의 면적은 12m²로, 가장 남쪽에 있는 것은 면적이 100m²의 回자형 집이다. 남쪽과 북쪽 집터의 차이는 어느 정도 사회 구성의 다양성을 반영하고 있다.

지금으로부터 8,000년 전후에 나란히 배열된 집터가 서랴오허 유역에 출현하였다. 그 가운데 가장 대표적인 것이 네이멍구의 싱룽와興隆注 문화와 랴오닝 푸신阜新의 차하이查海 문화 유적지이다. 지금으로부터 7,200~6,800년 전의 자오바오거

[삽도 3-19] 싱롱와 유적지

우趙寶溝 문화가 그 뒤를 이었고, 계속해서 지금으로부터 6,000년~5,500년 전의 옌산燕山 이북의 따링허大凌河와 서랴오허 상류의 홍산문화, 지금으로부터 약 5,200년 전의 츠펑赤峰 북부 우얼지무룬烏兒吉沐淪강 유역의 푸허富河 문화, 지금으로부터 5,000년 전의 소하엽小河沿 문화, 지금으로부터 4,000년 전의 서랴오허 유역의 샤자디엔夏家店 하층 문화 등이 뒤를 이었다. 싱롱와 유적지(삽도 19)는 망니우허牤牛河 상류의 평탄한 고지에 반지혈식 집터 170여좌가 있고, 바닥은 둥근 모서리의 네모 형태 또는 장방형이며 동북에서 서남 방향으로 질서정연하게 배열되어 있다. 모두 12줄에 각 줄에 10여 좌가 있다. 몇몇 집들은 이미 버려진 집터 위에 중첩해서 지어졌고, 집터에 고정이 배열 위치가 있었고 통일된 계획이 있었음을 말해 준다. 그 중에서 가장 주목할 만한 것은 집터의 면적이 다르다는 것이다. 대형 집터인 두 좌는 면적이 140m²에 달하고, 두 줄로 나뉘어 취락의 중심에 위치해 있다. 여기에서는 또 중국 최초의 옥기가 발견되었는데, 그것들은 질서 있게 늘어선 '큰 집'과 결합하여 당시 사회조직의 엄밀함과 특권계층이 나타났음을 말해준다. 싱룽와 집터 내에의 인체 유골 감정 분석을 통해 고고학자들은 각 집터가 오늘날의 한 가정에 해당한다고 추측하였다. 각 배방 내부의 각 가정 간에는 혈연관계가 존재하였고, 가까운 몇 줄이 한 가족을 이루었다. 취락은 많은 가족으로 구성되었고, 취락 주변에 도랑을 파서 경계로 삼았으며, 하나의 부락을 형성하였다. 몇 개의 부락이 한 데 연결되어 하나의 집단을 구성하였고, 그 가운데 한 부락이 중심적인 지위를 차지하였다.

동 시대의 차하이 유적지는 푸신 분시 동북쪽의 부재 모양 고시에 위치해 있고, 둥근 모서리 네모형의 반지혈식 집터 55여 좌로서, 남북이나 동서 방향으로 나란히 배열되어 있다. 열과 열 사이에는 경계가 명확하지 않지만 통일된 규칙이 있다. 집터의 면적은 최소 15~20m²부터 최대 120m²에 이르는 것도 있다. 중소 규모의 집터는 대형 집터를 중심에 두는 경향이 있다. 자오바오거우 문화 유적지에서 80여 좌의 반지혈식 집터가 동남과 서북 방향으로 조를 이뤄 10여 줄의 질서정연한 조합으로 나타나, 통일적인 계획하에 이루어진 것으로 보인다. 집터의 바닥은 네모형, 장방형 또는 계단형으로, 면적은 일반적으로 20m² 내외이고, 가장 큰 것은 100m²에 이른다.

홍산 문화 유적지에서는 지금까지 취락의 완전한 발굴이 이루어지지 않았다. 따라서 정확한 배치 상황을 언급할 수는 없지만 문화 유적지에 대한 초보적인 탐사를 통해 밝혀진 바로는 집터의 수량이 매우 많이 수십 기에서 수백 기의 집터가 일정한 방향으로 줄을 지어 분포한다는 것이다.

푸허 문화의 취락 유적지는 강가에서 해가 드는 남쪽 비탈에 분포하고 질서 있게 대열을 이루고 있으며 네모형과 작은 원형 구조가 많다. 푸허거우문 유적지(삽도 20)에서 반지혈식 집터 37좌가 발견되었고, 그 가운데 33좌 네모형 집터는 모두 산비탈을 등지고 구덩이를 판 것으로, 집터는 키 모양으로 남북의 길이가 3~5m, 동서 너비는 4~5m이며 최대 길이와 너비는 6m이다. 원형 집터는 4좌로 직경이 3.5~5m이고, 두 집터의 실내 바닥은 모두 비교적 평탄하고 기둥 구멍, 화덕 등의 흔적이 있다. 화덕 주변에는 돌판이 깔려 있다. 푸허 문화는 집터와 기

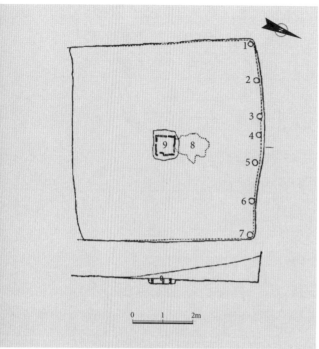
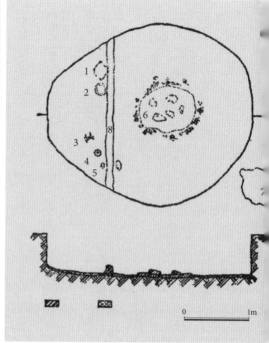

[삽도 3-20] 푸허거우문 유적지(상)
[삽도 3-21] 샤오허옌 고지 유적지 집터 단면도(하)

물 등에서 자오바오거우 문화와 홍산문화의 특징을 계승하고 있다.

　홍산문화는 서랴오허 유역 신석기 시대 최전성기의 문화로서, 저물어가는 숙명을 피할 수는 없었다. 홍산문화의 쇠락과 함께 서랴오허 중심지대에서 문화상의 단층 현상이 출현하였다. 지금으로부터 5,000년 전에 3,000년간 지속되었던 배방은 소실되었다. 서부 산지와 남부 구릉 지대에서 배방이 빠진 샤오허옌小河沿문화가 출현하였다. 샤오허옌 문화의 고지 유적지 집터(삽도 3-21)는 타원형 바닥의 반지혈식으로 내부 배치는 두 종류로 나뉜다. 그 하나는 입구는 작고 바닥은 넓은 단칸방으로 문은 남향이고, 중간에 있는 화덕 양쪽으로 기둥 구멍이 있다. 다른 하나는 거주 공간을 크고 작은 것으로 나누고, 큰 방에는 원형 화덕이 있다. 샤자디엔 하층문화는 츠펑 북부 우얼무룬허 유역과 서랴오허 유역에 분포하는데, 집터의 다수는 원형 바닥의 반지혈식이고, 장방형 바닥은 극소수이다.

서랴오허 유역의 반지혈 배방의 형성 원인에 관해서는 여전히 탐색 중이다. 지금으로부터 5,000년 전에 급속하게 소실되었다는 사실에 대해서 우리는 이 건축물이 현지 자연조건과의 관계가 밀접하게 관련되어 있지 않다고 말할 수 있다. 다른 한편, 싱룽와 문화 취락의 모든 집터는 문으로 이어지는 통로가 없고, 지붕으로 오르내리는 현상은 북방 혈거 전통이 이어진 것임이 분명하다. 그리고 남방의 공중 부양식 습관과는 동떨어져 있다. 따라서 우리는 그것이 남방문화가 전파된 결과로 보기 어렵다.

황허 하류와 서랴오허 유역 외에 반지혈이나 지상식 '배방'도 황허 중류와 그 인근 지역에 단속적으로 등장한 바 있다. 앞에서의 분석에 따르면, 그 중 일부는 황허 하류의 영향을 받았을 것으로 추정된다. 린퉁臨潼 강가 유적지는 샨시陝西 용산문화에 속하며, 집터 백여 기가 나뉘어 있고, 한 줄에 몇 채씩 두세 칸씩, 많으면 대여섯 칸으로 이루어져 있다. 앞뒤 두 줄의 집 사이 간격은 6~9m로 공동 마당이 형성되어 있고, 모든 집터는 남향이며, 문은 동남쪽으로 10~15도 기울어져 있다. 장방형 공간의 깊이는 너비보다 조금 더 길고, 거주 면적은 9~12m²이고, 중간에 원형 화덕이 있다. 임동 강가 취락이 지속된 시간은 비교적 길다. 배방은 상하로 최다 7, 8층까지 중첩되고, 전체적인 구조 변화는 매우 드물다.

위시豫西 취자링屈家嶺 문화층에 나타난 지상식 '배방'은 한때 상한 지역의 냉양으로, 심지어 강한문화가 북상한 결과일 수도 있다. 덩저우 팔리강 유적의 경우 문화층 퇴적이 아래에서 위로 순차적으로 이루어졌다. 즉 앙소문화 초기,중기, 말기, 취자링 문화 중후기, 스자허石家河 문화-용산문화 말기 순으로 문화층이 쌓여 있는 것이다. 앙소 문화 말기와 취자링 문화 중기가 교차하는 약 5,000년 전의 지층에서는 '배방'(삽도 22)이 동서로 이어져 있는 남북 2열로 약 20m 간격을 두고 있다. 집터의 문짝은 남방 색채가 농후한 미닫이식으로, 구조를 지탱하는 것은 북방에서 흔히 볼 수 있는 나무뼈대에 진흙을 바른 담장으로, 바닥은 반들반들하고 튼튼하다. 배방 가운데 다른 연대의 집터는 층층이 쌓여 있다. 하지만 예전의

[삽도 3-22] 덩저우 바리깡 배방 유적지

위치를 유지하고 있다. 두 줄의 배방 가운데 지층은 다층의 수평 퇴적 모양을 보이고, 반듯하여 평평하고 단단한 것은 인공적으로 끊임없이 평평하게 된 결과일 수 있다. 이 유적들은 취락이 비록 여러 차례의 폐기와 재건을 거쳤지만, 배치가 오랫동안 변치 않았음을 보여준다.

　'장옥'이 장한江漢 문화의 북상과 함께 중원 경계에 가까워졌을 때, 앞서의 건축 특징은 즉각 분화가 일어났다. 건조한 기후의 작용으로 기둥받침의 텅 빈 구조와 등마루가 길고 처마가 짧은 지붕은 빠르게 소실되었다. 하지만 습속의 일부분으로 띠 모양의 구조는 상당히 긴 시간 지속되었다. 예서 남쪽의 두 고지에서의 중요한 발견은 또 다른 종류의 '환경에 따른 성질의 변화'이다. 이 지역은 중국 남북 분계선의 중간쯤에 위치하고 있으며, 친링秦嶺에서 화이허淮河, 고산에서 평야까지 다양한 자연조건의 과도지대이다.

남북 건축의
충돌과 융합

—

1. 홍수 방지용 제방과 적을 막아내는 성의 보루
2. 흙더미 쌓기 및 다지기 판축
3. 구성, 구조 및 설비
4. 시루와 정두호鼎豆壺

남북 건축의 충돌과 융합

인류의 건축 활동은 지리적 기후와 인문사회라는 두 가지 요소의 영향에서 벗어날 수 없다. 일반적으로 말해서, 신석기 초기의 건축물은 지리적 기후의 제약을 많이 받는다. 즉 시간의 흐름에 따라 인문사회는 점점 더 큰 역할을 한다. 비슷하거나 차이가 나는 각 지역의 건축 문화는 오랜 시간 동안 전통을 형성한다. 대략 신석기 중기부터 양쯔강, 화이허, 황허, 서랴오허, 동남 연해 및 북부 초원 곳곳에서 새로운 생존공간을 찾기 위해 뛰어다니는 민중의 모습이 나타나고 있다. 서로 다른 전통은 민중의 이주 움직임에 따라 각지로 퍼져나갔고, 상호 충돌한 이후 사라지거나 서서히 발전 확대되었다. 이 과정에서 기존 건축기술과 형식이 사라지고 융화되면서 새로운 전통이 생겨나기도 했다. .

황허와 양쯔강이라는 두 문명 간의 충돌과 융합은, 중화 문명의 웅대한 주요 틀을 구축했다. 하나라 이후 중화제국은 황허 유역에 대부분 수도를 세웠다는 사실은 정치 형태에 있어서 북방문화의 최종적인 우월함을 나타내 준다. 하지만 우리가 주목할 내용이 있다. 정치적 우월함의 특징은 자신의 단점을 피하고, 다른 사람의 장점을 취하는 데 있다는 사실이다. 아울러 모든 물질적 측면에서 자신이 앞서 있는 것은 아니라는 사실이다. 선진 시기에 이르러서 사람들은 이미 이 현상을 발견하였다. 〈좌전左傳·양공襄公 26년〉의 기록이다. "비록 초楚나라는 재능이 있지만 진晉나라가 그것을 사용한다." 이번 강에서는 주로 중국 남북의 서로 다른 지역의 건축기술적 성취에 대한 충돌과 융합을 서술하며, 특히 북방이 남방으로부터 받은 수혜를 강조하는 데 주력하였다.

1. 홍수 방지용 제방과 적을 막아내는 성의 보루

신석기 초기의 양쯔강 중류 저습지대에서는 예기치 못한 홍수와 맹수를 예방하기 위해 사람들은 취락과 논밭의 사방에 도랑과 제방을 쌓아야 했다. 이 시스템은 오늘 양쯔강 중류에서는 '원垸'이라 하고, 하류에서는 '우圩'라고 한다. 후난성 평현澧縣에서 지금으로부터 약 8,000년 전의 평터우산彭頭山 문화 시기의 80곳의 유적지는 남북으로 길이 210m, 면적은 약 30,000m²로 삼면에 도랑과 담장을 쌓았는데, 그 원시적인 모습은 완만한 비탈형의 논밭이다. 주변의 지면보다 1~2m 정도 높고 동쪽으로는 늪과 호수이고, 다른 3면은 개울이 둘러싸고 있다. 이런 지형은 도랑과 흙담장의 용도가 주로 물난리를 막기 위해서이다. 80곳 유적지는 지금까지 가장 이르게 발견된 담장과 도랑이 조화를 이루는 취락 유적지로서, 중국의 취락, 고성의 기원과 발전을 연구하는 데 중요한 의미를 지닌다. 지금으로부터 약 6,500년 전의 평현澧縣의 청터우산城頭山에서 따시大溪 문화에서 스자허石家河 문화 시기의 고성터가 발견되었는데, 도랑이 둘러싼 이 고성은 취자링屈家嶺 문화를 거쳐 스자허 문화시기에 폐기되었다. 바닥은 원형으로 되어 있고, 담장의 바깥쪽 직경은 340m이고, 안쪽 직경은 325m이며, 성을 둘러싸고 있는 도랑의 넓이는 30~50m이다.

부드럽고 보수적인 모계 사회에서는 홍수나 맹수의 침입의 위해성이 외적의 약탈을 훨씬 능가할 수 있고, 난폭하고 진취적인 부계 사회에서는 그 반대일 수

있다. 지금으로부터 약 5,000년에서 4,600년 떨어진 취자링 문화시기에 이르러서
는 중원 부족과의 격렬한 충돌 이후 방어적인 고성이 량후兩湖 평원에 많이 나타
났다. 대략 이 시기에 도랑과 제방의 위상이 뒤바뀌었고, 제방, 즉 이후의 담장은
취락 방어의 주요 시설이 되었다. 도랑의 주요 기능은 담장을 쌓는 흙을 제공하
는 데 있었다. 후베이 스셔우石首에서 발견된 저우마링走馬嶺 성터는 취자링 문화
의 초기에 축조되어 말기에 폐기되었을 것으로 추정된다. 평면은 그다지 규칙적
이지 않고 동서 약 370m, 남북 약 300m, 퇴적된 성벽 폭 약 20m, 남은 높이 5m
로 성벽 밖으로 도랑이 둘러싸고 있다. 후베이 징저우荊州 마샨진馬山鎭에서 취자
링 문화 시기의 음상성이 발견되었는데, 유적지는 지면보다 4~5m 높고, 바닥은
원형에 가까우며 동서로 가장 긴 곳이 580m이고, 남북 길이는 350m이며, 북쪽은
물살에 부서졌고, 동남서 3면의 성벽은 보존상태가 양호하다. 현재 남아 있는 너
비는 10~25m이고, 높이 8m이며, 성 밖으로 도랑이 있고, 그 너비는 30~40m이다.

신석기 시기의 서랴오허 유역 곳곳에서 도랑이 둘러싼 취락의 모습이 발견된
다. 하지만 양쯔강 유역과 다른 점은, 취락이 통상적으로 고지대에 있기 때문에
그 도랑의 기능이 주로 홍수 방지가 아니라 적을 막기 위한 것이라는 점이다. 싱
룽와興隆洼 문화로부터 홍산 문화(기원전 4,700~기원전 3,000년)와 샤자디엔 하층문화(기
원전 2,000~기원전 1,000년) 등의 세 단계를 거친다. 그것들은 서쪽에서 동쪽으로 뻗
어나갔고, 줄곧 랴오허, 넌강嫩江 중하류, 지린吉林 중부와 동부에 분포하였다. 따
링허大嶺河 지류의 망니우허牤牛河 상류에서 지금으로부터 약 8,000년 전의 싱룽와
환호環濠 취락 유적지가 주변 지면보다 완만하게 높은 지역에 형성되었는데, 바닥
은 타원형으로, 긴 곳은 183m, 짧은 곳은 166m이고, 도랑의 너비는 2m, 깊이는
0.55~1m이다. 망니우허 북쪽 기슭에 지금의 강바닥보다 약 20m가 높은 홍산문
화 환호 취락 유적지에서 큰 도랑으로 동남과 서북으로 갈라진 규모가 비교적 커
다란 남쪽 바닥은 불규칙적인 장방형 모습을 하고 있고, 길게는 약 210m, 짧게는
약 158m, 주변 길이는 약 600m이다. 서북부 명적은 동남부의 3분의 1에 불과하
고, 역시 장방형이다. 샤자디엔夏家店 하층문화 시기에 환호 취락 유적지는 고지

또는 비교적 완만한 산지에 위치하는데, 일반적으로 면적이 비교적 넓다. 츠펑산
赤峯山 유적지는 반즈지엔허半支箭河 및 그 지류가 만나는 곳에 위치하는데, 3면이
강물이고, 북부와 산등성이가 만나는 곳에 인공적으로 파낸 도랑이 있다. 도랑의
너비는 20m이고, 안쪽에 돌담이 잘 보존되어 있다. 담장 너비는 10m이고, 남아
있는 높이는 2m가 채 되지 않으며 안팎으로 비탈 모습으로 되어 있다. 벽체는
직접 흙 위에 쌓아올렸고, 가장자리와 도랑 남쪽 벽은 하나로 연결되는데, 이로
보아 벽체가 도랑을 파서 생긴 흙으로 쌓았음을 알 수 있다.

 신석기 시기의 황허 하류에서 환호 취락의 출현도 매우 빨랐다. 샨둥 장치우
章丘의 지금으로부터 약 8,000년 된 허우리後李 문화의 샤오징산小荆山 환호 취
락 유적지는 루베이魯北평원과 루중魯中 산지가 만나는 지대에 위치해 있다. 바
닥은 원뿔 삼각형 형태로, 북쪽의 길이는 280m, 동남쪽 길이는 430m, 서쪽 길이
는 420m, 주변 길이는 약 1,130m이다. 도랑 동쪽은 인공적으로 만든 것이고, 서
쪽은 자연적으로 형성된 것이다. 동쪽의 도랑은 비교적 좁아 너비가 4~6m, 깊이
가 2.3~3.6m이고, 서쪽 도랑은 너비가 9~40m이다. 따원커우 문화의 환호 취락
유적지는 바닥이 원형이고, 남북이 230m, 동서가 220m, 도랑의 너비는 25~28m,
깊이가 4.5m이다. 용산문화의 환호 취락 유적지는 네모 형태이고, 동쪽으로 여
러 강물이 있고, 북남서 3면에 도랑으로 둘러싸여 있다. 도랑의 윗부분은 너비가
7.5 8m이고, 깊이가 3.5 4m이다. 비교적 잘 보존되어 있는 서쪽 노랑은 실이가
276.46m이고, 북쪽 도랑은 219.92m이다. 남쪽 도랑은 20m가 되지 않는다. 지금
으로부터 약 7,000~5,000년 전 앙소문화의 황허 중상류에서는 이미 취락 유적지
1,000여 곳이 발견되었다. 그것들은 강기슭의 고지대에 자리를 잡았는데, 특히 두
강물이 만나는 지점이다. 바닥은 대체로 원형이고, 도랑이 네 주변을 감싸고 있
다. 지금으로부터 약 6,000년 된 시안의 반파 유적지는 취락 바닥이 남북으로 약
간 길고, 동서로는 약간 짧은 불규칙한 타원형으로 되어 있다. 주변에 인공적으
로 만든 너비 6~8m, 깊이가 5~6m 되는 도랑이 감싸고 있다. 중간에 너비 2m, 깊
이 1.5m 되는 조그만 도랑이 있어서 거주지를 둘로 나누고 있다. 웨이수이渭水와

린수이臨水가 만나는 곳에 있는 린통臨潼 장차이姜寨 유적지는 바닥이 동서로 길고, 남북이 넓은 타원형으로, 면적이 약 18,000m²이고, 동북과 동남 양쪽이 인공 도랑이고, 너비가 3m, 깊이가 약 2m이다.

지금으로부터 약 4970~5450년 된 정저우鄭州 시샨西山 꾸청古城의 성벽 밖을 둘러싼 도랑이 있는데, 이를 통해 3중 방어 체계가 형성되어 있다. 성벽의 건조 기술은 상당히 선진적으로, 도랑 파기, 판축, 다지기 등의 여러 가지 방법을 사용하였다. 벽체는 적들이 타고 오르는 것을 방지할 수 있게 하였다. 바닥은 원형으로, 최대 직경이 180m, 면적은 약 34,500m²이다. 성터는 고하 북쪽 기슭에 위치 있고, 서북쪽의 구릉과 동남쪽 평원의 교차 지점에 있어서 군사적으로 유리한 점이 있다. 이 성은 홍수를 막는 기능을 겸하고 있는데, 성문 양쪽은 지대가 비교적 낮은 동쪽과 남쪽이 아닌 지대가 비교적 높은 서쪽과 북쪽으로 나뉘어져 있는 것이 그 증거이다. 서문의 북쪽 성벽 위에서 발견된 기둥구멍으로 보아서 이 곳이 망루로 쓰였을 것으로 보인다. 시샨 꾸청은 대체로 황제 시대의 산물로서 외적을 막아내는 데 쓰인 성 보루로서 중국 최초의 실제 사례가 될 것이다.

앙소문화 중기와 말기에 방어적 성격을 띠는 도시가 있는데, 이 도시는 인류 문명에서 이정표의 역할을 한다. 성벽, 환호 및 그 제도의 완비는 중국 청동기 문명의 가장 찬란한 성과이다. 그것들은 중원에서 제일 처음 나타나서 빠르게 발전했는데, 그 시대 그 지역의 사회 경제가 극심한 변화를 겪고 있었음을 말해주는 것이다. 일반적으로 도시는 생활 물자가 오랜 기간 남은 뒤의 재부가 집중된 데에서 시작된 것으로 힘을 쓰고 마음을 쓰는 두 계급이 분화한 결과라고 인식되고 있다. 도시에서는 농업을 떠난 수공업 기술자들, 상품의 교환에 종사하는 상인, 관리에 종사하는 상류 사회 사람들이 거주한다. 생명과 재산을 보호하기 위해 방어 기능이 좋은 성벽을 건하고, 이후의 수천년 동안 인류 사회생활에 커다란 영향을 미치는 요소가 되었다. 〈묵자墨子ㆍ칠환七患〉에는 "성이라는 것은 스스로 지키는 수단이다."라고 하였고, 〈맹자孟子ㆍ공손추하公孫丑下〉에서는 "3리가 되는 성城, 7리가 되는 곽郭은 둘러싸서 공격을 해도 이기지 못한다."고 하였으며, 〈오월춘추吳

越春秋)에서는 "성을 쌓아 군을 보위하고, 곽을 쌓아 백성을 지킨다."고 하였다.

2. 흙더미 쌓기 및 다지기 판축

신석기 중기까지, 고고학은 어떤 기후 조건에서도, 성터는 언덕이나 하천 등 국지적으로 불규칙한 원형이나 나원형 보양에 순응하고, 말기에 가까워져 비교적 평평한 대형 거점을 선택하여 건설되었다. 이러한 상황은 조상들의 '구릉에서 평지로 내려와 살게 된 것'과 관련되는 한편, 인류 사회조직의 점진적 발달과 불가분의 관계에 있으며, 남북 각지에 걸쳐 성터의 바닥은 대체로 동일한 발전 법칙을 따르고 있다.

그러나 성벽 축조 기술에서는 남북이 크게 다르다.

장강 중류에서는 흙더미 쌓기 방법을 사용하는데, 즉 흙을 층층이 쌓아올리고, 그 사이에 다지기를 진행하지만 토층은 고르게 하기가 여럽다. 이렇게 쌓은 성벽은 바닥이 매우 넓고, 위로 갈수록 완만한 경사의 벽을 이루게 된다. 홍수 방어 시설로서 이런 벽체의 기능은 매우 양호하다. 반면에 외적이 기어오르기에는 아주 쉬운 구조이다. 성벽 바깥쪽에 천연 물길과 인공적으로 파내는 방식으로 넓은 도랑을 설치하여 한편으로는 홍수를 막아내기 위해 배수와 교통 등의 역할을 하게 하고, 동시에 방어를 위한 보조 시설 역할을 하도록 한다. 성벽의 경사도가 완만한 또 다른 이유는 남방 흙의 점성이 크기 때문이다. 따라서 상나라와 주나라 시기에 이르러서도 양쯔강 유역의 성벽은 흙더미를 쌓아 보루를 축조하는 방법을 사용하고 있다. 후베이의 판룽성盤龍城, 쓰촨의 싼싱뚜이三星堆 및 장쑤 위청뚠盦城墩 등의 고성 등이 그 예이다. 만약 양쯔강 중류의 고성벽이 축조될 수 있었던 주요 원인이 외적 침입 방어가 아니라 홍수 방어였다면 황허 유역의 고성벽은 그 축조 원인이 반대일 것이다. 경사도가 완만한 성벽이 홍수를 염두에 두고 축조된 것이라고 한다면 경사도가 가파른 성벽은 외적 침입 대비 요구를 크게 만족시켰을 것이다. 정저우 서산 고성의 성벽은 이른바 '소판小版 속곤束楎 다지기 공법'을 사용하였는데, 그 기술의 선진성은 사람들을 놀라게 할 정도이다. 남아 있는 성벽을 살펴보면 그 건축방법은 먼저 사다리 형태의 기초를 파고, 아래부터 소판으로 층을 나누어 쌓아올리는 것이다. 그 형태는 '品' 자형을 이루고 세 개의 막대기를 하나로 묶은 흔적이 남아 있다. 벽체는 높아짐에 따라서 점차 안으로 좁아진다. 지금으로부터 약 4,100년 전의 신미新密 고성채 성벽은 이런 방법을 사용하였다. 성벽의 달구질 흔적은 크기가 일치하고, 판축의 높이, 길이, 너비도 비교적 비슷하며, 보다 높은 벽체 구축 기술을 보여주고 있다. 성은 높고 도랑은 넓어 기세가 웅장하고 동시기 다른 중원의 성터가 따르지 못할 정도이다. 성터는 친수이溱水, 웨이수이洧水가 만나는 지점에 위치해 있고, 남북 성벽의 길이는 500m, 동서 성벽의 너비는 370m, 성내 면적은 176,500m이며, 성벽 높이는 7~16.5m이고, 성 밖의 도랑 너비는 34m에서 90m로 서로 다르다.

지금으로부터 4,500~3,900년 전의 샨시山西 샹펀현襄汾縣 타오사陶寺 고성터에서 '소판 속곤 다지기 공법'의 성벽 축조 방법을 사용하였다. 성벽 터를 팔지 여부는 지형에 의해 결정된다. 동쪽 벽 안팎에 높이가 비슷하면 터를 파지 않고, 남쪽 벽 밖은 높고 안이 낮으면 터를 깊이 3m로 파서 성 안의 높이가 되면 흙벽을 쌓아올린다. 흙벽은 몇 개의 단락으로 나누어 쌓는데, 각 단락은 길이가 약 1.4m 이고, 너비가 0.8~0.9m이다. 동쪽 바깥 담장에는 끼어넣은 판의 흔적이 남아 있는데, 그것으로 봐서 각각의 판은 길이가 1.4m, 너비가 0.23m로 보인다. 흙벽의 두께는 10~25cm이고 구멍의 직경은 5cm이다. 양쪽 벽을 쌓은 다음에 다시 그 사이에 흙을 채우고 층을 나누는데, 각 층은 두께가 5~25cm로 각각 다르다. 역사시기 이전의 많은 고성 중에서 타오사 고성벽의 축조기술이 가장 앞서 있다. 이것은 현재 발견된 황허 유역의 역사시기 이전의 가장 큰 성터로서, 현존하는 동, 남, 북쪽 벽으로 봐서 성터는 원뿔 장방형으로 남북 길이 1,725m~2,150m, 동서 너비 1,550m로 성내 면적은 2,000,000m² 이상으로 계산된다.

앙소문화 말기에 출현한 '소판 속곤 다지기 공법'과 허난 용산문화 말기에 출현한 '소판 돌박기 공법'은 기본적으로 벽체의 균일성과 긴밀성 요구를 해결하였다. 하나라 수리 사업이 거둔 거대한 성공은 비록 수로 소통법에 주로 의존한 것이지만 각지 제방의 축조는 필수적인 것이었다. 이 과정에서 예전에 발달했던 흙다지기 기술은 커다란 역할을 했을 것이다. 상나라 흙다지기 판축 기술은 성벽에 사용되었을 뿐만 아니라 가옥의 기초공사와 벽제와 묘지 조성 등에 광범위하게 사용되었고, 수준도 높아졌다. 이후 3,000여 년간 흙다지기 판축 기술은 매우 강힌 생명력을 유지하면서, 고대 문화의 발전과 함께 남쪽으로 이동하였다. 남방에서 뿌리를 내리고 성장하였으며 그 성과 가운데 가장 두드러진 것은 푸젠福建, 광시廣西, 장시江西 3성이 만나는 지역의 '토루土樓'이다.

3. 구성, 구조 및 설비

　신석기 시기의 고고학적 발견은 중국 문화의 남북 차이가 동서의 차이를 훨씬 능가한다는 것을 보여준다. 그러나 푸스니엔傅斯年 선생은 다음과 같이 말했다. "동한말 이후의 중국사는 항상 남북으로 나뉘어져 있거나, 정치의 분열이거나, 북쪽이 외족에 의해 통제되어 왔다. 그러나 이 현상은 고대사에 적용될 수 없다. 동한에 이르러 안쪽강 유역이 그게 발달했다. 순간의 소니리 때에 샹프깅 유역은 독립적인 정치 조직이 생겨났다. 3대와 3대 이전에 정치 발전은 부락에서 제국으로 향하면서, 황허, 지수이濟水, 화이허淮河 유역을 기반으로 하였다. 이 대지에서 지리적인 형세는 동서의 구분이 있었을 뿐이지 남북의 한계는 없었다. 역사는 지리에 의해 생겨났고, 이 2,000년의 대치상태는 동서이지 남북은 아니었다." 이것이 바로 유명한 '화이동서설華夷東西說'이다. 또는 '황허 중심론'이라고도 한다. 중국 고대사의 한 토막을 배경으로 놓고 봤을 때, 이 설은 일리가 있다. 하지만 '3대 이전'을 논하는 것은 완전히 틀리다.

　신석기 초기 건축의 구조 방식은 주로 현지의 지리와 기후에 의해 결정되었다.

남쪽 습지의 건물들이 간란식 장옥이라는 논리를 따르듯이 북방의 건조한 땅에 지어지는 형태는 필연적으로 땅굴 형태였다. 최근 수십년간의 고고학적 성과는 남북 건축이 본래 서로 다른 유기적 구성을 가지고 있다는 것을 충분히 증명한다. 민중의 이동에 따라 서로 다른 건축 요소들이 충돌하면서, 그 결과 대개는 일부가 즉시 사라지거나, 일부는 일정 기간 지속되다가 사라지고, 일부는 서로 융합되어 점차 개선되는 방향으로 나아가는 모습을 보인다.

남방의 건축이 북상하자 공중에 떠서 생활함으로써 습기를 막아내고자 했던 간란식 구조는 즉각 사라지게 되었다. 상호 의지하며 전체를 이루는 조합식 장옥이 그 자리를 대체한 것이다. 남북이 만나는 지역에서 지금으로부터 약 5,300년 전의 예서 빠리깡八里崗과 샤왕깡下王崗 유적지에서 취자링 문화의 홍성과 함께 장옥이 예전 앙소문화 유행의 기반을 차지하였다. 대략 500년 뒤에 허난 용산문화의 굴기와 함께 장옥은 다시 량후兩湖 지역으로 물러났다. 댜오롱베이雕龍碑 유적지는 후베이 짜오양성棗陽城 동북쪽에 있는데, 샤왕깡 유적지와 160km 떨어져 있다. 지금으로부터 약 4,800년 전의 제3기 문화층에서 집터의 구성과 구조, 즉 질서 있는 배열이나 미닫이문 등이 빠리깡과 유사한 모습을 보인다.

남북의 문화적 힘이 교체를 거듭하고 있을 무렵에 얕은 지혈地穴과 지상식 건축의 유행과 함께 남방 장옥의 배치 방식이 북방의 많은 지역에서 받아들여졌다. 지금으로부터 약 4,900~4,800년 전의 먀오디거우廟底溝 2기 문화유적지에서 순서대로 배열된 집터가 출현하였다. 그것들은 멀리 샨베이陝北에까지 이어져 있다. 위린榆林 형산현橫山縣의 웨이자러우샹魏家樓鄉의 유적지에서 동시에 건축된 방이 연결된 집 4좌가 발굴되었다. 총 길이가 20m에 달하고 모두 지상식 건축물이다.

남방의 따스한 평원 습지에서는 수혈식 집터가 발견되지 않았다. 그 이유는 물론 이 집터의 주요 기능이 북방 고원의 추위를 막아내는 것에 있기 때문이다. 하지만 남방의 좀 높은 지대에서는 편리한 반지혈 구조와 둥근 형태의 바닥이 여전이 가치가 있어서 상당 기간 존속되었다. 평현 펑터우현의 유적지에서 나무로 엮은 간란식 집터가 공존하고 있는 것은 반지혈식과 지상식 집터이다. 그 중에서 반지혈식 바닥은 불규칙한 원형이 많고, 지상식은 네모 형태가 많다. 지금으로부터 6,400~5,300년 전의 따시 유적지에는 집터가 원형 반지혈식과 장방형 지상식 두 종류가 있다. 지금으로부터 5,000년 전의 취자링 유적지에서는 중원과 가깝기 때문에 불가피하게 앙소문화의 영향을 받았다. 이 곳에서는 장방형의 대형 바닥 집터가 나타나는데, 그 가운데 가장 큰 것은 길이가 14m, 너비는 5m가 넘고, 면적은 70m²에 달하여 북방 색채가 농후한 큰 집이다.

장쑤 우장현吳江縣 룽난龍南 마을에서 발견된 량주良渚 분화 유적지에서 집터의 주거면은 지면보다 수십 센티미터 낮으며, 유적은 타이후太湖 동남쪽의 많은 저지대 위에 위치하여 해발 고도가 3.35m이다. 이렇듯 낮고 습한 지역에서 북방 전통의 반지혈식 구조를 이용한 것은 실용적인 측면에서 어긋난다. 추측해 볼 수 있는 것은, 북방에서 옮겨온 지 얼마 지나지 않은 상황에서 예전의 방법을 그대로 사용했다는 정도이다. 사실상 이런 방법은 타이후 주변 지역에서 빠르게 사라졌다. 량주문화 유적지에서의 대표적인 창조는 규모가 거대한 묘지나 제단을 높이 쌓아올린 것이다. 또한 '흙으로 쌓은 금자탑'이라 불리는 대형 대기臺基이다. 량주 유적지군의 중심에 위치하는 모자오산莫角山 유적지는 면적이 300,000m²에 달하는 인공 축조된 대기로, 유적지에는 커다란 토층과 굴 및 나란히 배열된 기둥 구멍이 있는데, 이것들은 대형 건축물이 있었고, 그 밖에도 6개의 제사용 흙구덩이가 있었다는 것을 보여준다. 배치와 구조로 봤을 때 이 곳은 아마도 추장과 대제사장이 사용했던 부락이었을 것이다.

위야오餘姚 허무두河姆渡 유적지에서 나무로 네 벽을 지탱하여 벽의 붕괴를 방지하는 우물(삽도 4-1)이 있는데, 구체적인 제작방법은 끝부분이 맞물린 네 원목을 수평으로 놓고 우물벽을 따라 아래로 내려가면서 쌓는 것이다. 이것이 이른바 '정간井干'이다. 후세에는 갱도와 지상 건축에 많이 사용된다. 이런 구조는 중국의 기타 지역과 외국에서 초기에 출현하였다. 하지만 목재 소모가 과다하고, 운반 수단이 좋지 않은 삼림 지역 외에서는 점차 사용이 중단되었다. 중국의 고대 목조 구조 시스템에서 우물은 대들보와 천두穿斗 외에 가장 중요한 구조 방식으

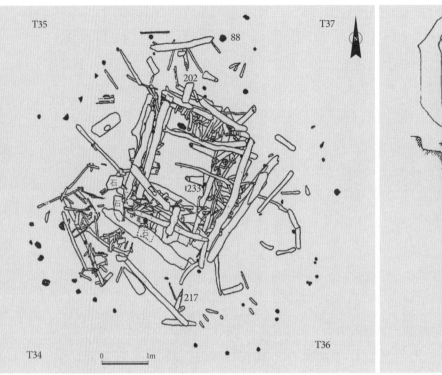
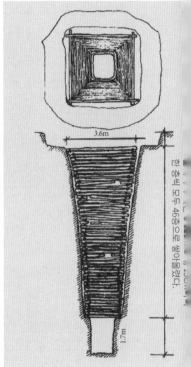

[삽도 4-1] 허무두 우물 유적지(좌)
[삽도 4-2] 탕인현 용산문화의 우물(우)

로, 그것과 대들보 구조는 공통점이 있다. 구조면에서도 공통점이 많고, 이 때문에 대들보 구조가 정간 구조의 기초 위에서 발전했다고 추측하는 사람도 있다.

　위베이豫北 탕인현湯陰縣에서 지금으로부터 약 4,950년 전의 바이잉白營 용산문화 초기유적지 중 한 곳에 사각형의 목재 구조로 덮인 우물이 있다.(삽도 4-2) 우물 입구는 3.6m²이고, 깊이는 11m이다. 정간식으로 46층이 쌓여 있고, 구성 기술은 사람들을 놀라게 한다. 이것은 지금까지 황허 유역에서 발견된 것 가운데 가장 이른 목재틀 우물이다. 허무두 유적지에서의 구조가 유사한 우물과 비교해서 그 연대가 1,000여 년 늦다. 하지만 우물 입구의 면적이 4배가 넓어졌고, 깊이는 7배에 달한다. 지금까지 용산문화 유적지에서 발굴된 다른 세 개의 우물은 모두 목재 보호틀이 없는 원형 우물이었고, 그 중에 두 개는 한단 용산문화 초기 유적지에서 발굴되었는데, 입구의 지름이 2m, 깊이가 7m 내외이고, 낙양 용산문화 말기 유적지에서 발견된 것은 입구 지름이 1.6m이고 깊이가 6.1m이다.

탕인이 한단邯鄲과 뤄양洛陽 사이에 있는 것을 고려해 보면 뛰어난 정간 기술은 이 지역의 전통을 따르지 않고 남방의 선진적인 성과를 흡수하고 발전시킨 것으로 추측할 수 있다.

지하로 깊이 들어가는 목제 정간 구조는, 부패하기 쉬운 폐단을 극복하기 어렵기 때문에, 점차 폐기되는 운명을 피할 수 없었을 것이다. 상나라 때 목곽묘의 출현은 아마도 그 기술의 전환점이었을 것이다. 전국시대에서 서한 시기까지 정간 구조는 지하 목곽묘에서 한차례 유행하였고, 동시에 우물의 벽면에 더 이상 사용하지 않게 되었다. 서한 이후 목곽묘의 정간 구조는 점차 벽돌로 대체되었다. 당시 정간구조가 지상 건축에 대량으로 사용되었는지 여부는 지금 실물 증거를 얻을 방법이 없다. 하지만 문헌과 그림 자료는 기본적으로 이것이 사실임을 증명하고 있다. 한대 이후 북방의 대부분 지역에서 유행한 대들보식 구조와 중국 전통 건축의 상징된 된 두공斗栱은 정간 구조와 일맥상통하는 것이다. 대체로 중국 목조 건축의 발전은 남방의 기술 전통에서 크게 도움을 받았다고 할 수 있다.

도시의 규모와 일상생활의 번잡함 정도 그리고 소비 물자의 정교함 정도를 논할 때, 양쯔강 유역의 성과는 모두 황하 유역보다 높은 것 같지만, 어떤 실용적인 디자인과 재료의 개량적인 측면에서 반드시 그렇지는 않다. 예를 들어 지상의 배수 시설에 대해서는 중원 지역이 일찍이 용산 문화 시기에 충분히 중시하여 후세에 계승되었다. 고고학은 지금으로부터 4,300년에서 4,100년 된 화이양 핑량타이 고성에 도로 아래에 3열의 도자기 재질 직통형의 배수로를 연결하고 있는데, 그 한쪽 끝은 0.23m~0.26m이고 다른 쪽 끝은 0.27~0.32m로, 서로 연결하기 쉽게 되어 있다. 이것은 지금까지 중국에서 발견된 최초의 도시 지하 배수시설로 하나라와 상나라 때까지 활용됐다. 얼리터우에서 하나라 말기 1호 궁전의 북쪽과 정주 명공로의 상나라 중기의 유적지에서 도질 수관이 발견되었다. 안양현 은허의 상나라 말기 유적지에서 도질의 수관이 발견되기도 했다.

　건축 요소의 하나로서 흙벽돌은 신석기 말기 중원 지구에서 시작된 것이다. 탕인의 바이잉 유적지에서 말기의 둥근 모양 집에 흙벽돌로 쌓은 담이 있고, 흙벽돌은 세 가지로 나뉜다. 그 하나는 덩어리를 털어서 만든 것으로 도자기 재질의 그릇과 다른 하나는 두께가 같지만 길이가 달라 조각을 나누어 만든 것으로 보이는 것, 또 다른 하나는 규격이 기본적으로 같고 대체로 틀에 넣어 만든 것 등이다. 이상 세 가지 제작 방법은 도자기 공예의 발전 과정에서의 흙벽돌 단계를 반영하는 것이다. 그 밖에 곳곳에서 동시기에 흙벽돌을 사용한 건축 유적지가 있는데 다음과 같은 곳들이 있다. 안양 고루장 후강 유적지의 집 4채, 영성 옥유방 유적지의 원형 가옥, 화이양淮陽 핑량타이平糧臺 고성의 집터 10여 기, 린통臨潼 캉자康家 유적지 등은 평지에 짓거나 높은 토대 위에 지었다. 흙벽돌을 쌓는 방법은 현대의 방법과 유사하다. 예를 들어 캉자의 흙벽돌 둘레는 30cm이고 너비는 34~36cm이며 위아래 7층, 좌우 8덩어리 해서 56덩어리를 쌓는다. 상나라 유적지에서 흙벽돌은 계승되었고, 고성대 유적지의 F2와 F6 흙벽의 상부 같은 것이다. 점토를 벽돌에 붙이는 것이 제일 처음 나타난 것은 춘추 시기로 전국시대의 개선과 발전을 거쳐 진나라와 한나라 시기에 벽돌 제조 기술은 높은 수준에 도달했고, 세상에서는 이것을 '진나라 벽돌, 한나라 기와'라 부른다.

　기둥은 건물 안의 작은 부품이지만 기둥 밑부분의 방부조치로서 기능은 무시할 수 없다. 남쪽의 저습지대에서는 늪이 점차 건조해지거나 높은 기초가 생기면 말뚝의 높이가 서서히 짧아지는 것을 쉽게 생각할 수 있다. 이것이 바로 목조 기둥의 시작일 수 있으며, 생명력이 매우 강하고, 양쯔강 이남의 많은 곳에 있는 명청대 건물에서 아직까지 볼 수 있는 수 많은 목조 기둥들이 있다(삽도 26, 27). 동한 당시 허신許愼은 기둥의 재료가 "옛날에는 나무를 썼고, 지금은 돌을 쓰는 것"에 주의를 기울여 이 부속이 기원이 오래 되었음을 증명하였다. 이 사실은 남방인의 창의성과 진취성이 결여되어 있음을 시사하는 것일까? 황허 유역에서의 상황은 확실히 다르다. 허난 먀오디거우 유적에서는 301호, 302호 집터의 중심 기

[삽도 4-3] 셔우닝 난양 민가의 목 주추재(좌)
[삽도 4-4] 위에양岳陽 문묘의 목재 기둥(우)

등, 그리고 안양安陽 허우깡後崗 유적지에서는 F19 기둥5의 아래에는 모두 돌이 사용되었다. 옌스偃師 얼리터우二里頭의 하나라 말기 궁궐과 정저우鄭州 상성商城 궁궐의 몇몇 기둥들은 모두 돌을 사용하였다. 안양 샤오툰小屯의 상商나라 궁전 기둥에는 특별 제작한 동 받침대를 사용했는데, 이 부속은 초석과 나무기둥 사이에 껴서 주춧돌의 방습 기능을 강화하였다. 이는 북방 사람들이 건축 구조 방면에서 세밀한 사고를 하고 있었다는 것을 반영하는 것이다.

4. 시루와 정두호鼎豆壺

신석기 시대 중국의 남북 지역별 건축기술의 특징과 교류를 대체적으로 다루면서 북방이 남쪽에서 혜택을 받는 몇몇 현상을 다루었다. 남방의 자연자원은 다양하고 풍부하여, 남방의 건축기술은 다방면에서 선진적인 발전을 이루어냈으며, 북방의 자연조건은 상대적으로 혹독하여 북방인들로 하여금 더욱 흡수와 개량에 능숙하도록 하였다. 생존의 기본적 입장에서 건축은 인간이 동굴 밖으로 나온 뒤 생명을 이어가기 위해 꼭 필요한 하드웨어라고 할 수 있다. 건축과 마찬가지로 필요한 것은 음식과 관련된 취사도구이다. 합리적이고 효율적인 음식 가공을 하지 못하면 인간 집단의 건강과 그 지속은 보증받기가 매우 어렵다. 흔히 의식주행衣食住行이라는 4대 수요에서 식食과 주住의 중요성은 옷衣보다 훨씬 크다. 인류 문명의 발전 과정에서 건축과 취사도구 둘 다 대체 불가능한 역할을 한 적이 있다. 취사도구 역사가 진행되는 동안 건축과 미묘한 관계가 생겨 건축의 요소가 되기도 했다. 아래에서 남북 비교의 관점에서 본 중국의 신석기 시대 취사도구의 진전을 거슬러 올라가 보기로 하겠다.

음식의 풍부함과 다양화를 놓고 볼 때 양쯔강 유역은 황허 유역을 뛰어넘어야 하지만 취사도구 개량과 제도 건설에서는 그렇지 않다. 예를 들어, 시루는 앙소문화 초기의 반파유적지에서 가장 먼저 출토되었다. 이것은 원형 취사 도구의 일종으로 바닥과 가까운 곳에 공기가 통하는 구멍이 많아 솥 위에 올려서 음식을 찌는 현대적인 찜통 윗부분과 같은 것이다. 고온의 증기로 음식을 익히거나 소독 살균하는 것은 인간의 건강을 위해 필요하며 그 방법이 간편하고 효율적이기 때문에 6,000년 전부터 계속되고 있다. 모든 것을 초월한 강인한 생명력을 지닌 화하 문명의 힘이 어느 정도 작용했다. 또 이처럼 가장 먼저 시루가 출토된 것은 지금으로부터 약 4,200년 전의 샹펀현襄汾縣 타오쓰陶寺 유적지이다. 모양이 정과 비슷하고, 정이 중심에 다리가 없고, 격鬲(세발 달린 솥)은 다리가 주머니 모양이라는 점이 다르다. 정의 형태는 장중하지만 물을 담는 기능은 시루보다 못하다. 력이 정을 대신하게 되자 시루가 동시에 출현하였다. 이렇듯 지극히 교묘하고 실용적인 고대 취사도구는 용산문화 시기의 산둥 장치우성과 허난 화이양淮陽의 핑량타이平糧臺 유적지에서 최초로 출현한다.(삽도 4-5) 증甑(고대의 시루), 격, 그리고 언甗(고대의 시루) 세가지 취사도구는 이전에는 도자기로 만들었으나 상나라에 와서는 청동으로 제작된 것이 많이 나타났으며 아울러 중원 문명의 발전에 따라 양쯔강 유역의 넓은 지역에 분포하였다.

중원 취사도구가 실용적으로 계속 개량되고 있다는 점을 증, 격, 언 등 세 가지 기물이 반영한다면, 화하 문명의 대표적인 기물로 여겨지는 정은 일상 취사도구를 개량한 뒤에 제도적 측면에서 향상시킨 중대한 최초 작업이다. 초기의 정은 삶는 데 쓰이는 가마솥을 받침대인 삼족三足과 연결해 만든 것으로, 일상적 절차를 간소화하는 데 효과적이었다. 지금으로부터 약 9,000년 전의 허난 가호 유적지에서 출토된 전형적인 도기는 추족정, 쌍귀 주전자와 사발, 조금 늦은 허난 페이리깡 유적지에서는 출토된 도기가 삼족정, 쌍귀 주전자, 사발, 항아리 등이

[삽도 4-5] 화이양 핑량타이의 시루

있다. 허베이의 무안의 자산 유적지는 지금으로부터 약 8,000년 전의 곳으로 그 시대와 출토된 도기는 페이리깡 유적과 거의 같아 '페이리깡 쯔산 문화'라고 합쳐 부르고 있다. 쯔산유적에서 출토된 도기는 주로 정, 주전자, 항아리, 접시, 사발 등이 있는데, 그 중에서도 도자기 잔과 잔받침의 많은 조합은 정의 발전과정을 암시한다. 이 시기의 각종 취사도구 중에서 솥의 부피가 가장 크며, 쓰임새가 가장 중요하다. 앙소문화의 샨시山西 화현華縣 라오꽌타이老官臺 유적지에서 가장 특징적인 것은 고리모양의 다리가 달린 그릇과 채색 사발, 그리고 삼족 항아리이다. 후자는 정의 초기 형태일 가능성이 있다.

약 1,000년 후, 앙소문화가 그 뒤를 잇지만 (7000~5000년 전) 그 유형이 매우 풍부한 도기에서 우리는 놀라움을 금치 못하게 된다. 이전에 찬란하게 빛나던 정이 이미 물러나고 그것을 대신한 것은 우리의 눈길을 사로잡는 의기이다. 앙소 도기는 반파 유형과 먀오디거우 유형이 가장 대표적이다. 반파 유형의 대표 도기는 바닥이 날카로운 병과 둥근 바닥 또는 평평한 바닥 사발, 목이 가는 주전자, 바

닥이 평평한 그릇, 바닥이 둥근 그릇, 가운데가 불룩한 주전자, 바닥이 평평한 조그만 항아리 등이다. 먀오디거우 유형의 대표적인 도기는 바닥이 뾰족하거나 평평한 병, 배부분이 굽어진 그릇과 바닥이 평평한 조그만 항아리, 바닥이 둥근 솥, 솥 모양의 정 등이다.

앙소 문화가 약 2,000년 동안 지속되어 온 만큼 그 세력의 성취는 눈부시지만, 기능이 좋았던 정은 왜 퇴출되었을까? 이 문제는 사람들로 하여금 곤혹스러움을 배가시켰다. 어떤 학자는 앙소문화와 페리깡 쯔샨 문화의 계승관계를 의심하기도 했다. 우리가 추측하기로는 답은 아마도 솥과 바닥이 뾰족한 병이라는 두 가지 기물의 등장과 퇴장 가운데에 숨겨져 있을 것이다. 바닥이 뾰족한 병은 옛날에는 의기라고 불렀고, 실용적인 물뜨는 도구가 일찍이 현자들이 속세에서 지혜를 가르치는 교구로 변신한 것이다. "차면 기울고, 중간이면 바로 서고, 가득 차면 뒤집어진다."는 가르침이다. 비교해 보면, 정의 초기 기능은 사람의 입과 배를 만족시키는 것이었고, 정의 과도한 강화는 인류의 탐욕과 사치의 극대 팽창을 의미하였다. 마치 후세 동으로 된 정 위에 탐욕스러운 사람의 무늬가 암시하는 것처럼 말이다. "동으로 만든 정은 사직의 안정과 조화의 상징이라기보다는 국가의 재난과 변고의 징조이다." 비평가 주다커朱大可는 상나라의 동으로 만든 정에 대해 매서운 비판을 했다. 이것은 매우 정확한 비판이었다. 비록 이 비판이 지금으로부터 6,000년 전의 도자기로 만든 정을 대상으로 한 것은 아니지만 말이다.

중원 지역의 물질문화가 일정 수준으로 발전한 뒤에 페이리깡 쯔샨 사람들은 어떤 측면이 지속해서 발전할 수 있을까의 문제를 갑자기 발견하기 시작했을 것이다. 아마도 매우 주도면밀한 계획과 원대한 생각이었던 것이다. 바로 이런 계획과 생각이 페이리깡 쯔샨 문화가 앙소문화로 바뀌게 하였고, 다시 용산문화로 바뀌게 하였으며, 최종적으로 중화문명의 요람으로 열매맺게 한 것이다. 이것은 전세계에서 유일무이한 현상이다. 끊임없이 이어진 8,000여 년의 성과는 감히 기적이라 할만 하다. 그것은 여러가지 위기에 직면해 있는 현대인들을 일깨워주기에 충분하다. 어떠한 문명이라도 고도의 발전을 거친 다음에는 반드시 제 때에 반성해야 하고 개혁해야 한다. "사람이 원대한 계획이 없으면 반드시 가까운 근심이 있기 마련이다." 공자의 탁월한 지혜는 옛 화하의 경험에서 나온 것이 분명하다.

용산문화의 초기 유물 가운데 도기가 앙소문화의 몇 가지 유형을 간직하고 있다. 바닥이 뾰족한 병, 잔, 그릇, 항아리 등이 그러하다. 중기가 되면 바닥이 뾰족한 병은 점차 소실되고, 정이 출현한다. 지금으로부터 약 4,500년 전의 화이양 핑량타이의 고성에서 징, 항아리, 주전사, 그릇, 방직바퀴 등의 노기가 출토뇌었다. 지금으로부터 4,500~3,900년 전의 타오쓰陶寺 유적지에서 출토된 것에 의하면, 초기 취사도구는 연부두連釜灶와 가鬲 등이 위주였다가 중기와 말기에 이르면 격鬲의 사용이 갈수록 늘어나고 연부두는 소실되었다. 수량이 비교적 많은 기타 취사도구로는 항아리, 주전자, 병, 그릇, 쟁반, 정 등이 있다. 말기 용산문화의 주요 도기 중에는 정, 시루, 잔, 쟁반, 그릇, 항아리 등이 있다. 용산문화 중기 이후 바닥이 뾰족한 병과 정은 다시 부침을 거듭했는데, 이것이 화하문명의 정신적 퇴보를 의미하지는 않는 듯 하다. 바닥이 뾰족한 병의 소실 배경은 그 사상적 내용이 이미 사람들 마음 속에 깊이 자리잡았을 가능성이 있다. 정은 중원에서 살고 있던 사람들이 일상적으로 사용하는 주요한 기물로서 다시 나타났고, 나아가 점차 정신적 색채가 농후한 예기가 되었다.

전해지는 말로 하나라 우임금이 징산荊山 아래에서 구목의 금으로 주조된 구정을 받은 것이 구주를 상징한다고 한다. 정은 일상 취사도구에서 중요한 기물로 발전되었고, 국가와 정권의 상징으로 승화되었다. 〈좌전 선공 3년〉의 기록이다. "옛날에 하나라에 덕이 있었더니 먼 나라에서 그것의 기이한 사물을 그려 바치고, 구주의 장관들은 동을 헌납하였다. 정을 주조할 때 그 사물들을 새겨 만물이 정에 구비되었다."

〈사기史記・효무본기孝武本紀〉에 이르기를, "우 임금이 구주 장관들의 동을 받아 구정을 주조하였다."고 하였다. 얼리터우 문화 유적지에서 각 기물 가운데 정의 중요성은 갈수록 두드러졌다. 얼리깡 문화 유적지에서 다리가 셋에 귀가 둘 달린 청동 정은 처음 출현한다. 동시에 청동기 가운데 가장 중요한 종류로 급부상하고, 일상 취사도구로서의 기능은 점차 격鬲으로 대체되었다. 다리 넷 달린 정이 처음 출현한 것은 상나라 중기로서, 체형이 비교적 크고 이미 취사도구의 대열에서는 벗어난 것처럼 보인다. 실용적인 측면에서 보자면 다리가 셋 달린 것의 안정성은 다리가 넷 달린 것보다 훨씬 더 뛰어나다. 위엄의 측면에서 보자면 네 다리는 주인의 위엄을 더 잘 보여줄 수 있다.

이 때부터 '정鼎을 정定한다'는 신 왕조의 건립을 의미했다. 나라가 망하면 정은 곧 옮겨졌다. "옛날에 하나라에 덕이 있어 먼 나라에서 그 곳의 기이한 사물을 그려 바치고 구주의 장관들은 동을 헌납했다. 정을 주조할 때 그 사물들을 새겨 만물이 정에 구비되어 백성들이 신령한 것과 간사한 것을 구분할 수 있게 했다. 그리하여 사람들이 하천, 늪지, 산림에 들어갈 때 해가 되는 것을 마주치지 않았고, 사악한 귀신과 정령들을 마주치지 않았다. 그리하여 상하가 화목하고, 하늘의 보우를 계승하였다. 하夏나라의 걸왕桀王이 덕이 어두워 정은 상나라로 옮겨졌고, 600년간 지속되었다. 상의 주왕紂王이 포악해지자 정은 주周나라로 옮겨지게 되었다." 하나라가 망하고 상나라가 일어나 구정은 상나라 도읍 호경毫京으로 옮겨졌고, 상나라가 망하고 주周나라가 일어나 구정은 다시 주나라 도읍 호경鎬京으로 옮겨졌다. 상나라와 주나라 때에 정은 가장 성대하고 장중한 예기로서, 국가의 제사나 군사 의식 장소에 출현하였다. 때에 맞춰 정 몸체에는 위대한 공적이나 경축 의식의 성황을 문자로 새겼다. 현존 최대의 다리 넷 달린 청동 정은 '사모무司母戊'로 상왕 무정武丁(기원전 1250~1192년)의 아들이 모친 무戊를 위해 제사지내기 위해 주조한 것으로 높이가 133cm, 무게 835kg이고, 내부에 '사모무司母戊' 세 글자가 새겨져 있다.

서주의 유명한 청동기 대우정大盂鼎, 대극정大克鼎, 모공정毛公鼎과 송정頌鼎 위에는 모두 전장典章 제도와 책봉, 제사, 정벌 등의 역사적 사실들이 새겨져 있다. "초자楚子가 육혼六魂의 융戎을 정벌하여 마침내 낙수洛水에 이르렀고, 주강周疆에서 병사들을 보았다. 정왕定王이 왕손만王孫滿으로 하여금 초자의 공로를 위로하

[삽도 4-6] 청동릉의 돌로 된 오공五供

였다. 초자가 정의 크기와 무게를 물었다." 이것이 바로 '정을 묻다'의 전고이다. 그때 니라 강성王이 정을 보고, 천자를 취하여 그것을 대신했다는 의미이다. 오늘날에 이르러 '정'자는 존귀하고 성대하다는 의미로 확대되었다. 전성시기, 일언구정一言九鼎(한 마디 말이 구정만큼 무겁다), 대명정정大名鼎鼎(명성이 자자하다), 정력상조鼎力相助(큰 힘으로 서로 돕다) 등이 그 예이다.

서주 말기와 춘추 초기의 고분에서 정과 주전자, 궤, 쟁반 등이 이미 질서정연한 부장품이 되어 있었다. 춘추로부터 한대에 이르러 도자기로 된 부장품이 청동기를 대체하였다. 이 당시의 정은 다리 셋 달린 원형이 많았고, 후세의 향로의 기원이 되었다. 마찬가지로 원형인 주전자 등은 등급이 가장 높은 제사 진열품이 되었다. 이 제도는 대략 3,000년간 지속되었고, 명청대에까지 이르렀다. 명청대의 고분이나 사당에서 등급이 가장 높은 제사 진열품은 이른바 '오공五供'이었다.(삽도 4-6) 제단 위에 정(향로)을 중간에 놓고, 한 쌍의 촛대와 한 쌍의 주전자(화병)을 양쪽에 놓는다. 이는 신주가 살아 생전처럼 마찬가지로 공양을 받는 것을 상징한다. 낮은 등급의 제사는 '삼공三供'을 진열한다. 하나의 정과 한 쌍의 촛대로 구성되는 것이다. 한족화된 불전에서 유사한 제기를 '오구족五具足'이나 '삼구족三具足'이라 부른다. 대략 남송 시기에 일본으로 전해졌다. 도구의 유형으로 말하자면 '오공'은 향로, 촛대, 화병 등의 세 종류만 있다.

'오공' 가운데 정鼎, 두豆, 호壺 세 가지의 중요성은 분명하게 나뉜다. 가경嘉慶 23년(1818년) 무명씨가 새긴 〈흠정대청회전도欽定大淸會典圖〉 권13 〈예제禮制〉에 태세전太歲殿 내의 오공이 왼쪽에서 오른쪽으로 배열된 순서는 '병, 촛대, 화로, 촛대, 병(호, 두, 정, 두, 호)'이다. 권17의 문창묘文昌廟에 있는 오공 진설도 마찬가지이다. 약간 낮은 급의 신주인 선의묘先醫廟 등은 진설이 촛대, 향로, 촛대 식의 삼공으로 되어 있다. 전쟁을 겪은 후 명청에 남아 있는 오공의 서열은 어지러워졌다. 현대인들이 다시 복구하려는 상황에서 그 근본을 알지 못했다. 정을 중앙에 놓는 것은 의심할 여지가 없었지만 나머지는 그 서열이 혼란스러웠다. 청동릉淸東陵과 청서릉淸西陵의 여러 문제는 해결이 시급하다.

정鼎의 연원은 오래 되었다. 중화문명사에서 그것은 가장 대표적인 기물이라 할 수 있다. 8,000여 년간 정은 부침을 거듭하였고, 중화문명이 물질에서 정신으로 향하는 온건한 변화를 실증하였다. 파란만장한 역사 속에서 정의 모습은 발원지로부터 점차 전국으로 퍼져나갔다. 정의 족적을 따라 우리는 중화문명의 오랜 기간에 걸친 합쳐지고 나뉘어짐을 분명하게 볼 수 있을 것이다.

황허 하류 최초의 신석기 문화 유적지에서는 정이 발견되지 않았다. 정이 이곳에서 출현한 것은 대략 중류보다 1,000여 년이 늦는데, 중류로부터 영향을 받은 듯 하다. 츠보 허우리 문화 유적지와 장치우 샤오징산 유적지에서 지금으로부터 8,000년 전의 솥, 사발, 항아리, 그릇, 주전자 등의 도기가 출토되었다. 지금으로부터 7,000년 전의 등현 베이신 유적지에서 정은 비로소 출현하였다. 출토된 도기는 수제 생활 용품으로서, 주로 정, 솥, 항아리, 사발, 주전자 등이다.

남방의 신석기 문화에서 정의 출현은 대략 중원 지역보다 2,000년이 늦다. 게다가 중원으로부터의 영향을 받았을 가능성이 있다. 대략 6,000년 전의 양쯔강 유역의 각 유적지에서 현재가지 발견된 도기 계열 가운데 대부분은 다리가 없는 솥이지 정은 아니다. 량후兩湖 지역에서 지금으로부터 8,000~7,000년 전의 도기로는 솥, 사발, 항아리, 쟁반 등이 있는데, 다리가 셋 달린 것은 발견되지 않았다. 지금으로부터 6,800~6,300년 전의 후난 안양현의 유석지에서는 솥, 항아리, 그릇, 쟁반, 사발 등 다섯 가지의 기물이 기본적으로 조합되어 있다. 치엔탕강錢塘江 이남에서 지금으로부터 6,500년의 도기가 출토되었는데, 그 중에는 허무두河姆渡 문화 초기의 대표적인 대척부帶脊釜가 있다. 하지만 몸체의 지역적인 특징이 뚜렷하다. 허무두 문화는 지금으로부터 7,000~5,300년 전인데, 초중기 유적지의 주요 도기로는 솥, 사발, 항아리, 그릇, 쟁반 등이 있다. 정은 허무두 유적지 제3층에서 출현했는데, 지금으로부터 6,000년을 넘지 않는다. 타이후 남쪽의 마자방馬家浜 문화는 지금으로부터 7,000~6,000년인데, 초기 취사도구는 솥 위주였고, 지금으로부터 6,200년 전인 차오시에산草鞋山 유적지 제10층에서 정으로 변했고, 말기에 정의 숫자는 급증한다. 두, 호는 마자방 문화 유적지에서 수량이 매우 적고, 스타일도 단조롭다. 하지만 지금으로부터 6,000~5,300년 전의 쑹저崧澤 문화 시기에는 수량이 급증하고, 정은 김치 조합 관계를 형성한다. 지금으로부터 5250~4150년의 량주良渚 문화 시기에 정은 상용 취사도구가 된다. 고분의 매장품들 가운데에는 정鼎, 두豆, 호壺가 조합을 이룬다. 정이 저장浙江 지역 신석기 말기 문화에서의 지위가 빛나는 이유로 량주 고분에서 정, 두, 호가 조합된 것은 상나라와 주나라 청동 예기의 선구가 된 것이라고 말하는 사람도 있다. 개별적인 실용 도기로서 정, 두, 호는 허베이河北 쯔샨磁山 유적지에서 처음 발견된다. 조합이 된 예기로서 정, 두, 호는 양저 문화시기에 성숙되었고, 다시 용산문화 말기에 중원으로 돌아와 화하문명의 최종적인 응집을 위해 자신을 바친다.

두 건축 사상의
상호 작용

___

1. 글로벌 환경 아래에서의 토론
2. 〈주역〉에서의 대장大壯 : 웅장한 아름다움과 예제
3. 선진 제자의 '비루한 궁실'론
4. 일성一姓과 만성萬姓

두 건축 사상의 상호 작용

하나의 도형으로 중국 문화의 상징을 삼는다면 그것은 '태극도'일 수 있다. 그 도형은 물고기 두 마리가 한데 엉켜 있고, 각각의 흑과 백은 음양의 상생을 상징 한다. 공자묘 대성전大聖殿의 기둥으로부터 백운관白雲觀의 안팎에 이르기까지, 태 극, 무술의 휘장이나 마크에서 점쟁이의 간판에 이르기까지, 한국의 국기 도안으 로부터 싱가폴의 공군기 휘장에 이르기까지 태극도는 활약하고 있다. 이 도형은 대략 송명 시기에 정형화되었고, 사상적인 연원은 신석기 시대 음양 관념으로까 지 거슬러 올라갈 수 있다. 본문에서는 태극도의 원류를 고찰할 생각이 없다. 단 지 그것을 빌어 중국 전통문화 가운데 중요한 특징을 고찰하고자 한다. 그것은 바로 이원대립과 서로 보완하여 일을 완성하는 것의 중요성을 인정하는 것이다.

이 도형을 이용하여 중국 고대 건축의 변화 발전을 대체적으로 그려볼 수 있 다. 대략 신석기 시대부터 시작하여 화하의 조상들 중에는 '과유불급'의 자연 법 칙을 인식하는 사람들이 있었다. 따라서 인류사회가 붕궤를 눈앞에 두기 직전에 위급한 국면을 온힘을 다해 되돌리고, 지속발전을 가능하도록 하였다. 우임금이 치수에 나섰을 때 둘로 나뉘어 각축을 벌이던 이데올로기가 점차 사람들의 주목을 끌게 되었다. 그 하나는 물길을 트는 치수이고, 다른 하나는 물길을 막는 치수였다. 그것의 우열과 성패는 사람들이 모두 알고 있었다. 이와 함께 민생으로부터 출발하여 사회 안정을 희구하던 '비궁실卑宮室(자신이 거주하던 궁을 화려하게 치장하지 않음)' 사상에 입각하여 인류의 본능적인 욕망에서 출발한 '대장大壯' 사상은 제약을 받았다. 하지만 대장 사상은 완전히 없어지지 않았다. 이후의 역사발전 과정에서 대장 사상은 주류가 되기도 하였다. 양자는 무대에 반복적으로 등장하면서 각기 논리적 근거를 가지고 수천년간 라이벌이 되었다. 중국 전통 건축은 양자의 대결 구도 속에서 서방 건축과는 완전히 다른 독특한 패기를 길러냈다.

1. 글로벌 환경 아래에서의 토론

판꾸시潘谷西가 펴낸 〈중국건축사〉 교재(제5판, 2004년)에 이런 말이 나온다. "역사는 필연과 우연의 충돌 가운데 진행된다. 비록 위대한 건설 시기에 대단한 사조와 최소한 동시대 외국처럼 풍부한 건축 탐색이 있어야 한다는 기대가 있지만 이 기대는 전체 자율시기(여기에서는 신중국 수립 후부터 개혁개방 이전까지를 말한다 - 인용자)에 이뤄지지 않았고, 전체 고대사회에도 마찬가지였다. 중국은 중국이고, 고대 중국은 건축 나름대로의 위대한 사상이 없었고, 근현대도 마찬가지로…"

이 말은 사람들을 놀라게 했다. 더욱이 부지런하고 학문적 조예가 깊은 중국 건축사학자의 입에서 나왔다는 것이 더 그랬다. 이런 논법은 실로 필요 이상으로 자신을 비하한 것이다. 서방 건축 유산에 대해 자부심이 대단한 유럽인들은 항상 중국 전통 건축에 대해 토목 가옥이 별반 가치가 없고, 대부분 종이 위에 존재하는 것일 뿐이라고 말한다. (문자기록만 있고 실물은 없다는) 이런 논법은 완전히 이유가 없는 것은 아니다. 하지만 중국 전통건축에 대한 그들의 인식이 피상적이라는 것을 지적하지 않을 수 없다. 사실 유럽 역사에서 생활 수준이 낮으면서 정신문명이 크게 발달했던 시대가 있다. 예를 들어 기원전의 고대 그리스와 중세의 서 유럽이 그러했다. 하지만 15세기 이후의 르네상스는 근본적으로 말해서 예전의 정신 유산을 철저하게 폐기하고, 고대 로마의 사치스럽고 화려한 물욕 추구를 회복한 것이었다. 근현대 역사가 말해주듯, 유럽의 물질주의는 커다란 성공을 거두었고, 그것은 완전히 세계 고대문명의 틀을 바꿔 놓았다. 이런 배경하에서 유럽인들은 중국 전통문화의 주요 가치가 외부적 물질의 찬란함에 있지 않고, 내재적인 정신의 깊이에 있다는 사실을 분명하게 알기 어렵다.

15세기 콘스탄티노플이 함락된 이래 동서양 간 오래된 육로 교통이 차단되면서 유럽인들은 해상으로 방향을 틀었다. 그들은 기독교 사상을 앞세우고 기묘한 기계와 무기를 미끼로 삼았지만 300여 년에 걸쳐 계획을 성공시키지 못했다. 19세기에 이르러, 강력한 무기를 개척의 선봉으로 삼아 유럽 열강은 중국을 포함한 모든 고대 문명국가들을 완전히 물리쳤다. 과거 역사적 시기에 늘 하위권에 머물렀던 서양 민족이 마침내 득의양양한 시절을 맞은 것이다. 근 100여 년 동안 거센 분쟁이 멈추지 않았고, 이제 대중이 '글로벌'이라고 외치는 것은 유럽의 문명을 실은 장갑차가 지금까지 완전히 정복되지 않은 잔존한 구석들을 정복하기 위해 속도를 내고 있다는 것을 나타낸다. '전반 서구화' 사조는 때로는 좌경左傾으로 때로는 우경으로 기울었지만 근현대 중국을 떠난 적은 없다. 20세기 말부터 계속되고 있는 '건축의 유럽 대륙풍'은 100년 동안 물질생활 측면에서의 중국 사상운동의 빛나는 결과를 보여주고 있다. 이런 배경 하에서 중국 근현대 건축을 살펴보면 '독특한 위대한 사상'의 부재가 필연적이다. 그러나 한 토종 건축 역사 전문가가 이를 통해 '고대 중국에서 건축만의 위대한 사상은 없었다'는 결론을 내리는 것은 사람들을 곤혹스럽게 한다.

마음의 창을 열고 중국 전통건축의 역사적 흐름을 또 다른 시각에서 살펴 중국 전통건축의 심층에 담긴 '독특한 위대한 사상'을 독자들에게 보여주도록 하겠다. 여기서 특별히 강조할 점은 '위대한 생각'과 '위대한 건물'은 정신과 물질의 두 가지 측면에서 다르게 존재한다는 것이다. 예를 들어 말하자면, 기원전 5세기 춘추전국시대를 맞아 사방의 제후들이 경쟁적으로 성을 쌓고 제자들의 백가쟁명

[삽도 5-1] 멀리서 본 아테네 성(상)
[삽도 5-2] 이현易縣의 옌시아두燕下都의 다진 땅(하)

과 백화제방이 일어났다. 이 당시 그리스는 페리클레스 치하의 '황금시대'를 맞이하여 여러 면에서도 뛰어난 성과를 남겼다. 유럽 문명이 화하 문명과 어깨를 나란히 하는 위대한 시대지만 물질적 건축적 관점에서 보면 양자의 기상은 전혀 다르다. 아크로폴리스의 신전으로 대표되는 그리스 석조 구조물은 기세가 웅장하고 장식이 정교하며, 그 중 많은 부품이 오늘날까지 잘 남아 있다(삽도 5-1). 파리 루브르 박물관의 그리스 전시관에 서 있는 지름 2m의 도릭 오더 앞에서 중국에서 온 관람객은 흥분을 감출 수가 없다. 중국의 동시기를 거슬러 올라가는 건축 유산은 흙과 나무를 주재료로 하는 전국시대의 높은 누대가 오늘날까지 남아 있

사찰	능묘	관청	궁전	주택

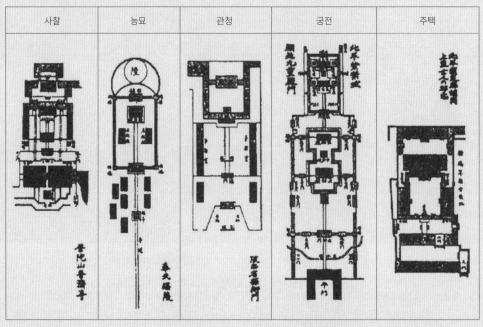

청진사	문묘와 서원	도관	무묘

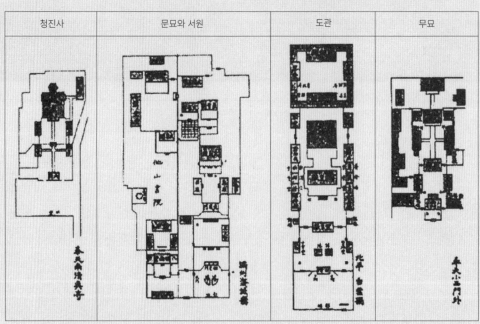

[삽도 5-3] 중국 전통건축의 조합

더라도 옛 사람을 기리는 구릉에 불과하다(삽도 5-2). 실제로 지난 100년 동안 중국 건축을 연구한 중국과 외국의 학자들은 중국건축이 물질적으로 발달하지 않았다는 사실에 주목하고, 다른 각도에서 설명을 시도하였다.

1930년대에 일본 건축사학자 이토오 추우타(伊東忠太)가 〈중국건축사〉를 펴냈다. 그는 중국 건축이 큰 것은 독채에 있지 군체에 있지 않다고 하였다. "중국은 국토가 넓고 국민이 많다. 가장 큰 건축물은 약 1,983.5m²이다. 일본의 건축물에 미치지 못한다. 얼른 보면 보순 같아 보인다. 하지만 그런 데에는 이유가 있다. 중국 건축이 큰 것은 하나가 큰 것에 있지 않고, 궁전과 누각, 정자 등이 연결되어 하나의 군체를 이루는 것이다. 한 동씩 고립되어 있는 것과 비교해보면 더 장엄하고, 제왕의 위엄을 표시하기에 족하다."(삽도 5-3) 이 말은 사실이다. 중국 전통문화에서 군체 간의 관계는 단체의 확장보다 중요하다. '인仁'은 윤리도덕의 핵심적 내용이다. 사람과 사람 사이의 친선과 조화는 매우 중요하다. 〈논어論語 · 옹야雍也〉편에 이르기를, "인이라는 것은 자신이 서고자 할 때 다른 사람을 세우고, 자신이 도달하고자 할 때 다른 사람을 도달하게 하는 것"이라고 하였다. 〈장자莊子 · 재유在宥〉편에 이르기를, "친하면서 확장시키지 않을 수 없는 것이 인이다."라고 하였다. 주류인 유가와 도가는 모두 자신으로부터 미루어 나가 다른 사람에게까지 미치는 것과 함께 조화를 이루며 살아갈 것을 강조하였다. 문화의 담지체로서 중국의 전통 건축은 전체의 가치가 개인의 가치보다 중요하다는 사회적 관념을 반영하고 있다. 이토오 추우타의 견해는 중국 전통 건축의 군체관群體觀을 잘 이해한 것이다. 협의의 계획과 설계라는 측면에서 보자면 안목이 있다고 할 수 있다. 하지만 심층적인 의미에서 말하자면, 이런 견해는 충분하지 못한 면이 있다는 사실을 알아야 한다.

량쓰청이 중국 건축이 견고한 내구성 방면에서 부족하다고 지적했을 때 아래와 같은 추측을 한 적이 있다. "중국의 구조는 목재를 위주로 하고 있어서, 궁궐의 수명은 나무의 내구성에 달려 있다. 하지만 그 원인을 탐구해보면, 원래 물건이 길게 존속하는 것에 개의치 않는다는 관념에 달려 있는 것이다. 중국은 처음부터 고대 이집트처럼 영구불멸의 공사를 추구하지 않았다. 또한 인공과 자연물과의 경쟁을 생각하지도 않았다. 신진대사에 편안하게 몸을 맡기고 자연 생멸을 법칙으로 삼은 것이다. 건축을 옷이나 마차처럼 여겨 때가 되면 바꾸고 원래 물건이 오래 가지 않음을 걱정하거나 영원불멸의 야심을 갖지 않는 것이다." 영원이라는 개념에 대해 중국과 서방이 완전히 다른 태도를 가지고 있는 것에 관해서 량선생의 인식은 깊이가 있다. 고대 중국에서 건축물을 의복과 동일시한 사례는 분명히 존재한다. 진晉나라의 유령劉伶은 "나는 천지를 집으로 삼고, 방을 옷으로 여긴다. 당신이 어찌 하여 내 옷 속으로 들어온 것인가!"라고 하였다. 하지만 업적의 경중으로 보아서 건축물과 옷과 마차의 차이는 매우 커서 함께 논하기는 어렵다. 건축 공사, 특히 중요한 공공 건축물 공사는 거대한 자금이 들어가고 국민의 생계와도 관련되기도 한다. 의복과 마차는 계절이 변함에 따라 바뀔 수밖에 없고, 소모 경비도 미미하다. 하물며 근검절약을 미덕으로 하는 고대 중국에서 그것들에 대한 사람들의 태도가 '때가 되면 바꾼다'고 하는 것은 충분한 근거가 되지는 못하는 것이다.

중국 전통건축과 관련된 문제는 물질적 논의에 그쳐서는 안 된다. 견고함, 실용적, 미관이라는 유럽 건축 이론의 3원칙은 단지 자신의 전문적인 견지에 입각한 좁은 의미로 서술될 뿐, 중국에 원만하게 적용될 수 없다. 중국 고대의 건축 현상을 논하는 것은 더 높은 문화적 측면을 갖고 넓은 인문적 시야를 가져야만 면밀한 분석을 할 수 있고 올바른 판단을 얻을 수 있다.

2. 〈주역〉에서의 대장大壯 : 웅장한 아름다움과 예제

'여러 경전의 우두머리'이자 '대도의 근원'인 〈주역〉은 중화민족의 독특한 사유방식과 심미정취를 길러냈다. 고대 건축의 계획 설계와 예술 창작에 깊은 영향을 미쳤다. 〈주역〉의 여러 괘 가운데 건축과 직접 관련되는 것은 '대장'이다. 양

강성장陽剛盛長의 상이다. 〈역易·괘사卦辭·하下〉에 "상고시대에는 동굴과 들판에 거주했는데, 후대의 성인은 그것을 상동하우上棟下宇 형태의 관사로 바꾸고, 비바람을 막았다."라고 하였다. 〈설문해자〉에 "동棟은 극極"이라 하였다. 왕균王筠은 〈설문해자說文解字·구두口讀〉에서 "동은 정가운데 있는 나무 이름이고, 지금은 그것을 척름脊檁이라 부른다"고 하였다. 고대 중국어에서 '주宙'도 척름으로 해석된다. 상동하우는 사실 상주하우上宙下宇라는 사실을 알 수 있다. 따라서 옛사람들의 마음속에 선축은 오상을 갖춘 소우주였던 것이다. 우수는 삼라만상의 커다란 건축인 것이다. 〈회남자淮南子·제속齊俗〉에 이르기를 "예로부터 지금까지를 일러 주宙라 하고, 사방 위아래를 일러 우宇라 한다"고 하였다. 시간과 공간을 하나로 모은 우주관은 동과 우와 관계가 있다. 〈설문해자〉에서 "우는 집주변"이라 하였다. 우는 집 주위의 사면을 말하고, 이로부터 사방 상하의 공간적 의미로 확대되었다. 주는 척름을 말하는데, 건축이 낙성될 때에 상량식에서 올리는 대들보를 말한다. 이 대들보 사용 수명의 길이가 건축물 존재 시간의 길이를 결정한다. 따라서 주는 예로부터 지금까지의 시간적인 색채를 띠는 것이다. '대장' 괘에서 효사와 소전은 건축과의 관계가 비교적 적고, 단사象辭와 대상大象은 그것과 관련이 밀접하다. 단사象辭에서 이르기를 "대는 웅장함이다. 강건하게 움직이므로 장엄이라 한 것이다. 대는 바름이다. 정대하고 천지의 뜻이 가히 볼 수 있다"라 하였고, 대상에서는 "천둥번개는 하늘에 있는 것으로 크게 장엄한 것이다. 군자는 예가 아니면 행하지 않는다."고 하였다. 두 가지로 요약한다면, 기세의 웅장함을 말하는 것으로 규모를 이르는 것이고, 또 하나는 등급의 예를 말하는 것으로 제도를 이르는 것이다.

건乾은 하늘이고, 진震은 천둥이다. "대장 : 건하진상乾下震上" 상에서 취하는 것은 천둥이 하늘에서 울리는 것인데, 그 기세가 역동적이고 강건하여 위풍당당한 장관을 이루는 것이다. 옛사람들은 비바람과 번개 등의 자연현상에 대해서 두려움과 경외의 심리를 가졌다. 천둥번개가 치는 것을 하늘이 노한 것으로 여겼고, 번개는 용의 승천으로 생각하여 두려움과 경외감 속에서 맹렬한 심미 체험을 경험하였다. 함축적인 표현에 익숙하고 사물의 비흥에 뛰어난 고대 선현들은 이 심미체험을 궁궐의 건축과 연계시켜 건축을 평가하는 기준 가운데 하나로 삼았다. 중국 전통건축, 특히 제왕과 관련되는 궁궐, 능묘 등은 매우 거대하고 숭고한 것을 좋은 것으로 여겼다. 아울러 갖가지 공포스러운 짐승의 얼굴로 장식하여 거역할 수 없는 힘을 나타냈다. 진나라를 예로 들어 보면, 시황제가 함양咸陽에 아방궁을 건축할 때 "동서로 오백 보, 남북으로 오십장丈, 위에는 만 명이 앉을 수 있고, 아래로는 5장의 기를 세울 수 있다. 길을 달려 전 아래에서 곧바로 남산에 닿을 수 있다."고 할 정도였다. 아방궁은 그 덩치가 크고 공간이 넓은 데다가 산과 강이 있고, 하늘의 모양을 본땄다. 잘 가꿔진 능묘에 인부 70여 만을 동원하였고… 위로는 천문을 갖추고 아래로는 지리를 갖추었다. 결과는 규모가 커지고 소모되는 경비는 끝이 없었다. 진시황은 비록 극단적인 예이지만 한당으로부터 명청에 이르기까지 황실의 건축은 형식상 장엄한 아름다움이라는 내용은 처음부터 끝까지 변하지 않았다.

  '대장' 단사象辭와 상사象辭 가운데 또 다른 함의는 직분 유별을 강조하는 예제이다. 완적阮籍의 〈악론樂論〉에 이르길, "존비에는 구분이 있고, 상하에는 등급이 있다. 그것을 예라고 한다.… 마차와 의복, 깃발과 궁실, 음식이 예의 도구이다." 라고 하였다. 유가의 존비의 예는 물질적으로 일련의 구체적인 요구가 있고, 건축은 그 가운데 하나이다. '예의 도구'의 주요 목적은 천하를 교화하는 것이다. 왕부지王夫之의 〈독통감론讀通鑑論 · 한고제漢高帝 13〉에서 이르기를 "(옛날의 제왕은) 원구圜丘에서 주청하여 일을 이루었고, 이로 인해 하늘을 알게 하였고, 종묘를 숭상하여 효를 알게 하였으며 양관兩觀을 지어 법을 드높였다. 이로 인해 다스림을 알게 하였다. 영대靈臺를 운영하여 때를 알게 하였고, 아홉 단계를 세워 양보를 알게 하였다." 각 종류 건축의 용도에 대해 잘 정리하였다. 원고, 종묘, 양관, 영대는 모두 백성을 교화시키고 풍속을 만들어내는 기능을 갖추고 있었다. 향락을 즐기는 것은 부차적인 것이었다. '예의 도구'의 외재적 표현은 엄격한 등급관계에서 나타나곤 한다. 〈예기禮記 · 예기禮器〉에서 이르기를, "천자는 7묘廟, 제후는

5, 대부는 3, 사士는 1"이라고 하여 제왕은 7대 선조까지 제사지낼 수 있고, 제후 대부는 순서대로 5대, 3대, 1대로 줄어든다. "천자의 당은 9척尺, 제후는 7척, 대부는 5척, 사는 3척"이라 규정하였다. 당은 고대에 계단을 가리키는 것으로 궁전을 대 위에 짓는데, 계단의 숫자가 신분의 고하를 결정하였다. 천자가 가장 높고, 아래로 갈수록 적어지는 것이다. '대장' 상사象辭는 "군자는 예가 아니면 행하지 않는다"고 하였다. 이런 등급에 대해서 함부로 뛰어넘을 수도 없고, 줄일 수도 없다. 춘추시내 말넌에 관중管仲의 집이 호화로워서 "기둥에는 산을 세기고 대늘보에는 마른풀을 그렸으니 군자는 지나치다고 생각했다." 안영晏嬰은 지나치게 소박하여 "의관을 썼고 조정에 들어가는 것은 군자는 도량이 좁은 것으로 생각한다." 고 하였다. 이는 서로 다른 계층이 건축 방면에서 다른 등급으로 규정되는 것을 나타낸다. 통치자와 관련이 있는 황실의 건축은 반드시 위풍당당해야 하고, 화려하게 치장되어야만 천자의 신분과 걸맞고 예에서 벗어나지 않을 수 있는 것이다. 따라서 역대 건국 이후 가장 먼저 하는 일은 등급에 따라 도성을 기획하고 종묘를 세우며 궁전을 짓는 것이다.

"예가 아니면 행하지 않는다."는 사상은 객관적으로 궁전의 웅장함과 화려함에 이론적 근거를 제공해 주었다. 서한 초기에 소하蕭何가 이에 근거하여 고조古祖에게 말했다. 궁실 건축은 "웅장하고 화려하지 않으면 위엄이 없습니다." 매번 조대가 바뀔 때마다 이전 왕조의 궁실은 치명적인 재난을 당했고, 이른바 '예가 아니면 행하지 않는다'는 것과 연관되어 "이루는 것도 소하, 패하는 것도 소하" 라 할만 했다. 동한 말기에 동탁董卓이 헌제獻帝를 끼고 장안으로 천도하였다. 〈통감通鑑〉의 기록이다. "낙양의 궁묘, 관부, 민가는 200리 내에서 모두 싹 쓸어버렸고, 개나 닭울음소리는 더 이상 들리지 않았다." 장안을 수도로 바꾸고 낙양을 불태움으로써 장안이 위라는 것을 보여준 것이다. 5년 후, 이각李催, 곽사郭汜가 헌제를 내쫓고 "장안 궁전, 관부, 민가를 몽땅 불질렀다." 장안은 난신(亂臣들이 살던 곳이었기 때문에 궁전과 관부는 도적의 기운으로 물들었고, 따라서 남겨둘 수 없다는 것이었다. 남북조 시기에 남조의 유요劉曜와 왕미王彌가 군대를 이끌고 도성

낙양을 공격하여 궁실과 관부와 민가를 불태웠다. 수 문제가 진陳나라를 평정하고 건강健康 성읍의 궁실을 없애버리라는 명을 내렸고, 육조의 고도古都는 논밭이 되고 말았다. 이런 악습은 대대로 이어졌고, 그 배후에는 '군자는 예가 아니면 행하지 않는다'는 의미가 숨겨져 있었다. 사는 곳은 신분과 어울려야 하고, 그 나라가 멸망당한 상태에서 이전에 천자의 신분으로 지어진 도성의 궁전도 '예가 아니면 행하지 말아야' 하는 것이므로 없애버리는 것이다.

〈주역〉에서의 '대장'은 웅장한 화려함과 예제라는 두 가지 함의를 담고 있다. "황제가 사는 곳의 웅장함을 보지 않고 어찌 천자의 존엄함을 알리요."라고 노래한 당나라 시는 이 두 가지 점을 잘 결론짓고 있다. 바로 황제가 사는 곳의 '장엄함'을 빌어 천자의 '존엄함'을 보여준다는 것이다. 양자는 공히 전통 건축이 추구하는 웅대함을 지탱하는 사상적 기초가 되고 있다.

3. 선진 제자의 '비루한 궁실'론

'대장'이 건축 품평의 중요한 기준이 되는 것과 함께 또 다른 사상이 생겨나 성장하면서 그 기세가 점차 커져 결국 '대장'을 넘어섰고, 중국 전통 건축발전에 영향을 미치는 주류 사상이 되었다. 이것이 바로 '비루한 궁실'이다. 중국 고대 문헌에서 궁실 건축에 관한 논술은 수없이 많이 있다. 영명한 군주에 대한 선현들의 찬미는 먼저 그들 궁실의 소박함에 모아져 있다. 어리석고 무능한 군주에 대한 비판도 항상 그 궁실의 화려하고 사치스러움에 그 초점이 맞춰져 있다. 선진 시기부터 명청대에 이르기까지 상황은 대부분 마찬가지였다. 리우이정柳詒徵 선생은 통찰력 있는 결론을 내리고 있다. "고대 제왕은 궁실을 비루하게 하는 것을 좋은 것이라 여겼고, 호화롭게 짓는 것을 경계하였다."

'비루한 궁실' 사상의 발단은 선진 시기부터 시작되었다. 궁실 건축에 대해 선진 제자 가운데 묵가의 태도가 가장 뚜렷했고, 입장도 가장 단호했다. 묵가는 근검절약을 과도하게 강조했다. 묵가는 줄곧 고행주의자로 여겨졌다. 〈장자莊子·천하天下〉편에서 묵가를 다음과 같이 묘사하고 있다. "살아서는 부지런했고, 죽어서는 소박하였다." "털가죽옷과 칡베옷을 입고, 나막신이나 짚신을 신으며 밤낮으로 쉬지 않고, 스스로 고생을 하였다." 유월俞樾은 〈묵자·한고閒詁〉머리말에서 "(묵가는) 하늘과 사람의 이치에 통달했고, 사물의 뜻에 익숙했으며, 춘추 전국 100여년간의 시세 변화를 깊이 통찰했으며, 폐단을 보충하고 치우친 것을 바로잡으려 했고, 그를 통해 옛날로 놀아갔다."고 하였다. 그 말이 "비록 바른 것에서 약간 이상한 것도 있지만 사실 천고의 마음이 있는 사람이었다." 이 관점은 비교적 공인된 것으로, 그는 묵가의 의도, 즉 고행을 숭상하는 것이 잘못된 것을 바로 잡으려고 노력하는 과정에서 나왔다는 것을 그는 깊이있게 살피고 있었던 것이다.

묵자는 춘추시대와 전국시대가 교차하는 시기에 살면서 교만하고 사치스러우며 방탕한 시정에 느낀 바가 있어 근검절약을 특별히 신경 썼다. 〈묵자〉는 '덜 쓰고節用', '장례를 소박하게 하는 것節葬', '쾌락을 추구하지 않는 것非樂' 등의 편에서 반복하여 말하고 있다. 그 가운데 〈지나침을 삼가다辭過〉편이 가장 적절한데, 성왕이 궁실을 짓는 원칙을 다음과 같이 밝혔다. "집의 높이는 습기를 피하기에 충분하고, 집의 측면 벽은 밖에서 들어오는 바람과 추위를 막기에 충분하고 위쪽의 지방은 하늘에서 내리는 눈이나 서리나 비, 이슬을 막기에 충분하고, 담장의 높이는 남녀의 예법을 가리기에 충분한 정도였다. 이 정도에서 그친다." 보고 즐기려는 의도는 전혀 보이지 않는다. "모든 재물과 노력을 들이고도 이익이 되지 않는 것은 하지 않았다." 묵자는 일국의 군주가 만약 궁실의 즐거움에 빠져버리면 필연적으로 일반 백성에 대한 정부의 가렴주구가 있을 것이라는 사실을 잘 알고 있었던 것이다. 바로 이런 인식에 기초하여 묵자는 군주들에게 권면하였다. 만약 진심으로 천하가 잘 다스려지길 원한다면 궁실을 잘 조절하여 지으라는 것이다. 묵자의 관점은 군주와 백성 관계를 개선하는 기초 위에 서 있다. 바로 '비루한 궁실' 사상의 가장 기본에 입각해 있는 것으로서, 점차 선진 제자들이 함께 지켜나가는 내용이 되었고, 아울러 후세에 영향을 미치게 되었다.

유가는 '어진 정치'를 주장하였고, 군주의 궁실 건축에 대해서 많은 관심을 가졌다. 〈논어論語·태백泰伯〉편에서 공자는 우 임금을 찬미하였다. "우 임금에 대해서는 나는 비난할 것이 없다. 자신의 식사는 형편 없으면서도 귀신에게는 정성을 다 했고, 자신의 의복은 검소하게 입으면서도 제사 때의 예복은 아름다움을 지극하게 하였으며, 자신의 집은 허름하게 하면서도 농민들의 관개사업에는 최선을 다 했다. 우 임금에 대해서는 나는 비난할 것이 없다." 우 임금이 이렇게 높은 평가를 받은 것은 자신의 거처가 누추한 것을 돌아보지 않고, 백성의 민생에 관련된 관개 사업에 전력투구했기 때문이다. '비루한 궁실'이라는 말은 바로 여기에서 나온 것이다. 〈논어·공야장公冶長〉편에서 공자는 장문중臧文仲을 비판하였다. "장문중이 점복占卜에 쓰는 거북껍질을 보관하되 기둥머리의 두공斗拱엔 산 모양으로 조각하고 들보 위 동자기둥엔 수초水草를 그렸으니, 어찌 지혜롭다 하리오?" 장문중은 춘추시대에 노나라를 다스리던 인물로 세관을 폐지하고 상업을 추진하여 노나라에 공헌하였다. 당시 사람들은 그의 지혜를 칭찬하였으나 공자는 그렇게 생각하지 않았다. 장문중이 예에 맞지 않는 행위를 했다고 질책하였고, 후세 사람들은 '산절조절山節藻梲'이라는 말로 궁실의 화려함을 묘사하였다. 〈예기禮記·명당위明堂位〉의 규정에 따라 이것은 천자의 사당에서만 사용할 수 있는 장식이다.

공자가 거처의 화려함과 사치스러움에 반대한 것은 왕을 받들고 예를 중시하는 입장에 서 있었던 것이고, 기본적인 출발점은 합리적인 사회 질서를 유지하는 데 있었다. 맹자는 그 중점을 군주와 백성의 관계로 놓기 시작했다. 〈맹자孟子·양혜왕하梁惠王下〉편에서 제선왕齊宣王과 맹자가 주문왕周文王과 그가 소유한 동산이 크기 문제를 토론하는 내용이 나온다. 맹자가 말하길, 문왕의 동산은 사방 70리인데, 백성들은 오히려 작다고 여기는데, 그 이유는 "백성과 함께 하기 때문"이라는 것이다. 선왕의 동산은 사방 40리인데, "사불상을 죽이는 것은 살인죄와 같다"고 하였고, 백성들은 여전히 크다고 생각했다. 맹자가 보기에 군주가 가진 동산의 크기를 결정하는 관건은 절대적인 척도에 있는 것이 아니라 백성들과 함께 누릴 것을 허용할 것인가에 있다는 것이다. 여기에서 유가와 묵가 양가의 서로 다른 관념이 드러난다. 유가는 사람들의 뜻을 살피고, 쾌락이 비난할 것이 아니라는 것을 안다. 따라서 시세에 순응하여 인도하고, 군주가 즐거움을 누릴 때에 '여민동락與民同樂'을 잊지 않을 수 있다는 것이다. 묵가는 군주가 궁실과 부속시설의 즐거움을 누리게 되면 필연적으로 백성에 대한 가렴주구가 일어날 것이라 생각하였고, 따라서 '비락非樂'을 주장하였다. 유가는 잘 이끌어가는 것에 중점을 두었고, 묵가는 억제에 중점을 두었던 것이다. 선진 시기에 유가와 묵가는 동일하게 유명한 학파였다. 하지만 묵가는 사람들에게 받아들여지지 않았고, 점차 사라지고 말았다. 사마천司馬遷이 〈사기史記〉를 쓸 때 공자는 세가世家에 들어갔고, 묵자는 한 편의 열전列傳 조차 없었다. 한대 유학이 득세하면서 '비루한 궁실'에 관한 공자의 말은 후세 유생들이 제왕들이 토목공사를 크게 일으키는 것을 제한하는 주요 근거가 되었다. '비루한 궁실' 주장은 비록 묵가에 의해 가장 힘있게 주장되었지만 후세에 영향을 미친 것은 유가의 주장이었다.

도가의 저작 가운데 오늘날까지 전해진 것으로 가장 오래 된 것은 〈도덕경道德經〉이다. 〈한서漢書·예문지藝文志〉에서 〈도덕경〉은 "존망화복存亡禍福과 고금지도古今之道를 기록"한 것으로 여겨질 정도로 나라를 안정되게 다스리는 제왕의 책이다. 〈도덕경〉에서 궁실 건축을 직접적으로 다룬 내용을 볼 수는 없다. 하지만 내용 가운데 "극심함을 버리고, 사치를 버리고, 교만함을 버리라"고 강조하면서 통치자가 개인의 행복을 과도하게 추구하는 것에 대해 반대하고 있다. 백성이 배가 고픈 것은 통치자가 부과하는 세금이 너무 무겁기 때문이고, 백성들이 쉽게 죽는 것은 통치자가 사치하기 때문이며, 이를 거울삼아 오색, 오음, 오미, 사냥과 사치품 등은 모두 금지해야 한다고 주장하였다. 자세히 그 뜻을 살펴보면, 노자는 사실 물질의 발전을 반대하지 않았다. 물질 발전의 결과를 소수인의 방종과 무절제한 사용에 반대한 것이다. 도가가 근검절약 사상을 주장한 것도 군주와 백성과의 관계에 대한 사고 위에 세워진 것이다.

중국 학계에서 〈도덕경〉의 성서 시대에 관한 의견이 분분하다. 필자는 건축 방면에 대한 공헌에서 나름대로의 견해를 가지고 있다. 당요 시대의 소박함은 비록 역대에 걸쳐 칭송되는 바이지만 사실 당시 기술이 열악하여 할 수 없었던 것이지 일부러 안 한 것은 아니다. 우 임금이 궁실을 비루하게 한 것은 궁실이 이미 사치해지고 난 이후에 그렇게 할 수 있었던 것이다. 여기에서 우리가 주목해야 할 것은, 다른 어떤 물질적인 존재와 마찬가지로 고대 건축도 누추함으로부터 발달해 가는 과정을 피할 수 없다는 것이다. 〈도덕경〉에서 소박함을 숭상하는 것은 매우 뚜렷하게 드러난다. 또 항상 예를 들어 설명을 하고 있다. 하지만 전체를 읽어보면 사치를 반대하느라고 든 예들은 단지 옷, 보검, 음식, 재물 등이고 궁실을 언급한 내용은 없다. 이것과 비교해 보면 〈묵자〉와 〈맹자〉는 궁실 방면에 관한 비판이 매우 보편적이다. 그 시대적 배경을 보자면 대규모 건축 활동이 있었던 것을 알 수 있다. 만약 〈도덕경〉이 동일한 시기에 쓰여졌고, 책에서 궁실의 사치함에 대해서 한 마디도 하지 않았다면 이해하기 어려웠을 것이다. 이로써 우리는 〈도덕경〉이 〈묵자〉 이전에 출판되었다고 추측한다. 당시에는 거처를 화려하게 짓는 것이 아직 유행하지 않았던 것이다.

선진 제자는 정치 관념상 각자의 의견을 가지고 있었다. 하지만 귀족의 사치한 생활에 대한 비판은 입장이 거의 일치하였다. 제자는 비록 백가라 불리지만 유, 묵, 도 등이 주를 이룬다. 동일한 관점을 삼가 내지 백가가 가지고 있었고, 그렇기 때문에 후세에 미친 영향에 대해 우리가 아무리 높은 평가를 해도 지나치지 않다.

4. 일성—姓과 만성萬姓

중국 역사상 각 왕조는 건국 초기에 대규모 토목건설을 하였다. 전란 이후, 이전 왕조의 도시에서 건축물은 종종 거의 훼손되었다. 새로운 왕조의 건설은 수요를 충족시키는 물질적 고려와 함께 전국이 떠받드는 새로운 수도를 건설하는 정신적인 고려가 있었다. 도성은 제국의 문이며, '군자는 예가 아니면 행하지 않는다.' 건축물은 충분히 장엄하고 아름다워야 제왕의 신분에 걸맞는 것이다. 따라서 도성 건축의 제1 원칙은 '대장'이었다. 이와 함께 '비루한 궁실' 사상은 건축물의 사치스러움과 화려함을 제약하는 수단이 되었다. 도성 황궁의 건설에서 '대장'은 기본 원칙이었고, '비루한 궁실'은 일종의 반작용이거나 건축용어로 말하자면 프리스트레스 힘이었다.

프리스트레스 힘은 구조재가 힘을 받는 특징을 염두에 두고 미리 반대로 가해지는 힘이다. 〈노자〉 제77장에서 하늘의 도를 말하면서 활을 예로 들고 있다. "(화살이) 높으면 누르고 낮으면 들어주며 (시위가) 남으면 줄이고 모자라면 늘인다. 하늘의 도는 남는 것에서 덜어내어 모자라는 데에다 보태준다." 〈논어·선진先進〉편에는 자로子路와 염유冉有가 공자에게 도를 듣는 것과 도를 행하는 것의 관계에 대해 가르침을 청하는 내용이 나온다. 공자가 자로에게 도를 들은 후에 세 번을 생각하고 행하라고 하고, 염유에게는 도를 듣는 즉시 행해도 된다고 하였다. "구는 뒤로 물러나므로 나아가라 한 것이고, 유는 남보다 앞서 가므로 한 발 물러나게 한 것이다." 자로와 염유의 성격이 다른 것을 고려하여 공자의 가르침도 달라진 것이다. 이런 사상과 프리스트레스의 힘의 원리는 서로 통하는 점이 있다. 황실의 건축에 실현된 것이 바로 '비루한 궁실' 관념이다. 황실의 건축은 본래 사치스럽기 십상이고, 따라서 제왕에 대해 미리 경계를 하여 그것을 지을 때에 시종일관 겸손한 생각을 갖도록 한 것이다. 이런 견제 작용으로 말미암아 최종적으로 건축물을 웅장하지만 사치스럽지 않게 할 수 있었던 것이다. 서방 전통이 '보다 높게, 보다 빠르게, 보다 강하게'를 추구하는 것과는 달리 고대 중국에서 최고의 원칙은 적합도였다. 건축물도 적당히 사용하는 것이지 거대하게 높이 치솟는 것만을 추구하는 것은 아니라는 것이다.

건축물의 과도한 사치스러움에 반대하는 것은 고대 선현들의 '일성과 만성', 즉 앞에서 언급한 군주와 백성 관계에 대한 이성적 사고와 연관된다. 〈묵자墨子·비악非樂〉편에 통찰력 있는 언급이 나온다. "그러므로 묵자가 음악을 비난하는 원인은 큰 종이나 울리는 북 또는 금琴과 슬瑟과 우竽와 생笙 같은 악기의 소리가 즐겁지 않다고 여기기 때문이 아니다. 짐승고기를 볶고 군 맛이 달지 않다고 여기기 때문이 아니다. 높은 누대나 큰 별장이나 넓은 집에서 사는 것이 편안하지 않다고 여기기 때문이 아니다. 비록 몸은 그 편안함을 알고 입은 그 단 것을 알고 눈은 그 아름다운 것을 알고, 귀는 그 즐거운 것을 알지만 그러나 위로 상고하여 볼 때 성왕들의 일과 부합되지 아니하고 아래로 헤아려 볼 때 만백성들의 이익과 부합되지 않기 때문이다. 그러므로 묵자는 말하기를 '음악을 즐기는 것은 잘못이다.'라고 말하는 것이다. 묵자의 '비악'은 음악을 즐기는 것 그 자체를 반대하는 것이 아니다. 방종하고 과도에게 음악을 즐기기 위해 백성을 부리는 것을 반대하는 것이다. 궁전을 짓는 데는 너무 많은 인력과 물자가 소모되는데, 재료를 모으는 것만 해도, 나무와 돌을 구하기 위해 깊은 산에 들어가 벌목을 해야 하고, 먼 곳까지 운반해야 하며 돌을 가공해야 하는데, 이런 일들은 너무나도 고생스럽다. 더 심한 것은 인부들이 생명을 잃기도 한다는 것이다. 깊은 산에 들어가 벌목할 때 적지 않은 사람들이 피로에 지치고 목숨을 잃곤 했다. 황종희黃宗羲는 〈원신原臣〉에서 '천하의 치란治亂'을 일성의 흥망에 있는 것이 아니고 만민의 근심과 즐거움에 있다고 결론지었다. 왕국유王國維는 〈은주제도론殷周制度論〉에서 옛날의 성인들은 일성의 복과 만성의 복이 둘이 아닌 하나라는 사실을 잘 알고 있었다고 언급하였다.

바로 '일성과 만성'이 동전의 앞뒷면이고, 피차의 화복이 밀접하게 연관되어 있다는 사실을 깊이 알고 있었기 때문에 '비루한 궁실'은 그 중요성이 크게 부여되는 것이다. 궁실 건축에 있어서 일성의 향락만을 도모하여 만성을 힘들게 하면 안전할 수 없다. 왜냐하면 만성이 안정되면 일성이 오래 존재할 수 있기 때문이다. 두목杜牧도 〈아방궁부阿房宮賦〉에서 노래하고 있다. "육국은 각기 그 사람들을 사랑했기 때문에 진을 물리칠 수 있었고, 진은 다시 육국 사람들을 사랑하여 삼세를 지나 만세에 이르기까지 군을 위하였네. 누가 그 족속을 멸할 수 있으랴?" 궁실 건축은 민생과 관련된다. 나아가 국운과 관련된다. 초楚 영왕靈王은 거대한 건축을 위해 백성들을 고역에 밀어 넣었고, 진秦의 호해胡亥는 아방궁을 짓느라 민심의 원망을 샀다. 한무제는 토목공사를 크게 일으켜 천하를 피폐하게 만들었는데 이 모두는 일성과 만성의 관계를 잘 처리하지 못했고, 그로 인해 격렬한 비판을 받았으며 후세에 반면교사가 되었다.

'비루한 궁실' 사상은 중국 선현들의 영원에 대한 이해와 관련이 있다. 유럽 문화는 물질적인 성취를 중시한다. 항상 석조 건축의 장구함으로 불후를 드러내는데, 중국은 완전히 다르다. 〈시경試經·소남召南·감당甘棠〉에 이런 구절이 나온다. "무성하게 우거진 팥배나무, 자르지도 말고 베지도 마시오. 소백召伯께서 머무셨던 곳이라네. 무성하게 우거진 팥배나무, 자르지도 말고 꺾지도 마시오. 소백께서 쉬어가신 곳이라네. 무성하게 우거진 팥배나무, 자르지도 말고 휘지도 마시오. 소백께서 기뻐하신 곳이라네." 여기에서는 깊은 정으로 소백이 남긴 나무에 대해서 백성들이 지극정성으로 돌보는 것을 노래하고 있다. 소백은 지방을 다스릴 때에 백성들의 사랑을 받았다고 전해진다. "백성들이 그 덕의 감화를 받아 그 사람을 사모하고 그 나무를 받들었던 것"이다. 상반된 예는 춘추시대 송나라 사마환추司馬桓魋이다. 그는 스스로 돌로 무덤을 만들었는데, 공사기간이 3년이 지나도 끝나지 않았다. 그런 이유로 공자의 질책을 받았다. 이렇게도 사치하니 죽어서도 잘 썩지 않겠다는 내용이었다. 옛 사람들은, 물질은 사람들의 덕행을 빌어야 오래 남을 수 있는데, 사람들은 오히려 물질의 견고함에 의지해도 불후할 수 없다고 생각했다. 이것이 '일성과 만성'의 사고가 연속된 것이다. 어진 정치를 행하여 민심을 얻는 효과는 영원불멸의 건축을 하는 것보다 중요하다는 것이다. 만약 백성들에게 덕을 잃으면 웅장하고 화려한 건축물도 그 빛을 발할 수 없고, 대대로 손가락질의 대상으로 전락할 뿐이라는 것이다.

이광지李光地의 〈주역절서周易折書〉를 통해서 우리는 '절괘節卦'의 괘사와 초구初九, 구오九五, 상륙上六 등의 삼효三爻를 분석할 수 있다. '절괘'의 목적은 제도를 절제하고 재물을 상하지 않으며 백성들에게 해를 끼치지 않음에 있다. 당나라 〈책부원귀冊府元龜〉의 기록에 따르면, "문종이 스스로 근검절약하여 사치함의 폐단을 바꾸었고, 마침내 관리들에게 제도를 내보일 것을 명하였다."고 하였다. 이 제도가

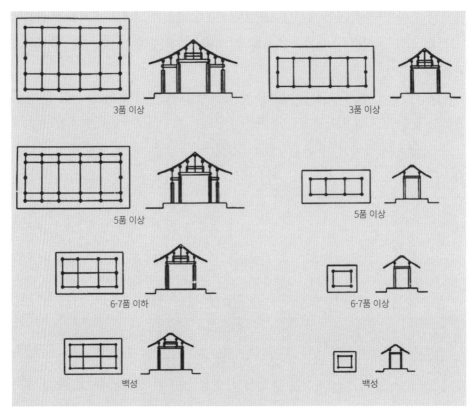

[삽도 5-4] 당나라 〈영선령營繕令〉에서 규정한 백성과 관리들의 집 규격

바로 태화 6년 반포 시행된 〈영선령營繕令〉이었다. 여기에서는 다음과 같이 규정 하였다. 즉 왕공 이하 관리들의 거처는 화려하게 꾸미지 말고, 3품 이상 관리들 의 거처는 5칸을 넘기지 말며… 7품 이하는 세 칸을 넘기지 말 것 등이다. (삽도 5-4) 이 규정을 통해 관리와 서민들은 "비록 재물이 있더라도 정한 바를 넘을 수 없었다." 이렇게 해야만 일에 절제가 있게 되고 재물이 풍족해지게 되어 백성들 이 화목해지는 것이다. 중국 고대의 등급 존비 관념은 현대인들의 비판을 받기는 하지만 본래 취지를 거슬러 올라가 보면 옳은 점이 전무한 것은 아니다. 그 가운 데 절제는 가장 중요한 목적 가운데 하나이다. 〈예기·방기坊記〉에 이르기를, "예 라는 것은 사람의 뜻에 따라 이를 예절에 관해 규정하여 백성의 욕심을 방지하

는 것"이라 하였다. '대장'괘에서의 '예가 아니면 행하지 않는다'는 말도 사실은 "비록 재물이 있더라도 정한 바를 넘을 수 없다."는 내용이다. 그 말들은 사치를 경계하고 금하는 측면에서 좋은 효과를 발휘하였다.

괘사는 두 가지 의미가 있다. 먼저, 절은 '형통하다'는 의미가 있다. 일에 절은 능히 형통할 수 있으므로 길한 괘이다. 옛 사람들의 '절'에 대한 긍정을 표현해 준다. 동시에 '고절불가苦節不可'를 강조한다. 절은 적당한 것이 좋은 것이지 지나치면 괴롭다는 것이다. 절이 괴로운 정지에 이르면 지킬 수 없는 것이 상식이다. 여기에서는 유가의 적당함을 기준으로 하는 입장으로 묵가의 고행을 찬성하지 않는다.

초구에서 언급하는 것은 개국 군주와 후세 자손과의 관계로서 창업군주는 마땅히 몸소 근검절약을 실천해야 하고 자손에게 모범을 보여야 한다는 것이다.

구오에서 언급하는 것은 스스로 편안하게 행하면 천하가 따른다는 것으로, 왕과 백성의 관계를 말하고 있다. 일국의 군주가 근검절약을 행하면 천하 백성의 모범으로 나라 전체가 '절약'을 행한다는 것이다.

상육은 고절을 반대하고 있다. 고절은 비록 폐단이 있지만 사치보다는 낫다는 점도 언급하고 있다.

유가 경전의 하나로서 〈주역〉은 역대 제왕의 필독서였다. 또한 왕후장상들의 치국 이론의 기초였다. 책에서는 '절'이라는 괘를 따로 두었는데, 이는 중국 고대 사상 분야에서 많은 영향을 주었다. 이러한 사상적 분위기 하에서 고대 선현과 성군들은 '비루한 궁실' 주장을 받아들였고, 백성들을 동원하여 영원불멸의 건축물을 짓지 않았다. 그 대신 덕스러운 정치를 시행하고 백성들을 편히 쉬게 하는 데 힘을 기울였다. 중국 건축이 왜 토목을 많이 사용하고 돌을 적게 사용했는지, 장엄한 화려함과 견고함 방면에서 왜 서방에 미치지 못했는지 등의 문제들에 대해서 이런 사상적 배경을 고려하여 진일보한 토론을 해야 한다고 생각한다.

건축에서의
주류 관념 반영

——

1. 춘추시대 후기 : 고대광실
2. 서한 : 웅장하고 아름다운 것이 아니면 위엄을 발휘할 수 없다
3. 북송 : 시기가 가까울수록 더 비루해진다
4. 여운 : 청의원清漪園 건륭제乾隆帝

건축에서의 주류 관념 반영

주나라 고대 건축의 실천은 '대장'과 '비루한 궁실'의 두 가지 사상이 얽힌 가운데 이루어졌다. 춘추 말엽부터 임금들이 혁혁한 위세를 과시하는 가운데 선비들은 늘 주도면밀하게 계획하고 원대하게 생각하는 것을 잊지 않고 간언을 일삼았다. 중국 전통건축의 겸손한 이미지는 현인 정치 주류 관념의 중요한 성과 가운데 하나다. 이 사실은 우리에게 유럽 명언 '건축은 돌로 된 역사책'을 해독할 때 반드시 이미지를 꿰뚫고 그 실질을 봐야지 경솔하게 따라가서는 안된다는 것을 알려준다. 사람은 생각하는 동물이다. 건축 활동에서 '취지가 붓에 앞서는' 것은 피할 수 없다. 중국 건축 사상의 실물에 대한 영향을 분명히 하기 위해서 본 강에서는 춘추 이후의 네 단계를 골라 토론해 보고자 한다. 춘추시대 후기에 유행하기 시작한 고대광실은 제자백가의 날카로운 비판을 받았다. 서한 초기에 토목공사를 크게 일으킨 결과 사람들은 건축 활동에 대해 심각하게 되돌아보게 되었고, 선진 제자의 논의는 점차 사람들의 마음 속에 박히게 되었다. 송대에 다시 유학이 발달하여 '삼대三代를 회복하자'는 이상이 실천 차원에서 절정에 달했다. 명청대에는 근검절약 관념이 크게 영향을 미쳐 건륭황제에 이르러서는 어원御園

을 만드는 데 두세 번 주저하기도 하였다.

1. 춘추시대 후기 : 고대광실

상나라와 주나라 때 토대를 높이 쌓아올려 토목으로 건물을 짓는 것이 중요한
건축 유형이었다. 그렇게 하면 습기를 막을 수 있었고, 천지를 관찰하고 귀신에게
제사를 지내는 데 유리한 면이 있었다. 서한 유향劉向의 〈신서新序 · 자사刺奢〉에 상
나라 주왕紂王의 녹대가 "그 크기가 3리里에 높이가 1,000척尺으로 구름과 비를 내
려다 볼 수 있었다."고 하였다. 주왕은 음탕함에 빠져 나라를 잃었고, 세상 사람
들의 풍자 대상이 되었다. 유향의 기록이 100% 사실은 아닐지라도 녹대가 과도
하게 사치스럽게 지어진 것은 믿을만 하다.

〈시경詩經 · 대아大雅〉에는 문왕이 "영대를 짓기 시작하여 경영하시니 여러 백성
이 도왔기 때문에 몇날이 못되어서 이루었네."라고 하였다. 공사기간이 매우 짧
았기 때문에 영대의 규모는 크지 않았는데, 사람들은 계산하기를 "높이가 6~7m,
둘레가 120보 정도"라 하였다. 문왕은 유망한 개국 군주로서 대대로 칭송을 받는
인물이다. 그 영대는 비록 작지만 천자는 하늘을 관찰하는 데 사용할만한 것이었
다. 하지만 전체적으로 보아서 거대한 건축물을 짓는 일은 춘추 이전에는 많지
않았고, 춘추 후기에 이르러서야 많이 나타나기 시작했다.

춘추시대 후기에 진晉나라와 초楚나라는 세력이 상당했다. 양국은 전쟁을 멈추
기로 하고 상대적으로 평온한 시기로 들어갔다. 이 시기에 제후들 간에는 더 이
상 정벌이 없었다. 대신에 인력과 재력과 많은 시간을 들여 고대광실을 지었고,
웅대한 건축물을 이용하여 계속 패권 사업을 이어나갔다. 주周나라 영왕靈王 16년
(기원전 556년), 송평공宋平公이 백성들을 징발하여 대를 쌓아 고대광실 건축의 서막
을 열었다. 주나라 경왕景王 10년(기원전 535년)에 초나라 영왕은 6년 동안 장화대章
華臺를 건설하였고, 제후를 우습게 여겼다. 주나라 영왕 11년(기원전 534년)에 진나

라가 지은 사기궁虒祁宮이 6년 공사 끝에 낙성되었는데 초나라 장화대와 경쟁을 벌였다.

여러 나라가 지은 고대광실 가운데 초나라의 성취가 가장 크다. 〈전국책戰國策 권23〉의 기록이다. "초나라 장왕이 강대에 올라 봉산을 바라보니, 왼쪽으로는 강이고, 오른쪽으로 호수다. 맴돌면서 즐거움에 죽는 것도 잊을 정도였다." 유향劉向의 〈설원說苑·정간正諫〉에 초나라 왕이 층대를 지을 계획을 기록하고 있는데, "돌이 천리를 이었고, 흙이 백리를 이었다. 선비 중에는 3개월치 식량을 가져오는 이도 있었다."라고 기록하였다. 당시 운몽택雲夢澤 일대는 흙과 돌이 부족했다. 따라서 천 리 밖에서 돌을 가져오고, 백 리 밖에서 흙을 간져왔다. 공사기간은 자연히 길어졌고, 공사에 동원된 백성들을 3개월치 식량을 가져와야 했다. 이것과 비교하여 당시 주 문왕은 며칠 걸리지 않아 영대를 지었다. 건축 규모가 작았던 것이다. 가의賈誼의 〈신서新書〉에 초나라 영왕이 지은 장화대의 우뚝 솟은 장관이 기록되어 있다. 대가 충분히 높아야 사람들에게 자랑을 할 수가 있는 법이어서, 초나라 영왕은 찾아온 사신과 대에 오르는데 세 번이나 쉬고 나서야 꼭대기에 올랐다는 내용이다. 장화대는 높은 데다가 견고하기도 해서 천 년동안 비바람을 맞아도 북위北魏의 역도원酈道元이 이 곳을 지날 때 그 흔적이 여전히 높이가 십 장이요, 기초의 넓이가 15장이라 하였다.

각국이 앞 다투어 고대광실을 지으면서 현신들의 준엄한 비판은 그림자처럼 따라다니며 한시도 끊이지 않고, 결국 큰 흐름으로 이어져 선진제자의 저술에 축적된다. 노魯나라 양공襄公은 초나라에 가서 강왕의 장례를 치렀는데, 그 지역의 장관을 이루는 궁실의 건축에 감동을 받았고(당시 장화대는 아직 지어지지 않았다) 귀국 후 초나라 궁실을 본떠 토목공사를 크게 일으켰다. 대신 목숙穆叔은 힘들게 간언하였다. 심지어 대왕이 궁을 지으면 그 안에서 죽게 될 것이라고 위협까지 했다. 하지만 양공은 자신의 마음을 억제하지 못하고 간언을 듣지 않았다. 궁전이 비록 결국 지어지기는 했지만 양공은 그 해에 궁전 안에서 죽고 말았다. 노 양공의 고집은 사람들로 하여금 혀를 차게 하였다. 초나라 궁실의 호화로움도 그 일단을 엿볼 수 있다.

〈좌전左傳〉에 실려 있는 노나라 양공 17년(기원전 556년)의 기록은 다음과 같다. 송평공宋平公이 대臺를 쌓고 한 현신이 추수에 방해가 된다는 이유로 농사철이 끝나면 짓자고 주청하였다. 진평공晉平公은 초나라 영왕의 영화궁章華宮을 모방하여 짓은 사기궁虒祁宮이 완성될 무렵이 되어 돌들이 말을 한다는 기이한 소문이 전해졌다. 이른바 '진나라에서 돌이 말을 한다石言於晉'는 것이었다. 진후晉侯가 대신들에게 묻자 답하기를, 일하는 것이 때에 맞지 않아 백성들이 원망과 비방을 하게 되었는데, 말을 못하는 물건이 말을 했다는 것이었다. 궁실을 짓느라 백성들이 온 힘을 다 써 버려서 돌들이 백성들을 위해 하소연을 했다는 내용이었다. 진晉 대부는 이 궁전이 장차 진나라 재정을 고갈시킬 것이고, 나라가 위급한 상태에 빠지게 될 것이라고 예측하였다. "궁이 완성되면 제후들이 반기를 들 것이고, 군주는 필연코 재앙을 맞이할 것"이라 한 것이다. 초 장왕莊王이 대에 올라 기쁜 나머지 죽고 사는 문제를 잊어버렸다. 이후 곧바로 다시는 대에 오르지 않겠노라 맹세하면서 후세 자손들에게 고대광실 속에 빠지지 말라고 경고하였다. 층대를 논의 과정에서 간언을 한 대신 72명을 죽였고, 그 의지는 매우 단호했다. 후에 제 때에 나라가 근본임을 깨달으면서 일대 영명한 군주가 되었다.

'천하 제일의 대'라 불리는 장화대는 당시에 숭고하고 장엄한 아름다움으로 칭찬을 받았다. 더욱이 애처로운 슬픔이 오래도록 드리워져 있다. 현대인들이 유적지에 근거하여 복원해낸 것을 보면 장화대는 4층으로 되어 있다. 1층은 다진 흙으로 쌓아올린 토대이고, 2층은 목재 뼈대로 쌓아올린 공심대로서 대 위에는 두 층으로 된 목조 누각이 있다.(삽도 34) 대의 높이는 4층으로 문헌에 '세 번 쉬었다'는 기록과 부합된다. 〈국어國語·초서상楚語上〉편의 기록에 따르면 대가 완성된 후에 초 영왕이 일행과 함께 이 곳을 올랐는데, 영왕이 이 대가 매우 아름답다고 하자 일행이 권하며 말했다고 한다. 선군인 장왕이 포거대를 세웠는데, 높이가 구름을 볼만큼 높지 않고, 크기가 연회를 베풀만큼 크지 않은 데다가 호화로움을 추구하지도 않아 재료나 경비가 절약되었고, 백성과 관리가 피로하지 않았다는

[삽도 6-1] 장화대 복원도

것이었다. 그런데 장화대는 백성들을 피로하게 했고, 국고를 텅 비게 했으며, 만약 이것을 아름답다 하고, 그것을 앞으로의 모범으로 삼는다면 초나라는 위험해질 것이라고 말한 것이다. 후에 영왕은 탁국 사신에게 자랑을 하자 사신이 대답하였다. 저희 탁왕은 화려하게 치장하는 것에 관심을 두지 않았고, 또 일하는 사람들이 너무 피로하다고 느꼈다는 말이었다. 영왕이 이 말을 듣고 부끄러워했다. 하지만 이 부끄러움은 오래 가지 않았다. 몇 년이 지나지 않아 영왕은 다시 건계대乾溪臺를 지었다. 〈사기史記・초세가楚世家〉의 기록이다. "(영왕)이 건계를 좋아했지만 갈 수가 없었다. 백성들이 힘들게 일했기 때문이다." 공자 기질棄疾이 기회를 틈 타 난을 일으켰고, 영왕은 고립된 상황에서 황야에서 굶주린 채로 떠돌게 되었다. 후에 신해申亥에 의해 구출되었다가 얼마 지나지 않아 자결하고 말았다.

장왕이 염려한 고대광실을 지었다가 나라를 망해먹는 일이 결국 영왕에게서 실현되고 만 것이었다. 영왕은 큰 공을 세우는 것을 좋아했다. 또 초나라의 강성한 국력을 가지고 있었다. 〈사기〉에는 그 일생동안 제후를 만나고, 경봉慶封을 주살하고, 구정九鼎을 구한 일이 기록되어 있다. 장화대 건설도 천하제일이라 불렸지만 결국 신해의 집에서 굶어죽어 천하의 웃음거리가 되었다. 고대광실에 탐닉하여 목숨을 잃고 나라의 흥망을 늘상 보았던 태사공太史公 조차도 이 대목에서는 한숨을 쉬고 말았다.

춘추 말년 군주의 고대광실에 탐닉에 따른 폐단은 이미 많이 알려져 있다. 〈좌전·소공昭公 3년〉에는 숙향叔向이 안영晏嬰에게 진晉나라의 쇠락을 언급하는 장면이 나온다. "서민들은 피폐한데 궁실은 점점 사치가 심해지고 있다. 길거리에 죽은 시신이 즐비한데 총첩의 친가는 넘치도록 부유하다. 백성들이 군주의 명을 받으면 도적을 만난 듯 도망친다." 왕공귀족들은 자신을 지나치게 높이고 궁실은 사치하며, 이에 따라 백성들은 곤궁해지고 민심 이반 현상이 일어나고 있는 것이다. 〈좌전·애공哀公〉원년에는 다음과 같은 기록이 있다. 오왕吳王 부차夫差가 초나라를 공격할 때, 초나라가 과거에 오왕 합려閤閭에게 패한 적이 있어서 백성들이 두려워했다. 하지만 영윤令尹 자서子西는 그렇게 보지 않았다. 그의 분석에 따르면, 합려는 절치부심하면서 당시 백성들을 자상하게 돌보았고 동고동락을 같이 하였다. 따라서 우리들을 물리칠 수 있었다는 것이었다. 지금 부차는 누대의 연못에 살면서 비빈 궁녀들을 옆에 끼고 사치스럽게 생활하고 있는데, 사실상 이미 패한 것이나 다름없다고 보았다. 춘추전국 시대에 보편적으로 유행하던 관념은 나라가 강하고 약한 것은 군왕의 자세, 특히 궁실 건축에 대한 태도와 반비례한다는 것이었다. 〈사기·소진열전蘇秦列傳〉에는 소진이 제齊나라를 무너뜨리려는 계획이 실려 있다. 그가 택한 방법은 고의로 제나라 왕에게 부친 선왕의 장례를 성대하게 치르라고 하면서 커다란 궁실과 동산을 지어 효심을 드러내고 기세를 높이라고 권하는 것이었다. 소진은 고분과 궁실과 동산 등의 토목 공사가 백성들을 지치게 하고 재정을 고갈시킨다는 사실과 함께 이를 통해 제나라 국력을 약화시킬 수 있다는 것을 잘 알고 있었다.

치엔무錢穆는 춘추시기에 대해 "고대 귀족 문화가 이미 아름답고 고상하며 극히 섬세하고 우아한 경지로 발전하였고, 각 나라의 군자들은 박식하고 인격이 완비되었으며 언행이 아름답고 훌륭하여 후세의 추앙을 받을만한 사람들이 도처에서 발견된다."고 말했다. 그들은 정치, 외교에 종사하였고, 전쟁에도 참가하면서 그 시대 특유의 기풍과 흥금을 드러냈다. 이는 고대광실을 대하는 그들의 이성적 태도에서 잘 드러난다. 비록 당시에 건설이 있기는 했지만 올바른 비판을 피할 수는 없었다. 전국시대에 예와 믿음, 도의가 강한 승부욕으로 무장된 심리에 의해 압도당하고 나서 귀족 계층은 쇠락하고 말았다. 바로 이런 시대에 제자백가가 일어나기 시작했고, 각자 아는 바를 거론하고, 당시의 폐단을 바로잡아 나가면서 사치스런 궁실은 점차 공공의 적이 되었다. 사치에 대한 〈도덕경〉의 비판이 궁실에 미치지 못했던 이유는 아마도 그것이 씌여진 시간이 비교적 일렀기 때문인 듯 하다. 공자는 이미 초 영왕에 대해 논평하고 있다. 만약 자신을 억제하고 예제를 따른다면 건계에서 어떻게 욕을 볼 수 있겠는가"라고 하였고, 묵자와 맹자는 보다 깊은 느낌으로 깊이 있는 논리를 펼쳤다.

고대광실은 춘추 귀족문화의 화려한 커튼콜이었다. 그것은 제후들이 전쟁을 멈춘 뒤에 발전하기 시작했고, 전쟁을 대신한 평화로운 경쟁 방식이었다. 그것은 중국 건축 활동의 첫 번째 전성기의 산물로서 고대 물질적 성취의 찬란함을 보여주었으며 고대광실이라는 건축 유형을 만들어냈다. 더 중요한 것은 물질적으로 휘황찬란한 단계에서 선현들이 해낸 지혜로운 사고이다. 그들의 선견지명과 탁견은 이후 중국 건축이 걸어가게 될 독특한 길을 결정하였다.

2. 서한 : 웅장하고 아름다운 것이 아니면 위엄을 발휘할 수 없다

〈사기·고조본기〉에는 서한 초기 군신간의 대화가 실려 있다. "승상 소하蕭何

[삽도 6-2] 한나라 장안의 미앙궁 터

가 미앙궁未央宮과 함께, 그 주위에 동궐東闕, 북궐北闕, 전전前殿, 무고武庫, 태창太倉
등을 축조했다. 고조가 동원에서 돌아와 미앙궁의 웅장한 모습을 보고 노하여 소
하에게 말했다. "지금 천하가 흉노족의 침략과 제후들의 모반으로 동요되어 몇
년 동안이나 고생을 하고 있음에도 아직 성패를 알 수가 없소! 이렇게 긴박한 와
중에 어찌하여 궁실을 과도하게 축조한 것이오?" 소하가 대답했다. " 그것은 바
로 천하가 아직 안정되지 않았기 때문에 그로 인하여 궁실을 지을 수가 있었습니
다. 무릇 천자가 사해를 자기 집으로 삼기 위해서는 그 궁궐이 웅장하고 아름답
지 않으면 위엄을 세울 수 없고, 또한 이후로는 이 보다 더 장엄한 궁궐을 축조
하지 말도록 영을 내리시기 바랍니다." 고조가 소하의 말을 듣고 매우 기뻐했다.

　소하는 고조高祖와 마찬가지로 패 땅에서 일어났고, 일생동안 기민하면서도 신
중하게 산 사람이다. 한나라 초기의 대신들이 대부분 일생을 편안하게 마치지 못
했지만 오직 소하만이 편안하게 생을 마감했다. 소하만큼 고조를 아는 이는 없
었다고 할 수 있다. 항우가 함양咸陽을 불태워 3개월간 불이 꺼지지 않았고, 시황
제의 통치 아래에서는 폐허가 되다시피 했다. 고조 7년 (기원전 200년) 장안으로 천
도하였고, 조정은 잠시 진의 흥락궁興樂宮을 급하게 수리한 장락궁長樂宮에서 지낼

수밖에 없었다. 이에 대해 고조가 만족할 리 없었다. 결국 소하는 이듬해가 되자마자 미앙궁을 건설하였다.(삽도 6-2) 고조가 출정을 나갔다가 심히 웅장한 궁궐의 모습을 보고 분명 기쁨과 분노가 교차할 것이라고 생각했다. 강대국이었던 진이 멸망한 원인은 첫째는 가혹함 때문이었고, 두번째는 음란함과 사치 때문이었다. 그 사실을 고조는 당연히 알고 있었다. 그렇기 때문에 기쁜 것도 사실이었고, 분노한 것도 사실이었다. 기쁨은 본성에서 나온 것이고, 분노는 염려에서 나온 것이었다. 궁실을 과도하게 다스리게 되면 또 천하에 큰 난리가 일어날 것을 염려한 것이다. 소하가 느긋하게 내놓은 세 가지 이유는 마침 고조의 갈등 심리를 붙잡았고, 마침내 황제는 순리대로 흔쾌하게 받아들였던 것이다.

소하는 비록 고조를 설득했지만 후세 천하를 설득하기는 어려웠다. 1,000여 년이 지난 후 사마광司馬光은 〈자치통감資治通鑑〉을 써서 이 대목에 이르러 의분을 참지 못하고 소하의 세 가지 이유에 대해 조목조목 반박하였다. 〈자치통감·한기漢紀 3〉의 기록은 다음과 같다. "왕은 인의를 아름다운 것으로 여기고, 도덕을 위엄으로 삼는 법인데, 궁실로 천하를 굴복시킨다는 말은 들어보지 못했습니다. 천하가 안정되지 못한 상황에서 자신을 억제하고 절약함으로써 백성들의 위급함을 도와야 합니다. 궁실을 우선으로 하면서 어찌 할 일을 안다고 하겠습니까! 옛날 우 임금은 궁실을 비루하게 하였고, 걸 임금은 궁을 기울게 하였습니다. 창업을 하고 후세에 전하는 군주는 몸소 근검절약을 실천함으로써 자손들에게 가르침을 보여줘야 하는데, 그 말류는 여전히 음탕함과 사치에 빠지니 하물며 사치함을 보여줄 수 있는 것이겠습니까? 효 무제가 죽으면서 궁실로 인해 천하를 피폐함에 빠뜨렸던 것은 찬후鄭侯로부터 비롯된 것이 아닐까 생각했습니다." 찬후는 소하를 말하는 것이다. 사마광의 생각으로는, 훗날 한무제가 토목사업을 크게 일으켜 국가를 쇠락하게 한 것이 모두 소하에서 시작되었다고 본 것이다.

사마광은 평생을 근검절약을 실천하며 평생을 산 인물이다. "사람들은 사치함을 영광스럽게 생각하지만 나는 검소한 것을 좋다고 생각한다." 따라서 앞에서의 비평은 사실 마음속에서 나온 것이다. 세 가지 이유는 모두 핵심을 찌른 것이고,

마지막 것은 더욱 그랬다. 창업 군주의 행위와 후세 자손의 관계를 언급한 것은 역사가들도 동감을 나타낸다.

소하의 관점에 따르면 진시황의 건설사업도 이처럼 웅장하고 아름다우니 후세에 추가로 건설할 필요가 없다. 사실은 그렇지 않다. 춘추전국의 고대광실은 진나라에 이르러 피크를 이루었다. 진시황의 큰 일을 하거나 공을 세우기를 좋아하는 성품은 초 영왕 못지 않았다. 천하를 통일한 후에 백성이나 나라 면에서 그 힘은 초나라를 능가하였다. 진나라 궁실의 번성은 "중국 고대사회에서 보기 드문 일이었다. 하나라, 상나라로부터 춘추전국에 이르기까지 그것에 비교될 만한 것이 없었다."

하지만 진秦 이세二世가 계승하고 나서 진시황을 표방하지 않은 것이 없었지만 아방궁을 계속 지어나가기로 결심하였다. 〈사기〉의 기록에 따르면 당시 이세의 논리는 이러했다. 선제가 함양궁이 협소했던 관계로 아방궁을 지은 것인데, 건설하기 전에 선제는 세상을 떠나고 말았다. 조정은 공사를 중단하고 능묘를 조성할 수밖에 없었다. 지금 능묘가 다 조성되었으니 만약 아방궁 공사를 계속 하지 않는다면 선제의 사업을 부정하는 것이다. 분명 이 논법은 표면적으로 진시황이 마치지 못한 대업을 완성하는 것이다. 하지만 사실은 궁실을 지음으로써 자신의 향락 추구를 만족시키려는 것이었다. 〈사기史記 · 이사열전李斯列傳〉의 기록이다. "(이세가 말하길) 나는 이미 천하에 임하여 좋은 것을 보고 듣기 원한다. 마음에 즐거운 바를 원하며 종묘를 안정시키고 만백성을 즐겁게 하겠다. 오래도록 천하에 거하다가 나의 생을 마치겠노라." 진 이세는 천하가 자신 한 사람을 받드는 것으로 생각했던 것이 분명하다. 진시황의 행위는 자신의 욕망을 만족시키려는 이세에게 핑계거리를 제공해 주었다.

당시 진나라의 세금은 무거웠고, 노역은 그치지 않았다. 백성들은 참지 못하고 결국 곳곳에서 봉기하였다. 우승상 풍거질馮去疾, 좌승상 이사李斯, 장군 풍겁馮劫은 함께 간언하였다. 지금 도적이 매우 많은데 모두 수자리, 토목, 운수 등 노역에 동원된 백성들이 너무 고생스러워서 그런 것들이니 폐하께서 아방궁 건설을 중단하고 각지의 운수 임무를 감소시켜 달라는 것이었다. 이세가 크게 노하여 말했다. "선제가 제후에서 일어나 천하를 통일하고 오랑캐를 물리쳐 변경을 안정시키는 등 공이 이처럼 컸던 까닭에 궁전을 짓게 된 것인데, 그대들은 선제의 공업이 질서정연한 것을 보았도다. 내가 즉위한 지가 이제 2년밖에 안 되었는데, 도적이 봉기하고 있는데도 그대들은 그것을 막지 못하고 선제의 유업을 중지하려 하는도다. 선제에게 보답하지도 못하고 또 나를 위해 최선을 다하지도 않으니 그대들을 어디에 쓰겠는가?" 몇 마디 장황하게 하면서 네 차례나 선제를 언급하자 중신들은 아무 대답도 하지 못하고 감옥으로 끌려갔다. 풍거질, 풍겁은 그 자리에서 자살했고, 이사도 결국 참수당하고 말았다. 얼마 지나지 않아 방대한 제국은 와해되었고, 2대를 지속하지 못했다. 초 영왕의 이야기를 되돌아보고 만약 진 이세가 교훈으로 삼았다면 궁으로 인해 나라가 망하는 일은 없었을 것이다. 물론 진나라의 멸망에 대해서 근본적인 원인이 시황제의 지나친 사치에서 비롯된 것은 틀림없다.

한나라 국운의 흥망성쇠를 돌아보며 사마광은 "효무졸은 궁실로 천하를 망쳤다"고 말했는데, 역사에는 많은 실증이 있다. 원수元狩 3년(기원전 120년)에 조정은 수전水戰 연습의 명목으로 상림원上林苑의 남쪽에 풍수豊水를 끌어 곤명지로 만들었다. 〈사기・평회서平淮書〉의 기록이다. "웅장하고 아름다운 누선을 보고 무제는 고조의 노기도 전혀 없었고, 한 번 시작한 것을 그치지 못하였다. 천자가 느낀 바가 있어 백량대伯梁臺를 지었는데, 그 높이가 수십 장에 이르렀다. 궁실을 지은 것은 이로부터 날로 아름다워졌다." 〈통감・한기 12〉의 기록이다. "(원정 2년, 기원전 115년) 백량대를 지었는데, 높이가 20장丈에 동으로 그것을 만들었다." 무제가 세운 궁 가운데 규모가 가장 큰 것은 태초太初 원년 (기원전 104년) 세운 건장궁建章宮이다. 건장궁의 전전前殿은 매우 높았는데, 미앙궁을 내려다볼 수 있을 정도였다고 한다.

〈통감・한기14〉에서 사마광의 한무제에 대한 비판은 매서울 정도이다. "사치와 욕심이 극에 달하고, 형벌과 가렴주구가 극에 달하니, 안으로는 궁실을 사치하게 꾸미고 밖으로는 오랑캐를 섬기며, 괴이한 것을 믿고 따르면서 돌아다니니 백성들은 피폐하고 도적들이 횡행하는 것은 진시황과 다름이 거의 없다." 요컨대 두 가지 점을 말하고 있는데, 그 하나는 오랑캐(주로 흉노)에 대해 빈번하게 벌이는 전쟁이고, 다른 하나는 세금을 많이 걷어 궁실을 짓는다는 것이다. 전자에 대해서 무제는 이미 성심껏 설명을 한 바 있다. "한나라 창업 이래 사방의 오랑캐가 중원을 침탈하였고, 짐이 제도를 변경하지 않으면 후세에 법이 없게 되고, 정벌하지 않으면 천히기 불안해진다. 이로 인해 백성들을 어쩔 수 없이 힘들게 하게 되었다. 만약 후세에 또 짐과 같이 하게 되면 망한 진나라의 전철을 밟게 될 것이다." 후자에 대해서 무제는 책임을 미룰 수 없다.

양한 시기 사람들은 사치스러운 궁실 건축을 매섭게 비판했다. 유향의 〈설원說苑〉, 왕충王充의 〈비평備貶〉에 그에 관련된 기록이 있다. 당시 사상계의 주류 관념은 춘추전국 시대 제자백가가 앞장서 제창한 '비루한 궁실'과 매우 흡사하다. 〈상서〉의 금고문과 관련된 논쟁을 만약 이 사상적 배경하에 놓고 토론을 벌인다면 또 다른 각도에서 답을 얻을 수 있을 것이다. 〈금문상서〉에서는 망국의 원인을 말할 때 〈미자微子〉, 〈주고酒誥〉에서 질책하는 것은 술이고, 〈목서牧誓〉에서 비판한 것은 여색이다. 이로 보아 서주 왕실이 보기에 상나라의 멸망은 주로 주색에 빠졌기 때문으로 궁실과의 관계를 크게 보지 않았다는 사실을 알 수 있다. 그리고 〈고문상서〉에서는 궁실 사치의 해로움을 언급하고 있다. 〈오자五子의 노래〉에서 여색과 사냥, 술, 음악, 화려한 궁실 등을 들어 망국의 징조를 노래하였다. 또 〈태서상〉에서는 사치스런 의복, 궁실 등으로 백성들에게 해를 끼쳤다고 하면서 주왕을 질책하였다. 이런 각도에서 보자면 이런 글들은 한대 사람들의 위작으로서 역사적인 내용은 상나라와 주나라에서 취한 것이지만 사상은 시대적 낙인을 피하기 어렵다. 궁실의 사치를 망국의 죄상 가운데 하나로 놓거나 궁실의 사치를 보이는 것에 대한 사상적 분야에서의 반향이라고 볼 수 있는 것이다.

말년의 무제는 오랜 기간 평화를 누렸다. 〈통감·한기14〉의 기록을 보면 그는 평생에 한 일을 돌아보고 후회가 많았다고 한다. "짐이 즉위한 이후로 미친 짓거리를 많이 했고, 세상을 근심하게 했으니 후회해도 소용이 없다. 일을 벌여 백성들을 힘들게 했고, 세상을 힘들게 했도다." 이후 무제는 내치에 힘써서 백성들과 더불어 쉬었다. 뒤를 이은 소제와 선제는 적광의 보필을 받아 무제 말년의 정책을 계속 봉행하였고, 역사에서는 "선제중흥宣帝中興"이라 부른다. 무제가 한 때 진나라가 범했던 잘못을 저지르고 제 때 잘못을 바로잡는 과정에서 가장 중요했던 것은 늦었지만 잘못을 고친 것이었고, 아울러 자손을 적광에게 맡긴 것이었다. 역사가들이 보기에 서한은 먼저 '문경지치文景之治'가 있었고, 후에 '선제중흥'이 있었는데, 그 사이에 무제 재위 50여 년이 있었다. 무제 일생의 '문치무공文治武功'은 쇠락으로 보이지만 후계 군주의 중흥이 기다리고 있었다. 이 교훈은 후대 제왕들에게 많은 영향을 미쳤다. 이로부터 '비루한 궁실' 사상은 중화제국의 이데올로기 속에 깊이 뿌리박혔다. "창업 군주가 몸소 근검절약을 실천함으로써 자손에게 모범을 보이는 것"은 결국 집정 규범이 되었고, 역대 제왕들에게 모범이 되었다.

3. 북송 : 시기가 가까울수록 더 비루해진다

〈일지록日知錄〉에서 고염무顧炎武는 다음과 같이 기록하였다. "내가 오늘날 천하의 도읍지를 보건대, 당나라 이전에 창건된 경우에는 그 성곽이 반드시 넓었고, 길이 곧바로 뻗어 있었으며, 관공서들 중에서 당나라 이전에 창건된 것들은 그 터가 널찍했다. 송나라 이후에 지어진 것들은 그 연대가 가까울수록 보잘 것 없었다." 그는 매우 통찰력이 있었다. 오늘날 건축 역사 전문가들도 마찬가지로 생각한다. 천하는 말할 것도 없고, 천자가 사는 도성과 황궁도 북송 이후의 규모와 기세는 당에 미치지 못한다.

북송의 도성 개봉開封은 그 전신이 당나라 덕종德宗 건중建中 2년(781년) 지은 변주성汴州城이다. 오대로부터 송나라까지 여러 차례에 걸쳐 증축하였지만 여전히 길은 좁았고, 집은 다닥다닥 붙어 있었다. 도성 내의 황궁은 그 전신이 당나라 변주 선무군 절도사의 관아였다. 나라를 세운 뒤에 송 태조는 규모가 너무 작다고 생각하고 건륭 3년(962년) 명을 내려 낙양궁을 모델로 증축을 지시하였다. 각종 고려를 거쳐 증측한 뒤의 황궁은 옛 당나라 황궁보다도 매우 작았다. 옹희雍熙 3년(986년) 송 태종은 다시 증축하려 했지만 백성들의 반대에 부딪혔고, 뜻을 이루지 못했다. 선덕문宣德門은 황궁의 정문으로, 육유陸游의 말에 따르면 제도가 극히 비루하고 신종 때에 비로소 승축하게 되었는데, 그다지 신통치 않았다. 채경蔡京은 본래 배운 바가 없어 늘상 천자는 5문인데, 지금은 3문이니 옛날과 다르다고 하면서 토목공사를 벌여야 한다고 주장하였다. 선덕문의 지위는 명청 고궁의 정문에 해당한다. 후자는 9칸의 대전으로서 비교해보면 5칸의 선덕문은 별 대단하지는 못하다. 하지만 토목공사를 벌여 민생을 피폐하게 만들었다는 악명을 얻었다. 황궁의 궁전은 옛 궁전의 기초 위에 증축한 것으로서, 가장 중요한 대경전과 문덕전은 모두 전대를 이어받아 지었다. 송 태조의 건국 초기 증축은 기본적으로 북송 개봉 황궁의 규모를 확정지었다. 그 후 여러 황제들은 그렇게 큰 증축을 하지 않았다. 황궁 서북쪽 모퉁이에 후원이 있는데, 황제 부인들의 놀이 공간이었다. 면적이 매우 좁아 가로세로가 백보가 되지 않는다. 선화전은 3칸으로 되어 있고, 건축할 때 무늬를 넣지 않고, 기둥 하부에 붉은 칠을 했으며 대들보 위쪽에 녹색을 칠했을 뿐이다. 송나라 사람 스스로도 본 왕조 군주의 소박함에 감탄을 했다. 엽몽득葉夢得은 〈석림연어石林燕語 권1〉에서 언급하기를 "조상들은 동산과 연못의 장관을 중요하게 생각하지 않는데, 전대에는 없던 일이다."

서한의 "웅장하고 아름답지 않으면 위엄을 보일 수 없다"는 주장으로부터 송나라 이후의 시기가 가까울수록 비루해진다는 주장까지 건축 기상이 너무 커서 사람들이 믿기 힘들 정도이다. 하지만 실제로 역사의 발전은 이처럼 갈라지지는 않는다. 서한에서 북송까지 사료를 자세히 살펴보면, 두 시대의 건축은 완전히 상반되어 보이지만 실은 일맥상통한다. '비루한 궁실' 사상이 이 과정의 처음부터 끝까지 관통하고 있는 것이다. 〈후한서 · 양진열전楊震列傳〉 기록에 따르면 당시

한 영제靈帝는 필규畢圭와 영곤靈琨 두 동산을 만들고자 했을 때 양사楊賜가 반대하였다. 그는 성 밖에 이미 동산이 대여섯 군데가 있어서 구경하고 즐기는 데 충분하니 황제는 백성들의 노고를 굽어 살피고, 과거 성군들의 애민정신을 본받아 더이상 짓지 말라고 하였다. 영제는 다 듣고 나서 즉시 포기하기로 결정했다. 나중에 다른 대신이 맹자와 양혜왕의 전고를 이용하여 "지금 백성과 그것을 공유하면 정사에 해가 되지 않는다."고 주장하였다. 그제서야 동산 공사는 계속 이어졌다. 〈건강실록健康實錄・태조하太祖下〉에 삼국 시대에 손권이 건강으로 천도하여 무창武昌 옛 궁의 재료를 뜯은 다음에 건강의 새 궁을 짓는 데 썼다고 기록되어있다. 새로운 재료를 사용하지 않은 것은 비루한 궁을 좋게 여기고 과세를 많이하게 되면 농업에 방해가 된다는 우 임금의 뜻을 고려한 것이었다.

수나라 양제는 폭정을 펼쳤다. 게다가 병력을 동원하여 전쟁을 일으키고 사치하고 부패한 생활로 대대로 악명을 남겼다. 하지만 〈수서隋書・제기帝紀 제3〉의 기록에 따르면 그는 즉위 조서에서 지혜로움을 선보였다. "백성이 나라의 근본이고, 근본이 튼튼해야 나라가 편안한 법이다. 백성이 만족하면 누가 부족하겠는가! 지금 건물을 지을 때에는 근검절약에 힘쓸 것이고, 화려하게 치장하는 일이없도록 명한다. 비루한 궁궐과 검소한 음식이 후세에 남겨질 것이다." 이 말이정말 진심에서 나온 것인지 우리로서는 알 수 없는 일이다. 하지만 설령 상냥한모습이더라도 포악한 황제는 전통 관념의 강한 영향에서 벗어나기는 힘들다.

당 태종은 옥화궁玉華宮을 지을 때 지붕을 모두 띠풀로 했는데, 그는 자신있게다음과 같이 말했다. "요 임금은 띠풀을 자르지 않은 것을 성스러운 덕이라 여겼다. 요 임금 때 기와가 없었는지 알 수는 없지만 대체로 걸주는 그것을 하였다."제왕이 황가의 궁실을 원시 초가집 정도로까지 낮추었고, 이것을 자신만만해 한것은 보여주기 위한 것이라는 의심도 낳았지만 '비루한 궁실' 사상이 한단계 더발전한 것이라 볼 수 있다.

'비루한 궁실' 사상은 선진 시기에 성숙되었고, 한나라 때 자리를 잡았으며 이후 1,000여 년간 널리 확대 발전되었고, 송대에 피크를 이루었다. 등광명鄧廣銘의

〈송사宋史・직관제職官制・고증考證〉서문에서 진인각陳寅恪은 다음과 같이 말했다. "화하 문화는 수천년간 발전했고, 송대에 극성을 이뤘다." 중국 문화의 집대성자로서 북송 이후의 도읍과 관공서는 "시기가 가까울수록 비루해졌다." 이는 사실 우리가 깊이 생각해볼만한 문제로서 그것을 정서상 맞지 않는다고 단순하게 결론지을 수는 없는 것이다.

송대는 '문인이 나라를 다스리는 모범'이라 불리우고, '비루한 궁실'이 바로 유학자이자 문인의 이상이었다. 사마광이 펴낸 〈자치통감〉의 최소한의 바램은 "국가의 흥망성쇠를 다루고 백성들을 염려하며 법을 잘 만들어 악을 경계하기 위해 책을 펴내는 것"이었다. 성군이 이전 왕조의 흥망성쇠를 거울삼아 현재의 득실을 살펴보고 이를 통해 북송이 전대미문의 치세가 이루어지기를 희망하였다. 송대 이후부터 후세 제왕들에게 미친 이 책의 영향은 이루 말할 수 없다. 사마광은 책에서 "웅장하고 아름답지 않으면 위엄을 보일 수 없다."는 것을 비판하였는데, 이것은 군왕들에게 깊은 인상을 남겼을 것이다.

태조 조광윤趙匡胤은 황색 두루마기를 쿠데타를 일으켜 상商나라와 주周나라의 덕도 없었고, 한나라와 당나라의 공도 없이 너무 쉽게 천하를 얻었다. 이로 인해 위로는 천명을 두려워하고 아래로는 민심을 두려워하였으며 일성과 만성의 관계를 더욱 조심스러워 하였고, 황궁을 증축할 때에도 적당한 선에서 멈춰 백성들이 힘든 노역을 덜어주게 애무었다. 세왕의 왕궁 증축 계획은 수변 백성들의 반대로 포기하였고, 백성들은 군왕과의 각축에서 거대한 승리를 거둔 것은 일대 기적이라고 할 수 있다. 당시 지어진 금명지는 황실의 동산이기는 하지만 옛 가르침 여민동락에 따랐다.

왕부지王夫之의 〈송론宋論〉에서 송 태조의 자애로움, 검소함, 간소함을 별도로 언급하고 있다. "사람을 아끼는 것이 자애로움이고, 물건을 아끼는 것이 검소함이며 백성들을 노역에 동원하지 않는 것이 간소함이다."라고 하였다. 이 전에 수당 궁궐의 웅장하고 아름다움은 송나라 때와는 비교가 되지 않았다. 〈수서隋書・식화지食貨志〉의 기록이다. "문제文帝는 양소楊素에게 인수궁仁壽宮 건설을 맡겼는

데, 공사가 급하게 이루어져 인부들이 많이 죽었고, 피로에 쓰러지는 이들도 많아 구덩이를 메울 정도였다. 그 위에 흙과 돌로 덮었고, 죽은 자가 수만에 달했다. 황제는 느즈막히 인수전에 올라 둘러보는데 궁 밖에 도깨비불이 가득하고 울음소리가 들렸다."

거대한 공사로 인해 인부들이 피로해 쓰러지고 죽은 자는 셀 수 없을 만큼 많아 땅에 묻었다. 궁전이 건설되고 나서 문제가 전에 올라 사방을 둘러보니 궁 밖에서 도깨비불만 보이고 사방에서 울음소리가 들리더라는 것이다. 사람들은 궁실의 웅장하고 아름다운 것만을 보고 그것이 이루어진 과정에서의 무수한 희생을 알지 못한다는 것이다. 백성을 자상하게 살피는 송 태조의 마음으로 생각해 보면 수당과 같은 거대한 궁실을 짓는 공사는 할 능력도 없었고, 차마 할 수 없었다.

〈송론宋論·태조太祖〉의 견해에 따르면, "삼대 이후 '치治'라 불리는 것이 셋 있는 바, 문文, 경慶의 치治는 2대에 걸쳐 전해지다 그쳤고, 정관지치貞觀之治는 아들에 이르러 어지러워졌다." 서한의 문경지치文慶之治는 2대를 전해졌고, 당의 정관지치는 1대에서 그쳤다. 북송 건국 이후 태조, 태종, 진종眞宗, 인종, 영종英宗 5대를 거쳐 신종神宗 희녕熙寧 연간 변법 이전까지 100여 년간 백성은 편안하였다. 이로 보아 북송 치세의 장구함은 전대를 능가한다고 말할 수 있다. 나라가 물질적으로 부를 누리는 것도 중요하지만 보다 중요한 것은 태조가 남긴 가법家法과 정교政教였다. 북송의 궁전은 태조가 증축한 이후 그 이후 제왕들은 더 이상 짓지 않았다. 정치와 경제적 원인을 제외하고 전통사상의 제약을 더해야 할 것이다. 이 점에서 창업 군주 송 태조는 자손에게 좋은 모범이 되었다.

〈송론·태조〉에서는 또 '일성一姓과 만성萬姓'의 관계에 대해 깊이 있게 분석하여 송 태조가 한 문제와 한 경제, 당 태종과는 본질적으로 다른 점을 설명하였다. 왕부지는 문제와 경제 및 태종이 자애로움, 검소함, 간소함 등에서 모두 노력하였고, 백성들에게 관심을 보인 것은 단지 자신들의 정권을 지키기 위해서였지 진심으로 그런 것은 아니었다고 생각했다. 송 태조는 달랐다. 그는 차마 하지 못하는 마음不忍之心에서 어진 정치를 펼쳤고, 이름을 날리거나 이익을 구해서가 아니라 진심으로 백성들의 삶을 염려하여 최선을 다한 것이었다. 문제와 경제와 태종은 다만 권력의 기술을 부린 것이고, 태조는 어진 마음을 가졌던 것이다. 송 태조의 마음 속에 아마 선진 유가의 정치 이념이 있었을 것으로 추측된다. 〈맹자·공손추상公孫丑上〉에 다음과 같은 내용이 있다. "선왕先王들은 사람에게 차마 하지 못하는 마음이 있어서 사람에게 차마 하지 못하는 정치를 베풀었으니 차마 하지 못하는 마음을 가지고 차마 하지 못하는 정치를 행한다면, 천하를 다스리기를 손 바닥 위에서 움직이듯 쉽게 할 수 있는 것이다."

이로 보아 '비루한 궁실' 사상의 영향은 북송 시기에 절정에 달한 것도 이상한 일이 아니다. 서한 초에는 북송 초기와 마찬가지로 오랜 기간의 전란으로 모든 것이 무너지고 새로운 발전을 모색하고 있었다. 소하는 천하가 아직 안정이 되지 않아서 기회를 보아 궁실을 지어야 한다고 생각했다. 사마광은 천하가 아직 안정 되지 않아서 절약해야 하고 민생이 시급하다고 생각했다. 하나는 제왕의 권위를 위해서, 다른 하나는 백성을 먹여 살리기 위해서, 이 1,000여 년간 시대의 인심은 이미 크게 달랐던 것이다. 소하와 사마광의 정치 책략은 상호 배치된다. 하지만 모두 역사상 탁월한 업적을 남긴 위인들로서 후세 사람들은 시야를 넓게 해서 양자의 시비와 공과를 바라봐야만 일목요연하게 볼 수 있을 것이다.

4. 여운 : 청의원淸漪園 건륭제乾隆帝

서쪽 근교의 원림과 경성 궁정 및 조운漕運의 용수 문제를 해결하기 위해서 조정은 건륭 14년(1749년) 겨울에 겨울 농한기를 이용하여 노동자를 고용하여 2개월 내에 서호의 복원 공사를 완성하였고, 아울러 준설토를 이용하여 옹산 동쪽의 산 모습을 바꾸었다. 건륭 15년 옹산甕山은 만수산으로 서호는 곤명호로 이름을 바꾸었다. 또한 황태후의 생신을 축하한다는 명분으로 산 위에 '대보은大報恩 연수사延壽寺'를 지었고, 호숫가에는 대청 누각을 지었다. 건륭 16년에는 청의원을 지었다. 건륭 황제의 습관에 따라 어원御園 하나를 지을 때마다 〈원기園記〉 한 편을 쓰는데, 어원을 짓게 된 경과를 상세하게 서술하였는데, 유독 청의원만은 그러지 않았다. 이 해에 건륭 황제는 〈만수산 곤명호기〉만 써서 치수와 생신 축하 관련 일만 언급하였고, 어원 조성에 대해서는 언급하지 않았다. 10년이 지나서야 〈만수산萬壽山 청의원기〉를 써냈다.

10년 동안 임금이 붓을 들었다가 그만두었다는 말을 몇 번이나 했는지는 쉽게 짐작할 수 있다. 한 정원이 어찌 뛰어난 재능과 원대한 계략이 있는 제왕이 이토록 글을 짓기 어렵게 할 수 있는 것일까? 일찍이 건륭 9년, 원명원圓明園 확장 공사가 완료된 후, 건륭은 〈원명원 후기〉를 써서 "제왕이 노니는 곳이지 그 이상은 없다."고 했지만 몇 년 후에 그는 다시 청의원을 만들었고, 이로 인해 마음 속에 부끄러워하지 않을 수 없어서 글에서 몇 마디 변명을 늘어놓았다.

당시 수도의 서북부 교외에 이미 조성된 여러 어원 가운데 창춘원暢春園, 원명원圓明園은 모두 평지에서 조성되어 천연 대산대수의 기초가 부족하였고, 정의원靜宜園은 산지에 자리잡았으며, 정명원靜明園은 작은 물만 있었다. 유독 청의원이 있는 서호수면은 탁 트인 데다 옹산과도 긴밀하게 붙어 있어 천연산수의 이상적인 기세였다. 그 위치가 바로 앞에서 서술한 네 어원의 사이에 있었고, 지어진 후에 평지원, 산지원, 산수원이 혼합된 원림의 집합체가 되었다. 하나의 원림이 조성되면서 전체 국면이 모두 살아난 격이었다. "산수의 즐거움은 잊을 수가 없다."는 건륭제에게 자연은 저항할 수 없는 흡인력이 있었다. 이런 상황에서 황제는 치수의 명목으로 산수의 복원을 완성하였고, 생신 축하의 명분으로 전면적인 원림 건설을 전개하였다. 고대 중국에서는 '효로 천하를 다스리는' 것을 높이 받들었다. 모친의 생신을 축하하는 것은 비난받을 일이 아니다. 물길을 정비하는 것도 상당히 성공하였다. 곤명호는 대형 물창고로서 우리는 지금도 그 혜택을 보고 있다. 모든 일은 상당히 멋들어지게 처리되었다. 하지만 건륭제는 여전히 마음에서 지울 수가 없어서 계속 언급하였다. 애초에 원림을 세울 뜻은 없었다. 치수를 위해서 호수를 팠고, 호수를 팠기 때문에 산을 쌓게 된 것이며 산과 물이 있는데 정자가 없으면 아쉬웠던 것이다. 의도했던 그렇지 않았던 원림은 완성되었다. 모든 일은 원인이 있는 법이다. 게다가 자기 돈을 썼다. 또 사람들에게 임금을 지불했다. 모든 건축은 장식을 하지 않았고, 소박하게 지어 원명원의 옛 제도를 넘어서지 않았다. 하지만 변명을 하지 않으면 안심이 되질 않았고, 변명을 해도 불안했다. 〈원명원·후기〉의 말을 떠올리며 스스로 식언한 것이 부끄러웠다. 원림을 만든 것에는 이유가 있다.

[삽도 6-3] 농부 복장의 옹정제雍正帝

그런데 누가 믿어준단 말인가? 탄식 끝에 소하의 말을 빌어 보려 했다. 이 원림을 세운 것은 후세에 추가 공사의 노고를 덜어줄 수 있다. 그러자 사마광의 비판이 떠올랐다. 원림 공사가 끝나자 얼마 지나지 않아 쥐구멍에라도 숨고 싶었다.

건륭제의 청의원은 실로 일대 걸작품이다. 치수와 생신 축하를 목적으로 원림을 조성하였고, 모든 것은 순조롭게 이루어졌다. 하지만 제왕이 10년이라는 시간 동안 생각을 거듭한 끝에 내놓은 말이 사람들을 탄식하게 한다.

이것은 건륭제가 성인의 책을 읽은 것과 관련이 있다고 생각한다. 역대 군신들이 건설 문제에서 격론을 벌인 것이 건륭제에게 깊은 인상을 남겼고, 동시에 청나라 초기 황실의 가법에 도움을 주었다. 강희제의 창춘원은 자연스럽고 소박함을 위주로 하였고, 원림 안에 건축물도 모두 회색 기와의 소규모 건축물로서 색깔을 덧입히지 않았다. 옹정제의 복장을 갖추고 직접 농사를 지었고, 또한 원명원의 호화롭지 않게 하기 위해 노력했다. 스스로의 편안함을 구하지 않고 만방이 편안하기를 바랐다. 창춘원과 원명원 그리고 청의원이 정말 소박함의 기준이 되는지 여부는 별도로 논할 일이지만 3대 제왕은 원림을 조성할 때 소박함을 잊지 않고 언급하였다. '비루한 궁실' 사상이 성왕 명군에 미친 영향이 골수에 박힐 정도로 매우 컸다는 것을 느낄 수 있다.

오랜 세월에 걸쳐 근검절약은 중화민족의 기본 품성 중 하나로 이미 내재화되었는데, 소비와 럭셔리를 숭상하는 이 시대에 이 품성을 다시 생각해 보는 것은 중요한 의미를 갖는다. 수천 년 동안 중국 전통 건축물이 공간과 부피 면에서 대규모로 확장되지 않은 적당한 제한에 머물러 왔다는 것에 대해 문화적 약속과 공감이 없으면 상상도 할 수 없는 것이다. 궁실의 의미는 중국 전통건축의 보수를 후퇴시킨 장본인이 아니라는 데 있다. 뒤에서 우리는 이 문화적 선택이 어떻게 중국 건축물의 독특한 이미지를 만들어냈으며 어떻게 원림에서 가장 충분히 드러나는지 볼 수 있을 것이다.

제7장

토목 결합 및
그 발전

—

1. 토굴과 나무 둥지
2. 간란干欄
3. 요동窯洞
4. 토목 결합 및 그 발전

토목 결합 및 그 발전

중국 전통 건축의 재료는, 흙, 나무를 위주로 하고, 벽돌, 돌이 그 다음이다. 이로부터 건축과 관련되는 사물 및 활동은 모두 '토목'이라 불리었다. 고대 문헌에서 이른바 토목을 크게 일으켰다, 토목공사, 토목 비용, 토목의 공로, 토목 조성 수리, 토목이 웅장하고 아름답다 등은 모두 여기에 부합한다. 사람들은 폭군이나 권신들의 건설에 대해 가차없는 비판을 가했고, 토목을 다 하다, 꾸미다, 함부로 일으키다, 수놓다 등을 늘 사용하였다. 흙과 나무나라 이 천연 재료를 위주로 한 것이 중국 전통 건축의 중요한 특징이다. 이집트와 서아시아, 인도, 유럽 등지의 초기 건축도 흙과 나무를 주로 하였다. 하지만 돌과 벽돌처럼 비교적 견고하고 내구성 있는 딱딱한 재료를 빠르게 받아들였다. 중국 건축은 몇 천년간 맥을 이어오면서 발전만 했지 혁명은 없었다. 중국 건축이 이와 같았고, 중화 문명도 마찬가지였다. 본 강에서는 중국 건축이 흙과 나무를 사용하게 된 뿌리와 변천을 집중적으로 검토할 것이다. 초기 남방의 소거巢居, 북방의 혈거穴居로부터 후에 종합적 성격의 대사臺榭에 이르기까지 흙과 나무의 사용 방식이 비록 변화했지만 두 가지는 중국 건축과의 관계에서 있어서 처음부터 끝까지 한결 같았다.

1. 토굴과 나무 둥지

아득한 옛날 사람들의 거주 상황은 각종 고적에서 발견된다. 〈맹자孟子·등문
공하滕文公下〉의 기록이다. "요 임금 때에 물이 거꾸로 흘러 중원에 범람하였다.
뱀과 용이 그 곳에 살았는데, 백성은 정한 바가 없어 아래에 사는 사람들은 둥지
에서 살았고, 위에 사는 사람들은 굴을 파서 살았다."〈예기禮記·예운禮運〉의 기
록이다. "옛날에 선왕이 궁실이 없어서 겨울에는 굴을 파고 살았고, 여름에는 나
무에 둥지를 틀고 살았다." 이 기록들은 모두 두 가지 거주 형식을 언급하고 있
다. 그 하나는 나무로 둥지를 짓는 것이고, 다른 하나는 흙으로 굴을 만드는 것이
다. 둥지를 틀든 굴을 만들든 〈맹자〉에서의 위치의 높고 낮음과 관련이 있다. 홍
수가 닥쳤을 때에는 수해를 피하기 위해서 사람들이 지대가 낮은 연못 지대에 둥
지를 만들었고, 지대가 높은 구릉 지대에서는 굴을 만들어 생활했다. 〈예기〉에서
는 계절의 변화와 관련을 지어 겨울은 추우니 토굴이 따뜻하고 여름은 더우니 둥
지가 시원했던 것이다.

고고학적 발굴에서 얻은 정보와 문헌의 기록은 서로 증거가 된다. 각지의 초창
기 건축과 관련하여 사람들은 구조와 구성이 일정한 차이가 있고 발전과정도 같
지는 않았지만 지리적인 요소가 공통성과 함께 산지의 지역적 특징을 야기했다
는 사실을 발견하였다. 일반적으로 지역성을 띤 중국 전통 건축은 주로 두 가지
로 나뉜다. 그 하나는 양쯔강 유역의 물이 많은 지역에서 소거에서 발전해온 간
란식 건축, 다른 하나는 황허 유역의 혈거에서 발전해온 나무뼈대에 진흙을 바른
가옥이다. 초창기 인류의 소거는 날짐승의 둥지와 비슷했다. 열대 우림 지역에서
소거는 지금까지 그 흔적을 찾아볼 수 있다. 만약 어떤 특수한 상황이 되면 현대
도시와 농촌에서 간편하면서도 효과적인 구조 방식인 소거는 그 실용적 가치가
있다. 소거에서 발전한 간란식 건축도 남아 있는 실물이 있다. 지금으로부터 약
7,000년 전의 위야오餘姚 허무두河姆渡 1기 유적지에서 최초로 사용된 것으로 알려
진 퍼즐 구조의 나무 간란이 발견되었다. 유적지에서는 대량의 나무 부속이 발견

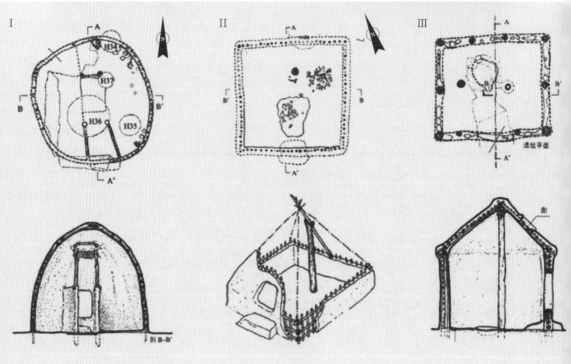

[삽도 7-1] 허무두 유적지의 목재 퍼즐(상)
[삽도 7-2] 북방 토목 구조(하)

되었는데, 둥근 나무, 말뚝, 널판지 등이 출토되었다. 형식도 다양하여 퍼즐 조각들은 정교하게 다듬어져서 어떤 것들은 2차 가공의 흔적도 남아 있어 부속품들이 중복 사용되었다는 것을 보여주기도 한다. 남방의 소택지에 있는 가옥들은 말뚝으로 구성된 평면 작업대 위에 세워진 간란 건축으로 추측된다.(삽도 7-1)

모래바람이 오랜 기간 쌓이면서 황허 중상류의 토층이 두꺼워졌고, 굴을 파기가 쉽게 되었다. 최초의 횡혈식으로부터 수혈식으로, 그리고 다시 반혈식까지 북방의 혈거는 최종적으로 지상 건축으로 발전되있다. 토목이 혼합된 이런 선물은 현재 연구자들이 대체로 세 가지로 나누고 있다.

(1) 뾰족한 형태의 지붕은 반지혈 또는 얕은 지혈식에 쓰이는데, 지혈 주변에 나즈막한 담장을 두르고 그 위에 비스듬히 가는 나무 기둥을 촘촘하게 배열한다. 건물 위쪽으로 뾰족하게 쌓아올리고, 기둥 안팎에 풀과 진흙을 바른다. 동시에 건물 내부 중앙에 기둥을 세워 지탱하도록 한다.

(2) 나무 울타리에 진흙을 발라 담장의 하중을 늘이는데, 지상 건축에 많이 쓰이고 아울러 반지혈 또는 얕은 지혈식에 많이 쓰인다. 집터 주변에 가느다란 나무를 촘촘하게 세우고 기둥 사이에는 나무가지를 세로로 연결하고 밖에 흙반죽을 30cm 이상 발라 하중을 견디도록 한다. 윗부분에는 뾰족한 지붕을 세우고, 실내에는 하나 또는 여러 개의 기둥을 세워 벽체와 함께 지붕을 함께 지탱하도록 한다.

(3) 두번째 것에서 발전된 것으로 주변에 나무뼈대에 진흙담장을 이용한다. 하지만 나무뼈대 수량은 줄어들고 직경과 간격이 커졌다. 이것은 시공기술이 좋아졌다는 것을 보여주고, 또 지탱 구조가 기둥 방향의 하중으로 변하는 추세를 보여주는 것이다.(삽도 7-2)

이상 세 가지 건물은 차이가 있기는 하지만 나무뼈대의 진흙담장과 안기둥이 함께 지붕을 지탱한다는 이 특징은 후에 계속 이어졌고, 건물 건축의 구성 요소가 되었다.

초창기의 소거로부터 말기의 간란까지, 초창기 혈거에서 말기의 토목 가옥까지, 하나는 위에서 아래로, 다른 하나는 아래에서 위로, 양자는 길은 다르지만 땅 위로 돌아왔다. 〈맹자孟子·등문공하滕文公下〉의 기록이다. "홍수를 우 임금이 다스렸다. 우 임금은 땅을 파서 그 곳에 물을 대어 바다로 만들었다. 뱀과 용을 소택지로 쫓아내고 물을 땅으로 가게 하여, 강江, 회淮, 하河, 한漢이 바로 그것이다. 험하고 길도 멀어 날짐승이 사람들을 해치는 일이 사라졌다. 그 후 사람들은 평지를 얻어 그 곳에 살게 되었다." 이것으로 추측해 보자면, 홍수가 물러간 후에 사람들은 대지로 돌아왔고, 이 상황은 건축의 변화와 서로 부합한다. 전체 변화 발전 과정에서 남방 건축은 나무가 주이고, 소거로부터 간란과 정간에 이르기까지 나무 뼈대에 진흙담장 가옥은 매우 적다. 북방 건축은 흙이 주이고, 혈거로부터 나무뼈대에 진흙담장에 이르기까지 순수 목재 가옥이 드물다. 건축상 중대한 차이를 보이는 이유는 〈맹자〉와 〈예기〉에서 서술한 내용과 기본적으로 같다. 남과 북이라는 공간, 추위와 더위라는 시간상의 비교가 있는 것이다. 남방은 덥고 습기가 많아 나무 간란을 써서 집을 공중에 지어 더위를 이기고 습기도 피할 수 있다. 북방은 춥고 건조하며 수해 위험도 없어 굴을 파서 살면 겨울에는 따뜻하고 여름에는 시원하게 지낼 수 있다. 동시에 남방은 나무가 많고 북방은 흙이 많아 현지에서 재료를 구할 수 있다.

　하상주 3대는 신석기 시대의 건축 전통을 이어받고 있다. 이미 발굴된 정주 상성 유적지를 보면 성벽은 판축법으로 지었고, 전문가의 계산으로는 토방 양은 약 1,440,000m³로서, 만 명이 성을 쌓더라도 5년 이상의 시간이 걸려야 완성이 가능하다. 도구는 건축 규모에서 착안한 것으로 당시 기술을 신석기 시대와 비교하면 커다란 발전이 있었다. 허난 옌스偃師의 얼리터우二里頭 하나라 2호 궁전은 정원식 배치를 쓰고 있는데, 정원 북쪽 가운데 너비 9칸, 깊이 3칸의 정전이 있고, 기초가 되는 터 위에 위치해 있다. 전 밖에는 처마복도가 둘러쌓여 있고, 전 내부는 담장을 세워 세 부분으로 나누었다.(삽도 7-3) 정전을 둘러싼 벽과 칸을 나눈 벽은 모두 나무뼈대에 진흙을 바른 것으로 흙이 주요 재료이다. 작은 방 세 칸은 깊이가 6m가 넘고, 넓이는 8m 이상이다. 실내에는 기둥을 사용하지 않았고, 지붕을

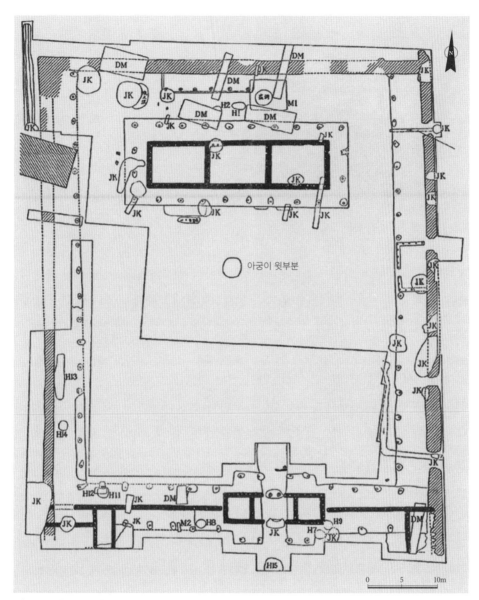

아궁이 윗부분

[삽도 7-3] 얼리터우 제2호 궁전 평면도

복잡한 나무 구조물로 지탱했던 것으로 보인다. 이 시기의 대형 건축물은 주로 나무뼈대에 진흙을 바른 담장으로 하중을 지탱했고, 흙과 나무를 혼합한 구조의 초기 단계에 머물러 있다. 이후 흙과 나무의 사용은 점차 성숙되어 각자 역할을 담당하

[삽도 7-4] 봉상 진옹성 유적지의 금강

게 된다. 2호 궁전의 목외랑木外廊과 목옥가木屋架는 나무만 쓰는 건축의 서막을 알려준다. 나무뼈대에 진흙을 바른 담장도 후세의 하중을 견디는 두터운 담장으로 발전한다. 이 시기는 아직 충분하지 않은 자료로 남북방의 구조 차이를 비교해 보기는 하지만 북방 시스템의 발전으로 보아 남방의 간란 시스템은 상당한 정도의 발전이 있었다. 하지만 북방 건축은 아직 그 유적을 보존할 수 있지만 남방 구조는 그 종적을 찾기가 힘들다. 고고학자들이 앞으로 밝혀내기 이전에는 우리들의 추측은 짐작에서 그칠 수 있다.

일반적으로 흙과 나무가 중국에서 가장 중요한 건축 재료라고 말하는 것은 주로 하중 작용 대해 말하는 것이다. 만약 전체 건축을 주의해서 본다면 재료 사용의 기본 원칙은 여기에서 그치는 것이 아니라 물자 효용의 극대화에 있는 것이다. 따라서 흙담장과 나무 기둥 외에 건축에는 벽돌기초, 주춧돌, 기와 등이 쓰인다.(삽도 7-4) 궁실을 짓는 것은 천하를 다스리는 것처럼 각 물자를 적재적소에 사용해야 한다. 구조에 대해 말하자면 중국 건축이 사용하는 두 가지 주요 재료는 줄곧 흙과 나무였다. 그것들은 시작부터 북방과 남방이라는 지역색채를 띠고 있었고, 두 가지가 점차 융합되고 결합되면서 차지하는 비중과 작용이 달라졌는데, 이는 중국의 남방과 북방 문화의 융합이라고 할 수 있다.

2. 간란干欄

둥지에서 사는 것은 분명히 날짐승의 거주 방식을 모방한 것이다. 남태평양 파푸아 뉴기니아의 원시 삼림에서 아직도 나무에 살고 있는 사람들이 있다. 그들은 집을 종려나무 위에 짓는데, 지면에서 수 미터, 심지어는 수십미터에 이르기도 한다. 종려나무 가지로 만든 사다리는 오르내리는 도구다. '나무 가옥'은 비바람과 들짐승을 피하게 해주고, 사방을 멀리 내다볼 수도 있게 해주어 이웃간의 상호 관계를 강화시켜 준다.

　이상적인 천연 나무가 없는 경우에 사람들은 땅에 말뚝을 박는 방법으로 소거를 지탱한다. 이 때의 소거는 성질의 변화를 일으킨다. 여요 하모도 유적지에서 발견된 말뚝은 이런 용도로 쓰인 것이다. 두 가지 방식은 모두 고대 중국의 서남 일대에서 유행하던 거주 방식으로, 양자간에는 친연관계가 있다. 전자 방식에서 점차 후자방식으로 대체되었다. 구조 방식으로 볼 때 말뚝을 박는 방식은 말뚝을 박아 나무를 쌓아올리는 방식으로, 사용 기능면에서 보자면 아랫층에 짐승을 키울 수 있고, 윗층에서 생활할 수 있다. 간란 건축의 특징도 사람이 위에 살고 아래에 짐승을 키우는 방식으로, 이로 인해 우리는 후자 방식이 간란이라는 것을 믿을 수 있다.

　간란은 매우 오래 된 거주 방식으로, 분포 범위도 매우 넓다. 리우즈핑劉致平의 〈중국건축 유형 및 구조〉에서 다음과 같이 말했다. "이런 방식의 건축은 거의 모든 나라에 있다. 유럽의 호수 주택이 그 예이다. 아시아에서는 북쪽으로 캄차카와 일본, 남쪽으로 남양군도에 이런 건축이 있다. 중국 중원 등지에서 가장 이르게 간란을 사용한 것은 매우 보편적이다. 이후 북방이 춥고 바람이 센 관계로 북방의 간란은 점차 감소하였고, 남방은 오늘날까지도 볼 수 있고(하지만 계곡과 물가에 많다), 서남 소수민족들이 즐겨 사용한다." 리우 선생은 상당한 혜안을 가지고 있는데, 우리는 두 가지 점을 토론하고 싶다. 그 하나는 간란이 중국에서 사용된 것이 남방에 국한되지 않는다는 점이다. 초기의 북방 중원 일대에도 보편적으로 출현했었다는 점은 우리는 고문자의 발전에서 한걸음 더 나아가 증거를 찾을 수 있다. 다른 하나는 나중에 간란이 북방에서 점차 사라졌지만 중국 서남 일대에서 여전히 많이 남아 있다는 점이다. 장량구張良皐의 〈장학칠설匠學七說〉, 양창밍楊昌鳴

의 〈동남아와 중국 서남 소수민족 건축문화 탐구분석〉 등의 두 권의 저서는 모두 간란 건축에 대한 매우 상세한 논저로서 우리에게 중요한 참고자료가 된다.

외관상 간란은 저층의 뻥 뚫려 있는 고가식 건축물이다. 갑골문에는 간란 형상의 많은 고문자가 있다. 간란이 왕조와 관계가 깊다는 것을 말해주는 것이다. 장량가오張良皐는 이에 대해 깊이 분석하였다. 그는 '은殷'과 '의衣'가 통하는데, '의'는 갑골문에서 도랑 위에 고상 가옥을 지은 것을 묘사한 것이라고 생각했다. 오늘날 후베이와 후난 일대에 산과 물 옆에 지은 고상 가옥은 반半간란이라고도 불린다. 글자는 분명 사물의 모양을 본딴 것이다. '은' 글자 외에 장량가오는 은나라가 의식이 성대하게 이루어지는 건축에 간란 형상을 썼고, 경京, 호毫, 고高, 형亭을 증거로 삼았다. 경京의 원래 의미는 원형 곡창으로, 생산력이 발달하지 않았던 고대에 곡창은 매우 중요해서 취락의 중심에 놓았고, 점차 수도의 의미로 확대되었다는 것이다. 호毫는 은나라 도읍지로 중요성은 말하지 않아도 알 수 있다. 고高는 대臺이자 관觀이다. 형亭은 제당으로 모두 등급이 높은 건축으로서 나무나 토대를 통해 건축물을 지면위에 올려놓는다. '아래에 사는 사람들은 둥지를 만든다'는 것은 소거가 홍수 재해를 대비하는 중요한 수단이라는 것에서 출발한 것이다. 간란은 소거에서 시작된 것으로 이런 이점을 계승한 것이다. 장량구는 하나라와 상나라 이래로 간란은 매우 중요한 작용을 했는데, "고대 중국에는 강물이 범람하여 정체된 소택지가 두루 분포하였고, … 하나라와 주나라 사람들은 혈거민족이었다.… 취락은 매우 취약했고, 물난리를 견뎌내지 못했다. 은나라 사람들은 달랐다. 그들은 간란을 이용해서 소택지에 정착했고, 물이 넘치면 위로 올라가 잠시 피했다가 물이 낮아지면 농사를 대규모로 지어 세력을 키웠고, 천하의 주인이 될 수 있었다."라고까지 생각하였다. 리우즈핑이 언급한 이른바 "중원 등지에서 최초로 간란을 사용한 것은 매우 보편적인 현상"이라 한 것은 홍수가 지나가고 나서 소택지가 널리 분포하게 된 시대를 말하는 것이다. 북방에서 간란에 거주하는 습관이 지속된 시간은 짧지 않다. 왜냐하면 자리를 깔고 사는 습관을 남겨 놓았기 때문이다. 선진으로부터 양한에 이르기까지 자리를 깔고 사는 시스템은 전국을 석권하였다. 남북조시대에 북방의 바람이 불면서 이 습관은 점차 사라졌고, 입식 시스템이 그 자리를 대신 하였다. 간란과 좌식은 대조관계에 있으면서 그 흥망성쇠도 그 관계가 밀접하다. 방석은 식물로 짜서 만들고, 간란은 목재로 쌓는다. 두 가지는 모두 썩기 쉬운 물건들로서 남방 문화의 특징은 항상 부드러움으로 강함을 이기는 것으로 묘사된다. 그로부터 배태된 연석과 간란도 완약한 기운을 잃지 않고, 사람들에게 부드러운 느낌을 준다.

간란 건축이 북방에서 점차 사라지게 된 것에 대해 논하자면, 바람에 세고 지나치게 춥다는 것이 그 영향으로 거론된다. 그 밖에도 두 가지 중요한 원인에 주목해야 한다.

(1) 소택지가 점차 경지로 개발되면서 홍수 압력이 감소했다는 점이다.

(2) 간란에는 많은 나무 재료가 필요한데, 북방에서는 생장이 느려 공급이 부족하다. 오늘날 삼림이 무성한 서남 지역에만 간란 전통이 남아 있다. 공교롭게도 간란이 남북조 시대 고적에 제일 처음 나타난 것이 서남 소수 민족의 '가옥'이라는 단어의 음역이었다. 이 밖에 '간란', '각란閣欄', '갈란葛欄', '고란高欄' 등의

[삽도 7-5] 지탱틀 체계(좌)
[삽도 7-6] 완전체 틀 체계(우)

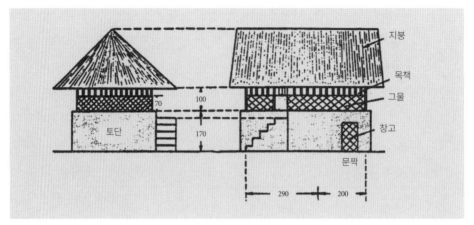

[삽도 7-7] 사사크인의 토단 주택

별칭이 있다. 〈위서魏書 권101〉에 "요獠는 남만의 별종으로 … 나무 위에서 살며 식구의 수에 따라 크기가 다르다."고 하였다. 요의 간란은 나무 위에 지었고, 소거의 흔적을 남기고 있다. 이들 소수민족들은 기본적으로 중국 서남부 일대에서 산다. 장량가오는 중국 서남부가 간란 건축이 생겨난 곳으로 보고 있다. 이 곳에서 생겨나서 점차 전국으로 퍼졌고, 그 후에 여러 가지 원인으로 점차 줄어들었다. 하지만 그것이 생겨난 곳에서는 여전히 생명력을 유지하고 있다. 양창밍楊昌鳴은 간란 건축의 구조 체계를 두 유형으로 나누었다. 지탱식 체계(삽도 7-5)와 전체 구조 체계(삽도 7-6)이다. 소거와 책거는 모두 전자에 속하고, 하부에서 지탱하는 부분과 상부에 가옥을 짓는 두 부분으로 이뤄진다. 따라서 나무나 말뚝주택이라 불린다. 이 밖에 다진 흙이나 벽돌로 높이 쌓아올린 주택이 있는데, 그 하부 공간에 물건을 놔두고, 대 위에는 주거 공간으로 이용한다.(삽도 7-7) 명나라 〈영애승람瀛崖勝覽〉에 자바에서 보편적으로 유행한 것이 이런 주택이라고 기록되어 있다. "집집마다 벽돌로 3, 4척 높이로 창고를 만들어 집안의 물건들을 보관하고, 생활은 그 위에서 한다."라고 하였다.

전체 프레임 체계의 가옥은 그것과는 달리 하부 지지 구조와 상부 지붕 덮개를 하나로 통합하여 간단히 말하면 하층 단주를 관통하는 그리드로 대체한다. 전체 틀 체계가 그리드에서 발전해 나아가는 것이 중국 목조 3대 체계 중 하나인 '천두식穿斗式 구조'다.

3. 요동窯洞

남방의 간란과 어깨를 나란히 하는 것이 지혈로부터 반지혈에서 다시 목재 골조에 진흙으로 벽을 칠하는 북방의 구조이다. 하나는 전체가 목재 구조이고, 다른 하나는 흙 위주로서 남방과 북방 두 지역 건축의 대표이다.(삽도 7-8) 그 주요 특징은 각자 서로 다른 기후에 적응했다는 것이다. 〈한서漢書·익봉전翼奉傳〉에서 언급한 것처럼 "둥지에 살면 바람을 알게 되고, 굴에 살면 비오는 것을 안다"는 것과도 같다. 구석기 시대에 혈거는 주로 천연 동굴을 인류가 이용한 것을 말하고, 신석기 시대에 혈거는 주로 두터운 황토에 인공적으로 구덩이를 파내 만든 요동을 가리키는 것이다. 비록 이런 거주방식이 특정 지역에 한정된 것은 아니다. 하지만 중국의 전통 건축으로 말하자면 서북 황토고원의 요동의 가장 대표적이다. 황토 지대는 토층이 단일하고 긴밀하게 접착되며 입자가 가늘고 수직 절리가 강물의 흐름과 그 밖의 자연의 힘의 작용으로 독특한 지형을 만들어냈다. 황토 절벽의 한 측면에 가로로 구멍을 파기가 쉽다. 완만한 비탈이나 평지에서 먼저 수직으로 구멍을 파고 다시 가로로 구멍을 판다. 지질적인 조건 이외에 현지 날씨가 매우 추워서 인류는 보온 문제를 간과할 수 없었다. 인공적인 난방 수단은 아직 갖춰지지 않은 고대에 혈거만이 북방 사람들에게 건강 보장을 충분히 할 수 있었다.

중국 서북 지방에서 혈거 생활방식은 매우 강한 생명력이 있다. 지금으로부터 약 6, 7천년 전의 샨시陝西 반파半坡 유적지에서 이미 혈거 건축물이 나타났다. 지금으로부터 5,500년 전의 샨시陝西 까오링현高陵縣 유적지에서 규모가 매우 큰 요동 건축군이 발견되었다. 유적지는 모두 17곳으로 절벽을 따라 배열되어 있고,

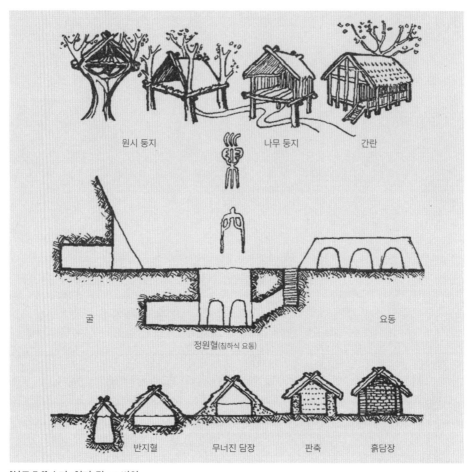

원시 둥지　　나무 둥지　　간란

굴　　정원혈(침하식 요동)　　요동

반지혈　　무너진 담장　　판축　　흙담장

[삽도 7-8] 소거, 혈거 및 그 변천

바닥은 呂 자 모양의 앞뒤 방으로 배치되어 있다. 앞방은 바닥에 세워졌고, 뒷방
은 요동이다. 샨시陝西 치샨현岐山縣에서 최근에 지금으로부터 약 5,000년 전의 침
하식 요동 유적지가 발견되었는데, 남향으로 되어 있고, 안에는 우물, 요동, 화덕
등이 있다. 지금으로부터 약 5,000년 전의 깐쑤 전위안鎭原 챵샨常山의 하층 유적
지에서 통로, 문, 거실, 지붕 등의 네 부분으로 구성된 지혈식 주택이 발견되었
다. 집밖으로 통해 있는 도로는 비스듬한 갱도이고, 문은 아치형이며 거실은 입
구는 좁고 바닥은 넓은 둥근 주머니 모양의 구덩이이다. 통로와 문은 땅 속으로

깊이 들어가 있다. 지붕 부분은 지표면을 뚫고 나오는데, 그 안에 기둥을 세우고 진흙바른 풀로 덮은 다음에 밖에서 볼때 원형 흙언덕으로 보이게 한 것으로 추측된다. 지금으로부터 약 4,000년 전의 간쑤甘肅 닝현寧縣 유적지와 닝샤寧夏 하이위안현海原縣 유적지에서 요동식 가옥이 발견되었다. 후자는 모두 4채로 천연 절벽에 굴을 판 것이 아니고 인공적으로 깎아서 만든 횡혈橫穴이다. 그 중에서 보존상태가 비교적 양호한 3호는 반원형 마당과 긴 통로, 문 및 거실 등의 네 부분으로 구성되어 있다.

〈시경詩經・대아大雅・면綿〉에 주 문왕의 할아버지 고공단보古公亶父가 무리를 이끌고 이동할 때에 땅에 집을 짓지 못하여 요동窯洞에 살았다는 기록이 있다. 〈시경・빈풍豳風〉에 나오는 '궁실窮室'은 요동을 말하는 것이다. 당시 빈豳은 지금의 빈현 롱까오진龍高鎭으로, 진秦나라 때에는 빈정豳亭으로 불렸고, 한나라 때에는 빈향豳鄕이라 불렸으며, 당, 송, 명나라 때에는 공류향公劉香으로, 원나라 때에는 공류리公劉里로 불리다가 청에서 민국 초에 이르러 독성리篤聖里라 불렸다. 오늘날 롱까오에는 여전히 요동이 많이 남아 있다. 그것들은 명장明莊과 암장暗莊의 구분이 있다. 명장은 낭떠러지 한 측면에 굴을 파서 만든 것이고,. 암장은 침하식 요동으로, 먼저 땅에 구덩이를 판 다음에 남향으로 지지벽을 파고 그 맞은편에 비스듬하게 구멍을 파서 출입구로 삼는 것이다. 구덩이 안에는 더 깊은 구덩이를 파서 배수용으로 쓴다.

통계에 의하면 현재 중국에는 대략 4,000만명이 요동에 살고 있다. 그 가운데 적지 않은 숫자가 평지를 파낸 '침하식'이다.(삽도 7-9) 구덩이 안에서 아래로부터 위로 바라보면 우물 안에서 하늘을 바라보는 것 같다.

중국 전통건축에서 정원을 천정天井이라 부르는 데 여기에서 비롯된 듯 하다. 산서 각지의 민가에서 평지에 지어진 막힌 가마가 발견되는데, 그것들은 평지에 지어지기는 했지만 지혈시대의 흔적이 곳곳에서 발견된다.(삽도 7-10) 핑야오 이남 10km에 비교적 보존 상태가 좋은 영경보永慶堡를 예를 들면, 사방으로 높은 담장이 있고, 바닥은 장방형이다. 보 안은 모두 남북이 길고, 동서가 좁은 삼합원이

[삽도 7-9] 침하식 요동 마당(상)
[삽도 7-10] 핑야오 근교의 요동(하)

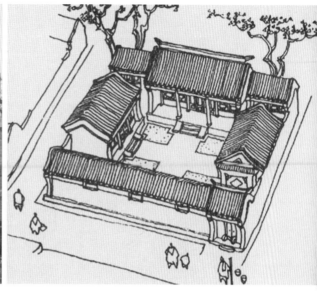

[삽도 7-11] 핑야오 청량사(좌)

[삽도 7-12] 베이징의 가장 단순한 사합원(우)

다. 남쪽을 빼고 동서북쪽은 모두 벽돌로 쌓은 막힌 가마이다. 거실 전체는 바깥쪽으로 두터운 벽돌담장으로 안쪽은 넓은 나무로 만든 문, 창, 칸막이가 있다. 사람들이 그 안에서 거주하며 밖으로는 꽉 막히고 안은 넓은 느낌을 준다. 산서 지방의 각 사당에서 두텁고 높이 지어진 담장을 흔히 보게 되는데, 안으로 깊이 들어가게 되면 지혈로 들어가는 듯하다. 핑야오平遙 부근의 쌍림사雙林寺와 청량사淸涼寺(삽도 7-11) 은 모두 이런 상황이다. 베이징 사합원에서 이른바 남향이니, 동향이니 하는 것은 사실 마당이 바깥을 향해 폐쇄되어 있고, 안을 향해 개방적인 특수한 환경을 말하는 것이다.(삽도 7-12) 남향의 전제는 북쪽으로 담장이 있고, 창문이 없다는 것이고, 동향의 전제는 서쪽으로 담장이 있고, 창문이 없다는 것이다. 그렇지 않으면 성립될 수 없는 것이다. 또 푸지엔福建의 토루土樓 같은 경우에는 담장 두께가 2m를 넘고 높이가 5, 6층에 달한다. 바깥으로 설치해 놓은 창은 작은 데다가 숫자도 적다. 안쪽으로 향한 공간은 매우 넓다.(삽도 7-13) 이런 방법은 방어를 고려한 것이기는 하지만 토루는 결국 거주용으로 주인이 일상생활에서 채

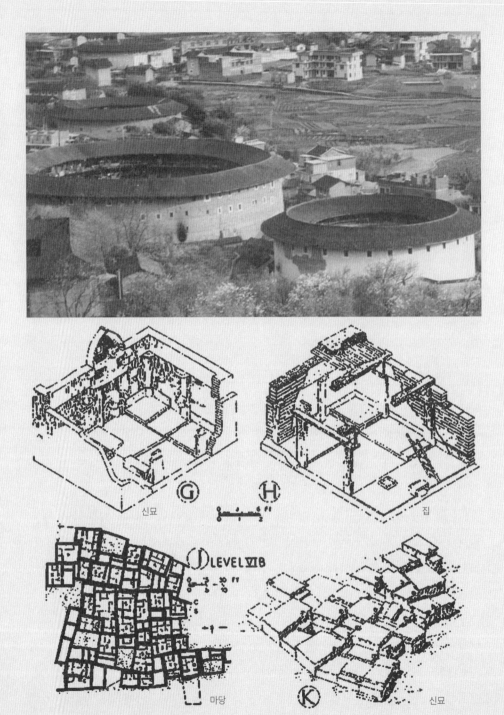

[삽도 7-13] 터키 카탈후유크 유적지(상)

[삽도 7-14] 조감도(하)

광과 통풍의 요구를 전혀 고려하지 않았다고 생각할 수는 없다. 이로부터 추측컨대, 선조들이 북방에서 오랜 기간 거주했었다는 사실을 가볍게 볼 수는 없고, 또는 혈거 시대의 집단 기억이 중화 민족 내향 심리가 만들어지는 과정에서 중요한 요소 가운데 하나가 되었다고 할 수 있다.

침하식 요동의 지붕은, 사실상 통상적 바닥이다. 흥미롭게도, 건물이 지상으로 올라간 후에 이 현상은 많은 곳에서 오래도록 기억되고 있다. 지금으로부터 약 8,000년 전의 네이멍구의 싱룽와興隆洼유적에서는 고고학자들이 반지혈식 집터 170여 채를 발견했지만, 전체 집터에 문호 흔적을 남기지 않아 당시 사람들이 지붕 개구부에 나무 사다리를 세운 것으로 추정된다. 그렇다면 당시 주민들이 집을 드나드는 방식이 '침하식'인 토굴의 상하방식에 가깝고, 취락 중에도 집 사이의 교통이 옥상에서 이뤄진다고 짐작하기 어렵지 않다. 중국 동북부에서는 남북조 때까지 이 같은 주거방식이 계속돼〈위서魏書・물길전勿吉傳〉에, 고구려 북방의 물길 사람들이 "성을 쌓아 혈거하는데, 집 모양은 무덤 같고, 위로 입구가 나 있는데, 사다리를 이용하여 드나든다."고 기록하였다. 재미있는 것은 이런 상황이 대략 비슷한 시기에 서양에서도 일어났다는 점이다. 터키 중부 아나톨리아의 카탈 후유크(Catal Huyuk) 유적지(삽도 7-14)는 지금으로부터 약 8,000년 전의 작은 도시로서 약 30에이커의 부지에 약 7,000명 정도가 살았던 것으로 추정된다. 유적 중 약 1,000채의 벽체가 벽돌로 조성되어있는데, 벌집처럼 촘촘히 늘어서 있어 집에서는 도로가 보이지 않고 실내에는 나무 사다리의 흔적이 남아 있다.

오늘날 샨시山西 핑야오平遙, 링스靈石 등의 경사지에는 여전히 지붕의 경사가 완만한 민가 건축물이 보인다. 현지 강우량이 적어 지붕의 배수는 문제가 되지 않는다. 또한 풀이 잘 자라 표면적으로는 천연 비탈과 혼연일체로 보이고, 농부들은 곡식을 말리는 데 나무 사다리를 이용하곤 했다. 핑야오 영경보永慶堡에서 우리는 약 150×220m²의 이 작은 도시의 지붕이 놀랍게도 서로 연결되어 있다는 것을 발견했다. 이러한 처리방식이 지붕에 추가적인 교통 기능을 발생시켜 보루 안의 주민들이 비상시 단결하여 적을 방어하는 효과적인 힘을 크게 촉진시켰다

[삽도 7-15] 핑야오 자상사의 대문

는 것은 의심의 여지가 없다.

지붕이 서로 통하는 방법은 중국 서부의 일부 이족彝族과 강족羌族 촌락에서도 나타나며, 그 쓰임새는 샨시山西 지역과 유사하지만, 출처도 먼 옛날의 토굴인지는 좀 더 연구되어야 한다.

침하식 토굴이 남긴 또 다른 흔적은 통로이다. '죽는 일을 사는 일처럼 한다'는 전통 관념의 영향으로 통로는 천자 묘도의 호칭이 되었다. 샨시陝西 평저우촌鳳鄒村 건축 유적지에 대한 양훙쉰楊鴻勛 선생의 연구에 따르면 서주 시기의 지상 건축의 통로는 땅속으로 들어가는 형태였다.

"통로는 너비 30cm, 깊이가 600cm로 지면의 길과 중간 칸막이 흔적이 남아 있다. 문지방은 높이 솟아 있고, 남북으로 점차 기울어져 있다." 지금 산서의 많은 고건축의 입구 처리에서 있어서 통로를 떠올리게 하는 방법을 쓰고 있다. 사람들은 문밖에서 안으로 들어가면서 비록 지면에서 걷고 있지만 통로로 내려가는 느낌을 갖게 된다.(삽도 7-15)

양쯔강 중하류의 초기 성터에 관한 연구는 북쪽의 흙이 높고 벽으로 둘러싸인 건축방식이 저습한 남쪽에도 하나도 없는 것이 아님을 보여준다. 고고학은 신석기 시대에 많은 흙으로 쌓은 고성이 적을 방어하는 동시에 홍수 방지 기능을 겸비하고 있다는 것을 발견했다. 후난, 후베이 등지의 강, 호수 근처에서 집, 밭 등을 흙제방으로 둘러싸는 것은 지금도 흔하다. 포위된 지역은 일명 '환쯔垸子'로 불리며 수해가 잦은 환경에서 인간의 생명과 재산의 안전을 보장한다. 환垸의 출입구는 모두 큰 구멍으로 되어 있어 근처에 충분한 양의 흙더미를 남겨 놓아 홍수가 나면 즉시 터진 곳을 메워야 한다.

4. 토목 결합 및 그 발전

춘추전국시대에 유행했던 '높은 대사臺榭와 아름다운 궁실'이 비록 흙이 차지했던 분량이 나무보다 많기는 했지만 남방의 영향은 석지 않았다. 대상에서 사榭가 바로 나무 구조로, 이밖에 높은 대사가 건축물을 지상으로 끌어올린 것은 남방 소거의 연속으로서 그 방식이 나무틀에서 다진 흙으로 바뀐 것뿐이다. 이와 비교해서 북방의 혈거 전통은 위로 올라가려는 요구를 만들어내지 못했다. 앞에서 언급했던 토단 건축은 대체로 높은 대사의 전신으로 볼 수 있는데, 마찬가지로 올리는 방식의 건축으로 토단과 지주는 사실상 방법은 다르지만 동일한 효과를 내는 것이다. 이것 또한 높은 대사 건축과 간란 건축 사이의 모종의 관계를 드러내주는 것이다.

선진 시기의 대사가 전국적으로 유행했는데, 남과 북은 각기 특징 있고, 초나라가 가장 흥성하였다. 〈좌전左傳·성공成公 12년〉에 남북의 차이를 암시하는 고사가 등장한다. 진晉나라 극지郤至가 초나라에 방문했는데, 초나라 왕이 예에 맞추어 접대하였다. 지하실에 악기를 걸어두어 자반子反이 관리하도록 했는데, 극지가 당에 오르자 악기가 일제히 울렸고, 극지가 크게 놀라 머리를 떨구고 도망쳤다는 내용이다. 옛 사람들이 해석하기를, 금주金奏의 예로써 경대부를 접대하는 것은 예의범절에 맞지 않으니 극지가 악기소리를 듣고 즉시 물러난 것이라고 하였다. 건축이라는 측면에서 보자면 진나라는 중원에 있고, 전당의 대좌는 흙으로 지어졌을 가능성이 높다. 초나라는 남방에 있어 간란 시스템이 많이 남아있기 때문에 대 아래 악기를 많이 걸어놓을 수 있고, 흙단 주택 아랫쪽에 집안의 집기들을 보관해 놓은 것과 같은 것이다. 앞에서 언급했던 초나라 장화대의 2층이 바로 나무 뼈대에 진흙을 바른 담장으로 둘러싸인 빈 공간인 것이다. 극지가 악기 소리를

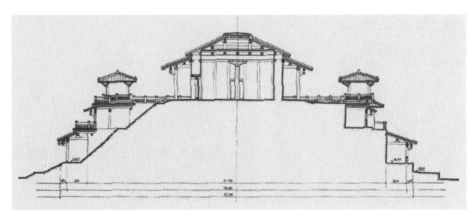

[삽도 7-16] 중산왕묘 상상 단면도

듣고 '놀라서 뛰어나온' 것은 예가 아니면 듣지 말라는 의미였다. 하지만 당에 올라 발밑에서 악기 소리를 듣고 극지는 놀라서 뛰었을 것이다. 왜냐하면 그는 진나라에서 높은 대를 많이 봤지만 대 아래에 물건을 보관하는 것을 몰랐기 때문이었다. 간란 시스템은 남방에서 생겨났고, 남방에서 무르익었으며 북방에 전파되었던 것이다. 이런 의미에서 우리는 소거巢居, 책거柵居, 간란에서 고대에 이르는 발전이 동일한 연속선상에서 이루어졌다는 사실을 발견할 수 있다.

높은 토대 건축은 남방에서 시작되었을 가능성이 있다. 하지만 3대 이래 북방 문화는 줄곧 지배적 위치에 있었고, 이후의 높은 토대는 비교적 북방색채가 많이 물들었다. 가장 두드러진 점은 흙의 작용이 나무보다 크다는 사실이다. 춘추전국 시대에 대사는 궁실 건축의 주요 형식이었다. 구체적인 방법은 먼저 높은 다층 토대를 짓고, 다시 토대를 기초로 밖으로 여러 층의 나무 구조물을 쌓은 다음에 그 위에 궁전을 짓는 것이다.(삽도 7-16) 흙을 대臺라 하고 나무구조를 사榭라 하여 두 가지로 전체를 구성하는 것이다. 〈이아爾雅〉에 이르기를 "사방을 바라보매 높으면 대臺라 하고, 나무가 있으면 사榭라 한다."고 했고, 〈설문해자說文解字〉에서는 "사와 대는 집이다."라고 하였다. 〈석명釋名〉에는 "사는 깔개籍"라 하였다. 대사가 토대를 중심으로 한 것이고, 목사木榭는 대에 의지하여 지은 것이라는 사실을 말해주는 것이다. 북방의 흙이 주체가 되고, 남방의 나무가 보조가 되는 것이다. 마치 〈사기·육국연표六國年表〉에서 말하는 "무릇 일을 하는 것은 반드시 동남에서 하고 공을 거두는 것은 항상 서북에서 이루어진다."고 한 것이다. 태사공의 정치 경험은 건축 방면의 발전으로 옮겨와 설명할 수 있다.

다진 흙과 나무구조물로 구성된 대사는 고대 중국의 가장 중요한 건축 형식이다. 건축활동은 흔히 '토목공사'라 불린다. 나무 앞에 흙이 놓이는 것은 은연중에 중화문명의 초기에 흙이 나무보다 중요했다는 정보를 드러내는 것이다. 시간의 흐름에 따라 남방의 나무구조 기술이 북방에 영향을 미쳤고, 점차 나신 흙의 기능을 대신하게 되었으며 결국 '담장이 무너져도 집은 무너지지 않는다'는 특징을 갖는 나무 구조 건축을 형성하였다. 나무를 뼈대로 하여 구성되어 하중을 견디고, 흙담이나 벽돌담은 하중을 견디지 않은 상태에서 주변만을 둘러싸고, 공간을 나누며 기둥을 지탱하는 기능만 할 뿐이다. 중국 최초의 공관을 '사공司空'이라 부르는데, 후세에는 '장작將作'이라 불렀는데, 사공은 흙을 빚고 나무를 패며 다진 흙 위주에서 나무를 위주로 하는 발전과정에서 들어맞는 명칭이다. 하지만 나무 구조가 흙과 나무가 혼합되는 구조로 대체되는 것은 긴 여정이었다. 최소한 당나라 이전에 이르러 대형 건축에 토목 혼합 구조가 쓰이기 시작했고, 그 가운데 흙의 비율과 작용이 나무보다 훨씬 컸다.

문헌에는 선진 시기 대사에 관한 기록이 많이 있다. 하지만 실물로 남아 있는 것은 많지 않다. 지금까지 남아 있는 것으로는 전국시대 후기의 진나라 함양의 1호 궁전 유적지이다.(삽도 7-17) 이것은 2층 대사臺榭로 가운데에 다진 흙으로 높이 대를 쌓았고, 주변에 나무로 된 회랑을 배치하였고, 주전은 꼭대기에 지었다. 하층 토대 서남쪽 측면과 북쪽 측면에 파낸 방이 있고, 서남쪽으로 5칸, 북쪽으로 두 칸이 있으며 방 사이에는 벽이 있다. '사공司空'이라는 명칭이 출현한 것은 대체로 이 흙 속에서 나온 방 사이의 건조 방식과 관계가 있다. 각 방 앞에는 나무 문이 있고, 처마 밖에는 나무 회랑이 있어서 빗물이 들이치는 것을 막아준다. 2층 주전 바닥은 사각형 형태로 주변은 두께 2.15m의 흙벽이고, 문 밖에 기둥으로 담을 강화하였다. 주전 중앙에 1.4m 길이의 주춧돌이 묻혀 있고, 직경 64cm

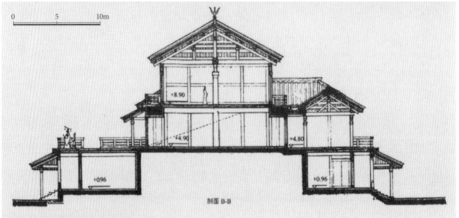

[삽도 7-17] 함양 1호 궁전 유적지 복원도(상)
[삽도 7-18] 함양 1호궁전 단면도(하)

의 '도주都柱'가 세워져 있다. '도주'는 벽과 함께 윗부분의 중량을 떠받치고 있
다.(삽도 7-18) 이것들은 모두 신석기 시대 반혈거 건축 특징의 연속으로, 벽기둥을
공고히 하는 흙담장이 나무뼈대에 진흙을 바른 담장에 해당하며 도주는 가운데
기둥에 해당한다.

양한 시기에 궁전은 대사 형식을 계속 사용하였다. 소하蕭何가 건축을 주관한
미앙궁未央宮이 바로 대형 대사이다. 미앙궁의 전전은 용수원 고지에 세워졌는
데, 지형의 도움을 받아 증축되었다. 전전前殿 유적지 동서의 너비는 약 200m이

고, 남북 길이는 약 400m로 3층으로 나뉘어져 있고, 각 층에는 각각의 궁전이 세워져 높아짐에 따라 전, 중, 후 3전의 구조를 형성하였다. 한나라 제도에 따라 전 아래에는 2층 대기臺基를 두었고, 상층은 섬돌階, 하층은 계단陛으로 하였다. 섬돌은 경비하는 곳에 설치하였고 사실은 대사 아랫쪽에 토대로 둘러싸 세운 나무로 된 방으로 호위무사들이 거주하는 공간이다. 후에 '폐하'는 황제에 대한 존칭으로 바뀌었는데, 그 의미는 계단 아래의 신하가 위로 말을 전하는 것을 의미하며 아랫 사람이 윗사람에게 진언하는 것을 나타낸다. 대 꼭대기에 지어진 수전主殿은 대臺 아래의 방과 나뉘어져 있어 지면에 따로 지어놓은 길을 따라 대에 오른다. 이 밖에 공중에 설치한 각도閣道로 각 전에 연결된다. 미앙궁, 계궁桂宮, 명광궁明光宮, 장락궁長樂宮 등은 모두 장안성의 궁전으로서, 황제가 각 궁을 오가는 것은 높이 걸쳐져 있는 각도를 통해서 이루어지고, 지면을 이용하지 않으며, 경호는 매우 엄하게 이루어진다. 한부에서 항상 등장하는 '비각' '복도復道'는 바로 주전에 연결된 각도를 가리키는 말이다.

위魏나라 업성鄴城의 서북쪽은 황가의 내원인 동작원銅雀園으로, 두목杜牧의 "깊은 봄 동작대에 두 미녀를 가두다"에 나오는 동작원이다. 동작원 서쪽에 높은 누대 세 채가 있는데, 동작대가 중앙에 있다. 높이가 10장에 101칸의 방이 있다. 남쪽에는 금호대金虎臺로, 높이가 8장에 109칸의 방이 있다. 북쪽에는 빙정대氷井臺로 높이가 8장에 145칸의 방이 있다. 세 누대 하부에는 높이 많은 돈대墩臺가 있고, 상부에는 여러 층의 목조로 된 집이 있다. 동작원에는 또 각 누대의 지붕으로 연결된 각도閣道가 있고, 세 누대 사이에 서로 오갈 수 있게 하였다. 대사의 의미가 여전히 매우 강하다.(삽도 7-19)

빙정대 안에는 얼음, 탄, 밤, 소금 등이 저장되어 있고, 군마 병기를 비축해 놓은 마굿간과 창고도 부근에 배치해 놓았다. 이 세 누대는 평상시에는 구경을 할 수 있고, 전쟁 시에는 방어를 위한 보루로 사용된다. 삼국 시기에 전란이 끊이지 않고 각국의 내부도 안정되지 못하자 성중에는 군수물자를 비축하고 적들을 막아낼 시설이 필요하게 되었다. 대사 자체의 건축 특징이 이 요구를 만족시켰기 때

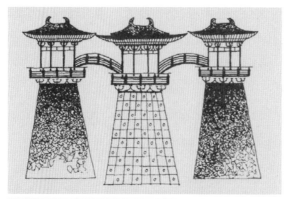

문에 구경 기능 외에도 저장과 방어 등의 기능을 강화하게 되었다.

위진 시기에 궁전은 주로 대사 형식을 취했다. 진나라 왕실이 남쪽으로 옮겨온 후, 대사가 중원의 전통을 대표하기 때문에 궁전에서 계속해서 많이 사용되었다. 하지만 이것이 당시 남방이 건축에 영향을 미치지는 않았다. 흙과 나무과 혼합된 대사는 북방문화의 산물이다. 남방에 옮겨와서 물과 흙이 맞지 않아 점차 나무로 대체되었다. 남북조 시

[삽도 7-19] 돈황 벽면에 나란히 놓인 이미지
[삽도 7-20] 좌우로 늘어선 누각

기에 남북방의 건축 교류는 날로 밀접해졌고, 나무 성분이 날로 늘어나 결국 오늘날 말하는 '종삼단식縱三段式' 건축으로 발전하였다. 그 하부는 대기이고, 가운데 부분은 기둥과 대들보, 윗부분은 기와를 얹는 것이다. 대기의 높이는 이전보다 크게 낮아졌고, 흙 표면도 점차 벽돌로 바뀌었으며 나무 재질의 집채 구조는 독립적인 지탱 시스템으로 바뀌었다. 일반 건축에서의 다진 흙의 작용은 이미 목재 골조에 밀리고 있다는 것을 알 수 있다.

수나라와 당나라의 대형 궁전은 단층 건물의 조합으로 이루어진 것과 같다. 중국 초기의 대사는 커다란 단독 건물을 추구하였는데, 후세의 정원은 군체와 공간의 복합을 실현하였다. 수나라와 당나라의 궁전은 단층 건물의 조합을 통해 웅장하고 아름다움을 추구하였다. 이전의 대사의 전통을 계승하고 정원의 새로운 풍

격으로 이어졌다. 수나라와 당나라의
건축은 웅대함을 잃지 않았고, 대사의
정신을 갖추고 있다. 이후 중국 건축의
웅대함에 대한 추구는 날로 옅어졌고,
덩치가 큰 한 동의 건축은 그 숫자가
적어졌다. 반대로 여러 채를 조합하여
목재구소의 본색으로 되돌아갔다. 어
떤 의미에서 말하자면, 흙과 벽돌은 서
로 가까와서 유럽과 같은 거대한 건축
을 하는 데 쉽다. 또한 오래 보존하기
도 용이하다. 오늘날 건축 고고학에서
의존하는 것은 주로 견실한 토층이다.
나무는 커다란 건축물을 짓는 데 부적

[삽도 7-21] 염립본 〈역대제왕도〉의 진 무제

합하고, 조그만 건축물로 여러 채를 조합하는 것에 장점이 있다.

수나라와 당나라 때 단층 건물 조합은 대체로 세 가지 형식이 있다. 좌우 병
렬, 주요건물과 부속건물의 취합, 그리고 좌우로 둘러싸는 형태 등이다. 좌우 병
렬은 주 건물 양쪽에 비교적 작은 보조 건물을 평행으로 배치하는 것이다. 보조
건물 또는 주요 건물은 서로 연결되거나 독립적으로 배치한다.(삽도 7-20) 이런 구
도 방식은 그림에서 많이 보이는데, 염립본閻立本의 〈역대제왕도歷代帝王圖〉에서 커
다란 제왕을 중앙에 위치시켜 놓고 작은 시종들을 양쪽에서 세워놓아 감각적으
로 '꽃송이' 느낌을 준다는 것이다.(삽도 7-21) 남북조 시기에 형소邢邵의 〈신궁부新
宮賦〉에 이 세 전이 나란히 있는 가운데 가운데는 높고 주변이 낮은 형식으로 바
다의 삼신산으로 비유하여 옛 사람들이 좋아했던 예술적 경지를 느낄 수 있다.
주요 건물과 부속 건물의 취합은 주요 건물 주변에 비교적 작은 건물을 부가하
여 커다란 합체를 형성한다. 그 가운데 앞뒤로 취합하는 유형으로는 대명궁大明宮
의 인덕전麟德殿 같은 것이 있다.(삽도 7-22) 또한 가운데 건축물을 주요 건물로 하

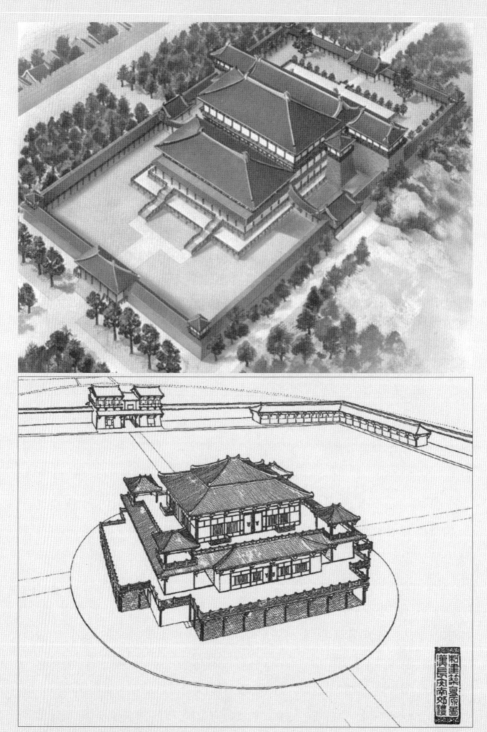

[삽도 7-22] 대명궁의 인덕전(상)

[삽도 7-23] 한나라 남쪽 근교의 예제 건물 복원도(하)

여 사방에 부속 건물을 배치하는 유형으로는 한나라 장안 남쪽 근교의 예제 건물이 있다.(삽도 7-23) 또 두 건물을 구부러진 형태로 연결시키는 '거북머리 유형'도 있다. 일반적으로 취합해서 이루어진 건축물의 주요 건물은 비교적 크고 부속 건물은 상대적으로 작으며 주요 건물의 처마가 그 위를 덮는다. 좌우로 둘러싸는 형태는 주요 건물의 전방을 가리키고, 좌우가 대칭적 또는 비대칭적으로 부속건물을 세우며 기역자 복도로 주건물과 연결되고, 오목 형태의 바닥을 이룬다.

당나라 대명궁의 함원전含元殿과 덕린전은 조합 구성된 전당이다. 함원전은 대명궁의 가운데 높은 지대 위에 세워졌다. 지형에 따라 10m 정도 높이의 좌대를 쌓고, 그 위에 다시 3m 높이의 2층 대기를 쌓아, 아랫층과 윗층에 계단을 놓고 그 위에 대전을 지었다. 대전 앞쪽에 긴 비탈길을 설치하였는데, 평지와 비탈을 7번 꺾어지게 하여, 이름을 용꼬리길이라 하였다. 함원전은 이중 처마 대전으로, 대전 몸체는 11칸의 보조계단으로 주변을 둘러싸게 하고, 깊이는 네 칸으로 하였다. 대전 기둥은 세 겹으로 둘러쌌는데, 안쪽은 두 줄로 나뉘어 모두 20줄기로 하였다. 중간은 동서북 3면을 흙담장으로 대체하였고, 무게를 견뎌내고 안정시키는 작용을 하게 했다. 남면은 한 줄에 12줄기로 하였다. 바깥쪽은 38줄기의 보조 기둥으로 하였다. 대전 양쪽에는 동서로 행랑채를 두었고, 행랑채는 남쪽으로 꺾어져 밖으로 도드라진 돈대로 통하게 했다. 돈대 위에는 목재 누각을 세웠는데, 동쪽의 것을 '상란翔鸞', 서쪽의 것을 '서봉棲鳳'이라 하였다. 대전과는 좌로 감싸안는 凹형 바닥을 이루게 하였다. 함원전은 전당의 이름이지만 사실은 문의 규격이다. 몸체가 좁고 길며, 전 앞의 용꼬리길은 성루로 올라가는 데 사용되는 형식으로, 전방의 동서 두 각도 망루의 의미이다. 덕린전은 태액지太液池 서쪽 고지대에 세워졌는데, 앞뒤, 그리고 가운데 세 전으로 구성되었고, 역시 2층 대기 위에 세워졌다. 전전은 깊이가 네 칸, 중건은 5칸이고, 중간에 복도로 나뉘어져 있고, 넓이가 11칸이다. 후전은 깊이가 5칸으로 넓이가 9칸이다. 세 전의 동서 양편에는 두께 5m의 흙벽이 있고, 벽체는 나무기둥으로 견고하게 했다. 중전은 2층 누각으로 저층은 흙담으로 세 칸으로 나누었다. 중앙의 한 칸은 사방이 막혀 있어

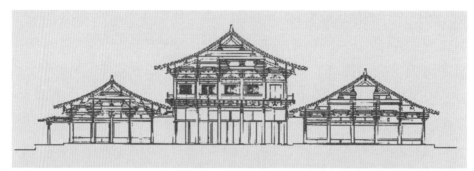

[삽도 7-24] 대명궁 인덕전 단면 복원도(상)
[삽도 7-25] 고궁 태화전(하)

빛을 받지 못해 '음전陰殿'이라 불린다. 여름철 피서용으로 쓰인 듯 하다. 전전과 후전 모두 단층으로 옆에서 보면 세 전은 순서가 있고, 높낮이가 일정하지 않아 매우 보기가 좋다.(삽도 7-24) 중전, 후전의 동서 양쪽은 대칭되어 동정과 서정, 욱의루郁儀樓, 결린루結隣樓가 세워져 있는데, 모두 벽돌을 쌓아 올린 돈대 위에 세워졌고, 주전 양쪽으로 나란히 세워져 있다.

함원전과 인덕전은 모두 높은 단상에 세워져 있으며, 전 안에는 모두 두꺼운 토담이 있어 춘추시대 이래 토목 혼합의 전통이 영향을 미치고 있음을 말해준다. 이와 동시에 목재 구조물은 하중을 견디는 주체가 되고, 토담은 보조일 뿐이어서 나무는 무겁고 흙은 가벼운 추세가 역전되지 않았다. 이후 전체를 목재로 하는 것이 주도적 위치를 차지하게 된다. 명청대의 자금성에 이르러 세 대전은 흙으로 쌓은 대기 위에 놓이게 되었고(삽도 7-25), 대사의 남겨진 뜻을 볼 수 있지만 세 대전의 하중을 떠받치는 시스템은 완전히 목재를 쓰고 있어 그 웅장한 장관은 매우 뛰어나고, 더 이상 '담장이 무너져도 집은 무너지지 않는다.'는 것을 말할 필요가 없다.

중국 전통 건축의 변천은, 혈거·소거에서 간란·대사까지, 단층 건물에서 정원의 조합으로 성장하였다. 재료만을 놓고 보면, 비록 양자의 역할이 때때로 바뀌기는 했지만 흙과 나무의 범위를 벗어나지 않았다. 중국 역사의 긴 흐름 속에서 벽돌 구조는 지하 고분이나 사찰의 탑, 또는 다리 등에 간혹 썼을 뿐이다. 사람들의 일상적인 주거생활은 살아있는 기운이 있는 토목 가운데에서 이루어졌다. "만약 어떤 문화 생성의 초기 단계에 지리환경의 영향이 일정 분량을 차지한다고 하면 이 문화의 성숙단계에서 인문적 요소가 일으키는 작용은 지리적 환경의 영향을 크게 넘어설 것이다. 게다가 인문전통은 일단 형성되면 거대한 관성이 생겨나서 문화발전을 추진하는 주요한 힘이 된다." 중국 건축이 토목을 주요 재료로 선택한 것은 초기에는 환경에 순응하는 자연적인 선택이었다. 나중에는 사회 대중이 공유하는 문화적 추구가 되었다. 장화張華가 〈박물지博物誌〉에서 이르기를, "(땅은) 돌을 뼈대로 하고, 냇물을 맥으로 하며 초목을 털로 하며 흙을 살로 한다."고 하였다. 진흙과 초목은 자연의 가죽이요 털이다. 그것을 취하는 것도 가볍고 돌아가는 것도 쉬운 가장 생태적 의미를 갖는 두 가지 재료이다. 천인합일의 숭상, 천지와 그 덕의 합치, 해와 달의 밝음, 사계절 질서와의 합치를 추구하는 중화민족에게 있어서 흙과 나무는 실재로 가장 적당한 선택인 것이다.

건축 재료의
문화 선택

1. 나무와 돌, 두 재료에 관한 집착
2. 석가공 기술과 예술
3. 아치의 적응성과 장점
4. 다른 종류의 민난閩南 돌구조

건축 재료의 문화 선택

2003년판《중국 고대 건축사 · 제1권》에서 리우쉬지에劉敍杰 선생은 다음과 같이 말했다. "석재는 진秦나라의 건축유적에서 많이 발견되지는 않고, 집의 기둥과 흩어진 물과 약간의 부속물, 그리고 다리 하부 구조에서만 보이는데, 문헌과 실물은 모두 전체가 석조 건축물로 발견되지 않았다. 동과 철로 된 도구가 이미 상대적으로 발전한 상황에서 국내 각지에도 곳곳에 적용된 석재가 부족한 것이 아닌데 왜 석조건축이 크게 발전하지 못하는가 하는 것은 생각해볼만한 문제이다."
직관적으로 보면, 중국 건축은 견고함, 내구함이라는 두 가지 면에서 확실히 유럽 건축에 미치지 못하며, 중국 문화의 다른 면에서의 업적과는 비교가 되지 않는다. 그러나 이 시점에서 전통건축이 뒤떨어진다는 섣부른 결론을 내릴 수는 없다. 건축은 기술이나 예술의 단순한 표현이 아니며, 그것의 발전 역정이 화하 민족의 독특한 형상적 사고와 관련될 수 있다는 점에 주목해야 한다. 더 큰 시공간적 범위에서 고려해야 역사의 진실이 잘 드러난다.

1. 나무와 돌, 두 재료에 관한 집착

프랑스 작가 위고는 "건축은 돌의 역사서"라고 했지만 이 말은 유럽에만 해당되어 중국에는 어울리지 않는다. 중국 전통 건축물은 흙과 나무를 주 재료로 하고 있으며 석재는 거의 사용하지 않는다. 목재가 석재에 비해 내구성이 떨어지는 탓에 중국과 서양의 양대 문명 건축물은 지금과는 전혀 다른 인상을 남겼다. 고대 그리스 신전부터 바로크 성당까지 석소 위수의 유럽 건축유산이 장관을 이루고 있는 데 비해 선진에서 명청에 이르기까지 목조 위주의 중국 건축유산은 부실한 모양이다. 19세기 이후 많은 서양 학자들은 중국의 고대 건축물이 단지 종이(즉 문헌)에 존재했거나 실물은 아예 제로라고 생각했다. 이러한 편파적 견해는 일찍이 많은 본토 학자들의 호응을 얻어, 뒤이어 맹목적으로 자신을 비하하는 큰 흐름으로 이어졌다. 중국 석조건축의 저조함은 지금도 많은 학자들을 곤혹스럽게 한다. 왜 명청까지는 가공조건이 완비된 데다 수요도 없는 상태에서 석재가 중국에서는 끝내 높은 수준에 도달하지 못했는가. 량쓰청은 "중국은 목재 위주의 구조인데 궁실의 수명은 목조가 오래 버티지 못하는 데 국한돼 있지만, 그 이유를 더 깊이 따져보면, 그것은 원래 물건을 오래 보존한다는 관념에서 비롯된다"고 대체적인 추론을 했다. 하지만 왜 중국인들이 '원래 물건을 오래 보존하는 데 신경을 쓰지 못했느냐'는 여전히 남는 문제다. 최종 납안에 접근하려면 좀 더 포괄적이고 깊이 있는 사고가 필요하다.

우선 우리가 주의해야 할 것은 석재가 부족하지 않다는 점이다. 중국의 넓은 땅 곳곳에는 건축에 적합한 질 좋은 석재가 곳곳에 매장되어 있고, 제품은 주로 대리석, 화강석 두 종류가 있다. 대리석은 침적되거나 변질된 탄산암류의 암석을 의미하며, 예를 들면 대리암大理岩, 백운암白雲岩, 회암灰岩, 사암砂岩, 혈암頁岩과 판암板岩 등이다. 우리나라는 대리석 광산 자원의 종류가 많아서 총 매장량이 세계 상위에 속한다. 국산 대리석 품종이 거의 400개에 달하는 것으로 초보적으로 밝혀졌는데, 그 중 무늬와 색깔별로는 주로 다음과 같은 것들이 있다. 순백색으로는 베이징 팡샨房山 한백옥漢白玉, 안휘이安徽 화이닝懷寧과 꾸이츠貴池의 백대리석, 허베이 취양曲陽과 라이위안淶源의 백대리석, 쓰촨 바오싱寶興의 촉백옥, 장쑤 간위贛榆의 백대리석, 윈난 창샨蒼山의 백대리석, 산둥 핑두平度의 설화백雪花白 등이 있다. 검은색으로는 꽝시 꾸이린桂林의 꾸이린흑, 후난 샤오양邵陽의 흑대리석, 허난 안양의 묵예흑墨藝黑 등이 있다. 붉은 색은 안후이 링비靈璧의 홍완루紅皖螺, 쓰촨 난쟝南江의 남쟝홍南江紅, 허베이 라이수이淶水의 내수홍淶水紅과 부핑阜平의 부평홍阜平紅, 랴오닝 티에링鐵嶺의 동북홍東北紅 등이다. 회색으로는 저장 항저우의 항회杭灰 윈난 따리大理의 운회雲灰 등이 있다. 노란색으로는 허난 저촨折川의 송향황松香黃, 송향옥松香玉, 미황米黃 등이 있다. 녹색으로는 랴오닝 단둥의 단둥그린, 산둥 라이양의 라이양그린과 시샤棲霞의 해랑옥海浪玉, 안후 화이닝의 벽파碧波 등이 있다. 여러가지 빛깔로는 윈난의 봄꽃, 가을꽃, 수묵화, 저장 취저우衢州의 설야매화雪夜梅花 등이 있다. 대리석은 질감이 부드럽고 격조가 고풍스러우며 꽃색이 많아 건축장식에 이상적인 재료이며 예술조각의 전통적인 재료이다. 대리석은 원래 윈난 따리의 흰 바탕에 검은 무늬를 가진 석회암을 가리키며, 단면은 수묵산수화와 유사하며, 고대에는 자주 그림을 제작하거나 그림을 상감하여 무늬가 있는 모든 석회암으로 알려져 있다. 서양 건축과 조각에 많이 쓰이는 하얀 석회석은 대리석으로도 불린다.

화강석은 화강암, 안산암安山岩, 휘록암輝綠岩, 녹장암綠長岩, 편마암片麻岩 등 여러 종류의 마그마암을 말한다. 중국 화강석 광산자원도 매장량이 많고 품종이 많은 것으로 집계되었는데 천연화강석의 품종은 100여 종으로 그 중 비교적 유명한 것으로 푸지엔福建 연해의 천주백泉州白, 휘록암, 산둥 지난濟南의 지난청濟南靑, 허난 엔스偃師의 국화청菊花靑, 설화청雪花靑, 운리매雲里梅, 쓰촨 스미엔石棉의 석면, 쟝시江西 샹까오上高의 두록색豆綠色, 광둥 중산中山의 중산옥中山玉, 샨시山西 링치우靈邱의 귀비옥貴妃紅, 녹흑화綠黑花, 황흑화黃黑花 등이 있다. 화강석은 억만년의 자연적 시간을 거쳐서 형태가 극도로 안정적이고, 정상적인 온도차에 의해 변형되지 않으며, 자성반응이 없고, 경도가 높기 때문에 정밀도가 좋다.

최근 몇 년간 중국 석재 제품의 생산량은 매년 상승하여 2007년에는 석재 2,761만 톤을 수출하여 34억 2700만 달러를 벌어들였다. 석재시장이 호황을 누리면서 국제 석재상들의 중국 투자 유치에 나섰고 국내 석재기업들도 국내외 석재시장 경쟁에 적극 나서고 있다. 중국의 석재시장은 이미 국제 석재시장에서 없어서는 안 될 중요한 힘이 되어, 머지 않아 세계 석재의 생산과 무역 중심지가 유럽에서 아시아의 중국으로 옮겨갈 가능성이 높다.

동시에 우리는 중국 고대에 적용되었던 목재도 어디에서나 쉽게 구할 수 있는 것이 아니라는 점에 주목해야 한다. 진나라 때 아방궁을 지었는데, 목재는 바로 천리 밖 쓰촨에서 샨시성陜西省으로 운반되었다. 목재가 계속 벌목되면서 질 좋은 큰 나무가 드물어져 후세 화북 주요 지역에서 목재를 대량 실어나르는 등 양쯔강 유역에서 쓸 만한 자재를 구하기가 쉽지 않다. 그만큼 고대 건축은 현지에서 자재를 조달하는 경제원칙을 엄격하게 따르지 않았다. 건축 자재의 장거리 운송은 고대의 교통조건에서 매우 비경제적이었고, 목재의 사용의 의미가 물질적 차원을 넘어 집착의 문화적 선택, 나아가 건축 관념의 요소가 되었을 때, 사람들은 이렇게 인적 물적 힘을 아끼지 않고 큰 나무를 찾았다.

이러한 선택은 화하 민족의 오래된 가치관과 직결되어 있다. 중국은 예로부터 종교 관념이 희박하여 신권이 모든 것을 능가하는 시대는 없었다. 그래서 중국 민족의 건축에 관한 기본적인 사고는 '인본'에서 출발했다. 건축은 사람에게 봉사하는 이상, 그 이성과 적절한 사용을 위해 중요하다. 재료의 성격상, 목재는 석재보다 훨씬 쉽게 가공할 수 있고, 나무로 집을 지을 수 있는 효율은 더 높고, 시간 소모는 더 적다. 큰 힘을 들여 돌로 지은 집을 지을 필요가 없는 것이다. 돌로 집을 만들려고 했던 고대의 인물들도 종종 심한 비판을 받았다. 〈예기禮記·단궁상檀弓上〉편에는 사마환추司馬桓魋가 자신을 위해 석관을 만들었는데, 3년이 지나도록 가공을 하지 못하여 석재 가공이 쉽지 않다는 내용이 실려 있다. 그런 그의 행동은 공자의 반대와 저주를 받기도 했다. 그만큼 실용적인 중국인들에게 돌로 지은 건물을 짓는 것은 사치스러운 표현으로 검소함을 숭상하는 주류 가치관에

먹히지 않는다. 서양의 고대에는 건축이 신처럼 영원해야 하고, 목재의 비내구적 특성이 건축의 영원한 기념성에 대한 서양인의 추구를 충족시키지 못해 견고하고 쉽게 부식되지 않는 석재가 각광받았다.

중국 전통철학은 영원이라는 명제를 진지하게 대한 적이 없고, 유불도 3가의 학설은 대체로 '만물무상'으로, 진정으로 영원한 것은 변화뿐이라고 생각하였다. 이런 상변과 순환의 관념은 목재의 오래 견디지 못하는 특성이 중국인에게는 문제가 되지 않도록 하였다. 사람은 건축 서비스의 주체이며, 사람은 끊임없이 번성하고 전파되어 왔다. 세대마다 건축물에 대한 수요가 다르고 건물도 신진대사를 해야지 영구불변할 필요는 없다는 것이다. 건물은 낡으면 후대가 보수하고, 무너지면 후대가 재건하는, 이것은 끊임없이 순환하고, 낡은 것을 밀어내는 자연스러운 과정이다. 우리는 사실 너무 오래된 미래에 대해 생각할 필요가 없다. 그 당시 사람들의 필요를 더 좋고 편리하게 충족시키는 것이 더 중요하다. 흔하게 볼 수 있는 선종의 가르침이 중국의 관념을 정확하게 나타내 준다. 인생은 짧다. 죽음은 영원한 것이다. 고분을 짓는 것은 기능적으로 내구적인 필요를 제기한다. 이미지 면에서 영원과 관계가 있는 것이다. 중국에서 이 곳은 석재가 기능을 발휘하는 중요한 장소 가운데 하나이다. 이 밖에 내구성을 필요로 하는 건축 부석, 예를 들어 바닥, 대기, 주춧돌 등에서 석재를 많이 사용한다. 이로부터 중국 전통건축에 있어서 재료 선택면에서의 이성적 측면을 알 수 있다.

2. 석가공 기술과 예술

중국 고대인들은 집요하게 목재를 주된 건축 재료로 삼았고 수천 년 동안 변하지 않고 지속되었다. 오랜 단련을 거쳐 중국 고대의 나무제품이 이룬 성과는 의심할 여지가 없다. 이에 비해 중국 건축은 석조 면에서 그다지 뛰어나지 않은 것 같다. 일찍이 많은 사람들은, 그 원인으로 중국 고대에 석재와 관련된 가공 도구와 구조 기술이 발달하지 않았기 때문
이라고 생각했었다. 그러나 고대사실
의 고증을 보면 역사의 진실은 그렇지
않다는 것을 쉽게 알 수 있다. 〈설문해
자〉에서 이르기를, "옥은 돌이 아름다
운 것"이라 하였다. 생활 집기나 건축
재료로서 옥玉괴 돌石 시이에는 본질적
인 차이가 없다. 일반적으로 옥은 돌보
다 경도가 더 크기 때문에 석재보다 가
공이 더 어렵고 그 가공 도구의 경도
는 건축에서 석재를 가공하는 데 사용
되는 도구의 경도를 능가하는 것이 필
연적이다. 그럼 옥으로 시작해서 중국
고대의 석조 건축물에 대해 이야기해
보도록 하겠다.

지금으로부터 60만년 전에 베이징
원인들이 수정으로 도구를 만들었는
데, 이것은 옥기가 싹트는 상징이다.

[삽도 8-1] 싱룽와 유적지에서 출토된 옥(상)
[삽도 8-2] 홍산 유적지에서 출토된 옥(하)

신석기 시대 중국인들은 옥과 접촉하기 시작했는데, 지금까지 발견된 시기의 최
초의 옥기는 한 쌍의 백옥 패옥으로, 8,200년 전의 싱룽와興隆洼 문화 고분에서 출
토된 것으로 매우 정교하게 가공되어 있다.(삽도 8-1) 고고학자들은 옥기가 그 이전
에 이미 비교적 오랜 기간 발전했다고 추측한다. 황허 중하류의 앙소와 용산문화
유적에서는 도끼, 삽, 자귀 등의 공구형 옥기가 출토되었다. 랴오닝 신러新樂에서
7,000여 년 전의 뱀무늬 돌끌이 출토되어 도구로 형상화되어 사실상 생산 노동에
사용되지 않을 수도 있다는 점에서 당시 기물에 대한 실용적인 것을 초월하는 요
구가 있었음을 말해준다. 지금으로부터 5,500년 전후, 숭택崧澤문화에는 옥황玉璜

[삽도 8-3] 양저문화에서 출토된 옥

이, 홍산문화에는 옥룡(삽도 8-2), 옥조玉鳥, 옥구玉龜, 패옥, 옥벽 등이 있다. 양저良渚문화에는 옥그릇(삽도 8-3), 옥벽, 옥방륜 및 다양한 동물형 옥그릇이 있으며, 세밀하게 그려진 짐승얼굴, 개구리 새, 운뢰 및 사람 몸에 짐승얼굴을 한 복합 무늬가 그려진 옥기 등이 있다. 대량의 고고학적 발견은, 중국이 일찍 이 고대 사회에서 옥기 가공 기술이 상당히 높은 수준으로 발전했음을 보여준다.

옥기의 발달은 당연히 중국 고대 석재 가공의 기술 수준이 높다는 것을 보여준다. 고대 문헌에서는 흔히 '옥'이나 구슬 옥자를 부수로 쓰는 글자들로 돌로 지은 호화로운 궁전을 설명하기도 했고, 우리에게 초기 석조 건축의 실마리를 제공해 주기도 했다. 〈죽서기년竹書紀年〉의 기록에 나오는 경瓊, 요瑤, 옥玉은 실제로 건축재료로 쓰인 돌을 말한다. 하나라 당시에 이미 돌을 건축 재료로 했다는 것이 문헌에 나타나며, 이는 고고학적 발견에서 청동 도구가 중원에서 최초로 사용된 시간과 일치한다. 이에 근거하여 늦어도 상나라 말기에 선조들이 이미 커다란 돌을 갈아서 광을 내는 능력을 갖추고 있었다고 추측할 수 있다.

천연 돌을 가공하여 도구로 만든 것은 인류 최초의 활동 중 하나로, 구석기 시대부터 시작해 차근차근 경력을 쌓아갔다. 암맥에서 석재를 채취해 건물을 짓기는 쉽지 않고 시기도 비교적 늦었다. 그러나 중국에서는 늦어도 진나라 때 대대적인 돌 채굴이 가능해졌다. 〈사기정의史記正義〉에서는 〈관중기關中記〉를 인용하여, "시황릉이 여산에 있었는데 샘은 본래 북쪽으로 흐르던 것을 막아 동서로 흐르게 하였다. 흙이 있고, 돌은 없어 큰 돌을 위남 여러 산에서 취하였다."고 하였다. 이것이 큰 돌을 채취하여 건축 재료로 사용한 최초의 문헌 기록이다. 진시황릉 서북쪽에서 고고학자들이 발견한 대규모 석재 가공 마당은 남북 약 500m, 동서 길이 약 1,500m로 출토된 유물은 석재, 석재 반제품, 그리고 석가공 도구가 있다. 그만큼 시황릉은 엄청난 양의 석재를 사용했고, 그 내부가 거대한 석조궁전이었을 것으로 추측된다. 이처럼 방대한 규모의 석조건축 공사는 땅을 파거나 가공하는 것만으로는 완성할 수 없다.

건축 석재의 사용량이 많기 때문에 그 채굴과 가공은 필연적으로 금속 도구의 발전과 밀접하게 관련되어 있다. 한대에는 제철기술이 진보하고, 철제 공구가 증가하여 우수한 석재를 더욱 쉽게 획득할 수 있게 되었으며, 석조건축의 발전에 유리한 조건을 제공했다. 무제 때 조정은 고급 석재를 많이 써서 궁궐을 지었다. 〈사기史記·봉선서封禪書〉는 "건장궁建章宮 그 남쪽에는 옥당玉堂, 벽문璧門, 대조大鳥 등이 있다"고 적고 있다. 〈수경주水經注·위수渭水〉에는 〈한무제 고사漢武帝 故事〉를 인용하여 "(건장궁) 남쪽에 벽문 3층이 있는데, 높이가 30여 장, 중전中殿 12칸, 계단이 모두 옥으로 되어 있다. 동봉銅鳳 5장丈을 주조하였고, 황금으로 장식하였다. 누옥樓屋 위의 서까래는 옥으로 장식하였고, 이에 벽옥문璧玉門이라 하였다."고 기술하였다. '옥당玉堂'은 석재로 지은 전당을 말하고, '벽문璧門'은 석재로 만든 문을 가리킨다. 서한 궁정 내에는 돌로 만든 장서실을 설치하였다. 당시 서적은 죽간으로 그것을 오래 보존하기 위해서 방화防火가 필요하였다. 목재는 불에 붙기 쉬운 까닭에 석재를 선택하여 장서실로 만든 것은 타당한 조치였다.

한대 석조 건물은 그 숫자가 적지 않다. 문헌에 기재된 것 외에 지금도 약간의 실물이 남아 있다. 예를 들어 동한 말기에 건립된 산동 자상현嘉祥縣 무적산武翟山 북쪽 기슭의 무량사武梁祠는 폭이 2.4m 세로 길이가 1.4m의 동서 두 벽이 있는데, 후벽과 앞뒤 지붕이 돌로 지어졌다. 그 내부는 매우 아름다운 고대 석화가 있는데, 이는 중국의 대표적인 화상 유적이다. 무량사는 송대로부터 조명성趙明誠, 구양수歐陽修 등 금석학자들의 주목을 받았고, 오늘날 중국 고대 미술사를 이해하는 중요한 유적이 되었다. 이 밖에도 산동 페이청肥城의 곽씨묘郭氏墓 석사石祠는 석회암으로 만들어졌는데, 구조상 목재 형식을 따랐다. 실내 정중앙에 팔각형의 돌기둥이 있고, 그 높이는 0.86m이고, 양쪽 끝이 말 모양이다. 간격 약 2.13m의 삼각형 돌로 된 들보와 두 기둥은 연결되어 있고, 20t에 달하는 지붕 하중을 견디

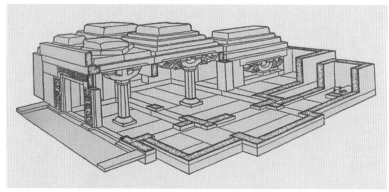

[삽도 8-4] 이난 베이자이촌 화상석 묘(상)
[삽도 8-5] 거현 심부군 묘궐(하)

며, 석사를 동서 두 칸으로 나누고 있다. 당시 돌을 기둥과 기타 부속품을 조각했다는 것은 이미 쪼개고 광을 내는 방법을 알고 있었다는 것을 말해주는 것이다. 산둥 이난현沂南縣의 베이자이촌北寨村에서 동한 말 또는 위진 시기의 대형 석묘가 발견되었다. 묘는 전, 중, 후 세 개의 주실로 나뉘어지고, 동남쪽 측실까지 합해 모두 8개 실로 되어 있다. 280덩이의 돌을 써서 만들었는데, 그 가운데 화상석畫

[삽도 8-6] 동한 석궐(좌)
[삽도 8-7] 동한 신도 석주(우)

像石이 42덩이로서, 잔치, 연극, 차마, 학습, 전쟁, 저택 및 역사고사, 신화전설 등
이 조각되어 있다.(삽도 8-4)

초기 지상 석조 건축은 사당과 묘 이외에 쓰촨, 허난, 산둥 지역(삽도 8-5)에서
30여기의 동한東漢 석궐石闕이 남아 있다.(삽도 8-6) 그것들은 구조가 정확하고 조각
이 세밀하며 동시에 당시 나무 골조 공법이 상세하게 기록되어 있어, 문물적 가
치가 높다. 또 베이징 동한寨君 신노神道 석주(삽도 8-7)과 석궐이 八寶山
에서 출토되었다. 잔석殘石은 석주와 주춧돌, 궐항 등이 포함되는데, 그 중에 한
기둥에 '영원永元 17년(105년) 4월 묘령卯令을 원흥元興 원년으로 바꾼다. 그 해 10
월에 노공魯工 석거의石巨宜가 만듦."이라는 내용의 명문이 새겨져 있다. 돌기둥
은 높이가 225cm로 도릭 오더 스타일과 유사한 세로방향의 홈이 있어, 동시대 로
마 도릭 오더 스타일의 영향을 받았을 가능성이 있다. 기둥 상부에는 용과 호랑
이 부조가 있다. 노공 석거의는 만든 이 자신의 이름일 것이고, 거꾸로 의거석으
로 읽어도 거석 가공을 잘 하는 사람이 된다. 이것과 앞에서 언급했던 돌로 된
사, 묘, 궐 등은 모두 동한 시기 산둥 석조 건축과 조각 기예가 매우 발달했음을

보여준다. 그게 아니라면 베이징의 소형 석조 공정과정에 천리 밖의 산둥에 있는 기술자가 고생할 필요가 없었을 것이다. 전국적으로 봤을 때, 산둥과 쓰촨 두 지역의 석조 기예에서는 여러 차례의 돌파가 있었는데, 그 이유에 대해서는 추가적인 연구가 필요하다. 이미 알고 있는 자료를 가지고 추측해 보자면, 한대 이전에 두 지역은 지리적인 장점을 이용해서 서방 세계와 문화 교류를 하고 있었다. 중국의 전국시대에서 한나라에 대응되는 시기는 유럽의 그리스, 로마 시대였다. 당시 유럽 건축은 나무에서 돌로 옮겨 가는 근본적인 변화를 겪고 있었고, 그 성과가 눈부셨음은 모두가 알고 있는 사실이다.

역도원酈道元은 〈수경水經〉에 주를 달기 위해 전국을 돌아다녔다. 그 가운데 건축이나 유적과 관련된 중요한 기술이 매우 많다. 이 문헌에 기재된 석조 건축물은 이미 남아 있지 않다. 간단한 문자를 통해서는 복원이 힘들기는 하지만 당대 이전 완전한 건축물이 거의 모두 없어져 버린 점을 생각해 본다면, 오늘날의 건축사 연구자들에게 있어서 그 학술적 가치는 충분히 평가받아야 마땅하다.

남북조 시기에 불교가 성행하면서 불교 건축도 장관을 이루었다. 당나라 두목杜牧의 시 〈강남춘江南春〉에 "남조의 480 사찰이 대부분 안개비에 잠겨 있네."라고 했는데, 당시 사찰의 성황을 말해주고 있다. 실제 상황도 시에서 언급한 숫자보다 못하지는 않았을 것이다. 통계에 의하면, 남북조 후기, 북위北魏 말년에 뤄양洛陽에만 사찰이 1,361곳이 있었고, 전국적으로 대략 13,727곳이 있었다. 외래 종교의 성행은 석조 건축의 발전을 크게 촉진시켰다. 이 당시 많은 불교 석굴이 굴착되었다. 뤄양의 룽먼龍門석굴과 윈깡雲岡 석굴(삽도 8-8, 8-9)은 모두 석가공 기술과 조각예술의 최고 경지에 이르렀다. 석굴 사찰의 굴착은 많은 인력과 물력이 필요했고, 공사의 양은 엄청났다. 그것들은 모두 오랜 세월에 걸쳐 이루어졌고, 작업의 양으로 말하자면 서방의 고딕 교회당과 어깨를 나란히 한다. 이 석조 건축은 종교적 힘에 의해 이루어진 것으로, 고대 중국에서 혜성처럼 나타났다. 중국은 대부분의 시기에 종교적 색채가 옅어 조각이나 건축 같은 대규모적인 석조 건축물은 필요 없는 것으로 여겨졌다.

[삽도 8-8] 윈깡석굴 제20굴 석가좌상(상)
[삽도 8-9] 윈깡석굴 외경(하)

요컨대 원시사회로부터 당대에 이르는 실제 사례들은 모두 선조들이 예로부터 높은 석조 가공 예술을 이해하고 있었다는 것을 말해준다. 중국의 고대 석조 건축은 억눌림을 받았는데, 석조 가공 도구나 기술이 발달하지 않아서가 아니라 필요가 없기 때문이었다. 하지 못한 것이 아니라 의도적으로 하지 않은 것이다. 그 사이에 석공들은 이따금 기예를 선보이기도 하면서 우리를 위해 진귀한 석조 건축과 조각 유산을 남겨 주었다.

3. 아치의 적응성과 장점

석재의 장점은 견고함, 내구성 및 부패 방지이며, 벽돌은 인공적으로 만들어진 돌로서 동일한 장점을 가지고 있다. 중국 고대에 그것들은 다리와 능묘 건축에서 많이 사용되었다. 벽돌과 돌은 항압 능력이 당기는 힘을 버티는 힘이 훨씬 강하기 때문에 전체 부재가 압력을 받는 상태인 아치 구조에 사용하기에 적합하다. 그러나 아치는 보통 비교적 큰 수평으로 미는 힘이 발생하므로 반드시 외력과 균형을 이루어야 비로소 아치의 구조가 안정될 수 있다. 지상 아래에서만 아치의 수평으로 미는 힘만이 대지에 의해 자연스럽게 해결되어 구조적으로 큰 합리성을 보인다. 이미 전국시대부터 중국 기술자들이 아치 기술을 익히고 지하 능묘에 활용하고 있다(삽도 8-10). 서한 초기에는 가운데를 비우는 벽돌무덤이 성행하였으나, 장묘 제도가 단관장에서 쌍관장으로 변했기 때문에 가운데를 비우는 벽돌 구조의 경도가 커져 새로운 요구에 부응해야 했다. 그러나 벽돌의 당기는 힘에 대항하는 힘의 능력이 비교적 약하여 양판으로서 묘실의 간격을 크게 제한하였다. 일련의 탐색을 거쳐, 아치형 구조가 생겨났고, 점차 유행하게 되었으며, 이러한 구조에 적응하는 작은 벽돌들이 점점 더 인기를 얻었다. 통아치 구조에서, 벽돌은 단지 압력을 받아 그 내압성이 강한 역학적 특성을 발휘할 수 있게 되었기 때문에, 아치 기술은 지하 능묘에서 끊임없이 발전하였다. 처음에는 동공 구

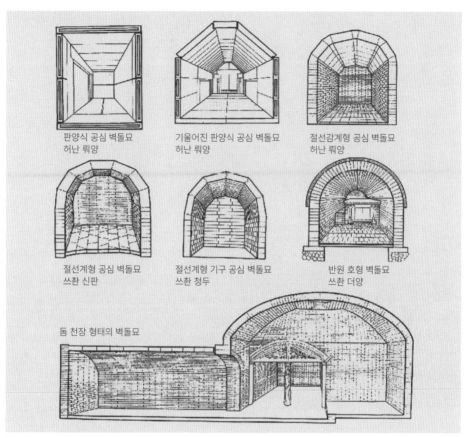

판양식 공심 벽돌묘
허난 뤄양

기울어진 판양식 공심 벽돌묘
허난 뤄양

절선감계형 공심 벽돌묘
허난 뤄양

절선계형 공심 벽돌묘
쓰촨 신판

절선계형 기구 공심 벽돌묘
쓰촨 청두

반원 호형 벽돌묘
쓰촨 더양

돔 천장 형태의 벽돌묘

[삽도 8-1이] 전국시대와 양한의 아치

조가 병렬 아치의 구조방식을 채택하여 권과 권 사이의 횡방향 연계가 비교적 좋지 않아 동공의 정체성을 강하게 하지 않았다. 얼마 지나지 않아 종단 아치가 생겨 통 아치의 정체성이 강화되었다. 서한말에는 장방형에서 사각형으로 묘실의 평면이 변화하여 원형 돔 및 사변결정 구조가 생겼지만, 통 아치는 도태되지 않고 신형 구조와 함께 사용되고 있다. 대략 삼국시대만 해도 벽돌 아치 기술은 군사 땅굴 공사에 사용되었고, 그 흔적은 최근 몇 년 동안 안후이 보저우亳州에서 발견되었다.

중국의 벽돌 아치 기술이 지하 건물보다 먼저 보편적으로 쓰이고 뒤늦게 지상

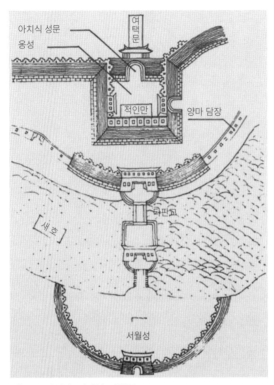

아치식 성문
옹성

여택문

적인만

양마 담장

타판교

새호

서월성

[삽도 8-11] 남송 정강부 서성문

건물로 사용된 것은 선조들이 먼저 돌보다 나무를 우선시했기 때문이다. 목재가 방화, 내구 등 특별한 필요를 충족시키지 못할 경우에만 목재를 포기하고 벽돌을 사용했다. 성문 출입구는 북송 이전에는 사다리꼴의 조립식 목재 구조물로 하중을 견뎠으나 남송에서 시작하여 벽돌을 쌓은 아치로 점차 바뀌었다. 남송에서 원까지, 화약이 군사적으로 빈번하게 사용되면서 과거의 목조틀로 만든 성문 출입구는 성벽 방어의 약한 부분이 되었고, 견고한 벽돌 아치가 널리 보급되었다. 초기의 실제 예로는 남송 정강부靜江府의 성문이었다. 정강부는 몽골군에 대항하기 위해 여러 차례 성 방어 시설을 확장하고 증설하였다. 난징 석각 〈정강부 수축 성지도城池圖〉에서 정강부의 성문 출입구에서, 목조로 만든 출입구를 제외한 나머지는 모두 벽돌로 되어 있다.(삽도 8-11) 원나라 대도 화의문和義門의 옹성瓮城 문도 마찬가지이다.(삽도 8-12) 원나라 말기 성문이 목조에서 벽돌로 쌓은 아치로 바뀐 것도 화공을 방어하고 당시 대규모 농민봉기를 막기 위해서다. 명대에는 항상 황실의 기록물이나 불경을 보관하기 위해 무량전을 지었는데, 전체 건축물은 활 모양의 아치형으로 지어 기둥이 하나도 없이 '무량無梁'이라는 이름이 붙었다. 이 이름에서 나무 기둥과 들보 체계를 위주로 하는 중국 전통 건축에서 '양梁(대들보)'이 차지하는 중요한 위치를 알 수 있다. 쑤저우 개원사開元寺 무량전이 바

[삽도 8-12] 원나라 대도 화의문 아치(상)
[삽도 8-13] 쑤저우 개량사 무량전(하)

[삽도 8-14] 핑야오 진국사의 후전 고요鋼窯

로 그 예이다. 그것의 전신은 나무 구조물로 벽돌로 된 무량전으로 화재 방지용으로 재건축한 것이다.(삽도 8-13) 난징 영곡사靈谷寺 무량전은 명나라 초기에 지어졌는데, 66부터 약 600년의 역사를 가지고 있다. 영곡사 내부의 목조 건축은 모두 전쟁과정에서 불에 타 소실되었고, 벽돌로 지은 무량전만

이 지금까지 남아 있다. 이를 통해 벽돌 재료로 지은 것이 불에도 강하고 내구성이 있다는 것을 알 수 있다. 샨시성山西省에는 벽돌로 쌓은 무량전을 고요鋼窯라고도 하는데, 그 수가 핑야오平遙 진국사鎭國寺 후전後殿(삽도 8-14)과 같이 매우 많다.

교량 역시 견고하고 내구력이 필요하므로 석재는 고대 교량에서 많이 사용되었다. 초기의 돌다리는 대부분 대들보 구조로 되어 있었는데, 그 중에 확실한 기록이 있는 것은 동한 뤄양성 건춘문建春門의 석교이다. 〈수경주水經注〉에는 석교에 관한 기록이 있다.

〈낙양가람기洛陽伽藍記〉 권2에도 건춘문의 석교에 관한 비슷한 내용이 있어 믿을만 하다. 기록에 의하면 다리는 3월에 공사를 시작하여 8월에 마친 것으로 보여 공사기간이 5, 6개월로 짧았고, 강물이 불어나는 시기여서 공사의 난이도가 높았던 것으로 보인다. 이로부터 보건대 일찍이 동한 때에 교량 시공 기술이 이미 발달했음을 알 수 있다.

석조 아치 기술을 교량에 이용한 것은 중국 교량 건축이 발전할 수 있는 중요한 동력이 되었다. 중국 돌 아치교의 시작 역사도 더 올라갈 수 있다. 허난 신이에현新野縣과 산둥 자샹현嘉祥縣에서 발견된 동한 시대 화상 벽돌에는 중국 초기 석조 아치교와 다리 위에 마차가 오가는 그림이 새겨져 있다.(삽도 8-15, 8-16) 산둥

[삽도 8-15] 한나라 화상석의 기둥 없는 아치교

[삽도 8-16] 한나라 화상석의 기둥 있는 아치교

[삽도 8-17] 취청현 까오리장 동한묘 화상석

취청현鄭城縣에서 발견된 화상석에 상당히 사실적인 반원형 돌다리가 또렷하게 새겨져 있다.(삽도 8-17) 이 화상벽돌은 동한 중기의 작품으로, 중국이 늦어도 당시에 이미 돌아치교가 있었다는 것을 증명해준다. 동한의 아치형 묘실과 돌아치교가 출현한 시간이 서로 들어맞는데, 이것은 우연이 아니다. 분명히 아치 기술이 이미 일정 수준으로 발전했고, 대량으로 사용되었다는 것을 말해주는 것이다.

역사서에서 돌아치교에 관한 최초의 기록으로 비교적 믿을만한 것으로 〈수경주〉에 "멋지게 지어졌다"고 소개된 진晉 태강太康 3년(282년) 뤄양에 건설된 여인교旅人橋이다. 또한 주초석朱超石이 〈형에게 보내는 편지〉에서 "다리가 뤄양에서 6, 7리 떨어져 있고, 모두 돌을 사용했으며 아래로 물이 흐르고 큰 배가 지나갈 수도 있다. 태강 3년(282년) 11월 초에 짓기 시작하여 하루 7만 5천명의 인부가 동원되어 4월말에 완공하였다."고 하였다. 여기에서 "아래로 물이 흐르고 큰 배가 지나갈 수 있다."고 한 다리는 돌로 지어진 아치형 교량이었을 것이다.

〈수경주〉에서 "멋지게 지어졌다"고 소개된 것은 당시 돌아치 기술이 이미 상당한 수준에 이르렀음을 말해주고 있다. 또 "하루 7만 5천명이 동원되어"라는 묘사로 보아 돌아치교 공사에 얼마나 많은 인력과 물자가 소모되었는지를 알 수 있다. 석재 건축 공정의 이러한 요구는 지상 건축에서 중국인의 보편적인 인기를 얻기 힘든 원인 가운데 하나였다. 물론 돌아치 기술이 교량에 적용되는 것은 재료, 기능, 구조의 완미한 결합에 달려 있다. 돌은 교량의 내구성 요구를 만족시킨다. 아치는 돌의 가장 합리적인 구성 방식이다. 아치형 교량은 일반 교량에 비해 중대형 선박이 지나다니기 훨씬 편한 장점이 있다. 대체할 수 없는 이런 합리성은 오랜 기간 기술적인 면에서 호평을 받아왔다.

후세의 아치형 돌다리 작품에는 지금까지 유명한 실례가 많이 남아있다. 베이징 영정하에 있는 루꺼우교蘆溝橋(삽도 8-18), 이허위안頤和園 쿤밍호昆明湖에 있는 17콩교孔橋(삽도 8-19)와 같이 기술과 예술적인 면에서 모두 높은 성취를 보였다. 더욱 유명한 것은 하북 자오현의 안지교安濟橋(사진 8-20)인데, 이 다리는 활모양의 아치를 크게 적용, 경간이 37.47m로 경간은 높이의 5분의 1도 안 된다. 전체 교량

[삽도 8-18] 베이징의 루꺼우교(상)

[삽도 8-19] 이허위엔의 17콩교(중)

[삽도 8-20] 자오현의 안지교(하)

의 종방향으로 28개의 병렬 아치가 있으며, 각 아치가 한 줄로 만들어지고 비계는 재사용되어 시공이 용이하다. 각 아치 사이의 횡적 연계를 강화하기 위해 밖으로 넘어지지 않도록 철물과 가로 방향 석조로 아치간 연계를 강화하는 것 외에 양두교각의 다리 폭을 교각 폭보다 51~74cm 넓게 하여 형성하였다. 이 강은 큰 비에 홍수가 날 때마다 물이 새는 것을 늘리기 위해 이 다리의 큰 아치와 다리 사이의 양어깨에 두 개의 구멍을 뚫었는데, 이것을 어깨 트임이라고 한다. 이를 통해 자체 중량을 줄일 수 있고, 공정의 양과 조형을 풍부하게 할 수 있다. 조주교가 지어진 것이 지금으로부터 1,400년이 되었는데, 열 차례의 물난리와 여덟 차례의 전란, 그리고 여러 차례의 지진을 겪었지만 파손되지 않았다. 이로 보아 돌아치의 설계와 시공 수준이 높다는 것을 알 수 있다.

한나라 이전에는 아치 구조를 지상 건축에 적용한 예가 없었다. 후대의 어떤 유형의 들보가옥은 벽돌 아치로 대체되었는데, 목재가 불에 타기 쉽고 오래 견디지 못하여 건축의 견고한 방화 수요를 충족시키기 위해 석재를 사용해야 했기 때문이다. 아치형 구조는 교량에 많이 쓰일 수 있는데, 교량은 주거용 건물이 아니기 때문에 사람과의 관계가 멀고, 구조와 기능적인 측면에서 돌의 내구성과 아치형 구조의 경간 장점이 발휘될 수 있다는 점을 고려한 것이다. 중국 석조 건축물이 부진했던 것은 문화적 선택의 결과라는 점을 거듭 밝힌 바 있다. 목재 프레임 체계가 그 지배적 지위를 확립한 이후 재료 선택에 미치는 영향은 물론 목재가 우리의 필요를 충족시킬 수 있을 때 절대 나무를 버리고 돌을 취하지 않는다. 벽돌 아치 구조는 서한 중기 이후 지하묘지에서 점차적으로 사용되어 왔으며, 점차 죽음과 연계되어 있기 때문에 후세에 지상 건축물에서 사용되어 사람들의 일반적인 수용을 얻기는 쉽지 않았다.

아치 구조에 대한 중국 건축의 거부감은 어느 정도 이데올로기적 함의가 있다. 정적인 기둥 가로보의 나무 구조와는 달리, 돌아치 구조 자체는 안정적이지 않으며, 평형에 도달하기 위해 외력을 가해야 전체적으로 존재할 수 있는 전형적인 동적 구조이기 때문이다. 이러한 구조가 사실은 갈등의 균형이 있은 후의 결과이

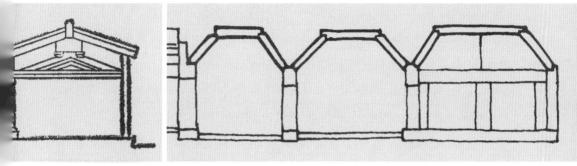

[삽도 8-21] 산둥 금향의 동한 초 주유 석실 집틀(좌)
[삽도 8-22] 동한의 삼절 석공묘(우)

며, 그것이 조용하고 조화로운 것을 숭상하는 민족에 의해 거부당하는 것은 이상한 일이 아니다. 이와 유사하게 중국의 초기 목재 구조에서 큰 역할을 했던 '차수叉手'와 '발받침'도 후기에 버려졌다. 산둥성 진샹金鄕에서 발견된 동한 초 주유석실朱鮪石室 트러스에서 방목仿木 형식의 '차수' 방법이 쓰였다.(삽도 8-21) 구조상 이두 가지 부속과 대들보는 안정적인 삼각형을 이룬다. 하지만 안정되기 하지만 삼각형은 결국 정적이면서 관용적인 기둥 들보 시스템에서 조화를 이루기 어렵다. 옛 사람들은 삼각형을 '상호 모순'이라 불렀다. 내재적인 충돌 형태를 평가절하한 것이다. 어떤 의미에서 삼각형은 아치의 시작 형태로 볼 수 있다. 한대 아치는 삼각형 또는 사다리꼴 형태에서 발전된 것이다.(삽도 8-22)

4. 다른 종류의 민남 돌구조

나무를 주요 재료로 삼는 것은 중국 건축 문화의 주류이다. 그러나 송원 시기 민난閩南 건축에서는 상황이 크게 달랐다. 여기에는 당송원명청의 석조 건물과 돌 조각이 많이 보존되어 있다. 특히 돌로 지어지고 조각이 된 다리와 탑, 불교 조각상, 인도 사찰, 청진사淸眞寺, 모슬림 고분 등이 있다. 그것의 장관과 아름다움은 모두 직접 보지 않고서는 상상할 수 없는 중국 전통 건축물의 또 다른 종류이다. 일반적으로 민남 전통문화의 주요 원류는 세 가지이다. 선진으로부터 초당까지 민월 고유문화의 저변 축적, 진당시대 중원 화하문화의 유기적인 이식, 송원시대 서양문화의 강한 영향 등이 그것이다. 민남 문화가 이채롭고 중국 다른 지역문화와 차별화되는 것은 송원 시대 발달한 해상무역이 가져온 서양문화의 영향이 크다. 그 중에서도 민남은 송원 때 돌을 건축 재료로 삼는 서양의 이념을 정면으로 받아들여 중국 전통에서 억압된 상태에서 해방시켜 건축과 조각 공사에서 대규모로 사용함으로써 석재 구조 기술과 예술에 있어서 장족의 발전을 이루었다.

서진에서 당나라까지 중원의 석각 예술은 민남 지역에서 이미 유기적 이식을 마쳤다. 민남에 남아 있는 진당晉唐 고분은 석상 자신의 형태와 기법이 중원을 물려받은 것 이외에 묘실 건축의 저택 모방, 주변 환경의 풍수 고려 등의 각 방면에서의 성과는 모두 중원의 시스템과 일맥상통하고 있다. 송원 시기에 민남 종교 석각 조상의 성취가 절정에 달했는데, 그 중 몇몇은 세계 조각사의 최고봉이라고 해도 과언이 아니다. 당시 해상 실크로드의 전례 없는 번영은 서역문화의 영향을 피할 수 없었지만 화하문화의 주체적 위상은 흔들리지 않았다. 민남이 북서쪽이나 중원처럼 공간 깊숙히 불교석굴을 뚫지 못한 이유는 주로 산이라는 지리적 상황 때문이다. 이 곳에 널려 있는 화강암은 경도가 매우 강하여, 산에 따라 마애를 파서 상을 만들더라도 엄청난 비용이 드는 거대한 공사이다. 화강암은 견고하고 내구성이 뛰어나 송원 시기 민남에서 조각한 정교하고 아름다운 조상을 여러 채 현재까지 잘 보존하고 있다. 예를 들어 취엔저우泉州 칭위안산淸源山의 화강암 노군老君 조각상을 들 수 있다. 전체적인 석상은 옷자락이 뚜렷하고 칼자국이 부드럽고 섬세하며 손놀림이 정교하여 송대의 석조의 우수한 작품이다. 조각상이 더 잘 보호되도록 민남 사람들은 항상 그 외부에 석실을 세워 석조 건축 발전을 대대적으로 촉진하고 있다.

당나라 중반부터 불교 밀교密敎가 전파되면서 중국 건물에는 일종의 석각 유형인 경당經幢이 추가됐다. 오대, 북송 시대에는 경당의 수가 많아졌다. 남송 이후 밀교가 쇠퇴하면서 일반 사찰에는 경당이 만들어지지 않았다. 그 크기는 보통 크지 않지만, 조각이 정교하고 아름답기 때문에 예술적 가치가 있고, 명문銘文이 많기 때문에 역사적 의의가 있다. 중국의 현존하는 경당 중에서 당나라 것은 극히 적은데, 민남에는 당나라 경당의 주체 부분이 한 개 있고, 또 5대, 양송의 완전한 형태가 10여 개 남아 있다. 이러한 경당의 조성 경위와 구조 형태는 그것들이 북으로 전해진 물교와도 밀접한 관계일 뿐만 아니라 독자적인 지역적 특성을 지니고 있다는 것을 보여준다.

보협인경탑寶篋印經塔은 스타일이 독특한 불탑으로, 5대 10국 시기에 오월왕吳越王이 고대 인도 아쇼카왕을 따라 팔만 사천탑을 만들고 그 높이를 한 자 남짓으로 하여 장경이나 사리를 보관하는 데 사용했다. 그 원형은 반구형 불탑과 같은 고대 인도에서 유래하였고, 중국에 전해진 후 먼저 탑 형식으로 축조되어 누각식 탑 꼭대기에 세워졌다. 윈깡 석굴에 있는 부조浮雕탑, 제남 사문四門탑과 같은 것들이다. 5대 시기에 만든 소형 탑이 최근 몇 년 동안 여러 곳에서 발견되었는데, 저장과 안휘 두 곳이 특히 많다. 금화의 만불탑 지하궁전 한 곳에서 15좌가 출토되기도 했다. 양송 시기에 민남을 중심으로 한 동남해변의 동안, 천주, 선유 등지의 사찰에서 높이 5~8m의 대형 석조 보협인경탑이 나타났다.(삽도 8-23) 그 형태가 오월의 소형탑과 일맥상통하지만, 크기가 급격히 커졌고, 조각의 소재도 매우 풍부해졌다. 인도 색채가 농후해졌고, 중국화된 불교 사이에 뚜렷한 차이를 보이고 있어 해상 실크로드가 새로 가져온 서역의 영향을 암시하고 있다.

당나라와 송나라 때 아라비아, 이집트, 페르시아 등 서역 각국은 앞다투어 이슬람 깃발을 내걸었다. 외국과의 교통이 활발해짐에 따라 각국의 조각상 제작 예술이 민남에 영향을 미쳤다. 천주에서는 모슬림이 만든 건축이 나타났고, 서아시아, 북아프리카 중앙아프리카의 정조가 농후하다. 명나라 초기 외국 배척 풍조가 일어남에 따라 천주의 이슬람교 건축물은 전부 파괴되었다. 다행스러운 것은 그 가운데 많은 건축물이 튼튼한 석재로 만들어져서 지금까지 중국 문명 가운데 한

[삽도 8-23] 취엔저우 개원사의 보협인경탑(좌)
[삽도 8-24] 취엔저우 개원사의 인도식 조각(우)

자리를 차지하고 있다는 점이다. 천주에서는 또 인도교가 만든 사찰 건축이 나타났는데, 그 종류가 매우 다양하다. 건축물은 비록 명나라 초기에 전부 부서졌지만 아름다운 조각이 암석에 부분적으로 남아 있다.(삽도 8-24) 취엔저우泉州 해교관海交館이 보관하고 있는 많은 인도교 석각은 중국에 남아 있는 얼마 안되는 문물일 뿐만 아니라 세계 종교예술의 보물이라고 할 수 있다. 천주의 인도교 신당과 제단의 석각은 그 곳에 살고 있던 인도, 스리랑카, 말라바르의 문화전통을 반영하고 있다. 하지만 조각 공예는 천주 기술자의 손에서 나왔고, 중국 기술자의 조각 기술을 반영하고 있다. 그 가운데 중국의 전통적인 그림을 볼 수 있는데, 쌍봉雙鳳 목단, 사자 놀이, 해당海棠 국화 등과 같은 것들이다.

교통은 경제의 생명줄이다. 다리와 도로를 놓는 것은 경제발전에서 반드시 요구되는 내용이다. 푸지엔 경내에 여러 강줄기가 복잡하게 얽히면서 연해 지역의 교통을 활발하게 하기 위해서 다리를 놓는 것이 매우 중요한 사항이 되었다. 성의 도로국 통계에 따르면 푸지엔에서는 송나라 때 교량 646개를 놓았다. 대외 무역이 가장 발달했던 취엔저우에서 교량 건설은 가장 대표적 사업이었다. 취엔저우 인근해역 있는 5개 현의 통계를 보면, 송대에 교량 106개가 건설되었고, 총길이 약 50여 리에 이른다. 남송 초기에 절정에 이르렀는데, 소흥紹興 32년(1162년)에만 25개가 건설되었다. 강과 바다를 건너는 수십 개의 돌로 지어진 다리가 계속 지어졌고, 연해 지역 내륙 교통의 수요를 만족시켰다.

양송 시기 민남의 대형 교량 공사는 전부 중국의 전통적 들보 방식으로 이루어졌다. 기술자들은 늘임없이 경험을 총정리하였고, 지리적인 상황이 매우 복잡한 연해 지역에서 여러가지 시공상의 기적을 만들어냈다. 요컨대, 유럽의 고대 교량은 반원형 아치 구조를 사용하여 중국의 들보식 교량과 비교하여 장단점이 있었다. 반원형 아치 구조의 장점은 부품의 크기가 비교적 작고, 하중을 견디는 힘이 비교적 크며, 하부 공간이 비교적 높아 선박이 통과하는 데 상당히 유리하다. 단점은 비용이 많이 들고, 시공 기간이 비교적 길며 바닥면이 너무 높아 통행하는 데 불편하다는 점이다. 이 밖에도 아치 자체가 안정성이 떨어진다는 점이다. 비교해보면 들보식 다리는 아치교의 단점을 모두 피할 수 있다. 민남 내륙은 물줄기가 짧고 선박도 비교적 적어서 다리 아래 공간이 비교적 낮아도 불리할 것이 없었다. 민남 육상 도로의 이어지는 부분으로서 들보식 다리는 부족할 것이 없었다. 돌로 된 들보가 운반하고 앉히는 데 너무 무겁다는 문제에 대해서는 배를 빌어서 절묘하게 해결할 수 있었다.

중국 고대건축사에서 민남의 고층 불탑은 찬란한 한 페이지를 장식하였다. 구조 기술면에서나 조형예술 면에서 그것들은 탁월한 성과물이었다. 양송 시기에 유럽의 우뚝 솟은 건축물이 위세를 부릴 때에 해상 무역이 번성하던 배경에서 민남 불탑과 유럽 교회당은 돌로 된 고층 건축물이었다.(삽도 8-25) 둘 사이에 완전히 관계가 전혀 없다는 것은 상상하기 힘들다. 천주의 탑 건조 가술에 관한 인식에서 현재 학자들 사이에는 비교적 커다란 차이가 존재한다. 전문가들은 대부분 경직된 문헌 범주에 한정되어 있는 채로, 중국에는 작업을 할만한 도구가 없었고, 천주에 있는 탑은 돌을 이용에 가는 가공방식을 이용한 것이라고 판단하였다. 하

[삽도 8-25] 취엔저우 개원사의 동탑(좌)
[삽도 8-26] 취엔저우 개원사의 동탑 일부(우)

지만 실물을 보게 되면 이 말이 근거가 없다는 것을 금방 알게 된다.(삽도 8-26)

 민남은 석조 건축예술과 돌 조각 조형예술의 성취로 인해 고대 중국의 찬란한 지역 문명 가운데 남다른 모습과 함께 독특한 성격을 보여주고 있다. 고대 중국의 충분한 경험과 기술로 석재를 가공하였고, 건축물을 만들어냈다는 것을 그 탑들은 웅변적으로 보여주고 있다. 재료에 대한 주류문화의 인식과 선택은 목재가 줄곧 주도적인 위치를 차지하는 결과를 낳았다. 선조들이 설령 석재를 가공하여 건축물을 지을 능력이 있다고 하더라도 그 재능을 펼칠 기회는 극히 적었던 것이다. 주류 문화의 영향을 비교적 적게 받은 민남에서 석조 건축은 전통문화의 억압에서 해방되어 찬란한 역사를 썼던 것이다. 중국인들에게 있어서 위대한 석조 건축을 짓는다는 것은 할 수 없는 것이 아니고 하지 않은 것이다. 유럽 고딕 교회당의 아름답고 웅장한 모습을 보면서 자신의 초라함에 대해 탄식할 필요는 없다. 또한 우리가 이런 위대한 석조 건축물을 짓는 것이 터무니 없는 일도 아니다. 다만 우리는 목재를 우요 재료로 하는 건축물을 지었을 뿐이고, 중국 전통 건축은 적당하고 근검절약하는 모습으로 세상사람들에게 드러냈을 뿐이다.

제9장

궐과 관의 허실

1. 선진 시대의 궐

2. 진나라와 한나라 궐의 휘황찬란함

3. 궐의 후기 변천

4. 화표華表와 패방牌坊

5. 궐闕과 사공司空

궐과 관의 허실

중국 고대 건축에서 '궐闕'과 '관觀'은 역사가 유구한 중요한 두 가지 유형이다. 그것들의 구조는 동일하고 외관은 비슷하지만 본질적인 차이도 있다. 하나는 허하고, 다른 하나는 실하며, 그 관계가 매우 미묘하다. 바꿔 말해, '궐'의 기능과 형태가 시간의 추이에 따라 끊임없이 변화하고, '관'의 기능과 형태는 시종 안정적이다. 물질적인 차원에서 보자면, 그것들의 주요 특징은 화려하고 멋진 모습이다. 이것이 가장 커다란 유사성이다. 하지만 그렇다고 해서 둘을 동일시할 수는 없다. 그 원인은 '궐'과 '관'의 배치 방식과 정신적 기능이 완전히 다르기 때문이다. 현대적인 말로 하자면, 중국 전통 건축은 하드웨어와 소프트웨어 두 부분으로 구성된다. 하드웨어는 물질적인 건축물을 말하고 필수적인 것이다. 소프트웨어는 건축이라는 종합체를 이루는 형태와 통사로서 그 기능은 보다 크고, 지금까지도 필수불가결한 작용을 하고 있다.

오랜 기간 학계에서는 이른바 '한궐漢闕'을 언급하였다. 궐이 동한시대에 지어진 대표적 모범이라는 것이다. 깊이 있는 탐색을 거쳐 이 논법이 사실은 오해였다고 판단하게 되었다. 사실상 현존하는 대궐은 대부분 궐의 벽돌 모형이고, 그 원형은 춘추시대로부터 진한 시기까지 궁성 앞에 대칭하여 나타난 토목 문관이다. 동한 때에 성대한 장례 풍조가 일어났고, 사람들은 삶과 죽음을 동일하게 여겨 무덤 앞에 석궐을 배치함으로써 장엄함을 더하게 되었다. 오늘날에 이르러 서한 이전 토목 구조 원형은 이미 없어졌고, 썩지 않는 석조 모형만이 전대의 찬란함을 보여주고 있다. 중국 초기 건축의 유물은 비록 적지만 중국은 문헌이 풍부한 나라이다. 문화의 담지체로서 문헌의 가치는 건축 실물보다 훨씬 더 뛰어나다. 문헌에서 출발, 고고학적 발견과 결합하여 서주 이전의 궐이 실체가 아니고 성벽의 구멍난 부분을 가리킨다는 것을 쉽게 알게 되었다. 하지만 이 점은 사람들에게 종종 간과되곤 했다.

　동한 이후 양관식兩觀式 궐이 점차 사라졌다. 그것을 계승한 것은 성루城樓와 주표柱表이다. 또 오문午門은 패방牌坊으로 변하여 중국 건축사에서 밝게 빛나고 있다. 이렇듯 뚜렷한 물질적 성취는 일찍이 국내외 학자들의 주목을 받았다. 하지만 외형 연구에만 치우쳤고, 궐과 관, 허와 실의 심층적 원인에 관한 탐구와 토론은 매우 드물다. 많은 전문가들이 중국 고대 건축의 찬란함을 논증하기 위해서 오늘날까지 남아 있는 실물을 전심전력으로 찾고 있고, 적지 않은 성과를 거두기도 하였다. 하지만 바램과는 다르게 물질적인 중국 건축과 유럽 건축의 비교는 여전히 부족한 상태에 머물고 있다. 동시에 중국 고대 건축 정신문화의 눈부신 유산에 대한 관심은 매우 적은 편이다. 현대 중국의 건축학은 이론적인 면에서나 실천적인 면에서 오랜 기간 맹목적으로 유럽을 뒤따르고 있다. 슬프고도 난감한 이런 처지는 실물을 중시하고 사상을 경시하는 건축학의 틀에 박힌 관습과 무관하지 않다. 본문에서는 궐에 대한 관련 연구를 통해 중국 건축발전의 초기 맥락을 이해하고, 나아가 옛날 제도로 거슬러 올라가 '사공司空'을 대표로 하는 공관工官의 변천을 언급하고 초기 건축의 허실을 탐색해 보며, 국내외 학계가 평소에 존경하는 노자老子의 공간설空間說에 대해 깊이 있는 해부를 해보도록 할 것이다.

1. 선진 시대의 궐

대략 동한 때부터 '관'과 '궐'의 해석에 관해 학계에서의 해석은 중구난방이었다. 중국 초기 문헌에서 '궐'은 '입다', '파다' 등으로 해석되는 동사였고, 사람들이 관심을 기울이는 건축 의미상의 '궐'과는 달랐다. 〈좌전左傳·은공隱公 원년〉에 '궐지급천闕地及泉(샘까지 땅을 파고 들어가)'이라 하였고, 〈국어國語·오어吳語〉에서는 '궐'의 글자 형태가 문門과 관계 있다고 하였다. 이를 통해 보면 본래 동사였던 것이 문과 관계가 생기고 나서 '궐'이라는 명칭을 독점하게 되었다. 자전에서 우리는 '궐'의 또 다른 형태로 '문' 안에 '결缺'자가 들어간 것이다. 이 글자형태의 기원에 관해서는 자세하게 알려져 있지 않다. 어쨌든 '궐闕'과 '결缺'은 통하는데, 이는 '궐'의 기원을 추적하는 것과 관계가 있다.

〈시경詩經·정풍鄭風·자금子襟〉에 "비록 내가 너를 만나러 간 적은 없지만 너는 이대로 소식이 끊어졌느냐. 왔다갔다 높은 성위에서 본다. 縱我不往, 子寧不来? 挑兮達兮, 在城闕兮"라 했는데, 청나라 마서진馬瑞辰이 〈모시전전통석毛詩傳箋通釋〉에서 주를 달기를, "궐은 가차로서, 〈설문說文〉에 결이라 하였다. 옛날에 성궐의 남쪽을 이르는 말"이라고 하였다. 이 해석은 비록 후대의 예제가 스며든 내용이기는 하지만 '궐'과 '결'의 관계를 밝혀준 것으로서, '궐'의 옛 모습을 추리하는 데 실마리를 제공해 준다. 완성된 상태가 있어야 빠진 것缺이 있는 것이므로, 이른바 '궐'이라는 것은 '성궐의 남쪽'을 가리키는 명사는 아니고, 그 근원을 탐구해보면 중국 성Walled City의 유구한 전통으로 거슬러 올라가게 될 것이다. 고고학적 발견은 오늘날 우리가 흔하게 보고 있는 옛날 성과 달리 화하 문명 초기의 환호環壕 취락은 성문과 성루가 없었고, 다만 구멍을 내어 출입할 수 있도록 하는 구조였다. 초기에 성을 쌓은 주요 목적은 홍수를 막고 백성을 보호하는 것이었다. 성루의 이런 필요 때문에 방어에 도움이 되거나 보기에 좋은 성루를 지을 필요는 없었던 것이다. 아울러 당시의 기술 수준으로 보아 그런 성루를 지을만한 수준에는 이르지 못했다. 출입구로서의 '결'은 후기 성문처럼 눈에 띨만한 표지가 될 수 없

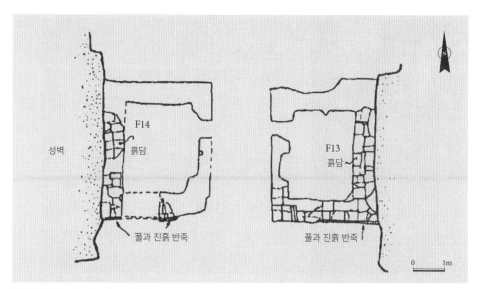

[삽도 9-1] 화이양 핑량타이 남성문

었던 것이다. 초기 성터 바닥의 주요 형태는 원형에서 점차 네모형으로 바뀌었다. 물질문명이 점차 확장되면서 빈부 격차가 커졌고, 외적의 침입을 막아내는 것이 중요한 사항이 되고 나서 성문 구멍난 곳에 초소 성격의 건축물을 설치하는 것이 당연한 선택이 되었다. 하남 용산시대의 핑량타이平糧臺 고성古城은 이런 변화의 초기 특징을 가장 잘 말해주는 듯 하다. 담장의 남쪽면 구멍난 곳에 이런 시설 두 곳을 세웠는데, 중앙에 1.7m의 사잇길을 두어 방어 방면의 고려를 한 것으로 보인다.(삽도 9-1)

이를 계기로 '궐'이 가리키는 것이 허공에서 실체로 옮겨가는 것이 가능해졌고, 이러한 실체가 처음 존재했던 형태가 신석기 말기의 그 모습 그대로의 흙벽 돌집일 수 있다. 후세에 인정받는 크고 화려한 '관'이 되려면 아직 시일이 필요하다. 흙더미의 높은 지대는 처음에는 신석기 중기에 남방에 나타나 홍수가 한창일 때 성문의 구멍(궐闕)을 신속하게 메우기 위해 그 근처에 충분한 분량의 흙을 미리 비축해야 했다. 토대가 목조 가옥과 결합한 후에 새로운 건축 양식이 생겨났다. 건축적 의미의 '대臺'는 대략 하나라와 상나라 2대에 걸쳐 나타나며, 그 기

[삽도 9-2] 전국시대 중엽 청동 관

능은 다양하다. 하나라 걸왕桀王은 상나라 탕왕湯王을 하대에 가두었는데, 〈사기史記・월왕구천세가越王句踐世家〉에 이르기를, "탕왕이 하대에 갇혔다."고 하였다. 전해지는 바로는 상나라 주왕이 주 무왕을 녹대에 가두었는데, 녹대의 다른 이름은 남단대南單臺라 하고 높고 견고하며 보물을 감춰놓는 데 사용하였다고 한다. 〈상서尙書・무성武成〉에 "녹대의 재물을 흩었다."고 하였고, 〈사기 은본기殷本紀〉에 "주紂 임금이 세금을 많이 거둬 녹대를 채웠다."고 하였으며, 〈신서新序〉에는 "주 임금이 녹대를 짓는데 10년만에 완성하였다."고 하였다.

춘추시대에는 대를 높이 쌓은 건축물이 유행했는데, '관'은 그것의 형태를 작게 한 결과이다.(삽도 9-2) '관'이 양쪽 문에 위치했을 때, 그것과 '궐' 사이에 갈등은 이로부터 시작되었다. 〈고금주古今注〉에 따르면, "궐은 관이다. 옛날에 문마다 나무를 그 앞에 두어서 궁문을 표시하였다. 그 위에 올라가면 멀리 볼 수 있어서 그것을 일러 관이라 하였다."고 하였다. 〈이아爾雅・석궁釋宮〉에 "관을 일러 궐이라 한다."고 하였고, "궁문은 쌍궐雙闕"이라 주를 달았다. 이 해석은 한대 사람들의 '궐'에 대한 인식을 반영하고 있다. 당시 '궐'은 허에서 실로 가는 변화가 완성되었던 것이다. 기술 발전에 따라서 문의 뚜렷한 표지로서 양쪽에 구멍이 나 있는 실체가 '궐'을 연상할 때 떠오를 수 밖에 없게 된 것이다. 오랜 시간이 흐르고 '관'과 '궐' 둘이 가리키는 바는 점차 뒤섞이게 되었다. '쌍궐'이라는 말이 나타나게 되었는데, 이 말은 '양관兩觀'에서 나온 것이지만 '쌍雙'이라는 글자는 결국 '궐'을 이론적으로 연구하게 하였고, '관'의 실제적인 본의는 모두 사라지고 말았다.

대략 춘추시대에는 양관이 천자의 궁성 쪽에서 사용할 수 있는 최고급 건물 유

형이 되었다. 제후와 경대부들이 패권을 차
지하고 권력을 독점하면서, 사회의 예악이
무너지고 천자가 몰락하였고, 건축의 예제
는 침탈을 당한다. 〈춘추공양전春秋公羊傳·
소공召公 25년〉의 기록이다. "자가구子家駒에
게 말하길, 계씨季氏가 무도하여 공실公室을
능멸한 지 오래 되있다. 내가 그를 죽이려
하는데, 어떠한가? 자가구가 말했다. 제후
가 천자를 능멸하고, 대부가 제후를 능멸한
지 오래 되었습니다. 소공이 말했다. 내가
어찌 능멸했다는 것인가? 자가구가 말했다.
양관을 두고 큰 길로 다닌 것입니다."

성문은 도시 방어의 중점적인 위치이다.
통상적인 시설을 제외하고 출입구 양쪽에
두터운 벽을 쌓거나 토대를 증축하여 튼튼
하게 만드는데, 방어 기능을 더 강력하게
하는 것이다. 임치제臨淄齊 고성의 동문(삽도
9-3)은 담장을 두텁게 하는 방법을 사용했
고, 곡부 고성의 남문(삽도 9-4)는 토대를 증
축하는 방법을 썼다. 따라서 이 두 성벽의
성문 부분은 바깥으로 돌출된 형태를 보이
고 있다. 만약 당시에 돌출된 토대 위에 목
조 건축물을 지었다면 양관은 실현되었을
것이다.

곡부 고성 남문 양쪽에 토대를 증축한 방
법은 군사적으로는 이른바 기각지세掎角之

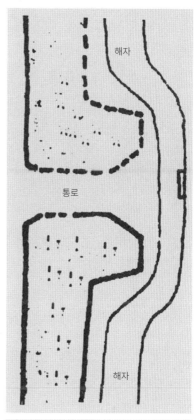

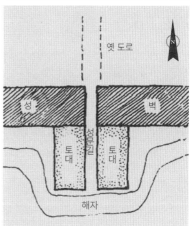

[삽도 9-3] 임치제 고성의 동문(상)
[삽도 9-4] 곡부 고성의 남문(하)

[삽도 9-5] 계명역성 서문

勢여서 방어에 유리하다. 이런 돌출된 토대는 성문 양쪽에서 벽 밖으로 다른 곳으로 옮기면 말의 얼굴이 된다. 2천여 년이 지난 후에도 우리는 그 모습을 어렴풋이 볼 수 있다. 허베이 화이라이懷來의 계명역성鷄鳴驛城은 명나라 성화成化 8년(1472년)에 흙담을 쌓았는데, 실측 결과 둘레가 1884.7m, 높이가 10m, 바닥 너비가 10m, 꼭대기 너비가 4m이다. 사방에 말 얼굴을 설치하였고, 서쪽에는 2개의 성문을 궐 모양이 되게 설치하였다. 융경(隆慶 4년, 1570년) 벽면을 벽돌로 바꾸는 동시에 동쪽과 서쪽의 성문을 아치형으로 하였고, 월성越城과 월루越樓 각 2개로 하였다. '월성'은 출입구 양쪽의 말 얼굴이 되었다.(삽도 9-5)

양관의 위엄은 처음부터 높았던 것은 아니다. 그것이 중요해진 것은 오랜 시간 동안의 과정이 필요했다. 춘추시대에 몇몇 사람들 눈에 관은 문옆에 세워놓은 부속 건축물에 불과했다. 〈춘추공양전春秋公羊傳·정공定公 2년〉의 기록이다. "봄, 왕력王曆으로 정월이다. 여름인 5월 임진일에 치문雉門과 양관兩觀에 화재가 났다. 치문과 양관에 화재가 났다고 말을 한 것은 무슨 뜻인가? 양관을 숨긴 것이다. 그렇다면 왜 치문의 화재가 왜 양관에 이르렀다고 말하지 않았는가? 화재가 발생한 곳이 양관이었다. 당시의 화재가 양관에서 발생했다면 왜 뒤에 언급했는가? 은밀하게 숨겨서 큰 곳에 이르지 않게 한 것이다. 왜 이를 기록했는가? 재앙이라 기록한 것이다. 가을에 초나라 사람이 오나라를 정벌했다. 겨울인 10월에 치문과 양관을 새로 지었나. 이것을 새로 시었다라고 말한 것은 무엇 때문인가? 크게 수리한 것이다. 옛 것을 수리하는 것은 기록하지 않는 것인데, 여기에서

[삽도 9-6] 청두 양자산의 화상석에 묘사된 궐

는 왜 기록을 했는가? 책망한 것이다. 왜 이를 책망한 것인가? 국가의 공공적인 업무에 힘쓰지 않은 것을 책망한 것이다."

관의 설치는 예제에서 정한 것을 돌파한 후에 '높은 대사와 아름다운 궁실'을 따라 발전하였다. 우뚝 솟은 관은 마침내 문에 부속된 지위에서 벗어나 신흥 왕후들이 심혈을 기울여 표현해내는 '궐'이 되었다.(삽도 9-6)

입구에서 대칭적으로 서있는 양관이 바로 문궐이다. 높고 화려한 관은 문의 양쪽에 마주 서 있다. 예전의 방어 또는 멀리 바라보는 기능과 의미는 점차 약화되었다. 입구로서의 '궐'이 양관에 의해 강화된 이후 그 자신의 기능과 의미는 강조되고 풍부해졌다. 후세에 이르러 궐과 관 사이의 구별은 이미 모호해졌다. 궐은 더욱이 많은 상상이 덧붙여져서 재도의 기능을 함축하기에 이르렀다. 〈고금주〉의 확대 해석이다. "신하가 조정에 나올 때 여기에 이르면 얼마나 비었는지를 생각을 하게 되는데, 그래서 궐이라 하였다. 위는 모두 붉은색과 흰색이고, 아래에는 선령, 짐승, 괴수 등을 그려서 사방을 나타낸다." 한 가지 건축 스타일이 완성되는 것은 단순한 물질 구조와 기능에서 출발하여 점차 복잡한 형태와 그것에 상응하는 관념을 띠게 된다. '궐'에 이르러 '빠진' 바를 생각하는 것은 비록 견강부

회이기는 하지만 시적 정취가 넘친다. '궐'로부터 인간의 내적 성찰을 불러일으키는 것은 대단한 일이다. 사람은 모두 허망함을 피할 수 없는 바 여기에서 최소한 오만하고 고집스러운 기운을 접게 할 수 있는 것이다. 예법에 맞춰 공손해질수록 이론적 주장은 공정해지는 것이다. 궐에 내포된 함의는 이로부터 그 건축물 자체를 넘어서는 것이다.

2. 진나라와 한나라 궐의 휘황찬란함

전국시대 후기의 진나라에서 고귀한 기운을 풍기던 궐이 마침내 단순히 우뚝 솟은 관을 대신하게 되었다. 조양趙良의 합리적 비판에도 불구하고 상앙商鞅(기원전 390~기원전 338년)이 '기궐冀闕'건설을 주관한 것은 진나라 굴기의 상징적인 사건 중 하나였다. 〈사기 · 진본기秦本紀〉의 기록이다. "(효공) 12년(기원전 350년)에 함양으로서, 기궐을 지어 진나라는 도읍을 옮겼다." 우리가 집중하는 것은 이 건축물이 함양성과 함께 거론된다는 것이다. 함양은 도성으로서 〈삼보황도三輔黃圖〉에 이르기를, "진나라 효공으로부터 시황제, 호해胡亥에 이르기까지 함께 이 성을 도읍으로 하였다."고 하였다. 기궐은 당시에 함양궁을 표시하는 데 사용되었다. 후세에는 늘 이런 용법이 있었다.

1970년대 중반 이후 웨이허渭河 북쪽 기슭의 함양궁咸陽宮 유적지에서 제1호 궁전터가 발굴되었다. 유적지의 동서 길이는 60m, 남북 너비는 45m이고, 대기의 높이는 지상 6m로서 지금의 함양시 야오디엔진窯店鎭 니우양촌牛羊村에 있는데, 니우양구牛羊溝의 동서 양쪽에 걸쳐져 있고, 바닥은 凹 자 형태를 보인다. 이 궁전은 계곡 양쪽에 걸쳐져 있는 한 쌍의 비각으로 간주될 수 있는 동서 대칭의 '양관식 궐'이다. 어떤 학자들은 이것이 기궐이라고 믿는다. 이런 건축방법은 제로 지역에서 시작되었을 가능성이 있다. 상앙商鞅이 자신의 공적에 대해서 자랑을 하면서 말했다. "기궐을 지은 것은 노나라를 지키는 일이다." 진나라가 천하를 호시

탐탐 노리고 있는 상황에서 함양 궁궐의 상징적 의미는 강화되고 드러나고 있었다. 기궐은 시황제 6국 궁실의 시작에 불과했던 것이다.

진나라 함양의 성곽은 아직까지 발견되지 않았다. 만약 헛된 것이라면 기궐의 의미는 더욱 커진다. 그것은 천지를 끌어다가 자신을 위해 사용하는 결과를 낳게 하였고, 아방궁 앞의 두 산봉우리를 궐로 삼은 것이다. 〈사기·진시황본기秦始皇本紀〉의 기록이다. "(아방궁)은 동서 오백보, 남북 오십 장丈으로 위로는 만 명이 앉을 수 있고, 아래로는 오 장 길이의 깃발을 세울 수 있다. 주周나라는 긱도閣道를 달려 전 아래로부터 남산으로 곧바로 닿을 수 있고, 남산의 봉우리를 궐로 표할 수 있다." 진나라 때부터 '천궐'은 중국 고대 도성 기획에서 중요한 요소가 되었다. '남산의 봉우리를 궐로 표시한다.'는 이 기막힌 수법은 비할 데 없는 장관을 만들어냈고 후세에 많은 영향을 미쳤다.

동진이 건강建康으로 도읍을 정하고 근검절약하였는데, 진秦나라 수법을 본받아 성 남쪽의 우두산 두 봉우리를 궐이라 하였다. 양나라 때 이르러서야 궁문 밖에 양관식 문궐을 세웠다.

[삽도 9-7] 진나라 궁궐 유적지

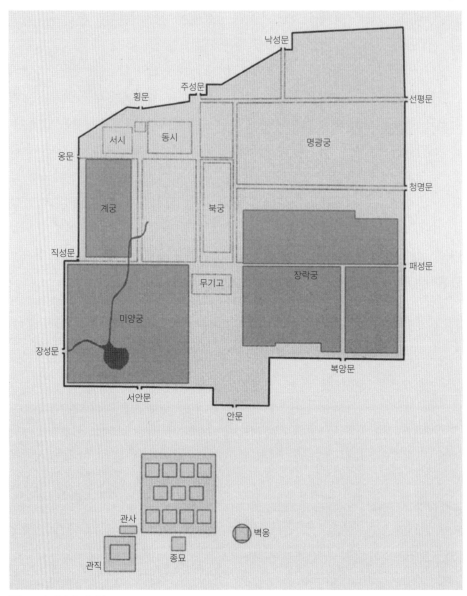

[삽도 9-8] 서한의 장안성

진시황은 여러 차례 동쪽 변방을 순시하면서 산해관 일대에서 제국 동문의 이미지를 수립하였다. 아울러 비석을 깎고 세웠다. 〈사기·진시황본기〉에 "시황의 비석은 연나라 사람 노생盧生으로 하여금 선문羨門, 고서高誓를 구하게 하였다. 석문을 새기고 성곽을 쌓아 제방으로 통하도록 하였다."고 기록하였다. 최근 고고학자들이 랴오닝 수이중綏中과 허베이 친황도秦皇島 두 지역에서 진나라 궁전 유적지를 발굴하였다.(삽도 9-7) 두 지역은 30km 떨어져 있는데, 두 곳 모두 바다로 뻗어 있는 해안 곶의 끝부분으로 좌우 대치된 모습으로 한 선을 이루고 있다. 이로부터 동남 방향으로 뤼순旅順의 티에샨鐵山과 산둥 롱청榮成의 청샨成山을 마주하고 있다. 세 점은 300km 정도에 이르는 직선

[삽도 9-9] 서한 초 도루문 관

을 이루고 있어 발해만을 탄탄하게 봉쇄하고 있다.

한나라는 진나라의 제도를 이어받아 궁궐은 도성 장안의 중요한 표지가 되었다. 성내 북궐은 문무 대신이 상소를 올리는 장소이다. 〈한서漢書·고제기高帝記〉에 "2월에 장안에 이르러 소하가 미앙궁, 동궐, 북궐, 전전前殿, 무고武庫, 태창太倉을 지었다."고 기록하였다. 안사고顔師古가 주를 달아 설명하기를, "미앙전은 남향이고, 상소를 올리는 사람들은 모두 북궐로 찾아가니 공거사마公車司馬 또한 북쪽에 있었다. 그러다 보니 북궐이 정문이 되고 다시 동문의 동궐이 있게 되었다. 서남 양쪽에는 문궐이 없었다."고 하였다. 〈관중기關中記〉에는 "미앙궁 동쪽에 청룡궐青龍闕이 있고, 북쪽에는 현무궐玄武闕이 있는데, 이른바 북궐이라고 한다."고 하였다.(삽도 9-8)

서한 중기에 정치적, 군사적으로 안정된 이후 조정은 건축 방면의 제도적 규제를 완화하여 문궐 건축은 점차 재물과 권세를 자랑하는 도구가 되었다. 귀족들은 자신의 집 입구의 양쪽에 마주보는 누관을 지었다. 서한 시기의 실물은 이미 남

아 있지 않지만 동한 초기에 출토된 장묘 부장품들 가운데 그 흔적들을 볼 수 있다.(삽도 9-9) 이는 예전 저택 내에 독립적으로 설치했던 누관과 비교해 보면 방어 효과가 더 좋을 필요는 없었지만 기세는 남달랐다. 양관이 쌍궐로 승화할 때 그것들의 방어 기능은 점차 약화되었고, 예의적인 의미가 크게 강화되었다는 것을 믿을만한 이유가 있다. 사치스러움을 추구하는 분위기가 만연하였고, 얼마 지나지 않아 일반 관리들과 지방의 권력자들은 문궐을 사용하게 되었다.

　서한 때에 문궐은 일반 주택에 쓰이게 되었다. 서한 11명의 제왕 가운데 전기의 고조, 혜제惠帝, 문제文帝를 제외하고, 후기, 8명 제왕의 능원은 모두 사방을 담장으로 쌓아 막았고, 담장마다 문궐을 세웠다. 이미 발굴된 한대 능묘의 유적지를 보면 능궐의 구조는 윗부분은 나무이고, 아랫부분은 흙이다. 윗부분이 훼손되고 나서 아랫부분은 지금까지 남아 있다. 제왕들은 생사를 동일하게 여겨, 사후의 묘지는 생전과 마찬가지로 취급한 까닭에 궐은 자연스럽게 능원의 설계로 옮겨졌다. 무제 이후 성대한 장례 분위기가 성행하였다. 〈한서漢書 · 곽광금일제전 霍光金日磾傳〉에 삼출궐三出闕에 관한 기록이 나온다. "곽광의 부인이 곽광이 생전에 직접 만든 분묘의 제도를 고쳐서 대폭 확장했다. 분묘에 세 개의 출구를 만들어 출구마다 궐문을 만들고, 신도神道를 개축하여 북으로는 소령관昭靈館에 다다르고, 남으로는 승은관承恩館에 통하게 만들었다.… 사건이 일어나기 전 곽씨가 사치를 부리며 살 때, 무릉武陵에 사는 서복徐福이라는 자가 이렇게 말했다. '곽씨는 반드시 망할 것이다. 사치하면 오만불손해지고, 오만불손해지면 반드시 윗사람을 업신여긴다. 윗사람을 업신여기는 자는 반역을 길을 걷는다. 남의 윗자리에 앉으면 많은 사람들이 그를 해치려 한다. 곽씨는 권력을 잡은 세월이 오래라서 그들을 해치려는 사람이 많다. 천하 사람들이 그들을 해치려고 하고, 게다가 반역의 길을 걷고 있으니 망하는 것 외에 다른 무엇이 있겠는가?" 삼출궐은 등급이 가장 높은 궐로서, 그 형태가 좌우로 나뉘어 높은 데에서 낮은 데로 떨어지는 두 계단이다. 적광은 무제 때 대사마 대장군으로 제수된 사람으로 후에 소제와 선제 아래에서 벼슬을 하면서 국정을 농단한 인물이다. 하지만 삼출식三出式의 묘궐을 사

용하여 '상전을 능멸한다.'는 혐의
가 있었다. 소제 때에 조정은 각지
의 현사들을 도성으로 불러 어사대
부와 더불어 국가 정책에 대해 토
론을 벌였다. 고금 장례풍속의 장
단점에 대해 논의하였는데, 이 자
리에서 현사들은 성대한 장례 풍속
에 대해 통렬하게 비판하였다.

동한 때 목조 스타일을 모방한
석궐이 나타났다. 기능면에서 대부
분은 예의적 성격의 묘궐이었다.(삽
도 9-10) 그 가운데 가장 낮은 것은
2m 남짓이고, 가장 높은 것도 7m
에 불과했다. 쓰촨에 가장 많은 석
궐이 남아 있다. 실물 이외에 그림
이 그려진 벽돌로도 볼 수 있다.(삽

[삽도 9-10] 아안雅雁 고이궐高頤闕(상)
[삽도 9-11] 팽현의 동한묘 화상석에 그려진 문궐(하)

도 9-11) 산둥, 허난의 수량이 그 다음을 차지한다. 세 곳 석궐의 형태는 각기 달라
서 예전 목조 누관의 지역적 차이를 어느 정도 반영하고 있다. 목조 스타일을 모
방한 정도로 보아 쓰촨 것이 가장 꼼꼼하다. 이 점은 쓰촨 지역이 비교적 수준
높은 석재와 가공 수준을 갖추고 있었다는 것을 말해주는 이외에도 그것을 목조
로 미루어본다면, 쓰촨의 목조 누각이 당시에 표준화되어 있었고, 전국에서 가장
앞선 위치에 있었다고 볼 수 있다.

돌을 다루는 데 있어서 고집스럽게 목조 스타일을 모방하는 것은 돌의 본성과
도 배치되는 일로서, 건축 재료를 목조로 해야 한다는 신앙이 이미 깊게 뿌리내
리고 있었음을 알 수 있다. 비교해 보면, 산둥과 허난 두 성의 석궐石闕은 돌의
재료적 본성에 더 부합하는 것 같다. 숭산에 있는 태실궐太室闕과 소실궐少室闕에

[삽도 9-12] 베이징대학 샤오둥문 문궐

서는 쓰촨의 석궐처럼 아름다운 목재 모방 조각을 볼 수 없다. 이로부터 추측컨대, 남방 목조 기술은 북방에 비해 선진적이고, 무수한 남북간의 교류를 거쳐 점차 목조는 전국적으로 독보적인 지위를 확립하게 되었다. 한나라 궐의 구체적인 제작방법에서 우리는 그 당시 건축의 발전 과정을 대체로 이해할 수 있다.

독립적인 관觀은 시종 망을 보거나 지키는 기능을 가지고 있었다. 따라서 갑작스럽게 역사의 무대에서 사라졌다. 진한 때에 각지에는 '정亭'을 두었다. '정장亭長'의 주요 임무는 치안 유지와 함께 관리들을 영접하고 배웅하는 일을 하는 것이었다. 서한 때에 전국에는 정이 3만 곳 정도가 있었다. 십리마다 정이 하나씩 있는 셈이었다. 동한의 조각 소재로 보아 정의 건축 형식은 관과 비슷했다. 그 원인은 양자의 기능이 비슷했기 때문이었다. 쓰촨, 허난에서 출토된 그림이 그려진 벽돌에 이런 도안이 많이 있고, 정의 앞이나 두 관 사이에서 정장이 두 손을 가지런히 모으고 있는 모습이 있다.

한대 양관식 문궐은 간소화된 문 양쪽의 기둥으로 경제적이고 실용적이며 미관을 잃지 않으며 생명력이 강하다. 지금도 그 모습을 여러 곳에서 볼 수 있다.

3. 궐의 후기 변천

건축 구조의 발전에 따라 궁전의 문으로서 궐은 점차 멋진 성루로 바뀌었다. 수나라 조정은 궁문 안에 성루를 지었는데, 성루와 양쪽 궐루 사이를 굽은 형태로 연결하여 일종의 凹자 형태로 둘러싸게 하였다. 당나라 창안長安 대명궁大明宮의 함원전含元殿 유적지의 발굴 결과는 주 궁전의 배치 방식이 수나라 동도東都 측천문則天門과 같아서 주전과 양쪽 궐루 사이가 둥글게 연결되어 凹사 형태로 둘러싸는 모습임을 말해주고 있다.(삽도 9-13) 대명궁 인덕전麟德殿 1층 바닥의 복원도는 이것과 유사하다.(삽도 9-14) 진나라 함양궁에서 유래되었을 가능성이 높은 건축 구조와 스타일은 도성 발전사에 있어서 중요한 위치를 차지한다.

송대는 수당대의 패턴을 이어받아 변량汴梁 궁성의 정문인 선덕문宣德門 전방에

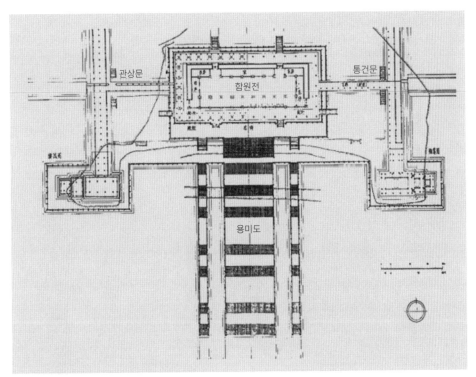

[삽도 9-13] 당나라 대명궁 함원전 평면 복원도

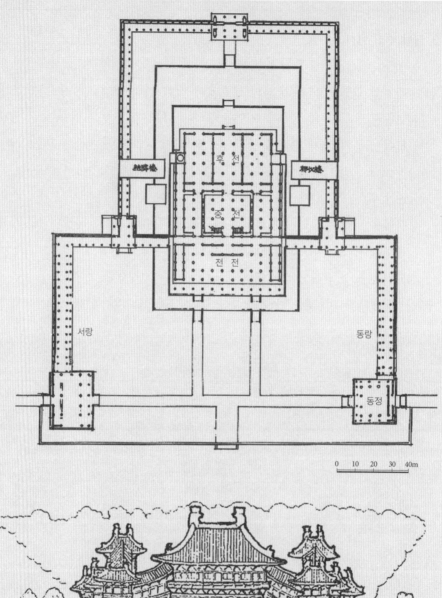

서랑

동랑

동정

후 전

종 전

전 전

0 10 20 30 40m

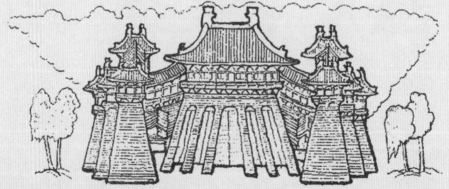

[삽도 9-14] 대명궁 인덕전 1층 평면 복원도(상)
[삽도 9-15] 랴오닝 박물관 소장 송나라 동종에 새겨진 궁궐도(하)

[삽도 9-16] 북송 동경궁전 조감

凸자 형태의 광장이 형성되어 있다. 선덕문 내에 앞뒤로 대경大慶, 자진紫宸 두 궁전이 세워져 있다. 랴오닝遼寧 박물관에 소장되어 있는 북송 철종 부조에서 선덕문 궁궐의 제작법을 분명하게 볼 수 있다.(삽도 9-15)

가운데는 성문의 주 본관이고, 아래쪽에 다섯 개의 구멍이 있으며, 윗쪽에 평평한 좌석을 가진 건축물 본관 양쪽으로 부속건물로 통하는 통로가 있고, 부속건물은 앞쪽의 궐루와 연결된다. 건축사학자들이 자료에 근거하여 만들어낸 궁궐 복원도는 이와 매우 비슷하다.(삽도 9-16)

방어 기능에 치중하는 양관식兩觀式 문궐은 시간의 추이에 따라 점차 역사 무대에서 사라져 갔다. 하지만 완전히 없어지지는 않았고, 형태상에서 변화가 있었을 뿐이다. 그 생명력은, 춘추 말년부터 계산해보면 오늘날까지 대략 2,500년간 왕성하게 이어졌다. 명청 시대에 자금성의 정문이었던 오문午門은 역대 궁궐의 끊어진 자취라고 할 수 있다.

명청 시대에 오궐午闕이라고도 불렸던 자금성의 네 성문 가운데 가장 큰 오문

[삽도 9-17] 명청 고궁의 오문 남쪽

은 명나라 영락 18년(1420년)에 처음 지어졌고, 청대 순치順治 연간에 재건되었다. 전체 높이는 35.6m이고 바닥은 凹자 형태이다. 북부 중앙의 주 누각은 9칸으로 넓고 이중 처마 양식이다. 동쪽과 서쪽의 성대는 문루 양쪽으로부터 남쪽으로 펼쳐져 있고, 감싸는 형태를 하고 있다.(삽도 9-17) 오문 광장 동서 양쪽의 문은 '궐좌문闕左門' '궐우문闕右門'이라고도 불린다. 명청의 〈회전會典〉에서의 궁성 오문의 각 부분에 관한 호칭은 중국 전통의 유구한 역사에 대해 탄복하게 만든다. "순치順治 4년에 궐문을 지어 오문이라 하였다. 두 관을 날개로 하고 가운데 삼문을 두었고, 동서 좌우로 액문掖門을 두었다."

오문은 속칭 '오봉루五鳳樓'라고도 한다. 당나라 개원 연간으로부터 오대 및 송나라에 이르기까지 뤄양의 궁성 정문은 모두 오봉루라고 불렀다. 궁정 오문의 연원은 매우 길고, 그 조합 방식은 민간 건축에 커다란 영향을 미쳤다. 푸지엔福建 용딩현永定縣과 그 주변 지역에 명청 시대의 집합식 민간인 거주지가 관심을 끌었는데, 그 생긴 모습이 귀족의 웅장한 저택과 비슷하다. 이것을 현지에서는 '오봉루'라고 부른다. 그것들은 보통 앞이 낮고 뒤가 높은 비탈에 터를 잡았는데, 주

[삽도 9-18] 용띵 비탈의 오봉루(상)
[삽도 9-19] 당나라 고종 무후의 건릉(하)

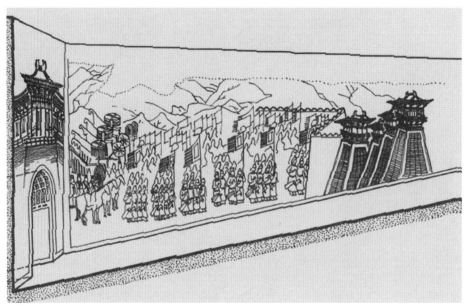

[삽도 9-20] 당나라 의덕태자의 묘선도

건물이 지배적 지위에 자리잡고, 보조 건물은 양쪽에서 날개 모양을 하고 있다.(삽도 9-18). 하지만 웅장한 기세와 형식의 풍부함은 궁정의 오문에 손색이 없다.

제왕의 능묘 앞의 의례의 문인 양관식의 궐은 진나라까지 거슬러 올라가 서한 때에는 점차 민간으로 흘러들어갔고 동한 때에는 이미 화베이華北와 쓰촨四川에 두루 퍼졌다. 또한 능묘 신도의 양쪽에는 불교를 따라 들어온 서방 예술의 영향으로 석상石獸, 석상생石像生 등이 많이 설치되어 있어 명청에 이르기까지 신도의 강조가 계속되었다. 위진 이후 묘궐은 왕릉 전용으로 복원되었다. 당 건릉乾陵은 산이 능이고 남쪽 면의 쌍유봉雙乳峰이 자연묘지로 여겨져 그 사이에 신도神道가 지나가 진한秦漢보다 시각적 효과가 더 뛰어나다. 또한 건릉 단지 둘레에는 4쌍의 인공적으로 지어진 양관식 궐이 능문 앞에 위치하고 있다.(삽도 9-19). 당나라 의덕태자묘懿德太子墓는 지상에 문궐을 설치하지 않고 그것을 지하묘도에 자세히 묘사하였다.(삽도 9-20). 5대 때 왕릉 묘궐은 계속해서 지어졌는데, 〈오대사五代史‧장전의전張全義傳〉의 기록이다. "장종莊宗은 梁나라를 멸하고, 양나라 태조 묘를 파내어 부관참시하려 하였다. 장전의는 양나라가 비록 원수지만, 지금은 그 집안이 도륙되었으니 원망을 품기에 족한데, 부관참시를 하는 것은 왕의 커다란 도량을 천하에 보이는 것이 아니라고 여겼다. 장종은 옳다고 여겨 묘궐만 파게 하였다." 북송 때에 공현에 왕릉 앞에 동서로 마주보고 설치한 작대鵲臺와 신대神臺는 예전 능궐의 변형된 형태이다.

4. 화표華表와 패방牌坊

요컨대 진한 이래 궐闕은 두 방면으로 발전했다. 그 하나는 웅장한 모습의 성루 건축으로 이것에 대해서는 앞에서 서술하였다. 다른 하나는 부드럽고 섬세한 기교로 화표로 대표된다. 화표는 본래 독립된 기둥 형태로 요순 시대에 이미 출현했다고 전해진다. 처음에는 도로를 식별하는 표지로써 '화표목' 또는 '환표桓表'라 불렸다. 그 밖에 의견을 새기는 데 쓰이기도 해서 '비방목誹謗木'이라고도 불렸는데, 현대의 건의함 정도에 해당하는 것이다. 대략 동한 때부터 화표는 점차 양관식 궐이 간소화된 후의 대체물로 나타났다. 동한과 남조의 유물로 보아 당시 화표의 배치와 세부적인 조형은 불교의 전래와 함께 들어온 서방의 영향을 받았을 가능성이 있다.

쓰촨 등지에서 출토된 동한 벽돌 조각 문궐 도안에서 사람들은 양관 사이에 구조상의 과도적 연계가 있다는 것을 발견했다. 그 형태는 각기 다르지만 통상적인 가옥과 비슷해서, 위에 처마가 있고, 아래에 문짝이 있다. 위진 이후 짝을 이루는 지붕 부분이 횡으로 연결하는 부속품이 나타났는데, 이것은 패방의 기원일 가능성이 있다. 남조 양나라의 〈옥편玉篇·문부門部〉에서 "왼쪽 것을 벌閥이라 하고, 오른쪽 것을 열閱이라 한다"고 하였다. 벌은 대문 좌측의 기둥이고, 열은 대문 우측의 기둥이다. 이런 형태는 〈영조법식營造法式〉에 실려 있는 '오두문烏頭門'과 매우 비슷하다. 큰길 쪽으로 대문을 설치하는 것이 가문의 근원으로서, 상층 귀족의 특권을 나타내는 것이다. 리우둔전劉敦楨 선생은 〈패루산례牌樓算例·서언緒言〉에서 말하길, "고대 민간인 거주 구역을 조사해보면, 이문里門을 여閭이라 하고, 선비 중에 덕행이 훌륭한 이가 있으면 특별히 그것을 표창하여 문에 방을 붙이는데, 그것을 '표려表閭'라 부른다. 위진 이후에는 방坊이라고도 했는데, 사실 그 의미는 같은 것이다." 라고 하였다. 방문坊門이 패방의 직접적인 근원이라는 것을 알 수 있다. 패는 방문위에 달아 덕행을 표창하는 편액을 말한다. 량쓰청 선생은 〈돈황 벽화에서 보이는 중국 고대 건축〉에서 돈황 석굴 가운데 궐형 벽감壁龕을 예를 들어 북위 시대의 연궐連闕이 발전을 거친 후에 후세의 패루가 되었다고 추측하였다.

명나라에 이르러 패방은 궐의 위치를 대체하였다. 방이지方以智의 〈통아通雅〉의 기록이다. "사대부 벌열閥閱의 문을 궐이라고도 한다. 당송경唐宋敬은 효와 의義로써 세상에 이름을 알렸고, 일문 육궐六闕로 존경을 받았다. 또 양염楊炎은 할아버지 철哲, 아버지 파播와 함께 3대에 걸쳐서 효행으로 이름을 날렸고, 문에 육궐을 세웠다. 궐은 액額을 말한다." 명십삼릉 능원의 입구에 석패방을 볼 수 있고, (삽

[삽도 9-21] 명 십삼릉의 패방

[삽도 9-22] 청동릉 입구의 망주(상)

[삽도 9-23] 베이징대학 구내에 있는 화표(하)

도 9-21) 청동릉青東陵 입구에 망주望柱 한 쌍을 볼 수 있다.(삽도 9-22) 명청 시기에 주표柱表 또는 패방은 여러 건축물의 축선 양측에 짝을 이뤄 서 있다. 그것을 통해 경계를 확정하거나 분위기를 돋궈주는 배치인 것이다. 중국의 많은 도시와 농촌에서 우리는 부피가 크지 않은 패방을 볼 수 있다. 물질적 가치는 크지 않지만 사람들에게 깊은 인상을 준다. 그 건축 예술상의 성과는 매우 크다고 할 수 있다.(삽도 9-23)

5. 궐闕과 사공司호

외견상 관은 독립된 건물이고, 궐은 일정 거리를 두고 독립된 두 건물이 합해져서 이루어진 집합 건물이다. 건축물의 물질적 의미에서 말하자면 양자는 구별이 없는 듯 하다. 둘은 토대 위에 지어진 목조 누각일 수도 있고, 전체가 목조로 된 높은 누각일 수도 있다.(삽도 9-24) 하지만 건축의 전체적인 의미에서 말하자면 관의 구조가 어떻게 변하든지 그 실체의 사용 기능은 시종일관 크게 변하지 않았

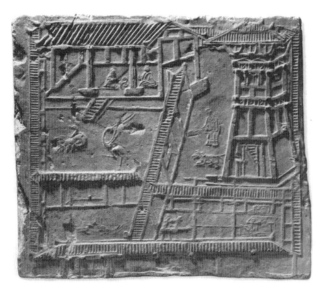

[삽도 9-24] 청두 양자산 한대 화상
석에 그려진 궐

다. 궐은 다르다. 궐은 처음에 실체가 없었다. 하지만 장기적인 발전을 거친 후에 표지성이 매우 강한 실체로 나타났고, 동시에 의미심장한 축선이 강화되었다. 바꿔 말해 관의 변화는 작아서 물질적 차원의 간단한 함의만 있고, 궐의 경력은 복잡하고 다양해서 물질과 정신 두 측면의 함의를 가지고 있다. 만약 간단한 도식으로 표현한다면, 관은 태극팔괘도太極八卦圖에서의 양효陽爻이고, 궐은 두 양효가 합성된 음효陰爻와 비슷하다. 전자의 장관은 구체적인 거대함에서 드러나지만 그것이 전부이다. 후자의 위엄은 추상석인 허공 속에 숨겨서 있어서 높고 깊은 의미를 함축하고 있다. 중국의 산수화에서 화가가 고심하여 남겨 놓는 부분의 미학적 가치는 애써서 칠하는 점, 선, 면에 못지 않은 것과 같은 것이다.

허공은 중국 문화이자 중국 건축의 근본 요소 가운데 하나이다. 3,000년 전 북방 사람들이 오랜 세월 절벽에 동굴을 파헤쳐온 경험을 정리한 선현들은 허공의 본질적 의미에 대해 이미 알고 있었던 듯하다.

기자箕子가 무왕武王에게 '홍범구주洪範九疇'를 주었다는 전설 속에서 '거주민의 공간을 관리하는' '사공 司空'이 창설되었다. 〈도덕경道德經〉의 언급이다. "흙을 빚어 그릇을 만드나 그 비어있음 때문에 그릇의 쓸모가 있고, 문과 창을 뚫어 방을 만드나 그 공간이 비어있기 때문에 방의 쓸모가 있다. 그러므로 있음의 이로움은 없음의 쓰임 때문이다." 노자의 어록은 국내외 건축가들이 즐겨 인용하지만 꼭 일지하시는 않는나. 우리는 노사 빛 그 이전의 공간과 관련된 개념은 모두 횡허 중류지역에서 혈거를 주요거주방식으로 한 상고시대의 사실에서 비롯되었다고 인정한다. 이 사변적인 말에서 노자는 실체와 허공이라는 두 개념의 상대관계를 찾는데 진력하고 실체의 형태는 반드시 허공의 요구를 만족시켜야 하며 허공의 심상은 완전히 실체에 의해 결정된다고 하였다. '유형'의 실체는 '무형'의 허공을 확정하고, '무형'의 허공은 '유형'의 실체에 기능적 의미를 부여한다.

하나라와 상나라 시기의 문헌은 부족하지만 고고학적 발견에 의하면 문화 중심지인 황허 중류 지역에서 요동窯洞이 여전히 주요 주거용 건축임을 알 수 있다. 공자가 높이 받들었던 주나라의 제도 설계 중에는 '허공虛空'의 요소가 담겨 있었다. 대신들 중에 지위가 가장 높았던 삼공은 사마司馬, 사도司徒, 사공司空이었다. 우 임금이 일찍이 순의 '사공'을 맡은 적이 있었는데, '총재家宰'에 해당하는 자리였다. 〈논어論語·헌문憲問〉편에 "임금이 죽으매 백관들이 모두 총재의 말을 들었다."고 하였다. '사공' 직책은 후대의 재상에 해당하여, 일인지하, 만인지상이었다. 춘추시대에 진晉나라와 노魯나라 등은 대사공을 설치하였는데, 토목공사를 주관하였다. 공자는 대사구大司寇에 취임하기 전에 짧은 기간 동안 대사공을 보좌하는 소사공을 한 적이 있었다. 〈공자가어孔子家語·상로제일相魯第一〉의 기록이다. "이에 이듬해 정공定公은 공자를 사공으로 삼았다. 땅의 성질을 다섯 가지, 즉 산림, 강물과 연못, 구릉, 분묘, 습지 등으로 구분하여 각각 그 성질에 따라 작물이 알맞게 자라게 하였다." '사공'편은 원래 〈주례周禮·동관冬官〉에 기재되어 있었는데, 후에 '동관'이 없어졌고, 서한 무제 때에 하간왕河間王 유덕劉德이 〈고공기考工記〉에 보충하여 넣었다. 이 당시 '사공'의 지위는 낮아져서 현재의 건설부 장관 정도가 되었다고 여겨진다. 한나라 성제成帝 수화綏和 원년(기원전 8년) 어사대부御史大夫를 대사공으로 바꾸었는데, 그 성격과 이전의 사공과는 다르다. 애제哀帝 때에 옛 명칭을 되찾았다가 나중에 다시 대사공으로 바꿔서 대사도大司徒, 대사마大司馬와 함께 3공으로 불리면서 국정을 책임지는 장관이 되었다. 동한 때에는 사공으로 불렸고, 헌제獻帝 건안建安 13년(208년) 사공을 파하고, 다시 어사대부로 바꾸었으며, 직무는 동일했다. 진晉나라 때에도 팔공의 하나로서 사공을 두었는데, 지위가 높았고, 남북조에도 이어졌다. 수나라와 당나라 때에도 삼공의 하나로서 사공을 두었지만 직함뿐이었고, 별도로 공부상서工部尚書를 두었다. 송대 역시 사공을 두기는 했다. 요나라와 금나라까지 이어지다가 원 이후에 폐지되었다. 명청대에는 공부상서의 별칭이 되었다.

주목할 점은 '사공'이라는 용어의 변천과 직책의 축소가 단지 텍스트의 변천이 아니라 주류사회 이데올로기 변화의 본질적 반영이라는 점이다. 구체적인 문제를 다루는 〈고공기〉가 이론적인 것을 다루는 〈허공〉을 대체했다는 사실은 의미심장한 일이다. 글자 그대로의 '공간'을 담당하는 사공은 실제 업무에서 실제 공정,

더욱이 토목 공사를 전적으로 담당하였다. 마지막으로 사공의 직무를 '장작감將作監'이 이어받게 되어 사공은 정말 이름만 있고 실권은 없는 '텅 빈空' 업무를 맡게 되었다.

진한 이후 이러한 변화발전은 중국 고대 건축문화가 전체적으로 허虛에서 실實로, 웅장함에서 미시적으로, 정신에서 물질로 옮겨갔음을 충분히 반영해주고 있다.

춘추시대의 실용적인 관觀으로부터 전국시대 예의의 궐闕에 이르기까지, 그리고 다시 명청 시대 오분午門과 화표華表에 이르기까지 2,000여 년의 역사가 흘렀다. 이 과정에서 건축이 지향하는 바와 할 수 있는 바가 모두 중대한 변화를 겪었다. 샤오모蕭默는 "건축의 종류는 대개 눈에 보이는 건축물로 주로 존재하며, 정신적인 기능만 가지기 전에는 실용적인 건축으로, 물질적인 기능이 주로 발달된 단계가 있기 마련"이라고 말했다. 건축에서의 이 현상은 학자들이 탐구해볼만한 가치가 있으며, 지금까지의 건축사 연구에 대해 말하자면 상황은 낙관적이지만은 않다.

'허공'이나 현재 유행하는 이른바 '공간'은 건축계에서 떠들썩했다. 무위를 표방하고 허영에 집착하는 노장학파만이 이렇게 심오하고 간교한 안목을 가지고 있다고 생각하는 사람들이 많다. 사실은 그렇지 않다. 유교는 그런 점에서 똑같은 예지를 갖고 있다. 공맹의 학문이 중국에서 2,000년 동안 독보적인 인기를 누린 데에는 지금도 매력이 남아있기 때문인데, 관건은 공맹의 학문이 동시에 받아들이는 지혜에 있다. 이를테면 변화가 많아 포착하기 힘든 중국의 전통 원림은 장기간 노장철학의 구현으로 간주되었다. 그러나 최근에 일부 학자들은 이를 깊이 연구한 결과 그 중의 요소가 도가에서 나왔을 뿐만 아니라 유가와도 관련된다는 것을 발견하였다. 만약 서양 철학을 참고로 삼는다면, 우리는 사실 중국의 유가와 도가 두 집안이 실제로는 같은 뿌리이고, 모두 대자연의 법칙에 대해 상당히 철저하게 이해하고 있다는 것을 어렵지 않게 알 수 있다. 예를 들어 〈주역〉은 도가와 유가 두 집안의 중국문화 공통의 원천이다.

〈역전易傳・계사상繫辭上〉에 이르기를 "형이상은 도라고 하고, 형이하는 기器라고 한다"고 했다. 어떤 의미에서 '궐'과 '관'의 변증관계는 건축물의 도기道器의 구분의 미묘한 반영이기도 하다. 고대부터 지금까지 '관'은 높은 곳에 올라 멀리 바라볼 때의 원초적 기능에서 벗어나지 않았다. '궐'은 점차 조정 권위의 대명사로 되었다. 실체의 관점자리는 독립적이지만 허공의 궐은 반드시 한 쌍의 실체의 조합으로 구성되어야 한다. 관과 궐의 변화는 일체의 규모나 형태나 제도의 확대에 있는 것이 아니라, 건축그룹 내에 예제 의식이 구현되는 데 있다. 전자는 보기에는 기능이 명확해 보이지만 정신방면의 내용은 상대적으로 빈약하다. 후자는 노자의 이른바 '하는 것도 없고, 하지 않음도 없다'에 적응하여 아무런 실제기능도 없는 듯 하면서도 지극히 높은 위엄을 구체적으로 담아냈다. 좁은 의미의 건축의 관점에서 볼 때, 관과 궐은 같은 재료를 사용하여, 같은 구조의 방식을 취할 수 있다. 그러나 궁과 궐은 영원히 두 종류의 서로 다른 건축물로 의식적인 면에서 이들의 역할은 동일할 수 없다. 다시 말하면 관은 지면에 많이 남아있고 궐은 중국문화 특유의 상층계통에 승화되었다.

일반적으로 웅장한 궁궐은 역사문헌에 나오거나 박물관의 소장품이 되었지만, 각 종류의 궁궐은 세월의 흐름에 따른 깊은 여운이 아직도 생생하게 남아 있다. 우리가 흔히 볼 수 있는, 대개 짝을 이루어 서 있는 망주望柱, 화표, 심지어 문돈門墩까지, 그것들은 도처에서 무심코 존재하는 듯 하면서도 안내와 경계 그리고 심지어는 겁을 먹게 하는 역할을 하고 있다. 교과서에서는 흔히 그것들을 건축소품이라고 하는데, 물질가치는 미미할 수 있지만, 정신적인 측면에서는 유구하면서도 기발한 생각을 내포하고 있다. 여전히 당혹해하는 중국 당대 건축가들의 창작 영감을 그로부터 얻을 수 있을까?

성문 성루와
구조의 집착

—

1. 성문의 허와 실
2. 성루 하부의 지탱구조
3. 에펠탑의 테두리

성문 성루와 구조의 집착

고고학 자료에 따르면 신석기말기에 이르러 고성유적의 성문은 출입구만 있고 문짝과 성루는 없었다. 문짝과 성루의 빈자리는 때로는 필요가 없기 때문에 건축 기술이 부족할 수도 있다. 건축재료 선택과 구조방면의 상식이 알려주는 것처럼 천연원목을 사용하는 경우 목재 간이들보의 경간은 5m 가량이고 최대한 10m를 초과하지 않는다. 그러나 실용적 측면에서 볼 때 성문의 너비는 일반적으로 5m를 초과하기에 문짝 또는 성루의 구조처리에 어려움이 많다. 게다가 방어면에서의 견고성에 대한 요구로 말미암아 초기 인류는 성루처럼 무거운 수직하중을 효과적으로 지탱할 수 있는 큰 경간의 수평구조를 성공적으로 실현할 수 없었다. 이 면에서 유럽인들이 앞장서서 같은 유형의 문제를 해결한 것은 벽돌아치형을 비교적 일찍 사용한 것이 중요한 관건이었다. 중국 선조들은 목조 기둥과 들보 체계를 고집해 아치형 구조를 받아들이기 어려웠다. 대경간의 기술문제를 실제적으로 해결하려면 아직도 오랜 시일이 걸려야 했다. 벽돌, 돌, 아치형의 공석이 부족한 상황에서 서한시기 성루가 나타난 것은 대부분 목구조의 사다리형 조합들보 덕분이다. 이런 대체적인 기술수단은 송나라와 원나라 때까지 지속됐다. 결국

이 과정을 마무리한 것은 벽돌 아치형의 보급이었다.

1. 성문의 허와 실

초기 도시는 진정한 의미의 성문이 아니라 성벽에 출입을 위한 빈 공간을 하나 설치했다. '비어 있음缺'은 '궐闕'과 통하고, 성벽의 빈 공간과 궐의 기원은 밀접한 관계가 있다. 성문은 방어상의 취약 부위로 망루를 설치하여 방위를 강화해야 하는데, 망루는 쌍을 이루는 대관 또는 궐의 전신이다. 궐은 나중에 궁문의 대명사가 되었다. 명나라 주기周祈가 펴낸 〈명의고名義考〉에서 다음과 같이 기록되어 있다. "옛날에 궁에는 두 대를 문밖에 두었다. 위는 둥글고 아래는 네모 모양으로 두 관을 마주보게 세웠다. 가운데에는 문을 두지 않았고, 문은 양쪽에 있었다. 중앙에는 길을 냈다."

허난 용산문화 시기의 화이양 핑량타이 고성 유적지에서 궐의 최초 형태가 발견되었다. 성 둘레는 정사각형 모양으로 되어 있고, 남쪽 성벽에 출입용 구멍이 있었는데, 너비가 7.8m였다. 당시 조상들은 성루를 지탱할만한 장치를 만들 능력이 없었고, 넓은 문짝을 제작할 능력도 없었다. 따라서 구멍 양쪽에 흙벽돌로 지나치게 넓은 구멍을 막아 수레 한 대가 지나갈 수 있을 성노인 약 1./m만 남겨놓았다. 이 구멍 양쪽에는 방어용 시설을 설치하였는데, 이것이 궐의 원류일 가능성이 있다.

주대에 와서도 성문 구멍 입구에 성루를 설치할 수 있는 수준의 구조기술이 없었고, 방위를 강화하기 위해 구멍을 깊게 하는 방법을 많이 사용하였다. 제나라 고도 임치臨淄는 주대周代의 가장 큰 도시 중 하나로서, 서쪽은 계수系水이고 동쪽으로는 치하淄河가 흐른다. 기원전 859년 제헌공齊獻公이 박고薄姑에서 천도하였고, 기원전 221년 진秦에게 멸망당하기까지 638년간 제나라 도성이었다. 제나라 옛 성은 크고 작은 두 성으로 나뉘는데, 소성이 궁성으로, 그 서북쪽에 하나의 토

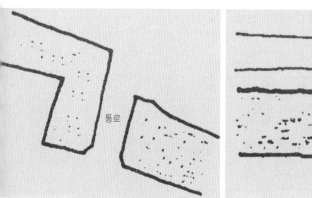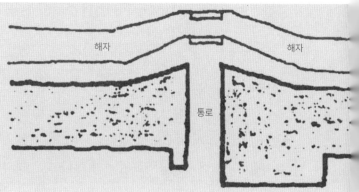

[삽도 10-1] 임치 제대성의 동북문(상)
[삽도 10-2] 임치 제소성의 동북문(하)

대만 남아 있어 속칭 '환공대桓公臺'라 불린다. 고증을 거쳐 성벽은 서주 시기에 존재하였고, 춘추전국과 서한 때에 여러 차례 보수공사를 했다는 사실이 밝혀졌다. 성벽은 흙을 다져 지세에 따라 건설되었고, 기초 너비가 20~30m이다. 성문은 여러 개가 있었고, 문도門道 너비는 8.2~20.5m이다. 그 가운데 대성 북원동北垣洞(삽도 10-1), 소성 북원동(삽도 10-2) 및 소성 동쪽 세 성문의 너비는 각각 12m, 10m, 10m이다. 세 곳의 성문 구멍 양쪽의 담장은 모두 유난히 두텁다. 비록 두텁게 하는 수법은 각기 다르지만 목적은 구멍을 세로방향으로 길게 연장함으로써 적들이 공격을 막거나 지연시키려는 데 있었다는 사실을 알 수 있다.

대략 전국시대에 이르러 건축기술의 발전으로 문의 방어 능력은 크게 강화되었다. 양관兩觀의 실용적 의미는 감소되었고, 예의상의 중요성은 향상되었다. 원래 허공을 가리키던 '궐'이 이제는 실체로서의 누각이 되었고, 반드시 짝을 이루어 출현하게 되었다. 하나의 관이 서게 되면 물질적인 의미의 기능만을 가지게 되고, 두 관이 마주서게 되면 축선이 자연스럽게 형성되어 위엄을 보이게 된다. 〈백호통의白虎通義〉에 문과 궐에 관의 정의가 나와 있다. "문에는 왜 반드시 궐이 있어야 하는가? 궐은 문을 꾸며주고, 존비를 구별해준다." 궐에 대한 푸시니엔傅熹年 선생의 해석은 매우 수수하다. "그것의 초기 형태는 고대 탁 트인 성벽 출입구

양측의 망루였다. 사람들이 대형 건물을 지을 수 있게 된 이후로 성문 바깥쪽의 위엄있는 건축물로 바뀌었고, 방어기능은 점차 약해졌다." 초기에 대형 건물을 짓는 구체적 방법을 우리는 알지 못한다. 하지만 대략 춘추시대에 성벽의 출입구는 활짝 열어놓은 것이 아니라 문을 오르내리게 하는 장치로 방어에 임했다는 사실을 인정할 수 있다. 〈좌전左傳·양공襄公 10년〉의 기록이다. "복양偪陽 사람이 성문을 열자 제후의 군사들이 성문을 공격했고, 복양 사람이 현문懸門을 내리자 추의 대부 흘紇이 두 팔로 문을 떠받쳐 안에 있던 병사들이 나올 수 있게 하였다." 여기에 기술된 사건은 기원전 563년에 발생한 일이다. 진晉나라가 각 제후국을 이끌고 복양을 공격할 때 수비군이 항복하는 체 하면서 성문을 열어 적들을 성안으로 유인하여 곧바로 현문을 내려 포위하고 섬멸하려 한 것이다. 이 중요한 순간에 공자의 부친인 숙량흘叔梁紇이 두 손으로 현문을 떠받쳐 같은 편을 구했던 것이다. 공자는 부친의 신통한 힘을 이어받아 힘으로 문을 들어 올리는 것으로 이름을 날렸다고 한다. 〈열자列子·설부說符〉에 이르기를, "공자는 힘으로 성문을 열 수도 있지만 힘으로 이름을 날리고 싶어 하지 않았다."고 하였다.

〈좌전·장공莊公 28년〉의 기록이다. "여러 병거가 순문을 통해 들어가 성 안 대로변의 시가지에 이르렀다. 그런데도 내성의 현문이 내려있지 않았다. 초나라 병사들은 수군대며 성밖으로 나왔다." 〈양공襄公 26년〉의 기록이다. "(초나라 병사가) 악씨樂氏를 건너 사지량師之梁 성문을 공격했다. 정나라는 현문을 내리고 응전하지 않았으며 적 아홉 명을 잡았다." 이 기록들은 모두 당시 현문이 당시 성문에서 항상 사용하는 시설이었음을 말해주는 것이다. 춘추시대와 전국시대가 교차하는 시점에 살았던 묵자는 방어 공사의 전문가였다. 그는 〈묵자墨子·비성문備城門〉에서 현문에 대한 전문적인 소개를 하고 있다. "무릇 성을 지키는 방법은 성문에 대비하여 매다는 현문과 이를 들어 올렸다 내렸다 하는 장치를 마련해야 한다. 길이는 2장, 너비는 8척, 이런 것을 두 개를 똑같이 만든다." 춘추 전국시대의 1척은 24.63cm이니 한쪽 문짝의 면적은 다음과 같이 계산된다. (24.63×20)×(24.63×8), 약 9.7m²이고, 평균 두께는 4촌, 즉 9.852cm로서, 목재 평균 중량은 매 입방m

당 500kg으로 계산하면 문짝 무게는 약 478kg이 된다. 현재 중량급 역도 세계 기록이 266kg이니 문짝의 무게에는 한참 미치지 못한다. 춘추시대 숙량흘叔梁紇이 문을 떠받친 고사가 만약 사실이라면 그 힘은 엄청나다고 할 수 있다. 당시 맹헌자孟獻子가 감탄하며 했던 말처럼 이야말로 전설적인 호랑이 같은 힘이 아닐 수 없다.

2. 성루 하부의 지탱구조

문구멍 위에 성루가 보편적으로 나타나는 것은 대개 서한시기의 중기와 말기에 이르러서이다. 성루와 같이 크고 무거운 건축물을 모두 허공에 있는 문구멍 위에 놓고 그 아래부분에 반드시 완벽한 경간구조기술을 사용해야 한다. 그러나 그 어떤 대규모적인 기술과 경제문제를 단번에 해결할수는 없다. 동한의 화폭에 나타난 두 관의 서로 다른 유형의 연결 부품이 바로 중간 단계의 각종 실험 결과일 수 있다. 그 이름은 '부사罘罳'라고도 한다.(삽도 10-3) 성루가 일단 발전하게 되

[삽도 10-3] 동한 암묘의 처마 하나에 이어진 쌍궐

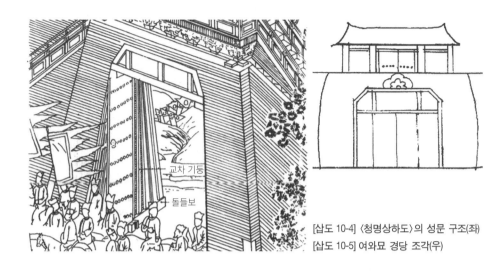

교차 기둥

돌들보

[삽도 10-4] 〈청명상하도〉의 성문 구조(좌)
[삽도 10-5] 여와묘 경당 조각(우)

면, 양관의 방어 기능은 약화되기 마련이고, 궐의 예의적 필요는 강화된다. 중국 건축사연구에서 이 변화과정의 의미는 매우 중요하다.

1950년대 고고학적 발굴 자료를 보면, 서한 장안의 성문 위에 성루가 있었다. 장안의 성벽 사면 위에 각기 삼문을 설치했는데, 반고의 〈서도부〉에 나오는 말대로, "세 갈래 큰 도로에 열두 개의 통문이 있었다." 각각의 문에 세 개의 문도를 두었는데, 너비가 각각 6m이다. 한나라 마차의 궤폭이 1.5m이었으니, 4차선 규격이었던 셈이다. 문도는 다진 흙 위에 놓였고, 양쪽에 지보석과 나무기둥을 세웠다. 또 윗부분에 대들보식의 나무틀 구멍을 만들고, 가운데 부분을 문으로 하였다. 문도와 마주보게 하여 각각의 거리는 셋으로 나누었는데, 중앙은 황제 전용 도로이고, 양쪽은 관리들과 서민들이 다니도록 하였다.

이런 방법이 후세에 미친 영향은 최소한 1,000년간 지속되었다. 송나라, 금나라 시기의 관련 자료를 보면 성문 구멍의 윗쪽은 줄곧 기둥으로 지탱하는 목조 구조물이 하중을 견디고 있는데, 구멍 위에 여덟 팔자 사다리 형태를 분명하게 볼 수 있다. 〈청명상하도淸明上河圖〉에서의 성문 구조(삽도 10-4), 홍동洪洞의 여와묘 女媧廟 경당經幢의 성문 조각(삽도 10-5) 등이 그 예이다. 허베이 창리현昌黎縣 원영사 源影寺의 탑의 조각(삽도 10-6)은 이 건축법의 살아있는 모형이다. 타이안泰安 대묘岱

[삽도 10-6] 금나라 원영사 탑의 일부(상)

[삽도 10-7] 타이안시泰安市 대묘岱廟의 사다리꼴 구조물(좌)

[삽도 10-8] 타이안시 대묘의 교차 기둥(우)

[삽도 10-9] 위면관의 문동

廟의 구멍 위에 남겨진 여덟 팔자 목조 구조물(삽도 10-7)을 볼 수 있고, 그 문도 양쪽의 돌 위에 세워진 목재 기둥도 볼 수 있다.(삽도 10-8)

　근원을 거슬러 올라가면, 이런 여덟 팔자 사다리꼴 구조는 매우 오래된 경험에서 유래한다. 처음에는 천연적으로 만들어진 삼각형 구조에서 시작되다. 삼각형 구조는 실로 자연의 조화로 인공적인 필요가 없다. 서한의 장성 옥문관 유적지에서 구멍이 떨어져 나간 후 윗부분의 성벽이 자연스럽게 삼각형 뾰족한 아치가 형성되었다.(삽도 10-9) 춘추시대에 가난한 사람들이 담장의 조그만 문으로 삼았고, 윗부분이 삼각형으로 되어 있어 원래는 필요했던 인방을 하지 않아도 됐다. 이에 따라 이 문은 가난한 사람들이 드나드는 문이 되었다.

　〈설문〉에서는 "규閨는 특별히 세운 문으로, 위는 둥글고 아래는 각이 져 있으며 규圭와 비슷하다."라고 하였다. 허난 상수현商水縣의 부소성扶蘇城에 전국 말기 진秦나라 양성陽城 유적지가 있는데, 그 외성 지하에 오각형 도자기 수관이 묻혀 있는데, 길이가 42.5m, 높이 75cm, 바닥 너비는 55cm, 관벽의 두께는 4.5cm이다. 이 수관의 단면 또한 '규두'라는 것을 알 수 있다. 땅에 묻힐 때부터 윗부분에서

[삽도 10-10] 뤄양 서한의 돌무덤

전해져오는 거대한 압력을 견뎌낼 수 있도록 되어 있다. 전국시대 말년부터 지하 묘실의 꼭대기는 항상 벽돌로 가운데가 비도록 하였고, 어떤 묘실에서는 공간의 높이를 확대하기 위해서 원래 묘지 꼭대기 벽돌을 서로 마주보게 하여 삼각형 형태를 이루도록 하는 동시에 묘지 지붕이 견뎌낼 수 있는 강도를 향상시켰다.

서한 때, 삼각형의 "규두圭竇"는 큰 척도의 팔자 사다리꼴 구조로 진화하였다. 뤄양에서 출토된 서한 벽돌무덤과 같이 이러한 구조의 힘을 받는 상태는 트러스와 유사하게 중앙 수평부품의 경간이 크게 줄어들기 때문에 그 무게를 받는 성능이 단일 가로보보다 훨씬 뛰어나다. 목재 프레임 시스템이 오랫동안 주류를 이루고 있는 중국에서는, 이 팔자 사다리꼴 구조가 벽돌 아치의 대역으로서 상부의 거대한 하중을 견딜 수 있는 한편, 중국 전통적인 들보식의 큰 나무 프레임의 형태적 특징을 상당 부분 유지하고 있으며, 형태적으로 중국적 특색을 유지하고 있어서 후세에 널리 인정받고 받아들여졌다.

한대부터 시작된 오랜 유행을 거치면서, 팔자 사다리꼴의 목조 구조가 나날이 사람들의 마음을 파고들어 중국 전통 건축의 중요한 기호가 될 정도가 되었다. 네이멍구와 헤링기어林格尔 한묘漢墓 벽화가 나무 구조의 거용관居庸關 성문 위쪽에 팔자 사다리 모양으로 그려져 있다. 원나라 지정至正 5년(1345년)에 이르러 거용관 운대雲臺 전체를 돌로 개축할 때까지 성문 입구 위쪽에는 이런 형식이 유지될 정도로 생명력이 강했다.(삽도 10-10) 원나라 대도大都의 석공이 아직 활 모양 아치 형태를 쌓는 기술을 익히지 못한 탓일까? 답은 부정적이다. 중국 건축사의 연구는 그 원류를 탐색하는 것이 분명하지 않음에도 불구하고, 반 원호형 아치가 지하묘장에 사용하는 것이 이미 한대에 크게 성숙되었고, 원호형 아치를 지상의 교량에 사용한 것이 수대에 크게 발전했다는 것을 보여준다.

지상에서 불탑을 제외한 높은 등급의 건물에서 늦은 시기까지 벽돌 구조의 활 모양의 아치가 올바르게 사용되었다. 현재 알려진 최초의 실물은 남송 가정嘉定 연간에 다시 지어진 것으로 보이는 안후이 서우저우성壽州城 벽돌 아치 문으로서, 남아 있는 성 벽돌을 유심히 살펴보면 '건강建康 도통都統 허준許俊'이라는 글자가 새겨져 있다. 또 역사 사료 이미지를 통해서, 남송 중기의 정강부성靜江府城, 지금의 광시廣西 꾸이린桂林에서도 벽돌 구조의 반원형 아치가 성문 입구 꼭대기에 대거 사용된 것으로 확인됐다. 남송 때에 꾸이린시 북쪽의 앵무산鸚鵡山 백암벽에 새겨진 정강부 성도는 본체 성벽에 총 18곳의 성문 상부에 모두 아치형 아치를 사용하였으며, 외곽의 양마성陽馬城 꼭대기 부분에는 이미지는 실물은 아니지만 세밀한 부분까지 사실적으로 그려 신뢰성을 크게 높였다. 송원 시대에 실제 만들어진 아치형 성문의 실례 중에는 원 대도 화의문和義門(청 베이징 서직문) 옹성甕城 전루前樓의 문도 있었는데, 그것은 1969년에 성벽 성문 전체를 철거하는 과정에서 모습을 드러냈고, 지금은 사진으로만 남아 있다. 남은 성문의 높이는 22m, 길이는 9.92m, 너비는 4.62m, 안쪽 높이는 6.68m, 바깥쪽 높이는 4.56m, 문 안쪽에는 원나라 지정 18년(1358년)이라고 적혀 있다. 원나라 말년에 의군이 벌떼처럼 일어나, 이전에 큰일을 일으켜 성벽을 무너뜨렸던 몽골의 통치자가 마침내 성의 방어시설을 보강하기에 이르렀다. 화의문 옹성 전루를 세운 시간은 거용관 운대(삽도 10-11)보다 13년밖에 늦지 않았고, 지리적으로 매우 가까웠다. 하지만 두 곳의 외관 모습은 큰 차이가 있다. 화의문 옹성 전루는 수도에 있었지만 그 기능이 군사방어용이었고, 거용관 운대는 탑의 기초였다. 게다가 그 문 안의 돌벽에 아름답고 정교한 부처, 보살 조각과 기념비적인 명문이 가득하여, 그 정신적인 기능과 지위가 높고, 실용성 면에서 함께 논의할 수 있는 것이 아니라는 사실을 우리는 주목해야 한다.

수주성문, 정강부 성문, 그리고 원나라 대도의 화의문 옹성 전루 성문의 벽돌 아치형 구조는 원나라 이전의 중국 석공들의 아치형 구조 기술능력을 보여주는

[삽도 10-11] 거용관의 문동

것이다. 형이하학적인 기술적 측면에서 답을 찾지 못하는 상태에서 우리는 형이 상학적인 문화 측면에서 운대 아치 하부 윤곽이 활모양을 버리고 사다리 형태를 취한 진정한 원인을 찾아보게 된다. 사다리 형태에 대한 집착은 선조들의 목조 시스템에 대한 선택이 선진 이전에 이 시스템을 지고무상의 자리로 확립시켜 놓 았고, 목재 이외의 다른 재료와 대들보와 기둥 이외의 다른 구조는 모두 그 다음 에 위치시킬 수밖에 없었다. 운대 문 설계의 간접적인 기원은 중국 전통 건축에 서 오랜 기간 주류적인 위치를 차지해 온 대들보식 목조 구조였다. 직접적인 기 원은 고대 성문 꼭대기의 무게를 견뎌내는 목조 구조, 즉 한나라 때부터 송나라 때까지 보편적으로 사용된 기둥을 나란히 세워 지탱하는 사다리 형태의 목조 구 조 트러스였다. 운대는 거용관의 관성 내에 위치하고 있어, 직접적으로 적들의 공격을 받는 외부의 성문과 비교하여 군사적인 의미가 비교적 작고, 종교나 의식 상의 의미가 비교적 크다. 다시 말해, 그 방어 기능이 수주성문, 정강부 성문 및 화의문 옹성 전루 성문과 비교해서 완전히 다르다는 것이다. 아치형과 비교해서 견고성 면에서 좀 부족하다는 것이다. 하지만 방어적 성능에 대한 요구가 크지 않으면 이 것은 문제가 되지 않는다. 외관형식이 선택을 허용할만한 상태가 되면 한 문화의 강대한 활력은 크게 힘을 발휘한다. 원나라 통치자들은 비록 몽골인이었지만 그들은 일찍이 송나라를 멸망시키기 전에

[삽도 10-12] 량쓰청의 설계한 량치차오의 묘정

'한나라 법'을 추진하였고, 쿠빌라이는 연경으로 천도한 이후에 더욱 정주이학을 힘껏 제창하였다. 이로 인해 필연적으로 한족의 전통적 건축형식은 알게 모르게 영향을 주게 되었다. 조금 분석을 해보면, 운대 성문 꼭대기를 만든 방법은 예전 목조로 된 성루를 애써 모방한 것이라는 사실을 알 수 있다.

중국에서 사다리꼴 형태는 구조로서의 실용적 가치나 이미지의 미학적 의미를 넘어서고 있다. 그것은 이미 중국문화의 대표적 기호가 되었고, 그것이 담고 있는 의미는 피상적인 말로 설명할 수 없을 정도가 되었다. 바로 이런 까닭에 량쓰청은 아버지 량치차오의 묘원을 설계할 때에 묘 정자 문의 윗편에 사다리꼴 형태를 선택하였다.(삽도 10-12) 동서양의 학문에 정통한 량쓰청이 이런 설계를 하기 전에 동서양 전통 건축의 차이를 꼼꼼하게 따져보았을 것임은 어렵지 않게 생각할 수 있다.

3. 에펠탑의 테두리

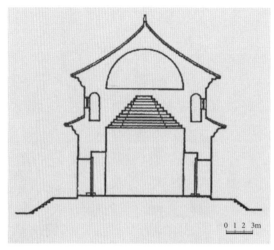

[삽도 10-13] 오대산 현통사의 무량전 단면도

목구조 체계에 대한 집착으로 인해 문 꼭대기의 사다리꼴 구조는 중국에서 천 년 이상 지속되어 왔으며 남송 때에 이르러 심각한 도전에 직면했다. 신형 화포의 포격을 잘 막아내기 위해 특히 전투가 치열한 지역에서 일부 성문의 상부 구조가 아치형으로 바뀌었다. 앞에서 언급했던 남송 당시 다시 지어진 수주성문, 또 남송 정강부 성문의 꼭대기에는 모두 아치 구조를 사용하였다. 원나라 몽골 제국의 세력은 유라시아를 넘나들었고, 동서양 문화 사이의 충돌과 융합은 필연적으로 일어났다. 이후 상황은 근본적으로 변화하여, 아치형 구조가 성문과 대형 건축물에서 점차 많이 사용되었다. 베이징 화의문과 양화루陽和樓가 그 예이다. 명나라 이후 무량전無梁殿(삽도 10-13)이 전국 각지에서 유행함에 따라 반원형 아치가 성문과 그 밖의 건축물의 문 윗쪽에 흔하게 쓰이는 방식이 되었다. 하지만 청대에 이르기까지 청대에 이르기까지도 전통형식은 그 완강한 생명력은 유지되었다. 명청 고궁의 정문, 즉 오문午門을 예로 들어보면, 그 북쪽의 오도문五道門 윗쪽은 전체가 아치 모양인데, 남쪽 오도문 윗쪽은 전부 가로들보 형상이다. 남쪽과 북쪽 또는 앞쪽과 뒷쪽은 관념과 실용면에서 각기 다르다. 건륭 연간에 향산香山의 정의원靜宜園 내에 지은 종경대소宗鏡大昭의 묘가 1860년 영국과 프랑스 연합군에 의해 불타 버렸는데, 돌로 된 붉은 기단이 지금도 남아 있다. 그 외관은 동서양이 혼합된 구조로 되어 있다.(삽도 10-14) 안으로 들어가면 반원형 아치로

[삽도 10-14] 향산 소묘의 문동 외관(좌)
[삽도 10-15] 향산 소묘의 문동 내부(우)

바뀐다.(삽도 10-15) 훗날 '중체서용'의 이상이 여기에서 기묘하게 해석되고 있음을 보게 된다.

나무 기둥 가로 대들보 체계에 대한 중국인들의 집착에 비해 아치형에 대한 유럽인들의 집착은 못지 않다. 100여 년 전, 프랑스인들의 억제할 수 없는 허영심을 만족시키기 위해 에펠탑이 지어졌다.(삽도 10-16). 에펠탑은 300m 높이로 설계사 겸 공사 책임자인 구스타프 에펠의 이름을 따서 지어졌다. 그러나 이처럼 기술을 과시하려는 기발한 발상은 유럽의 전통 건축에서 고집하는 미적 관습에 굴복하지 않을 수 없다. 철탑의 밑면 평면은 정사각형이고, 네 개의 받침돌의 간격이 모두 100m에 달하여 기좌의 안정성을 보장한다. 수직 구조의 하부는 주로 점차적으로 힘을 나누어 받는 두 개의 거대한 트러스의 조합으로 만들어지며, 상부는 신속하게 힘을 나누어 받는 뾰족한 형태로 되어 있다. 19세기 말에, 철제로 구성되었지만 실용적인 기능도 전혀 없는 대형 구조물은 분명 사람들에게 매우 강력한 충격을 안겨 주었다. 파리 정부 및 시민들은 한때 도시의 오래된 스카이라

[삽도 10-16] 에펠탑

인이 파괴될 수 있다는 우려로 철탑 구조의 안전과 안정성에 대해 의구심을 품은 바 있다.

에펠은 원래 구조와 스타일의 설계자이자 시공 방안으로 비계와 특수 공구를 모두 갖춘 설계자라는 자신감을 갖고 있었다. 그러나 그는 대중의 의구심이 어디에서 비롯됐는지를 알고 있었다. 아무래도 아치가 들어 있지 않은 매우 큰 건물이라는 것은 받아들여지기 어려웠던 것이다. 엄청난 사회적 압력에 직면하여 에펠은 성실 구조와 거짓 장식 사이에서 중대한 타협을 하지 않을 수 없었다. 개정을 거쳐 시행된 철탑의 기좌에 네 개의 거대한 반원 장식성 철골조(삽도 10-17)가 추가되었는데, 그것들은 사실상의 하중을 받는 구조 체계와는 관련이 없지만 에펠탑 받침에 덧붙여진 반원 장식적인 철골은 유럽 전통 건축문화에서 아치 콤플렉스의 뚜렷한 반영이다. 로마제국에 성숙된 돌아치 건축체계는 뿌리가 깊고, 유럽 건축사는 대체로 다양한 돌아치 구조가 번갈아 연출된 역사이다. 그러나 아무리 변해도 건축양식은 건축자재의 본성에 어긋나지 않는다. 석재의 역학적 특성은 매우 강한 압력으로 인해 극히 약하게 당겨지는 것으로 아크

[삽도 10-17] 에펠탑 하단 구조(상)
[삽도 10-18] 로마시대의 수도교(중)
[삽도 10-19] 유럽 중세기 성당 문의
아치(하)

아치 구조에서 쐐기형 부품이 완전히 눌린 상태와 정확히 일치한다. 따라서, 그리스가 이전에 주로 가로보로 기둥을 세운 구조 체계를 제외하고, 로마(삽도 10-18)에서 중세(삽도 10-19)로부터 오늘날에 이르기까지 2천년 유럽 건물은 일반적으로 아치 형태로써 그 맥을 같이한다.

반원 장식성 철골을 벗겨내면 에펠탑 받침에 있는 사실적인 형식이 바로 드러나고 원래 그 하중을 받는 구조의 몸통부분도 접선 사다리꼴로 되어 있어 거용관 운대 아치의 하부 윤곽 즉, 그 장식의 형식이 대체로 같다. 다만 운대와 철탑은 두 케이스의 허실이 서로 뒤바뀌었고, 중국인들은 활 모양을 숨긴 채 사다리꼴을 노출시켰고, 유럽인들은 사다리꼴을 숨긴 채 활 모양을 드러냈다. 이어 올려다보면 철탑을 더욱 잘 볼 수 있다. 호권에 가려진 기좌 사다리꼴 위에 사실 사다리꼴이 하나 더 있다. 비록 구도에서는 부차적인 과도 위치에 있지만 철탑은 300m 높이에 5분의 2 가까운 높이로 두 개의 굵은 사다리꼴을 겹쳐서 만들었기 때문에 단단하고 꼿꼿해 보인다.

18세기에는 야금 기술의 혁신으로 주철의 값싼 생산이 일어나 주철 구조가 다양한 건물에서 많이 쓰이게 되었다. 유럽 현대 건축의 부상은 주철과 콘크리트의 두 가지 재료 덕이 컸으며 주철의 선봉역할이 특히 두드러진다. 그러나 주철은 건축 분야에서 순탄치 않아 중국 역사에서 비목재가 당한 것처럼 비석재는 그리스 이후 유럽에서도 처음에는 단 한 걸음도 대아지당에 오르기 어려웠다. 주철재가 먼저 모습을 드러낸 것은 교량으로, 그 외관은 반원형 아치 모양으로 전통을 이어갈 수밖에 없었다. 세계 최초의 주철교는 1779년 잉글랜드의 슈롭 카운티에 있는 콜 부룩다일Coalbrookdale in Shropshire 강에 낙성되어 산업혁명의 성공의 상징으로 영국 국립박물관에 소장되었다.(삽도 10-20) 콜브룩다일 철교 반원 아치의 구조는 30m(즉, 100피트로서 영국인들도 '100척 형태'를 좋아하는 것 같다.) 몇십톤 무게의 부품이 모두 현지에서 주조되었고, 설치 공사는 겨우 3개월 만에 완성되었다고 한다. 이 주철 아치는 전통적인 아치형 돌다리에 비해 주 골조와 연결재가 매우 슬림해 보이지만 구조 계산은 여전히 재료를 너무 많이 사용하는 "초안전 설계"임을

[삽도 10-20] 영국 콜크릭 철교

보여준다.

　실제로 구스타프 에펠은 파리 엑스포 이전부터 철골 교량 설계에 종사한 선봉 엔지니어들의 일원이었다. 이들의 손에서 건축 재료로서의 주철은 많은 실험을 거쳤다. 18세기 말, 영국 엔지니어들은 철골을 다리에서 옮겨서 공업 플랜트에 사용했고, 이후 각 지역 정원의 온실에서 크게 시도했다. 1851년 런던 세계박람회의 주역인 '크리스탈 팰리스'는 엔지니어 조셉 파크스톤이 설계했는데, 이 영국인은 원예사 집안 출신이다. 세계적으로 유명한 크리스탈 팰리스가 여전히 신분이 낮은 가건물이라면, 다른 몇몇은 대개 함께 지어진 철제 유리 건물은 유럽인들의 눈에 색다른 것으로 보였다. 앙리 라브로스트Henri Labrouste가 1940년대에 디자인하여 지은 파리의 마자랭 도서관과 같이 시드니 스머크가 1950년대에 디자인한 대영박물관 전람실이 그 예이다. 철제 교량이나 철골조 구조물의 경우 아치의 구조기능이 완전히 사라진 것은 아니며 재료와 형식의 내재관계가 비합리적일 뿐이다. 에펠은 아치를 철탑의 기좌로 사용, 형식과 기능을 완전히 분리하면서도 철탑이 몇몇 도서관보다 더 큰 명성을 얻는 데 방해가 되지 않으면서 파리의 영구적인 아이콘으로 자리 잡았다. 기술사의 역설이지만 건축사의 묘미가 바로 여기에 있다.

거용관居庸關 운대雲臺의 문 꼭대기와 에펠탑 밑부분이 서로 반전된 구조로 동서양문화의 상반된 성격을 반영했다. 그것은 우리가 중국이든 유럽이든 전통적인 건물에서 구조와 형식 둘 사이의 저울질을 하는 것이 비록 근본적으로 구조적인 이성에 위배되어서는 안 되지만, 최종 결과는 반드시 문화의 선택에 의해 규제된다는 것을 깨닫게 한다. 과거 오랜 기간 동안 유럽 건축은 지난 상당 기간 중국 양식을 모방한 결과가 이도 저도 아닌 어정쩡한 결과가 되고 말았다. 중국 건축도 마찬가지 고통스러운 경험을 한 적이 있다. '고유문화'나 '민족문화'에 대한 논의가 1세기 가까이 진행됐고, '현대화'에 대한 추구가 반세기 가까이 진행됐지만 중국 건축이 뚜렷한 방향을 찾지 못하고 있는 듯 하고, 중국 건축가들의 당혹감은 점차 초조함으로 변해가고 있다. 아마도 현대 중국 건축은 큰 소리로 잠시 멈출 것을 외치면서 건축사들이 마음을 가라앉히고 심층적인 사고를 하도록 해야 할 것이다.

생태적 위기가 다가오고 있는 오늘날, 어떤 궁극적인 가치 판단도 충분히 넓은 시공간적 척도로 정확하게 이루어져야 한다. 문화적으로 어떤 것이 좋고 어떤 것이 나쁜지의 판단은 갑자기 결정되어서는 안 되며, 기술 역사상 장기간 유행되어 온 어떤 결론도 되돌아볼 필요가 있다. 유럽의 과학기술과 문화가 모두 앞선 것도 아니고, 중국이 벤치마킹할 것도 아니고, 중국 고대의 물질적 성취도 모두 기술적 과대평가를 받을 수 있는 것도 아니다. 수나라 조주교가 둥글게 쪼개서 만든 아치형 아치는 사실, 유럽 동일한 종류의 다리보다 700년 이상 앞서 있는 장점이 있지만, 우리가 이것으로 아치를 잘 아는 로마인 후손들 앞에서 수다를 떤다면 공자 앞에서 문자 쓰는 꼴을 면치 못하게 될 것이다. 추월에 열중하다가 서기 2세기에 로마의 만신묘를 세운 이탈리아인이 배웠어도 소화를 시키지 못하고, 다시 1,200년의 학습 끝에 피렌체 베키오 다리橋橋를 이해하게 되었다고 누가 믿

[삽도 10-21] 유럽 최초의 아치형 다리인 피렌체의 베키오 다리

을 수 있겠는가?(삽도 10-21) 경간이 43m에 이르는 고대 로마의 만신묘 반원 아치가 30m도 안 되는 베키오 다리의 편평한 아치보다 훨씬 쉽다는 말인가? 마음을 가라앉히고 답하는 유일한 답은 유럽인들은 완만한 원호 곡선보다는 빙 둘러싸는 반원을 선호한다는 것이다. 그 당시 그 지역도 중국인들과 마찬가지로 자신들의 문화적 선택에 집착하여 어떤 기능상의 불편이나 구조적인 부조리를 감수할지 언정 쉽게 전통을 포기하지 않았다.

과학기술과 인문사회는 인류 발전의 두 축이다. 과학기술 분야에서는 진리의 기준이 객관적이고, 혁신의식과 함께 학문의 한 세대가 한 세대를 넘는 현상이라는 데는 의심의 여지가 없다. 인문사회 분야는 어느 시기 어느 지역 상황의 시비를 판단할 수 있는 객관적 기준이 별로 없다. 예술사는 특히 이런 상황을 분명하게 보여준다. 중국의 경우 왕희지의 서첩 앞에서 후세 선비가 맹목적으로 따르지 않는 사람이 없고, 용문 석굴의 대불 아래에서 머리를 조아리지 않는 승려와 속세 사람이 없으며, 돈황 석굴의 어두운 방안에서 오늘날 여행객들은 먼지에 덮인 벽화의 찬란한 빛을 느낄 수 있다. 유럽의 경우, 사람들은 그리스 조각의 넘을 수 없는 아름다움에 놀라고, 고딕 성당의 최고봉에 감탄하며, 르네상스 회화의 아름다운 절륜을 마음에 새기게 된다. 이런 상황은 과학기술상의 "시대와 함께 발전한다"는 것과 현저히 상반되는 것인가? 인문사회와 과학기술 사이에 끼어 있는 건축은 오늘날 이른바 '교차학과'라 불리며, 그 학문적 위상이 애매하다. 건축은 때로 예술 분야에 포함되기도 하지만, 회화 조각만큼 감상 취미는 미치지 못하며, 역사적 유산에서 뛰어난 건축 작품의 매력은 영원히 지워지지 않는다. 현대 마천루가 하늘 높이 우뚝 솟았을 뿐, 높이만 놓고 보면 고대 건축물은 따라잡기 어렵다. 그러나 많은 중국인의 눈에는 웅장한 당송 시대의 전당이 따로 있고, 대부분의 유럽인이 보기에 기묘한 중세 시대의 성이 진정한 천국이다. 건축 분야에서는 단순히 기술적인 '선진성 여부'는 가치 판단의 기준으로 삼을 수 없고, 요즘 것을 중시하고 옛 것을 경시하는 태도는 엄격한 의문을 감당할 수 없다. 건축 사상 몇 가지 중요한 기념비는 전적으로 그 시대의 재료 강도와 공예 수준에 의해 결정되지는 않는다. 최근 몇 년 사이 좀 더 사려깊은 학자들이 진지한 사고를 한 끝에 인류의 건축행위에는 일종의 주관적 의도가 있고, 할 수 없는 것이 아니라 하지 않은 것이라는 사실을 깨닫게 되었다. 선진 시기 이래 중국 전통 건축물의 허름한 이미지는 물질이 부족하거나 기술이 떨어져 있는 것이 아니라 이후의 선택을 숙고하는 경우가 많다고 본다. 건축자가 토목재료에 집착하는 것이나 일을 주관하는 사람이 취락 입지에 관심을 갖는 것이나, 현명한 재상들의 '비루한 궁실'에 대한 관념 등이 그것이다. 벽돌 재료에 비해 흙과 나무는 쉽게 분해되거나 재활용하기 쉽고, 척박한 땅에 비해 명당은 생산 원가를 줄여주었으며, 사치스럽게 포장한 것보다는 비루한 궁실이 정권의 공신력을 높여주었던 것이다. 그리고 "할 수 없었던 것이 아니라 하지 않은 것"의 관련 현상은 우리 주변에서 늘 일어난다.

베이징대와 칭화대의 건축 풍격을 예로 들면, 전자는 중국풍이고, 후자는 서양풍이다. 이는 논쟁의 여지가 없는 공통인식인 듯 하다. 2003년 베이징대학 물리대학에서는 단과대 건물 정문을 꾸미기로 결정하였다. 입구 윗쪽에 원래 네모 모

양의 창문을 반원형 아치로 바
꾸기로 한 것이다. 학장은 공사
를 하고 나서 보고하는 방법을
택했다. 설계도가 베이징대학 캠
퍼스기획 위원회의 책상 위에 올
랐을 때 반원 아치형 창문은 이
미 완성 단계에 있었다. 위원들
은 이구동성으로 질책하면서 기
한 내에 철거하도록 하였다. 하
지만 물리학자들은 반원 아치가
선진 과학의 상징이라고 생각하
였고, 당초 계획을 포기하지 않
았다. 얼마 지나지 않아 우리가
물리 건물 앞에서 보게 된 것은
문 위에 가로방향으로 뻗은 차양

[삽도 10-22] 베이징대학 물리대 정문

이었다.(삽도 10-22) 2004년 여름에 베이징대학 탁구장 건축 설계방안 공모 과정에
서 원형 평면 설계방안이 네모 모양의 방안에 비해 매서운 심사를 받았다. 교외
전문가들을 포함한 평가심사위원회 회원들 가운데 다수가 원형과 베이징대학 건
축의 전통적 풍격이 충분히 어울리지 않는다고 생각하였다. 비록 필자는 당시에
웨이밍호未名湖 남쪽 기슭에 있는 원형 지붕의 정자처럼 수평 원형이 수직 원형과
는 다르다는 것을 특별히 설명하기는 했다.

　샤오모蕭黙 선생은 과거에 건축사를 다루는 사람은 현재 사회의 건축 상황에
대해 무관심할 수 없다고 의미심장하게 말한 적이 있는데, 필자도 깊이 동감한
다. 중국의 수도 건설은 현재 세계 건축사들의 관심의 초점이다. 최근 사방에 퍼
지고 있는 건축 관련 뉴스는 여러 논의들을 불러일으키고 있다. 유럽 대륙의 바
람이 갈수록 맹렬해지는 상황에서 우리는 마침내 베이징 중심의 금싸라기 땅을

에펠의 문하생에게 대여해 주어 프랑스 기술을 유감없이 보여주는 무대가 될 수 있도록 해주었다. 국가 대극장의 시공 현장은 뜨겁게 달아올랐다. 하지만 그 설계 구상에 관한 논쟁은 아직 끝나지 않았다. 폴 앤드루라는 프랑스인은 이제 막 중진국 대열에 들어선 이 나라가 엄청난 써서 전체적으로 아무 쓰임새도 없는 거대한 원형 지붕을 덮게 하였는데, 그의 생각은 헤아리기가 힘들다. 파리에 가본 사람들은 앤드루가 설계한 드골 공항 터미널에 대해 호감을 가지는데, 그 원인은 공간 조형이 품위 있다는 것 외에도 세부적인 처리도 한 몫 하였다. 비록 엄청나게 비싼 재료를 쓰기는 했지만 모든 기능, 특히 여행객의 몸과 멀리 떨어진 건축 부위는 거의 주물 콘크리트를 사용하였다. 사실 이것은 유럽 건축의 전통이다. 그들의 발달한 도시에서는 시청, 극장, 왕궁 등의 공공 건축물을 호화롭게 장식하는 것 이외에 4성이나 5성급 호텔을 포함하여 일반 건축물들은 실용성에 신경을 써서 화려함을 추구하지 않는다.

차제에 '제국주의 문화 침략' 운운하는 것은 우스꽝스럽지만 건축 식민주의가 우스꽝스러운 것만은 아니다. 건축가의 공리를 추구하는 본능은 제쳐두고 누구나 뿌리 깊은 문화적 귀속감을 가지고 있으며, 현대 세계에서 존경받는 유럽과 미국인은 말할 것도 없다. 수세기 전 동서양 해상 교통이 원활해진 이래 그들은 세계에 앞서 우선 중국을 구해준다는 거창한 소망을 결코 포기하지 않고, 스스로 옳다고 여기는 방식을 자주 취하면서 베푸는 것을 받아들이는 사람의 절실한 경험을 크게 걱정하지 않았을 뿐이다.

80년 전, 우호적인 미국인 건축가 헨리 머피는 중국에 와서 옌징燕京대학 교사를 포함해 많은 중요한 설계 의뢰를 받았다. 그의 창작 수법은 주로 정면이 서쪽을 향하는, 삼합원三合院과 중국식 대지붕이었다. 삼합원과 중국식 대지붕은 비교적 짙은 형이상학적 색채를 띠는데, 여기에서는 잠시 논의를 유보한다. 정면 서향의 수법은 사용 기능과 밀접하게 관계가 있고, 장단점 구별이 분명하여 본문에서 좀 토론해 보기로 한다.

중국 건축은 예로부터 '남향이 으뜸'이었다. 유럽 건축은 서향이 으뜸이었다.

각 도시에 우뚝 서 있는 교회당의 입구는 모두 서향이다. 입구를 보면 중국과 서양의 건물 방향은 90도 차이가 난다. 두 건물의 창문 방향이 일치하고 있다는 것을 어렵지 않게 발견할 수 있다. 중국의 남향은 건축물의 입구가 남쪽이고, 평면이 동서로 길며 남북으로 짧다는 것을 말하는 데 반해, 유럽의 서향은 건축물의 입구가 서향이고, 평면도 마찬가지로 동서로 길고 남북이 짧은 것을 말한다. 북회귀선 이북의 중국과 유럽으로 말하자면 채광과 통풍을 위해서 전등과 에어컨을 쓸 수 있다 하더라도 건축물의 평면 설계는 당연히 이렇게 된다. 하지만 머피는 이렇게 하지 않았다. 옌징대학의 건축 평면은 대부분 동서가 짧고, 남북이 길다. 이렇게 하여 입구가 어느 방향을 향하더라도 대부분 방의 창문은 모두 동이나 서향으로, 채광과 통풍은 모두 적합하지 않다. 견고함과 미관으로 말하자면 머피의 건축 작품은 대부분 상급에 속한다. 어떤 작품은 중국 정부가 국가 중점 문물보호단위로 지정하기도 했다. 하지만 사계절 이 방을 이용하는 사람들로 말하자면 조만간 내리쬐는 태양을 경험하게 될 것이다. 에어컨으로 기온을 낮춘다 하더라도 내심에서 우러나오는 칭찬을 받기는 힘들 것이다. 중국에서 듣기 좋고 안락한 작품을 만들려는 서양 건축가는 우호적인 것만으로는 부족하다.

제11장

동양과 서양
목조 아치의 구조 비교

—

1. 대들보, 석재 아치에서 목조 아치교까지
2. 고대 서양의 목조 아치교
3. 재료와 구조의 배합

동양과 서양 목조 아치의 구조 비교

본문은 중국과 유럽 고대에 대표적인 아치형 나무다리를 예로 들면서 그 중의 재료와 구조의 이성 또는 비이성 배합을 중점적으로 비교하고 중국과 서양의 전통관념이 각자의 교량건축에서 발휘하는 중대한 영향을 밝혀냈다. 건축현상은 결코 재료의 강도와 기술수준에 의해 전적으로 결정된 것이 아니다. 인류의 건축행위에는 흔히 주관적인 의도가 존재하며 구조와 조형의 취사는 객관조건과 일일이 대응되는것이 아니다. 중국 고대 물질문명의 유산은 장기적인 자기통제하에 이루어진 것이다.

1. 대들보, 석재 아치에서 목조 아치교까지

자연계에서 인간은 강과 계곡을 건너기 위해 교량 설치가 필수적이다. 지금으로부터 8,000년 전, 중국 각지에 수로가 둘러싼 취락이 나타났을 때 다리는 사회생활에서 큰 역할을 했다. 후난 펑터우산彭頭山 문화 취락에서 둘러싼 수로 밑부분의 너비는 3.5m에 달해 당시 주민들이 안전하게 취락을 하려면 다리가 없다는 것은 상상할 수 없다. 사실 최근 몇 년 동안 고고학자들은 이미 많은 신석기 취락 유적에서 초기 목조 거더girder교 유적을 발견했다. 후난 리현澧縣에서 지금으로 부터 6,000년 이상 된 청터우산城頭山 유적에서는 도랑 깊이가 3~4m, 너비가 10m 이상이 발견되었고, 고고학자들이 그 곳에서 목조 부재를 발견했는데, 그것들의 위치와 분포 상황으로 봤을 때, 옛 성에 드나들던 나무다리 유적이었던 것으로 보인다.

다리는 건물의 가지이자 건축구조의 시험장이다. 그것들은 종종 어떤 구조가 공간을 건너는 독특한 능력을 집중 반영한다. 교량에 관한 연구는 건축 자재와 구조 사이의 매칭 관계를 이해하는 데 각별한 의미를 갖는다. 중국 전통건축이 발전한 수천 년 동안 목조 기둥 체계는 지배적이었지만 다리는 다른 길을 걸었다. 예를 들어, 석공 기술은 지하묘실에서 오랜 기간의 실천을 거쳐 성숙하여 견고하고 미적인 특성을 인정받아 교량에서 대량 운용되기 시작했다. 중국에 현존하는 수백만 개의 석조 다리 중 절반 정도가 아치형인 것으로 추정된다. 하지만 그럼에도 불구하고, 중국 전통 건축에서 목조 구조의 주체적 지위는 변하지 않았다. 주류 건축형태의 영향으로 중국 고대에는 기묘한 아치형 다리가 있었는데, 그 외관은 아치형이지만 구조의 본질이 전통적인 대들보 체계에서 벗어나지 않아 독특한 건축경관을 형성하였다.

목조 아치구조 시스템은 건설 경험의 끊임없는 누적과 대형 공사 기술의 향상에 따라 점차 발전해 왔다. 그 최초의 기원은 단순한 수평 교량이었을 것이다. 일반적으로 생각하여, 수평 교량의 출현은 활 모양의 아치교보다 앞섰다고 본다. 처음에 인류는 산간 계곡에서 그 기능을 이해하고 나서 의도적으로 나무를 베어 들보를 만들었다. 문자학의 고증에 근거하여 '양梁'의 출현은 '교橋'보다 이르다. 〈설문해자〉에서 '양'자는 "나무를 이용하여 물을 건너는 것으로, 지금의 다리"라고 해석하였다. 시안 반파 취락 유적의 주변을 너비와 깊이가 모두 5m를 넘는 도랑이 둘러싸고 있는데, 주민들이 드나들기 위해서는 반드시 수평으로 된 가로

들보가 있어야 했다. 이런 가로들보는 큰 나무로 만들거나 조그만 나무를 이어 붙여 만들었다. 큰 나무 하나로 만드는 것은 오늘날의 독목교獨木橋이다. 하지만 독목교는 초보적인 요구를 만족시킬 뿐이고,. 그 길이가 물길의 너비를 넘지 못할 때에는 조그만 나무를 이어붙일 수밖에 없었고, 그렇게 되면 다리 아래에 지탱해주는 기둥이 반드시 필요했다. 〈사기史記·소진열전蘇秦列傳〉에 소진이 미생尾生의 믿음으로 연왕燕王을 설득할 때 "미생이 여인과 다리 아래에서 만나기로 하였는데, 여자가 오지 않고 물이 이르자 떠나지 않고, 기둥을 끌어안고 죽었다."는 기록이 나온다. 추측하는 바로는, 다리 아래 사람이 끌어안을만한 기둥이 있다는 것은 그 직경이 그다지 크지 않고, 그 윗부분은 목조 수평 거더식 다리였을 것이다. 전해지는 말로는, 이 다리는 샨시陝西 란티엔藍田의 유명한 란교藍橋이다. '양梁'자의 최초 형태는 물 위에 기둥을 세우고 나무를 얹은 것과 같은 것으로, 대략 이런 다리의 묘사이다.

'교橋'자는 대략 춘추시대에 출현한다. 그 형태는 가운데가 불룩한 아치형 목조 다리로서, 위에는 다리정자를 세우고, 아래로는 배가 통과한다. 이로 근거해서 추측해보면, 당시 사람들은 다리를 만들 때 다리 위로 통행하는 필요를 만족시키는 것 이외에 다리 아래로 배가 다니게 하는 것을 고려했던 것으로 보인다. 〈한서漢書·설광덕전薛廣德傳〉에 황제가 행차를 나서는데, 대신이 '배를 타는 것은 위험하다'는 이유로 배를 타지 말고 수레를 타라고 건의하는 장면이 나온다. 당시 흔히 볼 수 있는 다리는 큰 선박이 다리 아래를 지날 때 위험성이 있다는 것으로 추측이 된다. 남아 있는 한나라의 그림에서 수많은 아치교를 볼 수 있는데, 그것들은 당시 교량의 진실한 기록이 아니고, 다리 아래를 오갈 때 위험한 상황을 하루 빨리 해결했으면 하는 사람들의 절박한 심정이 반영된 것으로 보인다.

그림 자료에 따르면 한대 사람들이 먼저 생각해낸 방법은 기둥으로 다리를 들어올리는 것이었다. 중국 산둥, 허난, 쓰촨에서 출토된 한대 화상석에서 물 속에서 나무 기둥으로 지탱하는 아치교를 흔하게 볼 수 있다. 그 일반적인 형태가 양옆으로 비스듬하게 오르다가 가운데에서 높아져 겉모습이 가장자리를 꺾어 접은

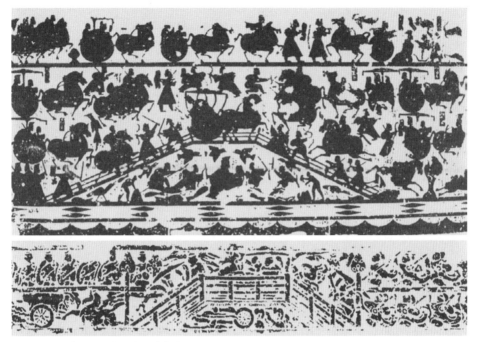

[삽도 11-1] 가상현의 동한 무씨사 석각(상)
[삽도 11-2] 린이현의 백장 한묘 석각(하)

아치와 비슷하다. 수평 부분에서는 다리가 낮아져 물에 가까워지고, 다리 바닥이 사다리꼴 형태로 바뀐 뒤에는 중간 부분을 들어올려 수면에서 떨어지게 함으로써 큰 선박이 지나갈 수 있게 한 것이다. 하지만 꼭 있어야 하는 기둥 지체기 지나가는 배와 부딪치는 문제가 남았다. 그래서 한대 이후로 사람들은 다리 아래의 장애물을 없애는 데 힘을 쓰기 시작했다. 한대 화상석에는 간혹 물 속에 지탱하는 기둥이 없는 형태의 사다리꼴 아치교가 보이기도 한다. 산둥 자샹현嘉祥縣 동한東漢 무씨사武氏祀 제6실 하층 석각 '수륙공점水陸攻占'(삽도 11-1), 산둥 린이현臨沂縣 백장白莊 한묘漢墓 석각 거기출행도車騎出行圖(삽도 11-2)가 그 예이다. 이 그림들은 모두 매우 분명하게 그려져 있다. 하지만 교량 전문가들은 많은 학자들은 이런 다리가 실재로 존재했었느냐에 대해 의구심을 품고 있다. 왜냐하면 구조 원리에 의해 분석해 보면, 기둥 없는 다리에 안정성 문제를 해결할 수 있는 구체적인

[삽도 11-3] 한나라 화상석에 그려진 아치교

것이 없기 때문이다. 하지만 이성적인 문제를 떠나 기둥 없는 다리에 대한 사람들의 강렬한 바람을 우리는 그로부터 어렵지 않게 발견할 수 있다. 이러한 바람의 오랜 기간에 걸친 격려 속에서 후대 사람들은 짧은 나무를 이어붙여 만든 목조 아치교 제작에 한걸음 더 다가섰다. 역사적 교훈은 우리에게 사회에서의 실용적인 수요가 기술 발명의 어머니라는 사실을 알려준다. 한대에서 송대까지 천년 동안 중국 각지의 목공은 이 문제에 대해 많은 노력을 기울였고, 그 과정에서 산둥 사람들이 많은 활약을 하였다.

다리를 들어올리고 물속의 다리 기둥을 제거하는 가장 좋은 방법 중 하나는 화살 모양의 아치를 만드는 것이다. 산둥 원샹汶上, 자샹과 허난의 신이에新野에서 출토된 한대 화상 벽돌에서 관련 그림을 볼 수 있다.(삽도 11-3) 하지만 그 중에는 세밀한 부분이 그림에서 분명하지 않아서 그것이 석조 아치교를 묘사한 것으로 보기가 힘들다. 그림에서 보면 다리 바닥은 매우 얇고, 양쪽 끝은 화살이 반대 방향으로 굽어진 모습으로 나무를 구부려 만든 것처럼 보이고, 벽돌을 쌓아서 올린 아치와는 차이가 비교적 크다. 실제 증거가 부족한 관계로 이 아치교의 원형이 어떤 모습이었는지를 판명하기는 어렵다. 하지만 이것이 기존 다리를 개선하려는 한대 사람들의 노력이었고, 당시 아치형 교량에 대한 당시 사회에서의 절박한 요구를 반영한 것이라는 사실을 우리는 추측할 수 있다. 아쉽게도 이런 시도

는 결국 문제를 해결하지는 못했고, 아치교 관련 탐색은 계속할 필요가 있었다.

물론 아치형 돌다리를 만드는 것은 매우 합리적인 방법이지만, 중국 전역에서 이러한 기술 시험의 진행이 더디고 보급은 더 어려웠다. 실제로 기술만 놓고 보면, 벽돌로 쌓은 아치는 서한에서 나오거나 그보다 먼저 나타난다. 예를 들어 무제武帝 원삭元朔 2년(기원전 127년)에 슈어팡군朔方郡(지금의 울란포와 사막)에 고분에 쐐기 모양의 벽돌을 쌓아올린 활 모양의 둥근 천장이 나타났다. 동한 때에 지하묘실은 직사각형의 통아치 구조로 되어 있다. 이런 구조의 경도를 높여 활 보양의 아치형 돌다리를 만드는 것은 자연히 순리적이어서 극복할 수 없는 어려움이 없다. 산둥 취청鄒城 까오리좡高李莊 동한묘 화상석에서 반원형 중권석重券石 아치교 (사진 11-4)가 나타났다. 이 그림은 구조의 세부 묘사가 정확하기 때문에 동한 시기에 틀림없이 실제 아치형 돌다리를 건설한 적이 있을 것이라고 믿을 수 있다. 그러나 전국 각지에서 당시 실물 유적이 발견된 적이 없다는 것은 관련 기술 문제가 해결됐지만 심리적으로는 석조 아치교를 긍정적으로 보지 않았기 때문에 지어본 적이 있어도 우연에 불과하다는 것을 보여준다. 그 이유는 무엇일까? 앞에서 언급했던 바와 같이 중국은 예로부터 나무를 건설 자재로 선택했었다. 이런 선택은 문화전통의 심층적인 원인과 연결이 된다. 다음으로, 아치형 돌다리를 건설하는 데 많은 인력과 시간이 소요되고, 공사 기간 중에 수로에서 항행이 중단되어야 하는 등, 종합적인 고려 후 부정적인 효과가 너무 많아, 당연히 일을 주관하는 사람이 의사 결정을 하는 데 어려움이 있었다. 석조 아치교에 관한 최초의 문헌은 서진에서 시작되었다. 〈수경주·권16〉의 관련 기록에서 석조 아치교 건설에 시간을 소비하는 작업의 개략적인 상황을 엿볼 수 있다. 그래서 나중엔 아치형 돌다리가 지속적으로 발전하고 경간과 높이에 관한 사용자의 요구를 잘 충족시킨다고 해도, 여전히 목조 아치 기술 분야에서의 집요한 탐구를 막을 수는 없었다. 이러한 상황은 사람들이 문화적 심리적으로 목재에 대한 선택에 기인하기도 하고, 나무다리의 빠른 시공, 자체 중량의 가벼움, 건설의 쉬움이라는 장점과 관련이 있다. 요컨대, 교량 구조와 형태 및 발전은 여러 가지 요인이 종합적으로 영향을 미친 결과이다. 아울러 기술 수준의 높고 낮음에 전적으로 제약을 받은 것은 아니다.

북송에 이르러 교통 수요를 만족시키는 데 있어서의 교량 문제는 해결되지 않았다. 사회생활에서 기둥이 없는 아치교에 대한 수요는 더욱 절박해졌다. 변하汴河 항로에서 상황은 더욱 심각했다. 수나라로부터 북송에 이르기까지 500년간 변하는 줄곧 중국 남북교통의 대동맥이었다. 북송은 더욱이 변량汴梁이 도성이었다. 조야 각 방면의 물자 공급이 변하를 통해 이루어졌다. 원나라 마단림馬端臨의 〈문헌통고文獻通考〉의 기록이다. "태평太平 흥국興國 6년(981년) "변하를 통해 쌀 300백만석과 콩 100만석이 옮겨졌다. 지도 초년 (995년)에 변하를 통해 쌀 510만석이 운반되었다. 대중상부大中祥符 초년(1008년)에는 700만석에 이르렀다." 기록을 통해 변하를 통한 물자 운송량이 매우 많고, 나라의 계획과 민생에 직접적으로 관계가 된다는 사실을 알 수 있다. 당시 그림을 통해 물 위의 교량 모습이 사다리꼴이나 활 모양으로 보이지만 다리 아래에 기둥이 여전히 있는 것을 볼 수 있다. 이로 인해 다리 아래 기둥과 선박이 충돌하는 심각한 문제를 일으키는 것이다. 〈송회요宋會要〉의 기록에 대중상부 5년(1012년)에 "변하의 부교 설치 이후로 크고 작은

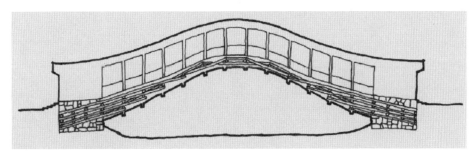

[삽도 11-5] 란저우의 악교도

선박들이 손상을 입어 지나갈 때 사람들이 모두 두려워한다. 장단점을 헤아려 그 것을 없애는 것이 좋겠다고 한다."고 기록하였다. 크고 작은 선박이 파손되는 상 황은 외지 물자의 반입을 지연시키고 이에 따라 조정의 관심 사항이 되었다. 이 때 어떤 사람이 기둥이 없는 다리를 세우자고 건의하였다. 하지만 여러 가지 문 제로 실패로 돌아가고 말았다.

신비목량교伸臂木梁橋는 선비족 토곡혼土谷渾이 발명한 것으로 전해진다. 선비어 로 그것을 '하려河勵'라고 부르는데, '비등飛騰'의 음역이다. 의미는 다리의 형상 이 날개를 펴고 높이 나는 수컷 매를 가리킨다. 북위 때에 토곡혼이 황허의 칭 하이靑海 쉰허循和에서 나무로 '하려'를 만들었는데, 기둥이 없는 목조 교량이었 던 것 같다. 단국段國〈사주기沙洲記〉의 기록이다. "토곡혼이 강 위에 다리를 만들 었는데, 그것을 하려라고 하였다. 길이가 150보(척의 잘못인 듯 하다)이다. 다리 양쪽 기슭에 돌을 쌓아 계단을 만들었고, 큰 나무를 종횡으로 놓아 서로 누르게 하였 다." 지금 알려진 자료를 가지고 분석해 보면 토곡혼이 다스리던 곳의 서쪽은 청 해 지구로서 다리 건설 기술이 영향을 미쳤다. 유명한 란저우蘭州의 악교握橋(삽도 11-5)는 '하려'를 모방해서 지은 것이라고 전해진다. 만드는 방법은 다음과 같다. 양 기슭의 돌을 일정한 높이로 쌓고 그 옆에 큰 나무를 가로질러 놓은 다음에 다 시 7개의 큰 나무를 비스듬하게 위로 향하게 놓은 다음 세로로 2m를 받쳐 올린 다. 꼭대기 부분에서 다시 7개의 나무를 서로 연결시킨 다음에 빈 속은 나무토막 으로 채워 넣는다. 이렇게 하여 첫번째 층을 완성하고, 똑같은 방법으로 두번째 층을 쌓는다. 이어서 계속 쌓아나가다가 양쪽 끝이 10m 내외가 되었을 때, 양쪽 끝에서 지지대를 놓은 다음에 다시 다리 바닥을 깔고, 다리의 주체 공사는 완성된다.

신비목량교는 기술적으로 대단한 성과라는 사실은 인정해야 한다. 주요 장점은 다리 아래 기둥을 세운다는 전제 하에 큰 경간의 필요를 해결했다는 점에 있다. 예로부터 지금까지 그것들은 중국 각지에서 커다란 작용을 발휘하였다. 하지만 심각한 결점으로 지적된 물자와 시간의 낭비는 특별한 상황에서 긴급한 수요에 대처할 수 없었다. 지금 알려진 바에 따르면 변하를 통한 물자 운송 문제는 사회 하층의 지혜 덕분에 최종적으로 해결되었다.

목조 아치교에 관한 문헌은 지금까지 발견된 양이 많지 않다. 〈승수연담록瀣水燕談錄〉의 기록이 비교적 자세하다. "청주성青州城 서남쪽은 모두 산이다. 예전에 다리를 지었는데, 매년 6, 7월이 되면 물이 불어나 다리 기둥이 손상을 입어 근심거리가 되었다. 명도明道 연간(1032~1033)에 그 지역 현감이 그 문제를 해결코자 하였다. 한 사람이 좋은 생각을 내기를, 커다란 돌을 기슭에 쌓고 큰 나무 수십개를 연결하여 다리 없는 비교를 세웠는데, 50여 년이 지나도 다리는 훼손되지 않았다. 경력慶曆 연간(1041~1048)에 변교汴橋가 여러 차례 훼손되어 선박과 사람들이 다쳤다. 이에 청주의 비교를 배우도록 하여 지금은 모두 비교를 놓아 왕래에도 편하고 사람들은 그 다리를 홍교虹橋라 불렀다." 기둥이 있는 나무다리는 물이 불어나면 계속 훼손되었고, 한 사람의 아이디어로 나무를 서로 연결하는 기술로 기둥 없는 비교를 세워 문제를 해결했던 것이다. 산둥 청주의 비교는 학계에서 보편적으로 인정받은 초기 목조 아치교이다. 하지만 이런 종류의 다리 가운데 가장 이른 것인지에 대해서는 의문이 있다. 교량을 세우는 것은 국가정책과 민생에 관련이 있다. 나무 아치 구조는 상당히 고난도의 기술이 요구되는데, 당시 어떻게 지혜로운 사람이 단숨에 해결할 수 있었을까? 현재 자료로서는 이 구조가 언제, 어디서 어떻게 발전했는지를 알 수는 없다. 하지만 나무를 기술적으로 연결해서 만드는 나무 아치 기술은 언제 허떤 사람이 우연히 발명해낸 것이 아니라 기술적

[삽도 11-6] 〈청명상하도〉에 그려진 북송 변경의 홍교

으로 오랫동안 누적되면서 끊임없이 발전해 온 결과라는 사실은 분명한 사실이다.

　북송의 명화 〈청명상하도清明上河圖〉에서 중심적인 위치를 차지하고 있는 것은 목조 아치교에서 가장 유명한 변경 홍교이다.(삽도 11-6) 〈동경몽화록東京夢華錄·하도河道〉의 기록이다. "가운데를 변하라고 하는데, 서경西京 낙구洛口에서 갈라져 나와 도성으로 들어와 동쪽으로 쓰저우泗州를 거쳐 화이허淮河로 들어가며 동남쪽의 양곡을 운반한다. 동남방의 물자는 이 곳에서 도성으로 들어간다. 동수문東水門 밖 7리로부터 서수문西水門 밖까지 강 위에는 다리가 13개 있다. 동수문 밖 7리를 홍교라 하는데, 그 다리에는 기둥이 없고, 모두 커다란 나무로 지어졌다." 그림에서는 목조 아치 구조로 하중을 견디는 시스템을 전형적으로 잘 보여주고 있다. 세 열 개와 네 줄 11줄로 된 나무를 교차시켜 연결하였고, 나무 단면은 네모 형태로 가공하였다. 세 줄 열 개로 배열된 나무가 주 계통이고, 여덟 팔자 구조를 이루고 있다. 시공할 때에는 먼저 주 계통을 안정시킨 다음에 그 위에 네 줄 11개로 된 나무를 끼워 넣는다. 그리고 가로지른 나무로 두 계통을 서로 연결시켜 안정된 체계를 이루도록 한다. 이런 시스템에서 목조 아치 구조의 주요 부속품들은 서로 힘을 나눠 받게 되고, 안정적으로 유지가 된다. 아울러 활 모양의 다리 몸체는 상당히 커다란 공간을 확보하게 되어 다리 아래 커다란 선박의 통행에 지장을 주지 않게 된다.

목조 아치교의 장점은 그것이 출현한 이후 10년간 산둥, 안후이, 허난, 장쑤 및 서북 고원 등지에 널리 퍼졌다. 쑤저우宿州 태수 진희량陳希亮은 그것을 추진한 공으로 조정의 포상을 받았다. 〈송사宋史·진희량전陳希亮傳〉의 기록이다. "물과 다리의 다툼으로 배가 항상 손상을 당했다. 희량이 기둥 없는 비교를 짓기 시작하여 왕래하기 편하도록 했다. 조정에서는 그에게 상을 주었다. 가까운 고을에서 쓰저우에 이르기까지 모두 비교를 놓게 되었다."

북송과 남송의 교체시기에 변경의 쇠락에 따라 목조 아치교는 중원 지역에서 점차 사라졌다. 1980년대에 이르러 교량 전문가들이 다시 발견하기에 이르렀다. 1992년 초 필자가 우이산武夷山에서 위칭교餘慶橋를 발견한 후에 곧이어 건축사 측면에서 연구를 진행했다. 푸지엔 북쪽, 저장 남부 일대의 비교적 넓은 범위에서의 조사를 거쳐 목조 아치교 실물 40개를 직접 목격하였고, 지방 인사들이 제공한 각 종류의 자료를 종합하여 200여 개가 남아 있다는 것을 알아냈다. 이 지역은 목재가 풍부하고, 물길이 여러 갈래로 연결되어 있는 데다가 인적이 드문 곳으로서, 목조 아치교를 세우는 데 필요한 조건을 갖춘 곳이다. 그 가운데 연대가 가장 이른 것은 남송까지 거슬러 올라갈 수 있다.

앞에서 언급한 산악 지역에 남아 있는 목조 아치교는 구조상의 독특성을 가지고 있어서 세계문화유산으로 불릴만 하다. 비록 현단계의 연구성과로 볼 때에는 목조 아치구조가 누가 만든 것인지, 언제 가장 먼저 출현했는지 결론을 지을 수는 없다. 하지만 그것들이 고대 중국 기술자들의 위대한 창조이고, 세계 교량 역사에서 보기 드문 성과라는 것은 의심할 여지가 없다.

지금 되돌아보면 목조 아치교 신세의 모호함은 사람들을 감개무량하게 만든다. 남북조 시기에 서북 벽지에 있던 '하력'과 '비교'로부터 북송 때에 와서의 산둥, 안후이, 저장, 장쑤 각지의 '비교' 또는 '홍교'에 이르기까지 목조 아치교는

[삽도 11-7] 우이산 위칭교(좌)
[삽도 11-8] 핑난의 롱징교(우)

전성 시절에 조정의 중시를 받기도 했었다. 하지만 남송 후에 쇠미해지기 시작하여 깊은 산속으로 숨어들고 말았다. 최근에 현지 조사를 소홀히 하면서 이 기술이 송대 이후 전해지지 않았다고 여기게 되었다. '문혁' 기간에 펴낸 〈교량사화橋梁史話〉 가운데 그림에서는 관련 다리 그림들이 소개되고 있고, 글에서는 "이 고대 발명이 창조되었다가 나중에 여러 가지 원인으로 전해지지 않게 되었다"고 언급하였다. 1980년대에 이르러 교량 전문가들은 마침내 저장 남부에서 목조 아치교의 존재를 확인하게 되었다. 건축학자 가운데에서 이후 10년간 알아보는 사람이 없었고, 우이산 위칭교(삽도 11-7)에 대해서도 보고도 못본 체 하기까지 하면서 눈앞에서 호기를 놓쳤다.

필자는 1992년, 1994년, 1996년 등 세 차례 푸지엔과 저장 접경 지역에 10여 개 현과 시로 목조 아치교 조사를 나가서 주요 성과를 〈건축학보〉와 〈푸지엔건축〉에 발표하였다. 핑난屛南, 서우닝壽寧, 타이순泰順, 칭위안慶元 등 네 현에서 가장 흥분되었던 것은 핑난 롱징교龍井橋의 험준함(삽도 11-8)과 완안교萬安橋(삽도 11-9)의 길이,

[삽도 11-9] 핑난의 완안교(상)
[삽도 11-10] 칭위안의 란시교(하)

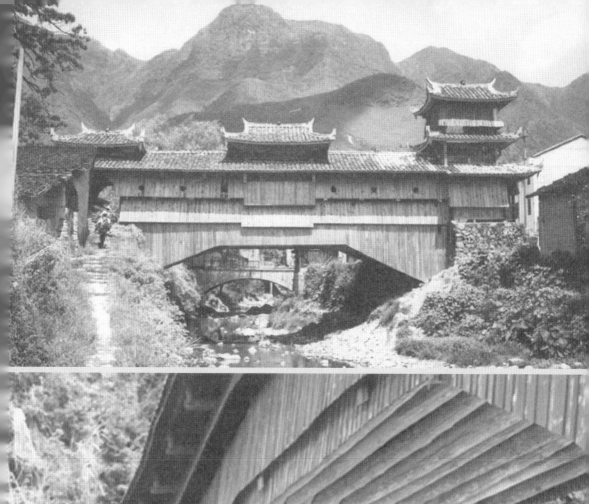

[삽도 11-11] 칭위안의 쥐수이촌의 루롱교如龍橋(상)

[삽도 11-12] 칭위안의 명위교(하)

그리고 칭위안 란시교蘭溪橋의 아름다움(삽도 11-10)이었다. 서우닝현에서는 무지개와 같은 기세의 샤당교下薰橋를 목격하였다. 타이순泰順의 현성에서는 목조 아치교가 이미 성급 문물보호단위로 들어간 것이 기쁨과 위로가 되었다. 아울러 당나라 때 지어졌을 가능성이 있는 다리 세 개를 알게 되었다. 칭위안 쥐수이촌擧水村에서 필자는 여러 개의 목조 아치교(삽도 11-11)와 석조 아치교로 구성된 다리들을 발견하고 그것들이 산봉우리와 이뤄내는 조화로운 분위기를 느꼈다. 1996년에 칭위안에서 커다란 상실감을 느꼈는데, 그것은 원나라 때 세워졌다가 2년 전만 해도 우뚝 서 있던 멍위교濛淤橋(삽도 11-12)가 불에 타버리고 곧바로 급류 속으로 떠내려갔다는 것이었다.

연구자의 최근 조사에 따르면, 현재 푸지엔과 저장 두 성에 남아 있는 목조 아치교의 총 갯수는 대략 100개 정도인데, 이는 필자가 10여 년 전에 조사한 것과 비교해 보면 대략 절반 정도가 감소한 것이다. 이 숫자가 정확하지 여부는 진일보한 사실 검증에 의해 가려질 것이다. 다행스러운 것은 현재 목조 아치교에 관심을 갖는 기구와 인사가 과거에 비해 많아졌다는 사실이다. 목조 아치교의 보호 조치에 관한 내용도 점차 갖춰지고 있어서 멍위교의 비극이 다시는 되풀이되지 않으리라고 믿는다. 푸지엔과 저장의 정부와 민간 인사들의 공동 노력으로 목조 아치교는 밝은 미래를 맞이하게 될 것이다. 건축학을 전공한 연구자로서 우리는 최선의 노력을 기울이고, 다른 연구자들과 힘을 합쳐 목조 아치교에 관한 학술연구를 한 차원 더 업그레이드 시키고 이 빛나는 유산을 세계문화유산의 대열에 속할 수 있도록 할 것이다. 최근에 푸지엔, 저장 두 성 정부가 목조 아치교에 대한 보호와 연구를 강화하였고, 세계문화유산 신청 준비작업을 진행하고 있다.

목조 아치교가 실물로 남아 있는 곳으로는 깐쑤의 린샤臨夏, 웨이위엔渭源, 그리고 란저우蘭州 지역이 있다. 2000년 여름에 필자는 린샤 부근의 따샤大夏 강변을 따라 조사에 나섰다가 신비목량교 형태의 나무 다리를 발견했다.(삽도 11-13) 비록 경간이 20m가 되지 않았지만 〈사주기〉의 기록이 거짓이 아님을 믿게 되었다. 간혹 드러나는 단서들을 통해 중국 목조 아치교의 조사는 아직 전면적을 이루어진

[삽도 11-13] 임하 부근의 신비 목량교

것이 아님을 알게 되었다. 2003년 4월 1일, CCTV가 방송한 1931년 장춘 만보산 일본 사진 보도에서 란저우의 실제 사례와 상당히 비슷한 실물이 등장하였다. 이 보도를 보고 필자는 대략 10년 전에 동북이 고향인 한 동료가 했던 말을 떠올렸다. 그들이 어렸을 때 젓가락 놀이를 했다는 것이었다. 이 정보에 근거하여 추측해 본다면, 목조 아치교는 전국적으로 널리 퍼졌을 가능성이 있다는 것이다.

목조 아치교가 공간을 뛰어넘는 능력은 수평 교량 구조를 훨씬 뛰어넘는다. 실용적인 가치에 있어서 석조 아치교와는 막상막하라고 할 수 있다. 자체 중량이 가볍고, 튼튼한 면에서는 석조 아치교보다 우수하다. 조립 부분에서는 목조와 금속의 특징은 매우 비슷하여 이론적으로 말하자면 경간이 큰 건물 건축에 사용할 수 있다. 바람 등 가로대 부품에 실려 생기는 회전모멘트를 소홀히 하면 가로대 내부는 휘어지거나 자르거나 축 방향으로 압력을 받아 힘을 받는 상태가 버들보드와 비슷하다. 요점은 아치형의 나무다리의 부품이 들보와 같고 전체가 아치형,

들보와 아치형 두 구조의 장점을 모두 충분히 이용했기 때문에 일정한 의미에서 볼 때 문화사에서 중체서용이 보여준 절묘한 표현이라고 할수 있다.

2. 고대 서양의 목조 아치교

중국 목조건축은 유럽의 석조건축은 뚜렷한 대비를 보인다. 중국 목조 다리는 수평 목량교에서 활 모양 아치교에 이르기까지, 그 동안 구조의 변화는 기능의 수요에 의해 이루어져 왔고, 오랜 기간 계속된 탐색을 거쳤다. 그러나 그 구조의 근원은 목재의 힘을 받는 성능에 가장 적합한 들보의 구조체계에서 비롯되었으며, 매 단계의 나무다리 구조에서 목재 부속품의 힘을 받는 상태가 대체로 당기는 힘을 견뎌내는 힘을 위주로 나타나는 등 목재가 견뎌내는 힘에 맞지 않은 적은 없었다. 유럽식 아치교는 목재가 아치형 구조를 모방하는 방식과 다른 형태의 나무 트러스를 조합한 방식이 주를 이뤘다. 같은 목재 건축이라 하더라도 서방과 중국의 구성 방식은 크게 다르다. 거기에 반영된 문화적 내용은 우리가 깊이 사고해 볼만 하다. 중국 목조 아치교의 형성 원인과 특징을 이해하기 위해서는 서방 내지 일본의 목조 아치교를 연구해 볼 필요가 있다.

고대 로마 시대의 건축부터 말해보기로 하겠다. 고대 로마 시대의 석조 아치 기술의 눈부신 성과는 모두 알고 있는 내용이다. 동시에 그 목조 아치 기술의 성과도 매우 뛰어나다. 아울러 주류인 석조 아치 방식의 영향도 받았다. 기록에 따르면, 당시 목조 아치교의 경간은 최대 30m였다. 1세기 마인츠의 라인강 다리, 4세기 쾰른의 라인강 다리가 그 예이다. 하지만 목조 건축물은 내구성이 떨어져서, 당시 건설된 목조 아치교의 실물은 찾아볼 수 없다. 그런데 그 중에서 돌로 새겨진 그림은 온전하게 보존되었다. 112년에 지어진 로마 트라잔 기둥 부조에 목조 아치교가 선명하게 그려져 있다.(삽도 11-14) 이 기둥은 드로베타투르누세베린 Turnu-Severin의 도나우강에 있는 목조 아치교에 104년~105년에 세워졌다. 설계자

[삽도 11-14] 로마 트라잔 기둥 부조의 목조 아치교

는 트라잔 황제의 총애를 받언 건축사 아폴로도로스Apollodorus였다. 유행하던 반원형 아치와는 달리 이 목조 아치 측면은 외관상 낮고 평평했다. 이 다리의 유적지에서 지금은 20개의 하부 구조물만 볼 수 있는데, 이를 통해 원래 다리 길이기 1,100m였고, 경간은 35에서 38m였던 것으로 보인다. 구조면에서 보면 이 목조 아치교는 석조 아치교의 영향을 받은 것이 분명하다. 특징은 목재로 석조 아치 구조를 모방하였고, 무게를 받는 부분의 목재는 완전히 돌덩이 역할을 하고 있다. 이 다리를 만들 때 목조가 저렴한 데다가 공사를 빨리 할 수 있었던 점을 고려한 듯 하다. 또는 전시에 임시로 사용하기 위한 것이었을 수도 있다. 또 다른 가능성은 그것을 콘크리트 아치의 시공 받침대로 사용했을 수도 있다. 어떻든 지간에 이것은 건축 역사상 첫번째 목조 아치교로 생각된다. 또는 후대 서방 목조 아치교의 원조가 될 수도 있다. 그 영향은 멀리 중세기 유럽, 근대 유럽과 미국과 일본에까지 미쳤다. 주목해야 할 점은 이 아치형 나무다리에서 목재로 돌아

[삽도 11-15] 런던 월튼의 목조 아치교

치형 구조를 모방하였지만 목재의 성능이 뛰어나 목재를 사용하는 가장 합리적인 구조방식이 아니라는 점이다.

중세기에 이르러 아치형의 석조교회건축이 절정에 달했을 때 목조구조의 교량은 아주 번영하였다. 이를 입증할 만한 실물은 없지만 사료를 보면 기울여서 패널을 받치는 아치형 목교나 목재방석 구조로 된 아치형 다리의 경간은 60m에 달했다는 기록이 나온다. 이탈리아 문예부흥시기 건축가 파라디오는 〈건축사서〉에서 몇 가지 유형의 목조 트러스교를 기록하였다. 그것은 수용력이 비교적 큰 프레임 구조로, 삼각형의 안정성 및 구조 부품 중 당기고 누르는 두 가지 하중 밸런스 작용을 이용하여 일반적인 간단한 지지대보다 힘을 많이 받는 경간을 얻는 동시에 재료를 비교적 적게 사용하고, 자체 중력이 비교적 가볍다. 이런 나무들은 트라잔 공로기록 기둥에 조각된 도나우강 아치형 다리와 일맥상통하며 목재의 힘의 작용방식도 대체로 같다는 것을 추측하기 어렵지 않다. 18세기 중반에 이르러 유럽대륙의 아치형기술이 영국에 전해졌다. 당시 런던에 거주하던 베네치아의 화가 카날레토Canaletto는 그가 목격한 런던 월튼의 목조 아치형 다리(삽도 11-15)를 그렸다. 다리 전체가 대칭적인 세 개의 다리로, 중간 다리의 길이가 세 배쯤 된다. 힘을 받는 체계는 주로 그 나무구조아치 및 양측의 방사형 목조 트러스로 구성되었다. 카날레토가 묘사한 아치형의 다리는 본질적으로 목조 구조 트러스 유형에 속하는데 다리 전체를 짧은 나무로 이어놓아 목재의 훌륭한 당기는 성능이 충분히 이용되지 못하였다. 중앙 양쪽의 작은 아치형의 편평한 아치형은 중국 고대의 유명한 조주교趙州橋와 구조적으로 차이가 비교적 크지만 형태적으로는 비교적 비슷하다.

1850년경, 베네치아 예술학원 옆에 있는 대운하에 웅장한 아지형 복조 다리(삽도 11-16) 가 나타났는데 오늘까지 150년의 역사를 가지고있다. 베네치아인의 눈에는 석조 구조의 교량은 흔히 수백년 내지 천년 이상 우뚝 솟아있어 영구적이다. 목조 다리는 어떤 구조든 수명이 20년 내외에 불과한 일시적인 다리Pont Provvisori다. 예술학원 옆에 있는 아치형 목조 다리만이 한세기가 넘도록 우뚝 솟아 끊임없이 수리된다. 베네치아 사람들이 왜 이 다리를 철거하지 않았는가에 대한 원인은 확정지을 수는 없다. 리알도 다리의 근사한 자태를 좋아하거나 목조 아치교로서의 성과물을 아껴서였을 수도 있다. 어찌 되었든 그것은 오늘날까지 남아 베네치아의 유일한 목조 구조인 "영구적인 다리Pont Definiti"가 될 수 있었다. 예술학원의 경간은 약 50m 정도로 이탈리아 고대 건축구조의 한계 기록을 능가하고 있지만, 기술적으로는 두 곳의 고대 로마시대 목조 아치교와 비교해서 그다지 혁신적이시 않은 구소로 되어 있고, 구소상으로 가장 커나단 득색은 목새도 식조 아치교를 모방해서 지은 것이라는 점이다.

19세기에 이르기까지 일본의 고대건축의 발전은 종래로 중국에서 오는 강대한 영향에서 벗어나지 않았고, 교량도 마찬가지였다. 그러나 한가지 예외가 있다. 그것은 목조아치형의 다리를 중국과는 다르게, 유럽과는 동일하게 구조적으로 처리한다는것이다. 일본 혼슈 이와쿠니Iwakuni에 있는 긴타이교錦帶橋Kintai-kyo(삽도 11-17)는 1673년 지어졌는데, 네 개의 받침과 다섯 개의 간격으로 지어져 있다. 네 개의 받침은 괴석으로 쌓고, 다섯 개의 간격은 전부 나무로 지었다. 양쪽 끝의 간격은 비교적 작고 낮고 평평한 다리는 행인들이 오르내리기에 매우 편리하다. 일본

[삽도 11-16] 베네치아의 아치형 목조 교량(상)

[삽도 11-17] 일본 이와쿠니의 긴타이교(하)

교량 전문가의 측량에 따르면 긴타이교 주아치의 최대 경간은 35m이고 다리의 경간 비율은 7.5분의 1이며, 목조 아치 아래쪽은 반원형으로 되어 있고, 목조 아치 축선은 포물선 형태와 가까워서 와관이 중국 고대의 곡량식 아치교와 비슷하다. 그러나 그 힘을 받는 상태를 분석해보니 비록 총체적인 구조가 아직 합리적이기는 하지만 여러 짧은 나무구조는 주로 압력을 받기에 석조 아치구조를 모방하는 목조 아치교로서 긴타이교가 유럽의 영향을 더 많이 받았을지도 모른다는 추측이 가능하다. 아직 그런 증거는 없지만 교량은 국가경제와 국민생활에 관계되고 아치형다리는 더욱 높은 기술요구가 있기에 중국에서 원천을 찾지 못하는 이런 기술이 현지에서 우발적으로 산생되리라고는 상상하기 어렵다. 건립 기간으로 보면 17세기 초 네덜란드 상인과 가톨릭 선교사들이 일본에서 활동했던 것이 유럽 영향의 근원이었을 것이다. 이와구니현은 혼슈 서쪽에 위치하고 장군부가 소재한 에도와 멀리 떨어졌으며 당시 일본의 정치나 경제 중심지와는 멀리 떨어져있다. 국제간의 문화교류의 일반법칙은 외래영향이 작용을 발휘하는 초기에는 일반적으로 정치의 중심에서 배격당하고 주변지역에서는 효과가 뚜렷하다. 구조유형으로부터 볼 때 짧은 나무를 이어놓아 석조아치구조를 모방하는 방법은 유럽 전통아치형 나무다리의 특징과 기본적으로 같다. 그 중 구조재가 대부분 압력을 받아 중국이 짧은 나무로 조립하고 구조부품 내부의 힘이 주로 당기는 힘에 치중하는 나무아치구조와는 완전히 다르나.

3. 재료와 구조의 배합

유럽 고대의 아치형 나무다리와 중국 고대의 아치형 나무다리는 서로 어울려 운치를 더한다. 건축문화의 연원이 다름에 따라 두 아치형의 구조방법은 본질적인 구별이 있다. 유럽의 아치형 나무다리는 나무토치형돌인데 중국 고대의 아치형나무다리는 간지량으로부터 나무아치형구조체계를 발전시켰다. 그 근본을 살펴보면 재료와 구조 사이에 묘한 배합 관계가 있음을 발견할 수 있다.

19세기에 이르러 중국이나 유럽을 막론하고 사용재료는 대체로 목재나 석재에 지나지 않았다. 고대 주택의 구조방식에는 주로 대들보와 아치형 두가지 류형이 있고 고대 교량도 그러하다. 유럽에서는 돌을 주요건축재료로 선택하였는데 아치형돌권은 석재 수용력을 가장 잘 발휘하는 구조방식이며 아치형구조에서는 부품의 절단면이 압력만 받기때문에 강한 저항성 물질로 최대한 이용되였다. 기둥 구조에서 공간척도의 크기 및 그 안전여부는 주로 기둥이 아니라 가름대에 의존한다. 대들보 절단면은 강한 인장력이 있어 내인장력이 거의 없는 석재를 사용하는데 이론적으로 보면 전혀 적합하지 않다. 가로 대들보 절단면의 중압력과 견인력 절대치는 대체로 같으며 목재의 강도 특징과 기본적으로 일치하여 목재가 현대 강철 이전의 건축재료중에서 가로대를 만드는데 가장 적합한 재료가 되었다. 이와 동시에 목량기둥체계는 목재의 힘을 받는 성능에 가장 적합한 구조방식이 되었다.

나무를 재료로 한 기둥구조는 중국의 주류를 이루었고 돌을 재료로 한 아치형 구조는 유럽의 주류를 이루었다. 이것이 바로 19세기 이전까지 2,000여 년동안 다리를 포함한 인류의 건축성과가 이룩한 가장 뚜렷한 표현이다. 그 중 재료의 선택은 결정적 의의를 가진다. 수천년을 내려오면서 우리 선조들은 목재를 좋아하였는데 그들은 그 역학적 성질에 부합되는 구조방식을 취하였을 뿐 목재와 구조 양자의 성질에는 절대 어긋나지 않았다.

일찍이 선진 시기에 대들보 기둥식 목조 구조는 중국에서 이미 최고의 지위를 확립하였고 목재 이외의 기타 재료와 들보 이외의 기타 구조는 모두 부차적일 수밖에 없었다. 그런데 그리스 시기에 유럽 건축이 목재로부터 석재에로 이행한 것은 틀림없이 견고한 내구성질에 대한 추구에서 온 것이었다. 따라서 그것은 가공 도구의 경도가 높아졌다는것을 전제로 한 것이었다. 중국 건축은 유럽이 나무에서 돌로 바뀌는 것과 같은 전면적인 변화를 겪지 못해 기술적으로 낙후된 것으로 여겨졌다. 이 책에서는 이것을 극히 큰 오해라고 거듭 지적한 바 있다. 중국 역사상 여러 면의 성과가 보여주는 바와 같이 한나라 이전의 가공도구의 경도는 세계 다른 나라에 조금도 뒤지지 않는다. 상나라와 주나라 이전에 제작된 대량의 정교한 옥기가 출토된 것은 누구나 다 알고 있는 역사적 사실이다. 서한 시기에 견고한 절벽에 뚫은 무덤은 지금까지 여러 곳에서 발견되었다. 옥의 경도는 건축에서 사용하는 석재를 훨씬 초과하며 그 가공 도구의 경도는 건축에서 석재를 가공하는데 사용되는 도구의 경도를 초과한다는 것은 추호도 의심할 바 없다. 그것만으로도 목재에 대한 우리 선조들의 집념은 돌의 경도를 바라보는 막연한 시각에서 비롯된 것이 아니라 독창적인 자연관념에서 비롯된 것임을 알 수 있다. 다시 말하면 중국의 전통건축은 심사숙고해온 이성적인 선택이지 결코 기술적 낙후나 경제빈곤의 제약에서 비롯된 것이 아니다.

자연에 순응하는 이성적인 선택이 화하 집단의 공동 인식이 된 후 순환사용이 가능하고 분해하기 쉬운 목재인 나무는 중국 건축과 불가분의 관계를 맺게 되었다. 서한의 동중서는 "하늘도 변하지 않고 도도 변하지 않는다."고 제창했다. 목재 선택은 이미 확정되었고, 들보와 기둥 구조는 이미 성숙되어 양자는 자연히 '도'의 내용 가운데 하나가 되었다. 유가 학자들은 이에 대해 분명하게 말하지 않았지만, 그 후 중국 건축의 실천에서 뚜렷하게 드러내 보였다. 중국에서, 특히 한나라 문화가 발달한 지역에서는 목재와 들보기둥의 지위가 기타 재료와 구조에 비해 월등히 높았다. 한나라와 위나라의 궐, 낭나라와 송나라의 탑 및 넝나라와 청나라의 무량전은 모두 벽돌로 목재 건축을 본뜬 실증이다. 한 마디로 고대 중국인들은 돌로 나무를 모방했을 뿐 그 도를 거스르지는 않았다. 그들은 설사 목재로 아치 형태의 교량을 지을 때에도 기본 원칙을 포기하지는 않았다. 중국의 전형적인 목조 아치교에서 착안하여 아치를 만들고, 대들보를 만들어, 들보기둥과 아치라는 두 가지 체계는 매우 유기적으로 조합하였으며 그 사이에 조작이나 꾸미는 것은 없었는데, 그야말로 신통하고 지혜로운 발명이라 할수 있다.

이와 반대로 그리스인들은 석재로 아치형을 만드는 역사를 창조하였고 로마인들은 나무로 아치구조를 모방하는 기술적 토대를 닦아놓았다. 돌을 재료로 모방한 돌기둥 구조나 나무를 재료로 모방한 돌아치 구조에는다 합당치 못한 점이 있다. 그 이유는 두 가지 구조 모두 사용한 재료에 비해 '장점을 살리고 단점을 피하자'는 자연 원칙에 맞지 않기 때문이다. 돌 구조의 들보는 석재의 강대한 압력의 작용을 발휘하지 못하지만 오히려 석재의 취약한 당기는 성능이 두드러진다. 나무로부터 아치형을 모방하면 목재의 강한 당김성이 억제되고 목재의 압력을 비교적 약하게 하여 아치형속에 있는 모든 강대한 압력에 대응할수 있다. 이것은 확실히 재료의 오용이며 구조의 비이성적인 배합이다.

고대 중국인들이 들보기둥 구조에 집착했듯이 고대 유럽인들의 아치형 구조에 대한 집착도 2,000여 년이나 지속되었다. 유럽에서 아치형 구조가 기둥이나 기타 구조방식을 초월하여 영원히 포기하지 않는 전통으로 승격할수 있었던 근본 원인은 바로 그리스와 로마인들이 석재를 선택한 데 있다. 일단 그 자체의 형이상적인 승화가 완성되고 문화형태의 상징이 되면 과거의 재료와 구조이성이 결합된 구속은 더는 존재하지 않게 된다. 문화가 건축의 형태를 통제하는 강력한 힘이 되는 것이다. 중국의 아치형 나무다리와 서양의 아치형 다리가 구조방식에서 뚜렷한 차이를 보이는 이유다.

선불탑과
대지로의 귀환

———

1. 신선과 누각
2. 가람탑
3. 대지로의 회귀

선불탑과 대지로의 귀환

서방세계에서 종교는 강대한 정신적 힘으로서 물질적 건축을 하나의 최고봉으로 밀어 올리고 있다. 고대 이집트의 피라미드, 고대 그리스의 파르테논, 고대 로마의 만신묘, 절정이라 할 고딕 교회당은 종교적 열정으로 완성된 건축물이다. 중국의 상황은 완전히 다르다. 고대 철학자 중에는 미신을 믿는 사람이 극히 적었고 공자의 견해가 대표적이다. 〈논어論語・술이述而〉편에는 "공자는 괴력난신을 말하지 않는다."고 했다. 〈논어・옹야雍也〉편에서는 "사람이 지켜야할 도의에 힘쓰고, 귀신은 공경하되 멀리하면 지혜롭다 할 수 있다."라고 하였다. 왕권과 교권의 조기 분리와 인문정신의 고도 발달로 중화문명중의 종교의 의미가 상대적으로 옅어졌고 따라서 중국건축도 합당하고 적당하며 위생적으로 잘 사용하는 것을 취지로 삼았기에 인문의 광채는 물질적인 성과보다 훨씬 컸다.

유럽건축 중의 웅장하고 아름다운 거대한 건축물과 비교할 때 중국 고대 건축의 주류 면모는 겸손하고 자랑할 바가 못 된다. 이런 상황은 하나의 부정적인 효과를 가져왔다. 바로 중국 고대의 아름다운 문화 중의 대부분이 짙은 안개에 가려져 있다는 점이다. 근대사회에서 다윈주의와 기계적 유물론이 유행하면서 대다

수 구미 인사들이 중국문화를 경멸하였을 뿐만 아니라 많은 학식이 있는 중국 명사들이 부끄러워하기 시작하였다. 자국 것을 배척하고 외국 것을 추종하는 악습이 반세기가 지나도록 바뀌지 않고 있다.

이러한 배경 하에서 우리는 중국 고대건축에서 일찍 이룩한 물질적 성과를 전시하여 조상들이 실제로 이미 대형 건축물을 짓는 기술능력을 가지고 있었음을 증명해야 한다고 생각한다. 본문의 의도는 독자에게 본류의 겸손한 용모 이외에 중국 건축물 차원의 발전도 몇 차례의 전성기를 겪었던 바, 특히 높은 기술도 수직적으로 발전하는 두 가지 건축 유형인 누각과 탑이 있다는 것을 알려주려는 것이다. 그들은 한동안 지상을 떠나서 이성으로부터 벗어난 듯 하였으며 따라서 종교와 여러 가지 관계를 가지고 있었다. 누각은 도교와 관계되고 탑은 불교와 관계되며 종교의 열광과 집적은 비록 편파적이기는 하지만 건축기술의 발달에 대해 과소평가할 수 없는 추동적 의미가 있다.

1. 신선과 누각

중국 고대 최초의 누각은 신선과 관계가 없다. 〈주례周禮·고공기考工記〉에 "夏后氏世室, 殷人重屋, 周人明堂"이라는 기록이 있다. 여기에서 하상주 3대의 정치, 하늘과 통하는 일, 제사를 지내는 등의 중요한 건축물을 언급하고 있는데, 그 가운데 상나라는 '중옥重屋'이라 하였다. 〈설문해자說文解字〉에서는 "누樓는 중옥重屋"이라 하였다. '중옥'은 아마 중국의 가장 오래 된 누각이라 할 수 있다. 여기에서 주목할 만한 것은, '중옥'은 하늘과 통하는 기능을 가지고 있고, 높은 누각의 목적 가운데 하나가 하늘과 사람의 연결이라는 점이다. 녹대鹿臺는 구름과 비를 바라보고, 강대强臺는 붕산崩山을 바라보며, 포거대匏居臺는 나라의 정세를 바라보는데, 높이 올라 먼 곳을 바라본다는 점에서는 대와 누각은 다르지 않다. 춘추전국시대의 고대광실은 내부는 흙으로, 외부는 나무로 하여 누각과 비슷한 모양의 건축 집단으로 보였다. 하지만 높은 누각이 크게 발전한 것은 진한 시기에 와서 그것들이 신선과의 관계가 밀접해지고 나서였다.

도교는 동한 때에 정식으로 나타났다. 하지만 그 정신은 이미 상고시대 사상에 존재해 있었다. 멀리 갈 필요도 없이 〈장자莊子〉에 이상적인 인격에 대한 묘사가 많이 있다. 〈소요유逍遙游〉에 나오는 신선은 "피부가 눈처럼 희고, 아름답게 처신하며 오곡을 먹지 않고, 바람을 들이마시고 이슬을 마시면서 구름과 비룡을 타고 사해 밖을 떠돌아다닌다." 〈제물론齊物論〉에 나오는 성인은 "커다란 연못을 다 태워도 그를 뜨겁게 할 수는 없고, 황허와 한수漢水를 꽁꽁 얼려도 그를 차갑게 할 수는 없다. 사나운 우뢰가 산을 부수더라도 상하지 않고, 태풍이 파도를 몰아쳐도 그를 놀라게 할 수는 없다."고 하였다. 〈대종사大宗師〉에 나오는 진인眞人은 "그 마음은 잊고, 용모는 차분하며 그 이마는 평안하다. 처연한 것이 가을 같고, 따뜻한 것이 봄과도 같다. 기쁨과 분노가 사방으로 통할 때에 사물과 더불어 온당함을 얻고, 그 극치를 알지 못한다." 이런 신선, 성인, 진인은 모두 여러 가지 신통력이 있고, 자유롭게 떠돌아 다니며 가지 않는 곳이 없다. 바로 후세 사람들이 생각하는 신선의 원형이다.

원이둬聞一多는 〈도교의 정신〉에서 동한의 "신도교新道敎"에 비해 또 하나의 "옛 도교"가 있는데, 신도교는 옛 도교의 연맥에서 유래된 것이고, 도가 역시 옛 도교에서 나온 것으로서, 하나는 종교 조직이고, 다른 하나는 철학사상으로 혈통이 연결되어 있으며 다른 것이 아니라고 하였다. 원이둬는 또 옛 도교가 '중국 고대 서양의 한 민족의 종교'일 수 있으며, 유가는 동양의 한 종교에서 유래한 것으로 추정하였다. 유가와 도가는 서로 다른 것이기 때문에 양자가 서로 다른 것을 보완하고, 서로 배척하기도 하고, 또 서로 끌어당기기도 한다는 것이다.

장자는 이상적인 인격을 '진인'이라 불렀다. 그는 본연의 '인간'이 바로 초월성을 가진 인간이라 믿었다. 지금 사람들이 그렇게 할 수 없는 이유는 바로 후천적인 도덕인의를 잃어버렸기 때문이라는 것이다. 진인과 대비되는 것이 가인假人인데, 세상 사람들은 모두 가인이지만 수련을 하면 원래 모습으로 돌아갈 수 있고,

유유자적한 생활을 할 수 있다. 장자가 제시한 이 길은 후세에 신선가와 음양가의 해석을 거쳐 각종 도술과 방술을 만들어냈다. 신선사상은 인류의 기본적인 욕망이 무한대로 확장된 것이다. 어떤 계율로 구속하더라도 수단에 불과할 뿐이고, 잠시 절제하면 신선이 된 이후에 더욱 커다란 만족을 얻을 수 있다. 속세 사람들에 대해서 이런 사상은 의심할 바 없이 커다란 흡인력을 갖는다. 이에 따라 위로는 제왕부터 아래로는 민초들에 이르기까지 이 신선 장생설에 대해 연연하지 않을 수 없었다.

〈사기史記·효무본기孝武本紀〉거의 전체는 한 문제文帝가 어떻게 방사方士와 교류를 했고, 장생불로와 득도성선得道成仙의 기술을 추구했는지를 그려내고 있다. '신선은 누각에 거하는 것을 좋아한다'는 말이 방사가 무제를 홀리는 유세 과정에서 나온다. 원이둬가 지은 〈신선고神仙考〉를 통해서 신선이 어떻게 누각과 연계되는지를 대략 짐작할 수 있다. '장수長壽'는 옛 사람들이 오매불망 추구하는 바였다. 그로부터 '불사' 관념이 파생되어 나왔다. 원이둬는 불사관이 고대 중국의 서부에서 나왔고, 가장 먼저는 '영혼불사론'이었다고 생각했다. 〈묵자墨子·절장하節葬下〉편에 "진秦나라 서쪽에 의거儀渠의 나라가 있는데, 친척이 죽으면 땔나무를 모아다 불태우고, 연기를 내는데, 그것을 일러 등하登遐라고 한다."고 했다. 이 의거가 바로 서부의 나라인데, 친척이 죽고 나서 화장을 하고, 영혼은 연기를 타고 올라가 하늘에서 영생한다는 것이다.

'등하登遐'는 '등하登霞'라고도 하는데, 연기를 타고 하늘에 오른다는 의미이다. 서부의 불사관이 동방으로 전해져 '영육동생론靈肉同生論'으로 발전했다가 후에 영혼은 철저하게 버려지고 연나라와 제나라 일대의 '육체불사론'이 되었다. 화장이 된 후 영혼이 날아오르는 것도 육체의 수련으로 변했다. 연단, 복약, 기를 행함 모두 혼탁해진 육신을 바꾸어 날아오르기 위한 목적이다. 사람이 만약 하늘에 오를 수 있다면 신선처럼 오래 살고 만능이 될 수 있고, 모든 즐거움을 누릴 수 있다는 것이다. 신선이 되고, 하늘로 날아오르는 이런 관념은 하나로 융합되어 사람들은 자연스럽게 구름을 뚫고 우뚝 솟은 누각이 있어서 그 곳에 살게 될 것이라고 생각하게 되었다. 당나라 때 이태백은 성선득도의 생각에 빠져들어 백 척 높이의 누각에서 "이 곳에 서서 큰 소리를 내지 못하니 신선을 놀라게 할까 두렵기 때문"이라고 흥미진진하게 읊조린 것이다.

한 무제는 공손경公孫卿의 '신선이 누각에 산다'는 말을 믿고 통천대通天臺를 만들고, 그 아래 사당을 두어 신선을 불러오게 하였다. 아울러 건장궁建章宮에 신명대神明臺, 정간루井干樓를 세웠는데, 그 길이가 50여 장丈에 이르고, 수레가 다니는 길도 만들었다. 통천대와 신명대는 전국시대 이후 대사臺榭 건축의 연속선상에 있는 것으로, 이런 높은 건축물을 지은 것은 두 가지 목적이 있었다. 그 하나는 내려오는 신선을 영접하고, 신선을 불러오는 것이고, 다른 하나는 무제를 신선이 되어 하늘로 오르게 인도하는 것이다. 고대高臺는 높은 하늘로 뻗어나가려는 인간의 중요한 의지를 표현한 것이다. 유향劉向의 〈신서新序〉의 기록이다. "(전국시대에)위왕魏王이 중천대中天臺를 지으려 함에 허관許綰이 끼어들어 말하길, '대왕께서 중천대를 지으려 하신다니 힘을 보태겠나이다.… 신이 듣건대 하늘과 땅은 일만 오천리가 떨어져 있다 하니 왕께서는 그 절반인 칠천 오백리의 대를 지으셔야 합니다. 높이가 이러하니 터는 팔천리가 되어야 하는데, 터가 부족합니다.… 위왕이 아무 대꾸도 하지 않다가 대 짓는 것을 포기하였다." 중천은 바로 하늘 높이의 절반으로, 중천대가 추구하는 것은 높이로서, 하늘과의 관계는 높이에만 있었다. 무제의 통천대와 신명대는 하늘과 서로 통한다는 의미로서, 이미 신선사상의 영향을 크게 받고 있음이 분명하다. 중천과 통천은 표면적으로는 양적 차이이지만 실제로는 질적 차이이다.

우리 추측으로는 통천대와 신명대는 북방 전통의 흙과 나무과 혼합된 구조였을 것이다. 그것에 비해 건장궁의 정간루井干樓는 전체가 목조 구조이고, 중국 남방의 영향을 받았을 가능성이 있다. 장형張衡의 〈서경부西京賦〉에 "정간을 층층이 쌓았다."고 하였는데, 층층이 쌓았다는 것은 정간 구조의 중요한 특징이다. 각진 나무나 둥근 나무를 교차해서 층층이 쌓아올린 것으로서, 처음에는 우물벽이 무너지는 것을 막기 위해 사용하였고, 우물의 울타리 역할을 하게 한 것이다. 정간이라는 이름은 여기에서 유래된 것이다. 이것은 매우 오래된 구조 형식으로서, 신석기시대에 이미 출현하여 지금까지도 삼림이 우거진 지역에서 사용되고 있다. 남아 있는 문헌과 그림자료를 보면 정간은 한나라 도시 건축물에서 상당히 유행한 구조였다. 환관桓寬의 〈염철론鹽鐵論 6권〉에 "지금 부자들은 정간을 늘이고 울타리를 아름답게 장식하고 꾸민다."고 하였다. 청뚜成都 양자산楊子山 한묘漢 墓에서 출토된 화상전에는 문궐도門闕圖가 그려져 있는데, 양쪽에 자궐子闕을 가진 궐루가 있고, 그 사이에 문옥門屋으로 연결되어 있다. 두 궐의 아랫부분은 토내로서, 윗층은 목조 가옥이고, 대와 옥 사이에 층층이 쌓인 나무가 그려져 있다. 주궐 아랫부분의 나무는 5층까지 이르며 중간에 있는 문옥에도 두 층의 나무가 새겨져 있다. 그 밖의 풍환馮煥 석궐, 고이高頤 묘궐에는 모두 이런 형식이 그려져 있다. 중첩된 나무가 바로 정간형식이라는 점을 주목해야 한다.

신선을 영접하고 하늘과 통하기 위해서 무제는 많은 누관을 지었다. 물론 신선은 황당한 것이고, 죽지 않는다는 것도 어리석은 망상이다. 하지만 각도를 달리해서 보자면, 이 사치스러운 희망과 망상은 낭만적인 인성이 현실적인 제한에 굴복하지 않겠다는 표현일 수도 있다. 오늘날에도 그런 신화와 전설은 남아 있고, 그로부터 생겨난 초월적인 누관과 궐대는 사람들을 감동시키고 있다.

지금 남아 있는 한나라 건축물은 수십개의 석궐과 묘실에 불과하여 당시 찬란했던 모습 전체를 살펴보기가 어렵다. 다행스러운 것은 한나라 고분에서 수많은 건축 부장품들이 출토된 것이다. 그것들 가운데 상당수가 누각 형식으로 되어 있다. 출토된 부장품은 동한 것이 많다. 하지만 그것들의 기술적 기초는 서한 이전 것이 분명하다.

무제 정간루의 구조 방식은 신석기 시대에서 유래되었다. 동한 도옥陶屋 가운데 삼각형 들보틀은 이미 보편적으로 사용되었고, 들보를 들어올리는 구조는 더 발전하였으며 조립식 구조도 이미 출현하였다. 가장 두드러진 것은 두공斗栱이 많이 보인다는 것이다. 도루陶樓 부장품의 유형은 망루望樓, 창루倉樓, 희루戲樓, 수사水榭 등으로 매우 많은데, 그것들이 이미 사람들 생활의 각 분야로 파고들었다는

[삽도 12-1] 허난 명기의 쌍탑식 도루(상)
[삽도 12-2] 프랑스 아미앙 성당 내부(하)

것을 보여준다. 이런 도루들 가운데 낮은 것은 2, 3층, 높은 것은 5, 6층이고, 가장 높은 것은 7층까지 있으며 주루主樓 옆에 부루附樓를 설치하고, 주루와 부루는 비각으로 연결하였다.(삽도 12-1) 누각은 양한 때에 널리 사용된 건축 양식이었다. 이는 목조 기술의 커다란 발전을 반영한 것으로, 그 배후에는 당시의 독특한 인생관과 심미 추구가 자리하고 있다. 누각에서 신선과 함께 구름을 타고 노닌다는 것은 어떤 의미에서는 이런 정신적 추구가 있어야 기술적인 창조와 발전도 있다는 것을 말해주는 것이다.

'은나라 사람의 중옥'과 '신선의 누거'라는 말에서 중옥과 누거라는 이 두 가지 말 자체는 고대 중국 고층 건축의 두 가지 특징을 반영한다. 또한 유럽 교회당과 구별되는 가장 중요한 내용이기도 하다. 중옥과 정간은 서로 통하는데, 그것은 바로 층층이 쌓아올린다는 것이다. 높은 건물은 사실 수많은 단층 건물로 지어진 것으

로, 비교해보면 유럽의 교회당은 하나의 건물로 내부 공간이 특히 높고 큰 단층 건축물이다.(삽도 12-2)

누거樓居의 중점은 '거居'에 있다. 중국 고층 누각의 원래 의미는 사람들을 높은 곳에서 생활하게 한다는 것이다. 춘추전국시대의 고대도 마찬가지였고, 후에 중국에 들어와 중국화된 불탑도 마찬가지였다. 유럽의 교회당은 사람들을 천국을 소망하고 경외하게 하려는 데 그 취지가 있었고, 정말 사람들을 높은 곳에서 생활하도록 인도하려는 것이 아니었다. 이 두 가지 특성은 사실 하나로 연결되어 있다. 사람들이 한층 한층의 집에서 점차 올라가면서 감상하고, 단일한 높고 큰 공간에서는 바라만 볼 수 있을 뿐이다. 그것들의 배후에 드러나는 동서양 심령의 차이는 곰곰이 새겨볼만 하다.

2. 가람탑

불교 건축에서 가장 대표적인 것이 불탑이다. 그 최초의 연원은 인도의 스투파로서 화장한 유골을 담는 라마식 장묘탑이다. 〈남해기귀내법전南海寄歸內法傳 3권〉에 "대사 세존이 열반한 후에 사람과 하늘이 함께 모여 화장하였는데 향과 땔나무를 많이 쌓았다."고 했는데, 이것은 죽은 사람의 화장 의식과 관련된 것이다. 하지만 연기로 승화하던 도교 선인들의 승화와는 달리 불교는 사리를 얻기 위해 화장됐다. 〈위서魏書・석로지釋老志〉는 '화장 후 사리 크기가 알처럼 크고, 때려도 상하지 않으며, 불에 타도 타지 않는다.'며 제자가 봉안해 탑을 세우고 매장했다고 전한다. 8왕이 사리를 쟁취했다는 전설이 전해지는 사리를 여덟로 나누어 이를 담은 병과 태운 탄을 각각 1탑씩 올려 모두 열 개의 탑으로 만들었다고 한다. 붓다가 적멸한 후 약 200년, 아육왕阿育王(기원전 304년 - 기원전 232년)은 곳곳에 산재한 붓다의 사리를 수장하기 위해 8만 4,000개의 불탑을 세우도록 명령하였다. 그후 불탑은 붓다의 상징이자 중요한 징표가 되었고, 여러 가지 신비한 색채가 깃

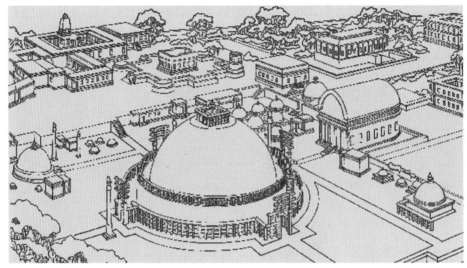

[삽도 12-3] 싼치 대탑 복원도

든 사리는 늘 탑 건설과 인연을 맺었다.

　인도의 초기 불탑 가운데에서 기원전 3~1세기에 건설된 싼치Sanchi 대탑이 가장 유명하다.(삽도 12-3) 전반 건축은 3개 부분으로 나뉘는데 하부는 원형의 탑기이고 상부는 반구형의 라마식이며 꼭대기는 사각형의 석란평대이고 대중간에 장대를 세워 3중 우산덮개를 받쳐준다. 싼치 대탑의 전신은 아육왕의 84,000 탑 중의 하나의 묘탑으로서 실심 석조를 채용하고 전체적인 조형 아래의 둥근쪽 위에 놓는데 이 두 가지 특징은 불탑이 중국에 들어온 후 모두 비교적 큰 변화를 가져오게 된다.

　일반적으로 불교가 정식으로 중국에 들어온 시기는 동한시기의 영평永平 연간이라고 생각한다. 〈위서魏書·석로지釋老志〉의 기록이다. "효명제가 밤에 꿈속에서 금으로 된 인간이 목에서 햇빛이 빛났고, 뜰에서 날면서 여러 신하들을 찾아다녔다. 효명제가 낭중郎中(박사제자 등을 천축으로 보내 부도를 써서 가져오게 하였다.…)경을 백마 등에 싣고 돌아오니 한나라는 낙성洛城 옹관雍關 서쪽에 백마사를 지었다." 효명제가 꿈속에서 금으로 된 인간을 본 것은 영평 7년(64년)이고, 백마가 경을 싣고

[삽도 12-4] 돈황벽화의 스투파식 탑(좌)
[삽도 12-5] 돈황벽화의 스투파식 구조(우) 몸체는 석재, 처마는 목조로 구성

돌아온 것은 영평 10년으로, 그 해에 백마사를 제우고 외국에서 온 스님을 앉혔다고 추측된다. 불교가 중국에 전파 불교가 널리 전파된 데에는 한 명제明帝가 큰 역할을 했다. 최초의 중국 불탑은 인도식을 따랐지만 여러 형태로 변했고, '중옥' 형식에 대한 집착을 보여주었다.

돈황벽화에는 이런 형태의 스투파식 탑(삽도 12-4)이 있는데 벽화는 2~4층이 같지 않고 밑층이 네모 형태의 대좌이며 지서에는 또 포동포동한 복발覆鉢이 있어 한층 사랑스럽다. 벽화 중에는 사각형 목조 가옥이 있는데, 윗 부분에 여러 층의 스투파 건축(삽도 12-5)이 있고, '천축의 옛 모습대로 다시 지었다.'라는 기초 위에 한 걸음 더 나아가 직접 한나라 누각의 제작방법을 들여왔다. 불교가 중국에 전해진 초기, 불탑의 원형과 여러 층으로 된 누각 이미지가 겹쳐진 것으로서, 두 건축물의 초기 결합이 비교적 조잡하고 심지어 네모난 모양으로 파낸 구멍이 적지 않음을 쉽게 알 수 있다. 중국과 서방의 문화교류가 날로 밀접해짐에 따라 건축물의 결합도 점차 활발해지면서 중국의 중옥 관념은 원래 단층이던 인도의 불탑을 빠르게 다층으로 변화시켰다. 세계적 범위에서 볼 때 중국계 불탑만이 중층

[삽도 12-6] 시안 자은사의 대안탑

건물의 형식을 취하고 있다. 목조 누각이 석탑을 대체하면서 내부에는 활동공간이 있게 되었다. 처음에는 불상을 모시다가 사람이 예배를 드리게 했는데 얼마 지나지 않아 한 층씩 올라갈 수 있는 고층 건축으로 점차 진화되였다. 아랫 부분은 둥글고 윗부분이 네모 모양의 스투파 형식은 윗부분이 둥글고 아랫부분이 네모 모양 형태로 바뀌었고, 이는 하늘은 둥글고 땅이 네모난 것으로 인식하는 중국인의 관념과 무관하지 않다. 이후의 중국 불탑은 기초는 네모 형태를 취했고, 기단 윗부분은 다각형의 탑신을 많이 세웠다. 스투파는 복발, 보주, 노반 등으로 축소되었다. 당나라 이전의 불탑은 목조, 석조를 막론하고 모두 이런 형태를 취한다.(삽도 12-6)

　불교와 중국 민간의 최초 접촉은 멀리 동한까지 거슬러 올라갈 수 있다. 〈사기

史記 · 진시황본기秦始皇本紀)에 "(33년, 기원전 214년) 禁不得祠, 明星出西方."라 기록되어 있는데, 역대 주석가들이 그 뜻을 풀이하지 못했다. 어떤 학자가 추측하기를, '부득'은 산스크리트어 Budda의 음역으로서 붓다를 가리키는 것이라고 하였다. 사마천이 기록한 것은 아마도 진시황이 민간에서 서방의 붓다를 숭배하는 것을 금지한 역사적 사실을 드러낸 것이다. 인도 아육왕의 재위 기간은 진시황보다 조금 이르다. 아육왕은 불탑 84,000개를 세우면서 불교를 널리 퍼뜨렸고, 그 흐름이 중국인의 마음속에 파고들었던 것이다. 한 무제는 일평생 태산에 올라 제사를 드리고, 신선을 구했으며 금으로 된 사람을 받들면서 후세 유불도 3교를 하나로 묶는 선구자가 되었다. 〈위서魏書 · 석로지釋老志)에 "금으로 된 사람을 마주 대하면 제사를 드리지는 않지만 분향하고 절을 할 뿐이다."라고 한 것에서 금으로 된 사람은 동으로 만든 불상을 암시하는 것이다. 제사는 도교의 풍격이고 분향은 불교 의식이기 때문이다. 만약 이와 같다면 불교는 처음에 진시황에게 금지 당했다가 무제 때에 와서 점점 허용이 되었다고 추측할 수 있다.

한 무제가 불가와 도가 합일의 선례를 열었다면, 동한 때에 그 기세는 활발해졌다. 모자牟子의 〈이혹론理惑論)에서 석가모니에게 32상이 있고, 80종은 좋은데, 몸길이가 6장으로 모두 금색으로 되어 있다고 하였다. 크게 할 수도 있고, 작게 할 수도 있으며, 둥글게도 하고 각지게도 할 수 있으며, 불에 넣어도 타지 않고, 칼을 내도 상하지 않고, 가려 하면 날고, 앉으면 빛을 발한다고도 하였다.··· 여러 가지 신비로운 일은 장자가 그린 신선과도 같다. 불가는 청정함을 숭상하고, 도가는 무위를 숭상하는 바, 양자의 교리는 서로 상통하는데, 그런 까닭에 불조는 서방의 신명이 되어 황제, 노자와 그 밖의 다른 신화 인물과 함께 존경받는 것이 의외는 아니다. 〈이혹론〉은 중국 최초의 불교 논저로서 저자인 모자는 불도에 조예가 깊고, 아울러 노자 도덕경을 연구한 인물로 불가와 도가의 교리가 서로 다른 것이 아니고, 하나로 볼 수 있다고 생각하였다. 〈후한서〉 42권에 초왕영楚王英이 황로黃老를 좋아했다는 기록이 있는데, 초왕영은 한 명제明帝의 동생으로서 황족의 신분으로 황로의 미언을 암송하고 불탑을 숭상하여 황제의 칭찬을 받았던

불도합일佛道合—의 전형적인 인물이다.

처음부터 불교와 도교는 남다른 인연을 맺었다고 할 수 있다. 동한 이전에 이미 유행했던, 신선들이 좋아하는 누거가 이 때 서방의 신을 받드는 탑에 영향을 미쳤고, 이는 매우 순조롭게 이루어졌다. 한대 관중의 누각이 사용한 목조 기술이 중국 남방에서 왔고, 최초의 목조 불탑도 남방과 관계가 있다고 추측한다. 〈삼국지〉49권의 기록에 따르면, 한대 헌제 초평初平 연간(190~193년)에 단양丹陽 사람 작융笮融이 샤피下邳와 평청彭城 일대에서 불교 사당을 지었고, 동으로 인간을 만들고 황금으로 도금을 해서 채색옷을 입혔다. 동으로 만든 받침에 그 아래에 누각으로 통하는 길을 만들었는데, 3천여 명을 수용할 수 있었고, 그 곳에서 불경을 읽고 공부하였다. 이것은 불탑이 있는 사당으로서, 주변에 각도가 빙 두르고 있고, 탑에 불상을 모셔서 화려하게 장식하였다. 단양은 지금의 양저우揚州이고, 샤피와 평청은 장쑤성과 안후이성 북부이며, 작융은 남방 사람으로 멀리 시안과 뤄양 등 전통 중심에서 멀리 떨어진 중국의 동남부 지역에 사찰을 지은 것으로서, 남방 목조의 사용 가능성은 더욱 커진다. 쓰촨 동한 화상전에 목조 불탑 스타일이 그려져 있다.(삽도 12-7) 네모 형태의 기좌 위에 3층 탑이 있고, 각 층은 세 칸에 기둥 네 개로 되어 있다.

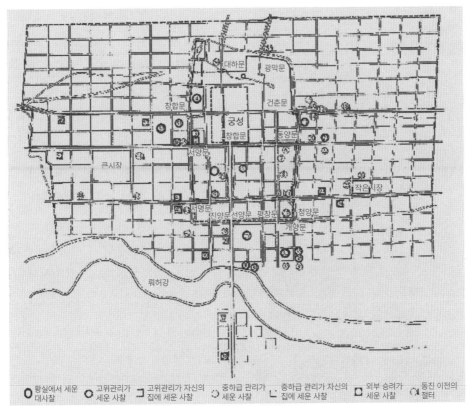

[삽도 12-8] 북위 뤄양의 주요 불사 분포도

불탑의 구조와 형식의 변천은 "고유문화의 기초 위에서 외래 불교문화에 대한 끊임없는 흡수와 개조를 가하는 과정이다. 고유 문화의 차이로 인해 이런 흡수와 개조의 정도와 방식은 서로 다른 지역과 민족 중에서 다른 점이 있다." 장쑤성 북쪽과 안후이성 북쪽 지역은 동부 연해에 속하고, 연나라와 제나라에 가까우며, 쓰촨과 비슷하게 한대 방사方士가 성행했던 지역이다. 따라서 이들 지역의 초기 민간 불탑은 목조 형식을 많이 취하고 있고, 한대 신선을 맞이하는 누각과 맥을 같이 한다. 하지만 뤄양 등 외래 스님들이 모이는 중심 지역에서 관청이 세운 사탑은 천축 스타일에 따라 다시 지었고, 나중에 점차 중국화되어 전국시대 이래의 북방 대사 형식과 그 맥을 같이 한다.

[삽도 12-9] 북위 뤄양의 영녕사 탑 복원도

6세기의 북위 뤄양은 사탑이 많이 세워진 도시였다.(삽도 12-8) 효문제가 뤄양으로 천도하고 사찰 건설은 절제하는 편이었다. 선무제宣武帝가 즉위하고 나서 성곽 내의 사찰 수는 크게 늘어나 500여 곳에 달했다. 사찰에는 불탑을 많이 지었는데, 〈낙양가람기洛陽伽藍記〉의 기록에 따르면, 장추사長秋寺에 3층탑이 있었고, 요광사瑤光寺에 5층 석탑이 있었으며, 호통사胡統寺와 경명사景明寺에도 7층 석탑 등이 있었다. 그 가운데 가장 유명하고 장관인 것은 영녕사永寧寺 탑이다.

영녕사 탑은 고대 중국 제일의 탑이라 할 수 있다.(삽도 12-9) 희평熙平 원년(516년) 호태후胡太后가 영녕사를 짓고, 사찰 중심에 탑을 세웠다. 〈낙양가람기〉의 기록이다. "(영녕사)에 9층탑이 있는데, 목조로 지은 것이다. 높이가 90장丈에 이른다. 사찰에서 10 장丈을 더해, 합치면 일천 척에 이른다. 백 리 떨어진 도읍에서도 멀리 보인다." 영녕사 탑은 위나라 도읍 뤄양의 랜드마크로서 미국 뉴욕에 있는 자유의 여신상과도 같았다. 꿈을 안고 온 유럽의 이주민들이 "멀리 떨어진 도읍에서도 멀리 바라볼 수 있으니" 불시에 가슴 깊이 흥분에 젖었을 것이다. 영녕사 탑의 높이가 일천 척에 이른다는 것은 300m에 가깝다는 것으로, 9층이라고 하면 각 층이 30m라는 말이니 그다지 믿기는 힘들다. "탑은 9층으로 높이가 40여 장丈에 이른다"고

한 〈위서·석로지〉의 기록은 비교적 믿을 만하다. 불탑이 지어지고 나서 "명제明帝와 태후가 함께 탑에 올랐고, 궁 안을 손바닥 보듯이 바라봤고, 수도에 임하기를 가정처럼 하였다." 불행히도 높이 140m에 달하는 이 대형 탑은 지어진 지 18년 만에 불타 버리고 말았다. "당시 어두컴컴한 가운데 천둥번개가 치면서 싸래기눈이 내렸는데, 백성들이 불을 바라보며 슬퍼하는 목소리가 도읍을 진동했다. 비구니 세 명이 불

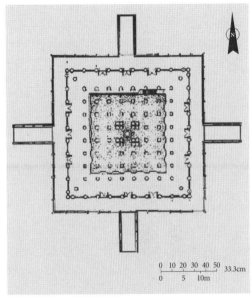

[삽도 12-10] 북위 영녕사 탑 평면 복원도

길에 뛰어들어 죽었다. 불은 세 달 동안 꺼지지 않았고, 1년이 지나도 연기가 날 정도였다." 영녕사 탑이 불로 소실된 것은 정말 엄청난 손실이었다. 북위 정권에게도 치명적인 타격이었다. 남북조 시기에 황실이 사찰을 지어 복을 비는 풍조가 유행하였고, 사람들은 불교를 선양하는 것이 태평을 유지하는 비결이라고 믿어, 많은 물자와 인력이 사찰과 탑을 세우는 데 투입되었다. 이러한 기풍에 의해 건설된 영녕사탑은 북위의 진귀한 보물을 모을 뿐더러 더욱이 한 나라 백성의 정신을 맡기고 국운과도 직접 연관을 지었다. 영녕사 탑이 불에 타버린 그 해에 도읍은 업성鄴城으로 옮겼고, 나라는 망했다.

1979년에 고고학자들은 영녕사의 탑 터를 발굴하였다. 발굴보고서에 따르면 불탑은 2층으로 된 토대가 있는데 밑층의 동서 너비가 101m이고 남북의 너비가 98m이며 사각형에 가깝다. 상층부는 사각형이고 변의 길이가 38.2m이며 그 위에 124개의 네모난 주춧돌 유적이 있으며 안팎 5개의 주춧돌 유적이 있다.(삽도 12-10) 네 번째 기둥 안에는 사방이 약 20m에 달하는 토대가 있다. 이에 따르면 네 번

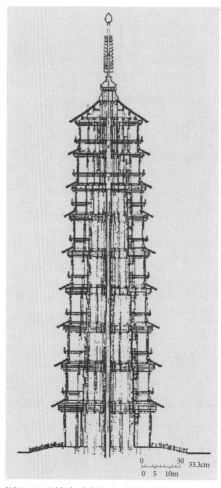

[삽도 12-11] 북위 영녕사 탑 단면 복원도

째 기둥 안에는 흙벽돌로 쌓은 높은 대가 있고, 다섯 번째 기둥은 바깥쪽 기둥인 것으로 추측되며, 당시 탑 건축이 아직 진한秦漢 이래 대사 건축 형식에서 벗어나지 못했다는 것을 보여준다. 내부 고대의 동서남 3면의 정중앙 다섯칸에 모두 불감佛龕 유적이 있는데 북쪽에는 불감이 없고 벽기둥이 있어 계단이 설치되어 있는 곳으로 추정된다. 고대 외부의 다섯번째 기둥은 주로 회전 예배의 통로가 되어 참배중심의 고대표면의 불감속에 있는 불상에 사용된다. 영녕사탑은 높이가 9 층이고 내부는 토대가 7층이며 대의 바깥쪽 각 층에는 목조 회랑이 둘러져있고 대 위에는 2 층짜리 목조가옥이 있다. 대체로 그것을 높이를 높인 대사 건축물로 볼 수 있다.(삽도 12-11)

당시 유신庾信은 탑에 오른 영녕사탑과 비슷한 운거사雲居寺 탑을 오른 사람이다. 유신은 본래 남조 사람으로 554년 명을 받고 서위西魏로 사신으로 가게 되었는데, 문학적인 재능이 뛰어나 북방에 억류되었다가 남쪽으로 돌아오지 못했다. 그는 당시 장안 부근에 있던 운거사탑에 올랐던 것이다. 서위는 북위를 이어받았는데, 건축의 풍격도 함께 이어졌다. 운거사 탑도 영녕사 탑과 마찬가지로 9층이었다. 그는 탑에 오른 느낌을 시로 적었는데, 당시 북방 불탑이 초기 대사와 밀접하게 관련되어 있다는 정보를 알려주고 있다.

인도 불탑은 원래 속이 꽉 차 있어, 불골만 묻고 불상은 없으며 더욱이 오르는 일이 없는데, 그리스 로마 문화의 영향을 받아 불상을 예배의 대상으로 여기게 되었다. 이후 중국에 들어왔을 때 불탑 내에는 불상을 바치는 공간이 생겨났다. 중국에 들어오고 나서 단층 불탑은 다층으로 변했다. 하지만 초기에는 저층에 불상을 두었고, 그 위 각 층은 쓰임새가 없었다. 〈법원주림法苑珠林·사리편舍利篇·감응연感應緣〉의 기록을 보면, "위나라 뤄양 궁성의 서쪽에 사탑이 있었는데, 그 곳에 사리가 있었고 궁내에서 빈빈이 배척을 당하자 제왕이 걱정되어 부숴버렸다."고 하였다. 이 사탑의 내부는 올라갈 수 없는 구조였거나 아니면 사리 때문에 불필요하게 외부에서 올라가는 모험을 할 필요가 없었던 것으로 보인다. 앞에서 언급한 바와 같이 영녕사 탑의 윗부분은 오를 수가 있다. 〈위서魏書·최광전崔光傳〉에도 "영태후靈太后가 영녕사를 좋아하여 몸소 구층탑에 올랐다."고 기록되어 있다. 당시 사람들은 불상을 불탑 저층에 두었기 때문에 그 위에 오르는 것은 부처에 대한 불경이라고 생각했을 것이다. 유사한 관념이 중국에서는 예로부터 있어 왔다. 영태후가 영녕사 탑을 오른 것은 불상이 탑에 들어가기 전이지만 최광은 오르지 말 것을 간한 것이다. "비록 불상이 없지만 신명이 사는 곳"이라고 생각한 것이다. 이런 금기는 남북조 시기에 점차 없어졌다. 불탑 내부에 불상이 들어가게 되자 점차 탑에 오르는 것도 필요해졌고, 더 이상 불경스런 일도 아니게 되었다. 속이 차 있는 것에서 비어있는 것 까지,. 오르지 않는 것에서 오르게 된 것까지 불탑이 점차 중국화되어 가는 중요한 표지가 되었고, 한대 '누거樓居' 정신의 연속이 되었다. 그 배후에는 중국인의 '높은 데 오르는' 것에 대한 강렬한 욕망이 암암리에 작용하고 있었다. 수당 때에 탑에 오르는 것은 이미 관습이 되었다. 유명한 '안탑제명雁塔題名'은 과거에 급제한 후에 장안 자은사 탑에 올라 시를 짓는 것을 말하는 것이다. 잠삼岑參의 〈고적高適·설거薛據와 함께 자은사 불탑에 오르다與高適薛據登慈恩寺浮圖〉는 그 가운데 가장 유명한 작품이다. "탑의 기세는 평지에서 솟아오르는 것 같고, 도도하게 하늘로 치솟았다. 올라가니 인간세계에서 나오는 것 같고, 계단길을 밟으니 허공에서 선회하는 것 같다. 높이 솟아 우뚝하여 신주(중국 땅)를 누르고 있는데, 비범하여 귀신이 만든 것 같다. 보탑의 네 모서리는 펼쳐져 밝은 해를 가리고, 탑은 칠 층으로 하늘에 바짝 맞닿아있네." 짤막한 몇 구절에서 높은 데서 바라보는 쾌감과 높은 탑의 광대함을 묘사하고 있다.

3. 대지로의 회귀

중국의 초기 사찰 배치에서 불탑은 가장 중요한 중심적 위치를 차지하고 있다. 하지만 남북조 중반부터는 그 위상이 조금씩 바뀌기 시작했다. 내부에 불상을 모시는 불탑은 실제 불전의 일종으로, 그 후 불상이 점점 더 많아져 탑의 좁은 공간에 수용할 수 없게 되자 전통적인 전당에 수용하여 불탑의 부족을 보충하였다. 전당의 위상이 날이 갈수록 높아지면서 전통적인 정원 수법도 점차 사찰 배치에 이용되기 시작했고, 결국 불탑이 주가 되는 일이 사라지게 되었다. 뤄양의 영녕사에서 이런 상황은 나타나기 시작했다. 탑 북쪽에 "불전 한 곳이 있는데, 모양이 태극전 같고, 가운데 큰 불상 하나와 중간 크기 불상 열 개와 화려하게 치장한 불상 세 개, 금실로 짠 불상 5개, 옥불상 두 개 등…이 놓였다. 사찰의 담장은 모두 짤막한 서까래를 깔았고, 기와로 덮었으며 마치 궁궐 담장 같았다. 사방에는 문이 하나씩 있었다. 남쪽 문누각은 삼중이고 길은 세 갈래이며 땅에서 20장 길이로 모양이 지금의 단문 같았다." 궁궐의 정전인 태극전 모양을 한 영녕사 불전은 여러 불상을 모셨고, 사찰에서의 지위는 이미 대단하였다. 이 밖에 궁궐의 담장 같은 사찰의 담장, 남문이 단문과 비슷한 것 등은 사찰이 황궁의 구조를 모방하였음을 암시하고 있다. 북위에 이르기까지 중국 전통건축 발전은 건물의 조직과 정원의 배치가 이미 성숙되었다. 뤄양 황궁이 바로 복잡하고 체계적인 방대한 정원이었다. 영녕사는 뤄양궁을 모방하여 자연스럽게 그 영향을 받았다. 하지만 당시 높은 탑은 영녕사의 중요한 위치를 차지하고 있었다. 수당에 들어와서

[삽도 12-12] 돈황 성당 제172호굴의 불사

불전을 중심 주체로 하고, 불탑을 양쪽에 배치하는 등의 형식이 점차 자리잡게 되었다. 하지만 이러한 대지 회귀의 추세는 이미 돌이킬 수 없었다. 수당 시기에 정토사상이 유행하면서 화려하고 웅장한 사찰을 짓는 것이 흐름이 되었다. 그 특징은 높고 큰 전각을 중심으로 하여 회랑과 정원을 단위로 복잡한 공간조직을 통하여 넓직한 정원 구조가 형성되었다.(삽도 12-12) 당시 사람들은 더 이상 신선의 세계에 집착하지 않게 되었고, 현실세계에서 불국 정토를 만들기 시작했다.

고층 탑에서 단층 정원에 이르기까지, 하나는 수직발전이고, 다른 하나는 수평 분포로서 모습은 다른 듯 하지만 정신은 서로 합치된다. 양자는 모두 '중옥' 사유의 산물이라 할 수 있다. 탑은 집이 세로 방향으로 여러 층 쌓아올린 것이고, 정원은 집을 가로방향으로 중복하여 조합한 것이다. 〈남제서南齊書 · 우원전虞願傳〉의 기록이다. "(송宋 명제明帝)가 10층을 쌓으려 했으나 세울 수 없자 둘로 나누어 각 5층으로 하였다." 황제는 10층탑을 세우려 했으나 기술 부족으로 뜻을 이루지 못하자 5층 탑 두 개를 짓는 것으로 바꾸고, 스스로 이렇게 하는 것이 다른 사람을 이기는 것이라고 생각했던 것이다. 10층탑을 5층탑 둘로 나눌 수 있으니, 10층탑을 단층탑으로 만들 수도 있었다. 그것들을 평지에서 배치하게 되면 자연스럽게 정원이 형성되는 것이다.

정원식 배치는 독특한 심미적 특징이 있다. 중요한 건축은 모두 정원 내에서 이루어져서, 외부에서 들여다볼 수가 없다. 건축물이 중요할수록 서막이 되는 정원은 갈수록 많아지고, 클라이맥스는 사람들의 행진 가운데 하나씩 펼쳐져 사람들의 기대심리를 불러일으킨다. 이렇게 하면 주가 되는 건축물이 마침내 눈앞에 나타났을 때 참배자의 격동과 흥분도 억제할 수 없게 되는 것이다. 굴원이 〈초사〉에서 "어찌 그리워하면서 군왕을 그리워하지 않으리요, 군왕이 계신 문은 구중궁궐일세."라고 노래했고, 당나라 시에서도 천자가 계신 전당에 대한 묘사는 더욱 많아진다. "산하 천리의 나라에 성궐의 구중 문일세." 낙빈왕駱賓王, "아침에 황제에게 상소문을 올렸더니." 한유韓愈, "구중 궁궐 깊은 곳에 그대는 보이지 않네." 최호崔顥… 이렇듯 격절되어 조성된 느낌과 함께 위엄에 치우친 궁궐이 원림에 이르러 심미적인 것으로 바뀌어갔다. 중국의 심미 이상은 웅장함에서 심원함으로 바뀌는 과정에서 내재된 함의는 매우 크다.

중국 고대의 가장 중요한 두 가지 고층 건축물로서 누각과 높은 탑의 발전의 피크는 모두 종교와 관련이 있다. 종교적 열정은 건축 기술의 진보와 물질적 성취의 향상에 헤아릴 수 없는 의미를 지녔다. 그러나 중국에서는 후기로 갈수록 불교의 이방적 색채가 엷어지면서 완전 중국식 선종으로 발전하는 특이한 점이 있다. 선종 단계의 불교는, 마음 밖에 사물이 없고, 이 마음이 곧 불이라고 생각하여 사실상 건축물이나 다른 방면의 모습을 과장하여 신도를 흡수할 필요가 없었다. 선종 사찰에서 석굴을 뚫어 탑을 쌓는 것 같은 물질적 근면한 추구는 더 이상 의미가 없다. 그 중 많지 않은 집은 소박하고 친절하여 스님들이 청산녹수,

대나무 창가의 처마 사이에서 '멜나무를 베어 물을 짊어지는 것이 훌륭한 방법'이 아닐 수 없다. 특히 중국화한 이후의 불교 선종은 노장의 의미를 더한 것으로 우리는 그것을 불교와 도교의 합류로 본다. 수당 이후 누각식 불탑은 날로 세속화되었다. "높은 누각에 의지하여 멀리 바라볼 수 있고, 한 때나마 한가한 사람의 마음을 정리하네."라는 소식의 표현에서 높은 곳에 올라 감상하는 것이 누각의 주요한 기능이 되었다는 것을 알 수 있다. 송원명청대에 지어진 풍수탑이나 풍수누각은 예불이나 신선을 求하는 도구가 더 이상 아니었나.

중국 선진 시기의 휘황찬란한 고층 건축물과 한나라와 당나라의 웅장한 궁궐과 전당은 비록 대부분 흔적이나 문헌에 불과하지만 지금까지도 사람들을 경탄케 한다. 그러나 중국 건축은 이 방향으로 나아가지 않았다. 당송시기에 중국문화의 일대 변화가 일어났고 이 시기의 문화적 이상은 한 차례 중요한 전환을 가져온 바 중국사를 전공하는 학자들은 여러 분야에서 약속이나 한 듯이 이 점을 의식하게 되었다. 갈루세는 〈동양의 문명〉에서 중국 예술을 언급하면서 "송대는 중국의 정신과 미학적 이상을 발전시키는 데 가장 중요한 역할을 했다. 선대의 발전을 거쳐 중국미학 이상의 진화는 이미 물질적인 측면을 완성하였다. 그것은 그 자신이 표명하려는 모든 것을 보여주었으며 그 후부터는 무개성의 진부한 주제를 반복하는 외에는 아무것도 하지 않았다. 그래서 지난 시대의 물질적 이상은 지식인에 바탕을 둔 정신적 이상에 의해 계승됐다."고 하였다. 여기서 언급되는 예술대상은 주로 회화와 조각이다. 고염무顧炎武도 당나라 도시와 건축은 웅장해야 했고, 송나라 이후는 가까운 시대일수록 누추해진다고 하였다. 우리는 고염무의 견해가 옳고, 논하는 바가 토론할 가치가 있다고 생각한다. 요컨대 당나라에서 송나라로의 변화는 많은 측면에서 쉽게 드러난다. 따라서 지금 사람들이 해야할 일은 그 높고낮음을 논하는 것이 아니고, 그 차이의 이유를 자세하게 구별해 내는 것이다. 웅장함과 누추함의 구별은 실로 중국문화가 의도적으로 선택한 결과로서, 민족성의 필연이지만 몰락은 아니다.

춘추시대로부터 수당에 이르기까지의 건축의 발전 과정에서 중국 건축 변화의 커다란 추세를 우리는 이미 살펴본 바가 있다. 고대광실에서 단층집까지, 누각 불탑에서 정원의 조합까지, 건축의 척도는 날로 축소되었고, 숫자는 날로 늘어났다. 웅장함과 숭고함에서 세부적이고 드넓음으로 향하는 과정 그 자체는 물질적 성격이 점차 약화되는 과정이었다. 명청에 이르러 이 과정은 계속 이어졌다. 그 원인은 사람들의 습관적인 사유와는 다른 점이 있는 듯 하다. 아울러 국력의 부진이나 문화적 쇠락 때문은 결코 아니다. 그 영향은 또한 완전히 소극적이지도 않다. 이 책의 다른 장에서 우리는 중국 건축문화의 이 독특한 선택이 어떤 적극적인 의미가 있는지, 그리고 어떻게 천하의 독보적인 원림 예술로 발전해 가는지를 보게 될 것이다.

생사관념과
묘지제도

—

1. 귀신의 일
2. 구거탐원丘居探源
3. 연구술구燕丘述舊
4. 옛날에는 무덤을 만들이도 봉분을 만들지 않았다
5. 구농약산丘壟若山
6. 여산驪山과 패릉霸陵
7. 용의 맥이 이어지다

생사관념과 묘지제도

중국 전통 관념에서 생사의 일은 중대하다. 동진東晉 영화永和 9년(353년), 왕희지王羲之는 회계會稽 난정蘭亭에서 여러 현인들을 불러 모아 술잔을 기울이며 시를 지을 당시에 내렸던 결론은 삶과 죽음을 동일하게 보는 것은 터무니 없다는 것이었다. 조금 뒤의 도연명陶淵明은 죽기 전에 〈만가시挽歌詩〉 3수를 지었는데, 그 가운데 세번째 수의 마지막 4구를 읽어보면 만감이 교차한다. "친척들이 간혹 남아 슬퍼할 뿐, 다른 사람들은 이미 노래를 그쳤네. 죽어버린 나는 어쩌지 못하고, 몸을 산에 맡겨 흙으로 돌아가네." 〈만가시〉에서는 또 이번 생에 대한 미련이 자연스레 드러난다. "어제 함께 있던 사람이 오늘 아침에 저승 사람이 되었네." "오직 살아 생전의 한이 있다면 마음껏 술 마시지 못한 것이네." 도연명은 또 자신의 출상 전에 친구들이 술과 음식을 올려 제사지내는 것을 상상하면서 술과 안주는 그득 하지만 대화를 나눌 수 없고 얼굴을 볼 수 없음을 안타까워하고 있다. 사후의 세계에 관해서 선생은 "죽어버리면 어찌할 것인가!"라고 묻고 또 "몸을 산에 맡겨 흙으로 돌아간다."고 하면서 감회를 드러내고 있다. 도연명은 〈산해경山海經〉을 매우 좋아했다. 하지만 생과 사를 앞에 두고 그는 괴상한 표현을 버리고 붓끝을 돌려 입신의 경지로 나아갔다. 〈자제문自祭文〉에서 그는 〈역경易經 · 계사繫辭〉에 기록된 바를 인용하여 자신을 들판에 장사지내라고 하면서, 무덤을 만들지도 말고 숭고함을 구하지도 말 것을 요구하였다. "몸을 산에 맡겨 흙으로 돌아간다."고 한 것은 도연명이 자신이 죽은 뒤에 산비탈에 매장하고 분묘를 조성하지는 말라고 한 것이다. 친구가 죽고 난 후에 살아 있는 사람들은 자연히 마음이 슬플 수밖에 없다. 하지만 그들의 정절 선생을 떠올릴 때마다 그 산은 존재하고, 그리워하는 마음은 의탁할 바가 있게 되는 것이다. 유한한 인생을 예로부터 있어온 산하로 바꾸는 것, 영원한 자연에 의탁하는 것은 중국인이 생과 사를 직면할 때 가지는 활달함과 느긋함을 이루었다.

사후의 일에 관해서 도연명의 처리 태도는 유가의 전통적 이성적 사고를 계승한 것으로서, 그 장묘제도를 옛 법으로까지 거슬러 올라가 보면 노장의 자연회귀 의미를 가지고 있다. 지식인으로서 도연명의 신앙은 위로는 왕공귀족과 달랐고 아래로는 일반 백성들과 달랐던 것 같다. 하지만 귀신의 일은 부귀빈천과 무관하고, 예외없이 모든 사람들과 관련되어 있다. 영원한 이별시의 두렵고 놀라움은 마치 백거이白居易 〈장한가長恨歌〉의 이른바 "오르자니 푸른바위 끊임없고, 떨어지자니 황천이라, 두 곳 모두 아득하여 볼 수가 없구나."의 경지이다. 우리는 묻지 않을 수 없다. 어두컴컴한 지하세계에 또 어떤 근사한 모습이 있을까? 홍청망청하는 속세에서 또 어떤 인연을 엮어낼 것인가.

1. 귀신의 일

생사에 관한 귀신의 일은 옛 사람들이 줄곧 관심을 기울이는 핵심 의제였다. 이 장에서 말하는 귀신은 죽은 사람을 말한다. 귀鬼와 신神으로 나누지 않는 것은 선진 시기에 둘은 한계가 모호한 것으로 문언에 나와 있기 때문이다. 〈예기禮記 · 제의祭義〉에 이르길, "살아 있는 것은 반드시 죽는다. 죽으면 반드시 흙으로 돌아간다. 이것을 귀라고 한다."라고 하였다. 〈묵자墨子 · 명귀하明鬼下〉편에는 "옛날과 지금의 귀는 다른 것이 아니다. 하늘 귀신이 있고, 산과 물의 귀신이 있으며, 인간이 죽으면 귀신이 된다."라고 하였다. 허신許愼의 〈설문해자說文解字〉에 '귀'를 "사람이 돌아가는 것이 귀"라고 해석하였다. 옛날에는 죽은 사람을 돌아간 사람 歸人이라고 하였다. '귀'의 본래 의미는 사람이 죽고 나서 돌아가는 것일 뿐이라는 것을 알게 된다. 하지만 죽은 사람은 어디로 가는 것일까? 돌아가는 곳은 또 어디에 있는 것일까? 살아 있는 자로서의 우리와 가버린 '귀' 사이에는 또 어떤 관계가 존재하는 것일까?

〈논어論語 · 선진先進〉편에 다음과 같은 이야기가 나온다. "계로季路가 귀신의 일을 물었다. 공자께서 말씀하셨다. '사람 일도 모르는데, 귀신 일을 어찌 알겠는가?' 계로가 말했다, '감히 죽음에 대해서 묻겠습니다.' 공자가 말했다. '살아있는 일도 모르는 데 어찌 죽는 일을 알겠는가?'" 공자와 자로子路의 이 대화에서 우리는 공자의 깊은 인문적 관심과 귀신을 받들면서도 귀신에 구애되지 않는 자신감을 알 수 있다. 유향劉向은 〈설원說苑 · 변물辨物〉에서 한걸음 더 나아가 공자의 관점을 설명하고 있다. "자공子貢이 공자에게 '죽은 사람이 세상의 일을 알 수 있습니까?'라고 물었다. 이에 공자가 답했다. '만약 죽은 사람이 알 수 있다고 말한다면 효자와 현손들이 자신의 삶을 내버려 두고 죽음에만 매달리지 않을까 두렵고, 알지 못한다고 말한다면 불효한 자손이 죽은 사람을 매장하지도 않고 아무렇게나 내다 버리지 않을까 두렵다. 죽은 사람이 세상의 일을 알 수 있는가 없는가 하는 것은 네가 죽은 후 자연히 알게 될 것이니, 그 때 가서 알아도 늦지 않을 것이다.'" 이른바 '하늘의 도는 멀고, 사람의 도는 가까우니 미치는 바가 아니다.'라는 공자의 태도는 알면 안다고 하고, 모르면 모른다고 하는 것이다. 귀신의 일에 관한 신중한 태도는 바로 전통 유가의 이성적 정신의 기초이다.

묵자는 이런 평화가 없었다. 전쟁이 끊이지 않던 전국시대에 세상은 어지럽고 민심은 각박한 상태였다. 본래 하층 민중과 가까웠던 묵자는 민간 신앙을 받아들였고, 귀신 문제에서 '명귀'를 주장하였다. 귀신이 지식이 있고, 상과 벌을 내릴 수 있다고 주장하면서 귀신이 세상의 민심을 구제하는 데 도움을 준다고 인정하였다. 동한 때에 왕충王充이 이의를 제기하였다. 〈논형論衡 · 박장薄葬〉에서 그는 죽은 자는 아는 것이 없다고 하면서 유가와 묵가에 대해서 비난을 퍼부었다. 묵자의 '명귀明鬼'는 독단적이라고 생각한다. 죽었는데 아는 것이 있다고 한다면 죽음이 삶과 같다고 말하는 것이다. 공자는 불효의 근원이 귀신을 논하지 않는 것 때문이라 걱정하면서 죽은 자가 모른다고 밝히지도 않았다. 따라서 살아 있는 자는 두려움으로, 또는 효도하는 마음으로 장례를 성대하게 하는 풍조가 유행하게 되었다. 〈예기禮記 · 중용中庸〉에 이르길 "죽는 것과 사는 것을 마찬가지로 하는 것은 효도의 최고 경지이다."라고 하였다. 이른바 '마찬가지'라고 한 것은 사실 묵자의 '명귀'와 실천 측면에서 대립되지 않는다. 이 또한 후세의 장례를 치르는 기본 원칙이기도 하다.

고대 중국에서 묘지터를 정하고 기획하는 것은 이 사상이 구체화된 것으로, 도연명의 '흙으로 돌아간다'는 바람과 일맥상통하는 것이다. 그 영향은 명청대까지 면면히 이어졌다.

2. 구거탐원丘居探源

신석기시대 초기에 인류가 어로와 사냥, 채집에서 농업으로 바꾼 것은 문명사에서 근본적인 변혁이었다. 이로부터 인류는 점차 기아의 공포에서 벗어나게 되었고, 정착과 재배를 하게 되었으며, 여유롭게 문화활동을 하게 되었다. 아울러 국가와 도시의 탄생에 물질적 기초를 놓게 되었다. 두 강 유역의 경험과 다른 점을 두정성杜正勝 선생은 〈촌락에서 국가로〉에서 지적하고 있다. "중국의 초기 농업문명은 대체로 자연을 이용한 결과로서, 자연을 정복한 것이 아니었다. 조상들은 가장 유리한 환경을 선택하여 정착하였고, 따라서 그 촌락의 유적지는 큰 강 지류의 둔덕과 구릉에 있었다." 고고학적 발굴을 통해 〈묵자墨子 · 사과辭過〉에 기록된 "옛날 백성들은 언덕에 굴을 파고 살았다."는 내용을 한 걸음 더 나아가 실증해 주었다. 계절풍 기후의 영향으로 중국은 사계절이 분명하고 산이 많은 지형은 온화한 기후와 인류 활동에 적합한 환경을 제공해 주었다. "강물이 흐르고 산이 둘러싸여 있으며 부근에 평탄한 땅은 초기 농업 탄생의 요람이 되었다. 중국 초기 문명은 하늘과 사람의 조화로운 환경 속에서 태어나 자라난 것이다." 황허 유역의 앙소, 용산문화이든 양쯔강 유역의 취자링屈家嶺, 량주良渚 문화이든 모두 마찬가지이다. 산에 기대어 사는 전통이 형성되자 천연자원이 풍족하고 지리가 편한 곳을 택하는 것이 기본원칙이 되었다. 후세들은 마찬가지 논리로 중국의 취락과 도시를 이루어냈다. 〈관자管子·승마乘馬〉에서는 국가 도읍지 선정의 원칙을 총결하였다. "큰 산의 아래가 아니면 큰 강의 가까이에 세워야 한다. 지대가 높으면 물이 부족한 곳을 피해야 물을 충분히 쓸 수가 있고 지대가 낮으면 물근처를 피해야 도랑과 제방을 손쉽게 관리할 수 있다." 〈상서尙書·주관周官〉의 기록이다. "사공은 국토를 관리하고, 백성들을 거주하게 하고 땅을 알맞게 이용하게 한다." 순 임금이 우를 사공으로 임명하여 산과 나무를 관리하게 하고 물길을 소통시키게 한 것을 말하는 것이다. 백성들은 이에 의지하여 산을 내려가 농사를 짓고 뽕나무를 재배하였다. 사실상 우임금의 치수는 지세에 따라 이우러진 것이 아니었을까? 곤鯤과 우 부자가 치수방법이 달랐던 것은 한 사람은 물길을 막아서 실패하였고, 다른 한 사람은 물길을 터서 성공했던 것인데, 이는 후세 중국문화 방향의 기본적인 추세를 반영해주는 것이다. 홍수가 물러간 후 사람들은 언덕을 내려와 평지를 거처로 삼았다. 언덕丘은 〈광아廣雅·석구釋丘〉에서 나즈막한 언덕으로 해석하였다. 〈설문해자〉에서는 "언덕은 땅이 높은 것으로, 사람이 만든 것이 아니다. 북과 일을 따른다. '일一'은 땅이다. 사람은 구릉 남쪽에 살아 고로 북을 따른다."라고 하였다. 구라는 글자의 구성은 이미 남향의 의미와 함께 배산임수의 거주 정보를 담고 있다. 택宅은 동한 말년에 유희劉熙의 〈석명釋名〉에서 설명하였다. "택宅은 택擇하는 것이다. 길한 곳을 택하여 집을 짓는 것이다." 이것들은 모두 후세에 풍수가들에게 높이 받들어졌으며 중국 건축과 도시의 기획에 커다란 영향을 미쳤다.

장지의 선택과 관련하여 〈여씨춘추呂氏春秋ㆍ절상節喪〉편에 "얕게 묻으면 여우가 그것을 파내고, 깊게 묻으면 샘물에 닿게 된다. 고로 매장은 반드시 높은 능위에 해야 한다. 그렇게 해서 여우가 파내는 근심을 덜고, 샘물이 닿는 것을 피할 수 있다."라 하였다. 이는 옛날 사람들이 해가 드는 양지를 골라 택지를 정한 것과 대체로 같은 것이다. 인류 거주지의 습기를 피하는 조치는 건강에 관한 내용으로서 잘 살펴보지 않을 수 없고, 따라서 북방의 비탈에 굴을 파는 식이든 남방의 나무 위에 집을 짓는 것이든 인류의 생활과 물 사이에는 일정한 거리를 유지하였다. 삶과 죽음을 동일시하는 관념 아래 산 자들은 친척이 죽은 후에 자연스럽게 시신이 물난리를 만나게 하지 않았을 것이다. 수많은 고고학적 발견들은 이미 황허 중류의 앙소, 대문구, 용산 등의 시기 문화 유적지에서 토갱장土坑葬이 유행했음을 사실로 보여 주고 있다. 양쯔강 중하류의 마가빈馬家濱, 숭택崧澤, 설가강薛家崗 문화 유적지에서는 평지 토장법이 통상적으로 사용되었다. 즉, 지면에 직접 흙을 쌓아 시신을 덮는 방식이다. 토갱장이 이루어진 황허 중류 지역에서 그에 대응하는 주택 형태는 지하 굴입식, 즉 혈거 또는 요동이다. 지면 토장이 이루어진 양쯔강 중하류 지역에서 대응되는 주택형태는 목재 간란식, 즉 나무 위에 지은 집이다. 서로 다른 매장 방식은 서로 다른 거주방식과 같이 살고 있는 지역의 천연 조건, 특히 지하수의 높고 낮은 상황에 따라 망자의 시신을 적절하게 보존하였고, 동시에 살아 있는 자의 심리적인 수요를 만족시켰다. 구와 릉의 중요성이 바로 여기에 있다. 오랜 기간의 실천과 탐색을 거쳐 구丘, 산山, 수水 등의 자연의 특징에 대한 중국인의 분별은 심오한 단계에까지 이르렀다. 〈이아爾雅ㆍ석구釋丘〉에서는 구를 30여 종으로 나누고 있는데, 만약 오랜 기간 내내 깊이 헤아리지 않았다면 어떻게 이렇게 할 수 있었을까? 이로부터 뻗어나가 산수화, 원림이 중국에 고도로 발달한 것도 당연한 일인 것이다. 조상들은 갖은 고생을 다 하며 개척하였고, 중화 문화는 비로소 지금에까지 이르렀으니 어찌 신중하지 않을 수 있겠는가? 요컨대 '죽은 이 섬기기를 살아 있는 이 섬기기와 마찬가지로 한다.'는 것은 상고 전통에 대한 공자의 묘사이다.

3. 연구술구燕丘述舊

　　1919년을 전후 하여 베이징의 신문화운동이 크게 일어났고, 구세계 타도의 열풍 속에서 '식인 예교'가 사회 전체의 공적이 되었다. 하지만 다른 한편으로, 당시 옌징燕京대학의 초대 총장이었던 스튜어트는 학교 부지를 고르기 위해 동분서주하고 있었다. 들리는 말로 그는 칭화靑華에서 서쪽을 조망하다가 멀리 구불구불 이어진 산과 우뚝 솟은 탑에 자극을 받게 되었고, 하이디엔海淀이라는 황폐한 정원을 맘에 들어 하게 되었다고 한다. 예전 제왕의 동물농장이었던 곳의 높은 누각과 짙푸른 녹음이 항저우 서호 근처에서 온 선교사에게 있어서는 진작에 알고 있었던 곳과도 같았다. 결심을 한 이후에 그는 샨시陝西 독군督軍 진수번陳樹藩의 손에서 오랜 기간 황폐한 상태로 있던 예왕원睿王園을 사들였다. 예왕원은 원래 청대 화곤和坤의 십홀원十笏園이었는데, 진수판이 예왕睿王의 후손에게 사들인 것이었다. 이 땅을 스튜어트는 학교 부지로 사들이기로 했다. 예왕원 부근에는 자질구레하게 나뉘어진 땅이 많이 있었는데, 그 중에는 주택도 있었고, 묘지도 있었다. 하지만 베이징 근교의 나머지 지역과 비교해 보면 이 곳의 지반은 비교적 낮았고, 묘지 수도 상대적으로 적어서 이전 작업에 들어가는 비용도 자연히 적었다. 이후 스튜어트는 엄청난 인내심으로 이 토지의 구매와 묘지의 이전을 완수하였다. 지금 캠퍼스에서 우리는 예전의 묘지들을 볼 수 없다. 그 대신 국제적인 친구인 그라보Amadeus William Grabau, 스노우Edgar Snow, 랩우드Ralph Lapwood의 비석을 볼 수 있어서 예전 중국의 '봉분도 만들지 않고 나무도 심지 않는' 규칙을 회복한 것 같다. 연원燕園은 비록 입세入世의 학술 성전으로 유명하지만 그 아래 두터운 흙은 이승과 저승에 대한 염황炎黃 자손의 깊은 사고가 쌓여 있다.
　　옌징대학 캠퍼스는 하이디엔의 서북쪽, 웨이밍호未名湖와 그 북쪽 지역의 예

전 용딩허永定河 하상河床이 있
던 곳에 위치해 있다. 고대 관
례에 따르면, 하이디엔 지역은
'연구燕丘'라고 불려도 무방하
다. 옌징대학 캠퍼스가 자리잡
고 있는 연구 부분은 배산임수
라 할 수 있다. 산에 님쪽에,
물은 북쪽으로 향해 있어, 이
곳은 실로 상당히 좋은 부지이
다. 예전에 이 곳에 남겨진 약
간의 무덤들 가운데 당시 스튜
어트가 땅을 사들일 때의 옮겨
간 부분을 제외하면 캠퍼스가
건설됨에 따라 여러 차례 발견
되었다. 민국 14년(1925년), 공사

[삽도 13-1] 연원 항애묘 서비

중에 묘지와 유해 옹기 등이 발굴되었고, 민국 18년(1929년) 여름에 지금의 제2체
육관 자리에서 명대 미만종米萬鐘의 부친 미옥米玉과 안인마安人馬 씨의 묘와 묘비
가 발견되었다. 이 묘비와 민국 21년(1932년) 옌징대학이 사들인 미만종의 〈작원수
계도勺園修禊圖〉와 일치하여, 연원燕園과 미만종 작원勺園의 전승관계를 증명해 주
기에 족하다. 베이징대학 징위안靜園 잔디밭 북쪽 모퉁이에 현재 쓰촨 순무巡撫 항
애杭愛의 묘비 두 개(삽도 13-1)가 서 있는데, 비석은 원래 리우위안六院과 어원러우
俄文樓 사이에 있던 것으로, 마찬가지로 옌징대학 캠퍼스 건설과정에서 이 곳으로
옮겨진 것이다.

1950년대에 베이징대학과 옌징대학이 합병한 후에 새로운 캠퍼스를 건설하는
과정에서 더욱 놀라운 것이 발견되었다. 송원 시대의 묘지를 제외하고 1970년대
에 베이징대학 어원러우 뒷편에서 한대 우물이 출토되었다. 1985년 베이징대학

옌난위엔燕南園에서 동한 시대 묘지가 출토되었으며. 1990년 베이징대학 전화국 앞에서 전국시대의 수많은 도자기 조각과 함께 한나라와 위나라 시대의 화덕이 출토되었다. 그리고 1997년에는 리커러우理科樓 공사장에서 신석기 말기 유적지가 출토되었다. 이렇게 많은 역사 취락과 묘지가 '연구燕丘'에 있었던 것이다. 예전 강줄기 유적지였던 웨이밍호 지역에 남아 있지 않았다는 것은 고대 구릉 거주의 전통을 반영한 것이다. 명대 손국광孫國光의 〈유작원기游勺園記〉에는 "말을 몰아 시즈먼西直門을 나서 우거진 녹음 속으로 간다. 얼마나 지났을까, 미만종 선생의 전답과 장원에 도착한다. 친구와 함께 묘소를 참배한다. 묘소에서 서쪽으로 몇 걸음 떨어진 곳이 작원이다." 중국 원림의 영혼은 물을 얻는 데에 있다. 미씨는 처음에 연구燕丘에 터를 잡았고, 하이디엔의 물 한 국자로 족했던 것이다. 아쉽게도 작원은 이미 황폐화되었고, 미씨의 묘 역시 없어지고 말았다.

과거 연구 북쪽의 낮은 지대는 매번 여름철에 폭우가 오면 물이 범람하여 물바다가 되곤 했다. 웨이밍호 지역은 젖어서 딛을 수가 없었고, 묘지 조성은 말할 것도 없었다. 이런 상황은 허우런즈侯仁之 선생이 60년대에 찍은 사진으로 확인할 수 있다. 세월이 흐르면서 수많은 묘지들이 유실되었고, 땅위에서 그 흔적을 찾기조차 힘들게 되었다. 캠퍼스 개발 사업이 없었다면 미만종 등의 묘지는 찾기 힘들었을 것이다. 미만종 아버지의 나무를 심은 곳은 끝내 찾아내지 못했다. 하지만 묘소를 세우는 일은 나중에 일어난 일로서 나무를 심는 제도는 춘추시대로까지 거슬러 올라갈 수 있다.

4. 옛날에는 무덤을 만들어도 봉분을 만들지 않았다

공자는 어려서 아버지를 여의어 장례지낸 곳을 알지 못했다. 어머니가 돌아가시자 예에 따라 아버지와 합장을 해야 해서 나중에서야 사람들이 그 장소를 알려주었고, 합장할 수 있었다. 〈예기禮記·단궁상檀弓上〉편의 기록이다. "내가 들어보

[삽도 13-2] 공림의 공자묘

니 옛날에는 무덤을 만들어도 봉분을 만들지 않았다고 한다. 지금의 나는 동서남북으로 돌아다니는 사람이어서 표지를 하지 않을 수 없다. 이에 봉분을 만드니 높이가 4척이었다." 이 일은 오늘날 관점에서 보면 매우 평범하지만 당시로서는 커다란 변혁이다. 당사자로서 공자는 복잡한 사상투쟁을 거칠 수밖에 없었다. 봉토한 후에 큰 비가 내리자 문중 사람들은 묘지가 붕괴되는 것을 막기 위해 느즈막히 돌아왔고, 사실대로 말하자 공자는 아무 말이 없었다.

이런 일이 세 차례 있고 나서 "공자는 눈물을 뚝뚝 떨구며 말했다. '나는 옛날에 묘를 고치지 않는다고 들었다." 칭장용清江永은 이에 대해 다음과 같이 해석했다. "옛 사람들은 묘지에는 소홀하였고, 사당에 대해서는 꼼꼼했다. 은나라 사람들은 묘지에 봉분을 세우지 않아 붕괴되는 일이 없어 묘지를 고치는 일이 없었고, 순리에 따라 편안할 수 있었고, 육체와 혼백을 놀라게 하는 일이 없었다." 우리 추측으로는, 공자가 은나라 사람이 되고 나서 봉토는 사실 은나라의 예를 어기는 것으로, '서술하되 지어내지는 않는다述而不作'의 원칙을 위배한 것이었다.

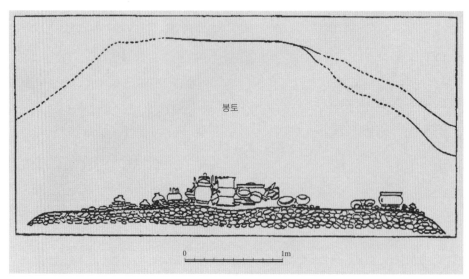

[삽도 13-3] 툰시의 서주 토단묘

따라서 눈물을 흘린 것이다. 하지만 사방을 돌아다니는 공자가 개혁을 하기 위해서는 근본이 있어야 하는 것이고, 그렇다면 그는 어디에서 묘지를 조성하고 나무를 세우는 제도를 빌어온 것일까?(삽도 13-2)

고고학은 양쯔강 하류에서 지금으로부터 5,000여 년 전의 량주문화 말기에 이미 흙을 쌓아 만든 고대형 큰 무덤이 생겼으며, 지금도 잔고가 10m 안팎에 이르고 있으며, 그 중 가장 큰 것은 수천 m²에 이른다는 것을 발견했다. 양쯔강 이남에는 또한 서주의 이전 지표에 봉토가 있는 귀족들의 무덤이 여러 채 있다. 구체적으로는 바닥에 돌을 깔고 적열토나 숯을 묘상으로 하여 부장품 그릇에 묻고 그 위에 흙을 쌓는 방식을 취하고 있다.(삽도 13-3) 북방 땅굴장 풍습이 이어온 '봉토도 하지 않고, 나무도 심지 않는不封不樹'것과는 달리 남방에서 유래한 오래된 전통으로 대체로 평지 토장의 발전으로 볼 수 있다. 양콴楊寬 선생은 "이러한 무덤을 중원 지역에 나타난 봉분식 묘지와 비교할 수는 없다."고 주장했다. 물론 남쪽 봉토는 주로 사람들이 비와 습기에 대비하는 기능 때문이고, 북쪽 무덤은 주로 신흥귀족들이 예법제도를 넘어서서 과시한 결과이다. 그러나 물질문화의 발달로 볼 때 봉토가 남쪽에서 북쪽으로 전파된 것은 엄연한 사실이다. 간과해서는 안 되는 것이 외관 형식은 무덤에서 가장 눈에 띄는 요소이다. 또한 춘추 이전의 양쯔강 이남 지역을 늘 황무지로 여기는 학계의 오랜 관습을 감안하여 묘장 문화가 남에서 북으로 전파되었다는 사실을 알게 된 것은 중국 문화 중심에 관한 여러 가지 해석에서 과소평가할 수 없는 것이다. 특히 변방에 있던 이들 묘장 관념이 중원에 도입되면서 주객이 전도되는 현상이 일어났다. 이는 변방 문화에서 어떤 요소가 중원 문명에 영향을 미쳤던 것은 오래 전 일이라는 것을 말해주는 것이다. 말하자면 중국 문명의 형성은 사실상 다양한 문화 교류에 의존한다는 것이다.

문헌을 통해서 중원의 옛 제도가 남방과는 다르다는 사실을 어렵지 않게 발견할 수 있다. 〈역경易經·계사하繫辭下〉편의 기록이다. "옛날의 장례는 풀 섶으로 두껍게 입혀서 들판에다 장사지내고는 봉분이나 표식을 세우지 않았고, 상을 치르는 기간에 (정해진 법식의) 날짜가 없었다." 〈예기禮記·단궁상檀弓上〉편의 기록이다. "장사지낸다는 것은 감춘다는 뜻이다. 감춘다는 것은 남들이 볼 수 없게 하려는 것이다." 하나라와 상나라 시기의 황허 유역에서는 귀족이든 평민이든 장례는 '봉토도 세우지 않고, 나무도 심지 않는' 옛 습속을 엄격하게 받들었다. 상나라의 대묘는 그 안에 넣는 부장품이 크게 늘어난 상황에서 봉토를 하지 않고, 묘지를 확대하는 것은 신경을 많이 썼어야 했다. 원대에는 '감추고자' 하는 의도를 극도로 발휘하여 황실의 고분에 몽고족 제도를 받아들였고, 염을 한 뒤에 관을 땅속에 깊이 묻은 후 수많은 말들이 평평해질 때까지 밟게 하고 사람들로 하여금 오랫동안 지키게 하여 푸른 풀이 자라나 주변과 동일하게 될 정도로까지 만들었다. 원대 묘는 지면에 어떠한 표지성 건축을 세울 수 없었고, 따라서 현재 명확하게 발견되는 것이 없다.

춘추 시기에 제후들의 패권다툼에 따라 토목 공사가 크게 발달했다. 남북 교류가 활발해지면서 양쯔강 유역에 국한되었던 '봉토'가 마침내 중원으로 흘러들어 왔다. 공자는 이 개혁을 인정하고 몸소 실천하기도 했다. 당시 빈번한 전쟁과 유세 활동 등으로 각 나라의 인력과 정보가 이동하였고, 묘소 봉토의 보급이 촉진 되었다. 춘추 말년에 은나라의 후예인 송나라는 묘지를 구릉 위에 높게 조성하였 는데, 잔고가 7m에 직경이 55m에 이른다. 당시 북방의 옛 묘소 제도는 이미 와 해된 상태였다.

5. 구농약산丘壟若山

전국시대에 중국 고대건축은 첫 전성기를 맞이하였다. 궁실 도읍의 발달과 함 께 죽은 사람 모시는 것을 산 사람 모시듯 하는 전통 관념 묘소를 조성하는 것에 반영되었다. 〈여씨춘추呂氏春秋·안사安死〉의 기록이다. "세상에서 구농丘壟을 만드 는데, 그 높이가 산과도 같고, 심은 나무가 숲을 이루며, 궐정, 궁실, 빈소를 만드 는 것이 도읍과도 같다." 물론 땅 위에 봉토를 높게 세우는 것이 묘소를 조성하 는 공사에서 경제적 측면에서 취한 조치이기도 하다. 대형 묘소의 내부에는 관과 부장품의 수량이 급속도로 늘어나고 있어서 더욱 넓은 공간을 파내야 했던 것이 다. 또 견고함과 내구성이 요구되어 무덤 내에 목탄이나 목재 등의 자재들을 더 투입해야 했고, 그러기 위해서는 공간은 더 넓어져야 했던 것이다. 시공을 편리 하게 한다는 원칙에 따라 파낸 흙과 돌은 다시 원상복귀하게 되고 그에 따라 봉 토는 높아지게 되는 것이다.

묘소의 봉토가 점차 높아져서 천연 산악, 구릉과 어깨를 나란히 하게 되었고, 오랜 세월이 흐른 뒤에 묘소를 부르는 이름에도 영향을 주게 되었다. '능陵'이라 는 명칭을 갖는 묘소는 비교적 늦게 나타났고, 가리키는 기준도 비교적 크다. 이 는 전국시대 제후들의 묘소 규모가 점차 커지게 되는 것을 반영해 주는 것이다. 고염무顧炎武는 다음과 같이 말했다. "옛날 왕의 장례는 묘를 부르는 것일 뿐이 다. 춘추 이후로 구丘라는 이름이 있게 되었다. 초나라 소왕昭王은 묘를 소구昭丘 라 불렀고, 조趙나라 무령왕武靈王은 묘를 영구靈丘라 불렀으며, 오나라 합려闔閭의

[삽도 13-4] 전국시대 중산왕릉 복원도

묘는 호구虎丘라 불렀다. 분명히 산이 높고 커서 부르는 이름이었을 것이고, 두세 명의 임금 외에는 들은 바가 없다. 〈사기史記·조세가趙世家〉에 숙후叔侯 15년에 수릉을 조성했다 하였고, 〈진본기〉에 혜문왕이 공릉에 장사지내고, 무왕은 영릉에 장사지냈으며, 효문왕은 수릉에 장사지내니 비로소 능이라 칭하게 되었다. 한나라에 이르러 능으로 부르는 않는 제왕이 없게 되었다." 봉토 조성이 보편적이 되고, 날로 커지면서 북방 사람들은 고대 거주지와 장지 및 새로 조성되는 묘지를 혼동하기 시작했다. 고염무가 일컬은 바, 조나라 무령왕을 영구라 불렀다는 것과 오왕 합려의 묘를 호구라고 불렀다는 것은 모두 의문이 존재한다. 산둥 취푸에서는 예전에 제구齊丘라고 불렀다가 나중에 소호릉少昊陵으로 설명했는데, 지금 이 언덕은 원시 취락 유적지였음이 고고학적으로 증명되었다. 유사한 사례로, 허난의 네이황內黃은 본래 제구帝丘로서 전욱顓頊의 능으로 만들어졌는데, 고고학적 발견을 통해 이 곳이 사실은 신석기 시대의 취락 유적지였음이 밝혀졌다. 고대에는 또 커다란 언덕을 '허墟'라고 불렀다. 안양安陽의 은허 같은 것인데, 상왕의 묘소가 높은 언덕에 자리를 잡았고, 그것을 '능'이라고 부르지 않았을 뿐이다. 지면 봉토의 형태를 기준으로 하는 묘소에 대한 호칭의 변화와 묘소의 등급 차이가 구봉 제도에 직관적으로 드러나고 있음을 어렵지 않게 볼 수 있다. 〈주례周禮〉에 "관작의 등급을 구봉丘封의 정도와 나무의 숫자로 한다."고 되어 있고, 〈주례周禮 · 총인塚人〉의 주에 이르길, "왕공은 구라 하고, 제후는 봉이라 한다."고 하였다. 중산왕릉中山王陵에서 출토된 〈조역도兆域圖〉(삽도 13-4)에 그 증거를 찾을 수 있다. 하지만 '구'는 나중에 통치자의 필요를 만족시킬 수 없어서 마침내 '조趙나라가 수릉壽陵을 짓는' 상징적 사건이 일어났다. '흉사'로서의 묘소에 대해 군왕 생전에 대대적으로 공사를 시작했던 것은 상식적으로 생각할 수 있는 것이 아니었다.

전국시대 산릉 제도를 만든 것을 한걸음 더 나아가 이해하기 위해서 〈사기史記 · 조세가趙世家〉의 단편적인 기록을 통해 그 변천을 살펴볼 수 있다. 조나라 열후烈侯 6년(기원전 403년, 주周나라 위열왕威烈王 23년), 위魏, 한韓, 조趙나라가 모두 제후를 세웠다. 조나라 경후敬侯 11년(기원전 376년), 위, 한, 조나라가 함께 진晉나라를 멸하고 그 땅을 나눠 가졌다. 조나라 숙후肅侯 8년(기원전 342년), 다섯 나라가 왕을 칭했고, 숙후만 부정하였다. 하지만 백성들은 그를 '군君'이라 불렀다. 조나라 숙후 15년(기원전 335년), 수릉을 지었다. 조나라 혜문왕 3년(기원전 296년) 중산을 멸하였다. 조나라 효성왕孝成王 원년(기원전 265년) 촉룡觸龍이 혜문후에게 '하루 아침에 산릉이 붕괴되었다"고 하였다. 중산왕릉은 '조역도兆域圖'에 따라 완공되지 않았는데, 애략 그 당시에 해당한다. 조나라와 중산 두 곳은 인접해 있고, 수릉을 짓고, 중산을 멸한 일은 수십년 차이 밖에 나지 않는데. 이로부터 조나라의 산릉제도를 추측할 수 있다.

정치권력의 획득으로부터 호칭의 변화에 이르기까지 조후趙侯는 예법 제도를 타파하고 새로운 법을 열었으며, 후기에 '산릉山陵'은 국왕의 묘소를 지칭할 뿐만 아니라 통치자 자신의 대명사가 되었다. '산릉'은 자연의 웅장함에 재물이 모인 곳으로서 백성들이 받드는 연상작용을 거쳐 권위를 획득하였고, 천하에 그보다 위인 것이 없는 지경에까지 이르렀다.

전국시대는 3가가 진을 나눔으로써 시작되었고, 이들 신흥 권신들의 합법성은 전대 또는 주 천자의 처소에서 획득한 소중한 기물들을 통해 보장되었으며, 다른 한편으로 웅장한 도성과 황실건축을 통해 신하들과 열국의 복종을 받아냈다. '웅장하고 화려함이 없으면 권위도 없다'는 것이었다. 사실상 전자의 중요성은 이미 주나라 왕실의 쇠미함에 따라 낮아졌고, 동주 이래 열국이 사치스러움을 경쟁하면서 종법제가 기대고 있던 예기전통은 급속하게 붕괴되었다. '옛사람들은 묘지에 소홀했고, 사당에 꼼꼼했다'는 시대는 이미 지나가 버렸고, 종묘의 귀중한 기물들은 그와 함께 고대광실의 건축과 대령 능묘의 조성으로 대체되었다. 이 건축물들은 살아 있는 통치자의 세속적인 권력을 적나라하게 보여준다.

6. 여산驪山과 패릉霸陵

진시황은 나라 안을 장악한 뒤에 곧바로 여산驪山 축조에 착수하였다.(삽도 13-5) 시황릉 유적지는 시안 동쪽 30km에 있는데, 지하 탐사에 근거하여 고고학자들은 능이 능원 구역과 장지 두 부분으로 나뉘어져 있다는 것을 발견했다. 능원 구역은 8km²에 이르고, 사각형의 이중 성벽으로 축조되어 있고, 황성과 궁성을 상징하고 있다. 내성의 길이는 약 3,500m이고, 외성 길이는 약 6,000m이다. 〈여씨춘추〉에서 언급한 "그 나무가 산과 같고, 나무가 숲과 같으며 궐정, 궁실, 빈소과 도읍과도 같다"고 한 것과 같다. 여산 봉토의 잔해는 복두覆斗 형태로 밑바닥 둘레는 약 1,500m 정도이고, 길이와 너비는 모두 350m이며, 높이는 약 51m이다. 지표의 봉토와 지하 묘실 사이에 대응관계로 봐서, 높은 봉토는 장엄한 지하 묘실을 암시하고 있다.

진시황은 즉위 초에 여산 축조를 시작하였다. 70여만 명을 동원한 것으로 보아 그 규모를 짐작할 수 있다. 3층 지하수를 파내는 과정에서 각 층의 지하수가 스며드는 것을 방지하기 위해서 동으로 방수판을 만들어 사방벽을 막았다. 시황제는 전대를 본받고 후세에 모범이 되어 후대 제왕들의 능묘제도는 비록 손익이 없었지만 여기에서 지나치지는 않았다. 조야 현인들의 비루한 궁실 의견은 제왕 사치에 맞서는 힘이 되었고, 시황제 3층 지하수 업적은 이후 따를 사람이 없었다.

[삽도 13-5] 샨시陝西의 진시황릉(상)

[삽도 13-6] 시안의 한무제의 능(하)

산릉을 높게 짓는 방법은 두 가지가 있다. 그 하나는 독창적으로 산을 파서 능을 만드는 것이고, 다른 하나는 구제도를 따라 흙을 쌓는 것이다. 한대에 두 가지 방법은 모두 시험해 보았고, 고상한 편이 주류가 되었다.(삽도 13-6)

여산 서쪽 기슭에 있는 문제의 패릉은 형태 면에서 선조인 고제高帝와 혜제惠帝의 예를 위반하고 있다. 독창적으로 절벽을 파냈고, 무덤도 만들지 않은 것이다. 이런 방법은 예전에 춘추시기의 양쯔강 유역에서 보이던 것이고, 더 이르게는 서방의 고내 이집트에서 볼 수 있는 것이있다. 패릉이 외래의 영향을 빚있는지 여부는 현재까지는 참고할만한 자료가 아직 발견되지 않았다. 하지만 서한 황제 11명의 능묘에서 이것은 유일한 예외이다. 〈사기史記·효문본기〉에 문제文帝의 유언이 기록되어 있다. "짐이 세상의 만물은 태어나서 죽지 않는 것이 없다고 들었다. 죽는 것은 천지의 이치이고 자연스러운 일이니 애통해 할 필요 없다. 지금 세상이 태어나는 것을 기뻐하고 죽는 것을 싫어하여 장례를 성대하게 치르는 바람에 파산하고 복상을 과중하게 하여 몸을 상하게 한다니 나는 취하지 않는 것이 좋겠다고 생각한다. 하물며 내 생전에 어떤 덕행도 없었고 백성들에게 도움을 주지도 못했다. 지금 죽으면 사람들이 장시간 울고 조문하는 것을 심화시키고 혹한의 시달림으로 천하의 부자들로 하여금 나를 위해 슬퍼하게 한다. 천하의 노인과 어린이의 마음이 상처를 받게 하고, 먹을 것을 줄이게 하며 귀신제사를 중단하게 할 것이다. 그 결과 나는 부덕함을 디하게 되는데, 내가 어찌 사람들에게 면목이 설 것인가.… 패릉 산천은 옛 모습대로 하고 고치지 말 것이다." 여기에서의 패릉이 바로 문제가 살아 있을 때 이미 축조했던 능묘이다. 〈사기집해史記集解〉에서 응소應劭가 말하길, "산은 감추기 위한 것이니 분묘를 세우지 않고, 산 아래 하천은 막지 않는다. 그 물이름을 능호로 한다."고 하였다. 〈한서漢書·문제기文帝紀〉에 이르길, "패릉은 모두 기와로 하였고, 금은동 주석으로 장식하지 않았다. 산에는 분묘를 세우지 않았다."고 하였다.

한 성제成帝 재위기간에 서한의 주릉 구역 내에 연릉延陵을 축조하였는데, 근 10년 이후 부근에 있던 진릉秦陵의 영향으로 장안성 동남쪽에 창릉昌陵을 별도로 축조하였다. 하지만 창릉의 지세가 낮아 축조 비용이 엄청나게 들었고, 5년이 지나 폐기되어 다시 연릉으로 돌아오는 바람에 국고는 탕진되었고, 백성들의 힘은 고갈되었다. 이에 성제는 반성하는 조서를 내렸다. 높고 큰 산릉을 축조하는 것은 지세가 높아야 하고 땅을 먼 곳에서 운반해 올 수 없는 것이었다. 명청대에 이르러 제왕이 땅을 고를 때 높고 두터운 것을 좋은 것으로 여겼다. 한나라가 망하고 위진남북조 군주들은 양한 여러 황제들의 능이 모두 파헤쳐지는 것을 보고 느낀 바가 있어 산을 능으로 하였고, 소박한 장례를 강조하였다.

진시황이 흙을 쌓아 산으로 만들고 한 문제가 산을 능으로 한 것은 모두 후세 능묘 축조의 선구가 되었다. 송나라 이후 흙을 쌓아 산으로 만드는 방법은 역사의 뒤안길로 사라졌다. 산을 능으로 하는 것은 산릉 제도의 주류가 되었고, 자연 산천 풍물의 융합에서 마침내 사람들이 경탄할만한 성과를 이뤄냈다.

7. 용의 맥이 이어지다

중국인의 산악 숭배는 그 유래가 오래 되었다. 산릉 제도의 건립은 이와 무관하지 않다. 진대에 발견된 〈급총주서汲塚周書〉 가운데 〈목천자전穆天子傳〉에 주周 목왕穆王이 서쪽 끝을 돌아다니면서 곤륜崑崙, 옥산玉山에 이르러 서왕모西王母와 만난 고사가 언급되어 있다. 진한 이래 태산과 양보梁父에 봉선封禪을 올리고, 하원河源과 곤륜崑崙을 찾는 활동이 대대로 끊어지지 않은 것, 오악 등의 명산에 대해 국가가 제사를 지낸 것은 제국의 법통이 있는 것과 관계가 있는 것으로서 역대 제왕들이 소홀히 하지 않았다. 산악에는 영이 있다고들 하며 형상적인 논법으로는 '용의 맥'이라고 불린다. 진秦나라 장군 몽염蒙恬이 죽을 즈음에 자신이 장성을 쌓아 용의 맥을 끊어 놓아 죽지 않으면 어찌할 것인가 하면서 한탄하기도 했다. 당나라 스님 일행一行은 중국 산맥을 셋으로 나누어 곤륜을 으뜸으로 하였고, 후세 사람들의 중시를 받았다. 용을 찾고, 모래를 살피고, 물을 보고 혈을 찍는

[삽도 13-7] 명 효릉 신도의 돌코끼리

등의 땅을 보는 4대 비결 중에서 앞의 두 가지는 모두 산과 관계가 있다. 베이징 대학의 샤오위안勺園이 미만종에 의해 운영된 것도 그 아버지 묘소 앞의 모래 형태가 부족한 것을 보충하는 것을 고려한 것이다.

당대에는 한 문제의 산을 능으로 하는 것을 본받았다. 소릉昭陵은 지우쫑산九嵕山을 주봉으로 하는데, 주봉은 해발 1,188m로 기세가 범상치 않다. 명대 능묘는 당나라를 모방하였다. 태조의 효릉은 난징 동쪽 종산 남쪽 기슭에 자리잡고 있고 (삽도 13-7) 묘소는 독립된 산봉우리이다. 그 남쪽에 있는 조그만 산은 모양이 차탁자와 비슷하여 서쪽으로 휘감아 돌면서 북쪽으로 이어지고 있어서 능묘의 자연식 배치의 선구가 되었다. 명 효릉은 산릉과 제사의 전당을 하나의 선으로 이어 놓은 것으로서, 그 배치는 궁성의 바깥을 조정으로 하고 안을 침전으로 하는 것을 모방한 것이다. 제사 구역은 세 개의 뜰로 만들었고, 중요성은 더욱 강화되었다. 당나라와 송나라의 능과 비교하여 하궁下宫은 취소되었고, 융은전隆恩殿은 두드러진다. 보정寶頂 남쪽의 명루明樓는 독창적인 것에 속하고, 그 후 명대의 여러 능은 모두 이것을 모방하였다. 명 효릉孝陵은 묘소를 천연 산언덕에 기대어 원형

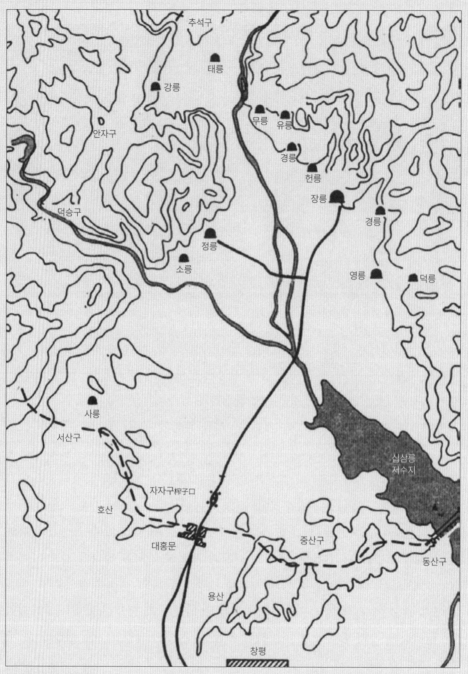

[삽도 13-8] 명 십삼릉

으로 쌓았고, 비가 많이 오는 강남의 기후에 적응하도록 하였다. 전국시대와 진한 이래의 묘소는 원형으로 바뀌었고, 이는 건축상 남방의 풍조가 북방으로 점차 옮아가는 실례가 되기도 한다. 제왕 무덤의 외관상 중대 변화는 지역적인 전통에 의해서 이루어진 것으로 명나라 조정이 의식적으로 만들어낸 것은 아니다. 하지만 이후로는 제도적으로 굳어졌다. 영락제永樂帝가 베이징으로 천도를 하기는 했지만 그 후 축조된 13릉 가운데 바뀐 것은 없었다. 왕조 교체 이후 청나라는 명나라 제도를 이어받아 다시 바꾸는 일이 없었다.

영락제가 베이징으로 천도한 후에 경태제景泰帝가 서쪽 근교에 장사지낸 것을 제외하고 13명의 제왕은 모두 한나라와 당나라의 제왕들이 모두 한 산에 장사지낸 것과는 달리 베이징 성 북쪽의 천수산天壽山 남쪽 기슭에 장사지냈다.(삽도 13-8) 천수산 남쪽 기슭은 규모가 크고 넓으며, 해가 잘 드는 지형으로 기세가 웅장한 곳이다.

걸출한 총체적 계획은 엄밀한 후기 건설을 결합시켜 13개의 능묘가 주차主次가 분명하고 각자 한 가지 추세를 따르게 함으로써 전반 계획에서 전에 없던 성과를 이룩하였다. 여러 능은 한 갈래의 능묘로 가는 길을 사용하는데 그 길이가 약 14리이고 남단에 2개의 자연 언덕이 우뚝 솟아있어 쌍궐과 같았다. 이런 선형적인 배치도 의심할 바 없이 당시 궁성을 모방한 것이며 진나라 제도와 같은 것이다.

명나라 때에는 노 陵山祭를 만들어 각 산산을 제단에서 지내고 능산 제사를 교묘사전郊廟祀典으로 높였다. 이 때로부터 능산은 오악五岳, 오진五鎭과 어깨를 견줄만한 지경에 이르렀으며 더 이상 더할 것이 없었다. 명나라 천수天壽, 청나라 창서昌瑞, 영녕永寧의 여러 능산 역시 철저히 자연으로 변모하였다. '천명을 받았다.'는 형상적 표현으로 제왕의 능산도 용맥의 중요한 접점이 됐다. 층층이 내려오는 무덤과 점을 쳐 집터를 고르고 장례를 치르는 등의 활동을 통해 천하의 백성들을 모든 산이 하나로 모이는 우주 도식에 포함시켰다.

청대 능묘제도는 명대를 답습하고 있다. 만주인들이 중원으로 들어오기 전에 랴오닝에 능묘 세 곳(삽도 13-9)을 건립하였다. 중원에 들어온 후, 9명의 황제의 능

[삽도 13-9] 션양의 북릉

묘는 각각 베이징 동서의 두 방향에서 땅을 골라 축조하였다. 청동릉淸東陵은 지금의 허베이 준화遵化(삽도 13-10)에서 순치順治 황제가 직접 선정하여 능내에 5명의 황제를 매장하였다. 청서릉淸西陵은 지금의 허베이 이현易縣(삽도 13-11)에 4명의 황제를 매장하였다. 청서와 청동 두 능의 지리는 모두 뛰어나다고 할 수 있지만, 기상이 달라 동릉은 넓고 서릉은 그윽하다. 동릉의 북쪽에는 연산燕山의 여맥이 있는 창서산昌瑞山이 병진屛鎭이고, 남쪽에는 영벽산影壁山이 있고, 또 망우亡牛와 금성金星 등의 여러 산이 조정이고, 동쪽에는 마반산磨盤山이 용이며, 서쪽으로는 황화黃花, 행화산杏花山이 호랑이 역할을 하고 있다. 평평한 들판 위에 서대하西大河와 내수하來水河가 옥띠처럼 전방을 감싸돌고 있다.(삽도 13-12) 서릉은 영녕산 아래에 자리잡고 있는데, 전체 지세는 서고동저이며, 서쪽의 여러 산은 해발 1,500m 이상이고, 끊임없이 기복을 이루면서 남, 서, 북 삼면으로 둘러싸며 이어져서 풍수 이론에서 말하는 용龍, 혈穴, 사砂, 수水의 요구에 부합한다. 태릉泰陵을 예로 들

[삽도 13-10] 준화의 청동릉(상)

[삽도 13-11] 이현의 청서릉(하)

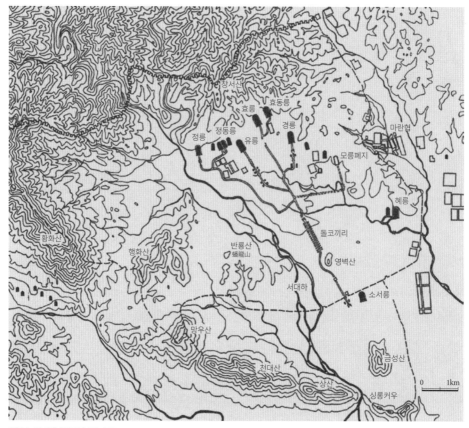

[삽도 13-12] 청동릉 평면도

면, 영녕산 북쪽은 산이 있고, 좌우에 모래산이 있으며 앞에는 안산案山과 조산朝山이 있다. 능 지구 안에는 북쪽으로 역수하易水河가 있는데, 운몽산雲夢山 남쪽 기슭에서 발원하여 능을 거쳐 서쪽에서 동쪽으로 굽이쳐 흘러 정흥현定興縣에서 중역수中易水로 합류된다.

청대 능묘의 터 선정과 축조를 종합적으로 보면 건축물과 자연 산수의 결합이 매우 완미하다고 할 수 있다. 묘지의 주인인 황제의 태도가 그 가운데 결정적 작용을 했고, 풍수지리사는 보조하는 역할을 했다는 것을 우리는 주목해야 한다. 건륭제乾隆帝 때에 〈상도승수욕만년길지相度勝水峪萬年吉地〉에서 이르길, "(건축)은 정해진 의식에 따르고 산천의 형세를 배합한다."고 하였다. 도광제道光帝는 이 내용을 좀 더 명확하게 하였다. "등극한 후에 만년 길지를 골라 건설하는 것은 완벽한 것을 중히 여기지, 궁전의 화려함이나 사치스러운 것에 중점을 두지 않는다." 왕치형王其亨 교수는 청릉의 풍수 기획을 다년간 연구한 사람으로, 청대 황제들의 이 방면에 대한 지혜에 대해 찬사를 아끼지 않으면서 적절하게 개괄하였다. "청산이 충골忠骨을 묻은 것이지, 능묘가 충골을 묻은 것이 아니다."

제14장

원림園林의
천지天地와 인심人心

—

1. 인차因借와 체의體宜
2. 평범한 풍경
3. 해상 신선과 금기

원림園林의 천지天地와 인심人心

"재능은 인심의 산수이고, 산수山水는 천지의 재능이다." 이 구절은 온화하고 부드러우면서도 운치가 있는 말로서, 명말청초의 명사 이어李漁의 〈입옹비서笠翁祕書〉에 나오는 말이다. 완곡하게 말을 하고 있지만 가만히 곱씹어 보면 그 가운데에서 재능을 느끼지 않을 수 없다. 사람의 마음, 산수, 천지 등을 하나로 녹여내어 그 맛이 무궁무진하다. 말 속에 '천인합일天人合一'의 운미韻味가 상당히 짙으며, 천지산수와 인심 재능이 함께 어우러져 상호 감응할 수 있다. 중국 전통예술에서 이 네 가지를 한 데 아우를 수 있는 것은 아마 원림 말고는 없을 것이다.

1. 인차因借와 체의體宜

명나라 말기 원림 설계자 계성計成이 펴낸 〈원야園冶〉는 중국 원림을 연구하는 데 있어서 중요한 저작이다. 저작의 요지를 담은 머리말에서 저자는 세 가지 측면에서 원림 조성의 기본원칙과 주요 목적을 언급하였다. 첫째, 3할은 기술자이고, 7할은 주인이라는 관점. 즉 원림 조성 기술자가 능력이 있는 주인을 만나느냐 여부가 중요하다는 점. 둘째, 원림 조성에 관한 기본 수법으로서 '교어인차巧於因借, 정재체의精在體宜'라는 이 두 가지 항목을 제기. 셋째, 조성 과정에서 절약 원칙의 긍정과 존중 등이다.

이상의 세 가지 내용에 관한 토론에서 원림 조성에 관한 기본적인 수법이 보다 중요하다. 그것은 구체적이면서도 디테일하게 자연을 존중하고 조화로운 사회에 대해 중국 고내 문인들이 기울였던 관심을 잘 잘 드러내고 있다. '인因'은 그 기세의 높고 낮음과 체형의 단정함에 따라 정亭이나 사榭가 제자리를 잡도록 하고, 한쪽에 치우치지 않도록 하며 구성지게 배치하도록 한다. '의宜'는 '인'을 평가하는 기준이다. 실정에 맞게 대책을 세우는 것이 정밀하면서도 합당하도록 해야 하는 것이다.

'인因'은 주로 원림 터의 자연적인 기초 위에서 개조를 하는 것을 말하는데, 그 요점은 존중과 순응이다. '차'는 주로 넓이에 제한이 있는 원림 내부에서 시선을 거쳐 원림 밖의 경치를 원림 내부로 끌어들이는 것인데, 중점은 내외 환경의 조화에 있다.

명대 말기에 시랑侍郎 왕심일王心一은 서씨徐氏의 수중에서 쑤저우 졸정원拙政園의 동부, '귀원전거歸田園居'를 사들였다. 애써서 다듬은 끝에 '귀원전거'는 실정에 맞게 대책을 세운 좋은 사례가 되었다. 원래 있던 땅을 기초로 하여, 물은 지세에 따라 흐르게 하였고, 산은 물길에 따라 겹겹이 쌓이게 하였으며, 집은 산수의 형세에 따라 지었다. 세 가지는 모두 지형에 따라 서로 보완이 되도록 했다. 인공적인 요소를 많이 가하지 않고, 천연의 절묘함을 얻도록 했다. '인'의 관건은 어떻게 최소의 힘을 들여 최대의 효과를 거두느냐에 달려 있다. 그로부터 옛 사람들의 자연을 대하는 겸손함을 볼 수 있다. '인'이 드러내는 천인합일은 인공적인 노력이 천연에 순종하는 것이다.

명나라 말기 화가 정원훈鄭元勛이 양주성揚州城에 세운 영원影園은 경치를 잘 취한 모범적인 사례이다. 원림 밖에는 물이 휘감아 돌며 흐르고 있고, 물 건너에는 완만한 산세가 보이며, 주변에는 버드나무와 연꽃이 심어져 있다. 원림이 완성된 후에 동기창董其昌은 "버드나무 그림자, 물그림자, 산 그림자 사이에 지어졌다." 하여 '영원'이라 이름 붙였다. 원림의 이름은 빌어온 것이고, 원림 내의 풍경도 빌어온 것이다. 돈 한 푼 들이지 않고, 명승으로 이름을 날렸으니 원림 주인은 큰 소득을 얻은 것이었다. '차借'가 드러내는 천인합일은 천지를 인심 가까이로 끌어들이는 것이다. 원림 안에는 하나의 경치가 더 있어서 '차'를 극도로 발휘하게 한다. 영원 입구에 가산假山이 마주하고 있고, 산 뒤에는 좌우로 각각의 원림이 하나씩 있다. 가산을 돌아서 가보면 집 위에 '영원' 두 글자가 적혀 있다. 이 곳은 서재가 틀림없는데, 어떻게 원림과 어울린다는 말인가? 원림 주인의 설명에 따르면, 옛사람들은 속국을 '영影'이라고 불렀는데, 이 서재 좌우는 모두 원림으로, 원림에 속해 있기 때문에 '영원'이라 했다는 것이다. 이른바 '영원影園'은 사실 '원영園影'이었던 것이다. 편액을 거꾸로 읽어도 뜻은 통하는 것이다.

중국에 현존하는 유명한 원림 가운데 지세를 이용하고, 경치를 빌어오는 좋은 사례가 많이 있다. 베이징 서쪽 근교에 자리한 이화원頤和園이 바로 그 가운데 하나이다. 이화원의 전신은 청의원淸漪園으로, 건륭 15년(1750년)에 짓기 시작했는데, 당초 터의 선정의 주변 환경과 관계가 있었다. 이 곳에는 천연적인 산수, 옹산甕山과 서호西湖가 있었고, 양자는 북쪽의 산과 남쪽의 물이라는 지세에 방향과 기후가 좋았다. 동쪽은 아득한 수면이 펼쳐진 원명원圓明園이고, 동쪽으로 더 가면 끝없이 펼쳐진 평야가 나타나며 그 사이에 촌락들이 드문드문 있다. 서쪽에는 아름다운 옥천산玉泉山이 있고, 멀리로는 들쭉날쭉한 산봉우리들이 보인다. 서북쪽으로는 향산香山의 일부가 멀리 보이고, 여러 각도에서 빌어 올만한 아주 좋은 대상들이 있다. 천연적인 산수가 있고, 또 인근의 풍경이 아름다워, 이 땅은 원림을 조성하는 데 장점을 가지고 있다고 할 수 있다. 청의원을 짓는 과정에서 그것을 주관한 사람은 인과 차의 수법을 충분히 이용하였다. 원래 터에 산과 호수가 있었지만 산과 호수와의 관계는 조화를 이루지 못했다. 산의 형세도 이상적이지 못했다. 건륭제는 치수 축하의 기회를 이용하여 이 천연 산수에 대해 대규모 정비

[삽도 14-1] 석양에 물든 이화원

를 단행하였다. 먼저 곤명호昆明湖를 준설하여 호수면을 만수산萬壽山 동쪽 기슭까지 넓혀 나갔고, 호수면 중심선을 옹산 중심선과 합쳐지도록 하였다. 산수 대립의 훌륭한 구조를 형성하게 한 것이다. 이어서 산을 정비하여 호수 준설토를 만수산 동쪽 부분에 쌓게 하여 산모습을 개선하였다. 산 북쪽 기슭의 호수 물길을 트게 하고, 준설토를 북쪽 기슭에 쌓도록 하여 물길이 산을 감싸고 돌게 하는 구조를 만들었다.(삽도 14-1)

　이런 조치들은 산과 호수의 친화 관계를 효과적으로 개선하였다. 실정에 맞게 적절한 대책을 세운 후에 환경에 순응하여 최대한도로 원림 외부의 풍경을 빌어온 것이다. 서쪽의 남북으로 뻗어있는 옥천산은 원림 안으로 받아들이고, 전체를 남북 종심의 곤명호 수면 위에 비치게 하였고, 옥천산 뒤의 서산 봉우리들은 멀리 배경이 되도록 하였다.(삽도 14-2) 청의원 동남쪽에는 담장을 두르지 않았다. 원림 내부의 호수와 산, 동쪽의 들판, 남쪽의 판을 하나로 융화시켜 안팎의 경계선을 없애버림으로써 천연 산수 원림의 드넓은 경계를 드러낸 것이다. 원림 밖에서 경치를 빌어오는 것 이외에 원림 내부의 각 경치들 사이에도 동일한 관계가 있는데, 가장 절묘한 것이 만수산과 곤명호이다. 어떤 사람은 이화원의 바닥을 태극

[삽도 14-2] 곤명호 동쪽 기슭에서 바라본 옥천산

도로 그린 것이 산과 물 사이에 서로간에 빌려주고 빌려오는 관계를 암시하는 것이라고도 하였다. 원림을 유람할 때 그런 느낌을 받기도 한다. 산에 오르면서 계단을 오를 때마다 사람들이 가장 좋아하는 것은 고개를 돌려 산 아래 있는 곤명호를 내려다보는 것이다. 호수에 배를 띄우면 수면에 출렁이는 것은 산세 기복이 있는 만수산이다.

베이징 서쪽 근교에 있는 옹정제 때 만들어진 원명원이나 건륭제 때 만들어진 정의원靜宜園 등은 동일한 수법을 취하고 있다.

양주揚州의 영원影園은 버드나무와 꾀꼬리를 활용하였다. 꾀꼬리는 습성이 버드나무를 가까이 하여 버드나무가 많으면 꾀꼬리가 좋아한다. 우는 소리가 끊이질 않는다. 소주의 졸정원의 대상정待霜亭(삽도 14-3)은 귤과 서리를 활용하였다. 정자 주변에 귤나무가 많은데, 서리가 내리면 귤은 붉은 색으로 변해 경치가 매우 아름답다. 정자의 이름을 '대상待霜(서리를 기다림)'으로 한 것은 함축적이면서도 끝없는 사색에 빠지게 한다. 이런 예들은 수없이 많다.

자연에 최대한 순응하고 순응을 미로 삼는다는 것은 도가의 노자사상과 관련이 있다. 노자의 '상선약수上善若水'의 정신적 추구가 실제로 구체화된 것이다. 〈관자管

子·심술상心術上)편에 '인因'을 '자신을 버리고 사물을 본받다.'로 번역했고, 노자도 "성인은 항상 무심하며 백성을 마음으로 삼는다."고 하였다. 여기에서 강조한 것은 외부사물과 자연에 순응한다는 것이다. 원림에게 있어서 자연은 마치 거인 안타이오스Antaeus에게 있어서 자연과 같은 것으로, 그 명맥이 있는 곳이다. 자연에서 벗어나면 아무런 힘을 쓸 수 없는 것이다. '인因'이 드러나는 것은 바로 인심과 재능의 천지 산수에 대한 직접적인 호응인 것이다.

'차借'는 장자의 '심재心齋'와 관계가 있다. 심재를 거쳐 '자신을 비우고 사물을 기다리는 것'이다. 사물을 기다리는 것은 사물을 빌리는 것이고, 자신을 "가슴 속에 아무 것도 없이 텅 비어 있는 상태에 둘 때 천지 안에서 산천초

[삽도 14-3] 쑤저우 졸정원의 대상정

목 벌레 물고기의 아름다움은 나에게 즐거움을 안겨준다." 맹자도 "만물은 나에게 모두 준비되어 있다."고 하였다. 이 의미는 소동파蘇東坡의 〈함허정涵虛亭〉에서 남김없이 발휘되고 있다. "오직 이 정자에 아무런 것도 없으니 앉아서 온전한 만물을 바라보네." 산천초목, 무한한 풍경은 모두 정자가 소유한 바가 아니지만 정자에서만 가슴속으로 품을 수 있다. 산천을 가슴 속에 받아들이고, 천지를 집안에 들여놓는 것에 대해 옛사람들은 멋진 문자를 많이 남겨 놓았다. "맑은 호수는 봄빛을 비추고, 옛 거울은 흐릿한 모습을 비추네."는 빈 것으로 실제를 빌린 것이고, "창문은 녹지 않는 눈을 마주하고 있고, 문밖에는 멀리서 온 배가 정박해 있

네."는 가까운 것으로 먼 것을 빌린 것이다. 〈세설신어世說新語 · 언어言語〉에 간문제簡文帝가 화림원華林園에 들어가 주변사람들에게 말하길, "마음이 닿는 것은 멀리 있을 필요가 없고, 숲과 물에 가리우면 유유자적한 정취가 있는 법이라네. 들짐승과 날짐승과 물고기가 와서 친구가 되기도 한다네."라고 하였다. 이런 것들은 모두 '차借'의 내용을 나타낸 것으로, 천지산수를 빌어 인심과 재능을 가까이 한 것이다.

요컨대 중국 원림의 경영에는 인과 차가 거시적 기획에 더 많이 관계되어 있다. 체의體宜는 주로 구체적인 설계에 주안점을 두고 있다. 7할이 주인이고, 3할이 기술자라는 원칙은 그것과 명확하게 대응하고 있다. 이 말에서 전체 환경의 의미는 단일 건축을 훨씬 더 뛰어넘는다. 이로부터 토목 건축에 대해 그다지 마음을 두지 않는 중국 문인들은 자신도 모르게 원림에 도취하게 된다. 중국의 산수화를 감상해보면, 천지만물이 바닥에 깔리고 집은 아주 작다는 것을 느끼게 된다. 물론 '체의'는 원림 천하의 3분의 1을 차지한다. 이 방면의 처리는 부당하기도 하고, 전체 국면의 실패를 만들 수도 있다. 어떻든지간에 '체의'의 기준은 상대적인 것으로 단편적인 기준에 집착할 수는 없다. 우리는 '작을지언정 크게 하지는 말자'는 경향을 받들 뿐이다. 더욱이 정자 누각의 설계에서 기능적인 면을 만족시킨다는 전제 하에 최대한 그것을 작게 만드는 것이다. 쑤저우의 고전적인 원림에서 이러한 실제 사례는 매우 많이 있다. 사실상 그 출발점은 '인차因借'와 관계가 있다. 원림 중에 인공적인 시설은 천연 환경에 굴복해야 한다. 베이징과 청더承德의 그 커다란 황가의 원림에서 이 방면의 고려는 별도로 다루어야 할 것이다. 지척의 산림과 강남의 개인 원림에서 '작을지언정 크게 하지 말자.'는 태도는 매우 중요하다. 원림 조성에서 일상적인 것으로 여겨지는 '작은 것으로 큰 것을 본다.'나 '어둠으로 밝음을 본다.'나 '막힌 것으로 펼쳐진 것을 본다.' 등의 수법은 본질적으로 다른 것이 아니다. 비교해보면 유럽의 원림은 동일한 심경이 매우 드물다. 유럽 원림의 이런 영향으로 현대 중국의 랜드마크 건축에서 결함이 많이 눈에 띈다.(삽도 14-4)

[삽도 14-4] 베이징대학 랑룬위엔朗潤園의 숭각崇閣

　물론 중국 원림의 구체적인 조성 과정에서 장인의 역할은 최소한 3할을 차지하고, 그렇기 때문에 무시할 수는 없다. 주인이 만약 장인과 효과적인 합작을 하지 않는다면 모든 생각은 종이 위에 머물고 말 것이다. 그만큼 장인의 역할은 중요한 것이다.

2. 평범한 풍경

　계성計成이 〈흥조론興造論〉에서 밝힌 세번째 내용은 절약이다. 이 점에 대해서 현대인들은 오해가 있다. 그 중에 "体宜因借, 匪得其人, 兼之惜費, 則前工并弃"라는 구절은 천즈陳植 선생이 〈원야역주園冶譯注〉에서 "이 득체적의得體適宜는 땅으로 경치를 얻는 작용으로, 만약 적당한 사람들 뽑아 주관하게 하지 않고, 망녕되이 인색하기까지 하여 써야 하는데 쓰지 않는다면 완공되기 전에 버리게 될 것"이라고 해석하였다. '석비惜費'를 '망녕되이 인색함'으로 번역한 것은 저자의 원래 의

도를 곡해한 것이다. 계성은 '巧于因借, 精在体宜'를 제기한 후 두 가지를 강조하였다. '사람을 얻어서 절약해야 한다'는 것이고, 그런 연후에 '인차체의'의 논술을 전개하였으며, 마지막으로 '사람을 얻지 않으면 망녕되이 인색함을 겸함'으로 마무리하였다. 사실 의미는 매우 명확하다. '사람을 얻는 것' 이외에 '비용을 아끼는 것'과 '절약'을 대응시켜, 우수한 인재를 찾는 것과 비용을 아끼는 것을 똑같이 중요하게 생각하여 하나라도 빠지면 수포로 돌아간다는 것을 의미하는 것이다.

〈원야園冶〉 전체를 통독해 보면 각 편에서 절약에 관한 취지를 잘 파악할 수 있다. '상지相地'에서는 자연과 빌어 인공적인 것을 절약하는 내용이 있고, '옥우屋宇'에서는 아름답게 치장하는 것을 반대하고 본래 색깔을 보존할 것을 주장하였으며, '포지鋪地'에서는 깨진 벽돌과 기와를 잘 사용할 것을 주장하였다. '선석選石'에서 저자는 당시 사람들이 헛된 명성을 듣고 돈을 많이 쓰는 습속을 비판하면서 능력 있는 고수만 얻을 수 있으면 좋은 효과를 낼 수 있다고 생각하였다.

시야를 좀 넓혀 보면 원림 조성과정에서 절약에 신경 쓴 것은 그 종사자들의 공통된 인식이었다. 왕우칭王禹偁은 〈황강죽루기黃江竹樓記〉에서 이르길, "황강에는 대나무가 많은데, 기술자가 그것을 마디마디 잘라 기와로 이용할 수 있다. 그 가격이 저렴하다."고 하였다. 원굉도袁宏道는 〈원정기략遠亭紀略〉에서 서정徐庭의 나원裸園과 왕원미王元美의 소저원小秪園을 비교하면서 전자의 기교가 매우 정교하고 후자는 소박하고 자연스러워 전자보다 뛰어나다고 하였다. 이어李漁는 명말청초에 강남에서 활동한 인물로 당시 풍조는 질박함을 부끄러워하고 화려함을 숭상하던 시대였고, 향락주의 정조가 물씬 풍기는 분위기 일색이었다. 그는 여러 상황에서 그런 분위기에서 벗어나지는 못했지만 원림 조성에 있어서는 절약과 검소함을 높이 받들었다. 동쥔東雋 선생은 〈강남원림지江南園林志〉에서 다음과 같이 말했다. "원림은 사람을 청하여 감상처를 정할 때 특별히 평범하고 기이하지 않은 물건으로 멋진 풍경을 만들고, 대나무와 나무부스러기는 사람들이 잘 쓰도록 하였다. 바닥에 깔린 벽돌을 분석을 해보면 기와 접시에 불과했다. 그러나 모양과 색깔이 변화무쌍하여 아무 때나 집을 수 있어 모두 훌륭한 도리가 되었다. 깨진 도

[삽도 14-5] 쑤저우 망사원網師園의 바닥

자기로 비늘과 연꽃판을 만들어놓으면 특히 폐기물을 이용하는 훌륭한 사례가 되기도 한다. 이립옹의 이른바 우수마발을 약초롱에 넣어서 알맞게 쓰는 것의 그 가격은 오히려 산삼보다도 높다." 중국 원림 바닥의 정교함은 세계적으로 유명하다. 하지만 가장 값싼 재료를 사용한 것으로 매우 평범하면서도 성과는 매우 찬란하다.(삽도 14-5)

중국의 원림, 서아시아의 원림과 유럽의 원림은 함께 세계 3대 원림 체계라고 불린다. 그 중 서아시아의 원림은 수법으로 유명하였는데 후에 북아프리카, 스페인, 인도, 이탈리아에 전해졌고 신들린 경지에 이르렀다. 서아시아 지역은 사막이 많아 물이 매우 귀중하기 때문에 "모든 회교지역은 물을 아끼고 존경하며 심지어 신격화하여 정원에서 물이 역할을 할 수 있도록 한다"고 한다. 물의 희소함과 그에 대한 소중함이 서아시아의 수법의 아름다움을 이루었고 서아시아의 원림의 특징이 되었다.(삽도 14-6) 수법은 세계에서 수원이 가장 부족한 곳에서 기원하였다는 사실 자체가 우리가 깊이 생각해볼 필요가 있다. 이로부터 알 수 있는 바와 같이 중국은 검약에서 출발하여 예술의 길로 나아간 유일한 사례가 아니다. 물질

[삽도 14-6] 스페인 알함브라 궁전의 정원

은 결코 제약 요소가 아니다. 예술의 정수는 주로 교묘한 구상에 의해 잘 활용되는 것이지 중국과 서양은 조금도 다른 것이 없다.

중국 원림은 중당 이후 북송과 남송에 이르기까지 매우 성숙해졌다. 사실은 당시에 이미 소박함이 미의 기조로 자리잡았다. 백거이白居易의 여산廬山 초당草堂은 소박하기 그지 없었고, 색깔은 인공적이지 않은 본래 색을 위주로 하였다. 이격비李格非는 〈낙양명원기洛陽名園記〉에서 사마광司馬光의 독락원獨樂園을 언급하면서 원림의 목적이 마음을 편안하고 쾌적하게 하기 위함이니, 집과 정원이 좁지만 산림이 무성하고 인공적으로 꾸미지 않는다는 점을 강조하였다.

중국 원림은 인차因借를 기본 원칙으로 하였다. 중국 예술은 의경意境을 최고의 가치로 여겼다. 사실은 모두 검약이라는 사상적 배경 하에서 이해한 것이다. 인因은 최대한도로 자연에 순응하는 것이고, 차借는 최대한도로 자연을 이용하는 것으로, 목적은 모두 자연을 보전하는 동시에 인공적인 것을 줄이는 것이다. 원림의 아름다움은 예술적 경지를 높이 받들고, 물질을 중시하지 않는다. 상상 속의 진실을 감각기관의 진실보다 더 중시하는 것이다. 이른바 화려하게 꾸미지 않는 것이 바로 검소함과 절약의 방식이다.

이어는 〈한정우기閑情偶寄·거실편居室篇〉에서 다음과 같이 말하고 있다. "토목의 일은 호화스러움을 가장 꺼린다. 평범한 백성들의 집에서는 소박하고 검소한 것을 높이 여기고, 왕공 대인들 역시 그것을 숭상한다." 이렇게 말하면서 그는 호화스러움의 천박함을 지적하였고, 검소하고 소박한 것의 의미를 밝혔다. 이 밖에도 이어는 검약이라는 도덕적 측면에 머물지 않고 예술적인 차원으로 넓혀 나가 검약의 덕을 간략의 아름다움으로 승화시킴으로써 중국 예술의 미학적 기준을 드러냈다. 절약, 검소함, 진실, 소박함, 우아함 등에 대한 추구가 원림에서 완미하게 통일되면서 중국 문화의 이상과 선택을 구체화하였다. 검약과 '비루한 궁실' 관념이 서로 호응하고, 원림에서 예술적인 '간략'함으로 승화되었다면 인차因借를 평가하는 기준으로서의 체의體宜는 '대장大壯'과 견줄 수 있다. 이른바 득체합의得體合宜는 '예가 아니면 행하지 않는다.'는 것의 변형으로 이해할 수 있다.

물론 중국 원림에서 건축 성취의 높고 낮음을 득체합의를 기준으로 할 것인지 여부는 오로지 간략하고 비루함을 추구하는 것에 달려있는 것은 아니다. 문루門樓의 경우에는 〈원야園冶〉에서 "문 위에 누각을 짓는 것은 성벽에 누각을 두는 것이 보기 좋다"라고 하였다. 책에서 '의宜'자는 79차례로 가장 많이 출현한다. 정원훈鄭元勛의 영원影園에는 "꽃, 대나무, 돌이 모두 적당한 자리에 있고, 두세번 살펴보아 적당하지 않으면 아름답더라도 반드시 버린다."고 하여, 적당한 것을 기준으로 함으로써 원림이 웅장한 아름다움을 잃지 않도록 하고, 또한 지나치거나 모자람이 없도록 한다. 바로 유가 중용 사상의 정확한 표현인 것이다. 바로 이 점이 중국 원림이 유럽의 원림 및 일본 원림과 구별되는 점이다.

이탈리아 북부 코모 호반의 에스테Villa d'Este정원은 유럽 정원의 대표작으로 물 경치를 자랑하는 정원으로 '용 분수', '아레토사 분수', '백천대' '물풍금' 등이 있

[삽도 14-7] 이탈리아 아이스터 장원의 물풍금(좌)
[삽도 14-8] 일본 료안사龍安寺 정원(우)

다.(삽도 14-7). 유럽 전통은 서아시아에서 왔는데, 서아시아에서는 물이 부족하기 때문에 작은 연못의 좁은 수로를 사용하여 많은 고요한 물의 경관이 생기는 데 반해, 유럽은 물이 풍부하여 제약을 받지 않는다. 거대한 연못과 탁 트인 계단식 물, 그리고 많은 물을 움직여 만들어내는 경관으로 시각적으로 감동적인 장관을 추구한다. 메마른 산수는 전형적인 일본 원림으로 '법法은 마음에서 생기고 경境은 마음이 만들어낸다'는 선종의 영향을 받아 물질의 최소화를 추구하며 몇 개의 돌로 험산준령을 만들어내고, 몇 줄기 모래 무늬로 엄청난 파도를 만들어내며, 원림 자체의 육감적인 유혹을 최대한 약화시켜 심령상의 원림이 되도록 하고 크기를 매우 작게 하여 조용히 보기만 할 뿐 유람하지 못하게 한다. 이른바 검약의 극치라 할 수 있다.(삽도 14-8) 유럽 원림의 '장관'과 일본 원림의 '검약'은 각자 다른 극점으로 치닫고 있다. 중국 원림은 그 사이에서 평형을 유지한다고 할 수 있다.

'비루한 궁실'과 '대장大壯'은 함께 중국의 전통 건축에 영향을 미쳤다. 절용節用과 체의體宜는 함께 중국의 고전 원림에 영향을 미쳤다. 그 가운데 어떤 점을 과분하게 강조하는 것은 편파적일 수밖에 없다. '양쪽 끝을 잡고 가운데를 사용한다'는 중용의 도가 중국에 영향을 미쳤고, 따라서 그 예술은 독특한 심미적 장력을 가지고 있다. 이른바 크게 놀라는 상황에서도 얼굴은 잔잔한 호수와 같은 표정을 짓는 것이다. 낭신이 평성하고 남백한 파노를 맞아들일 수 있나면 어떤 것이 중국 예술인지 이해할 수 있을 것이고, 중국 예술의 정수가 응집되어 있는 산수 원림을 이해하게 될 것이다.

3. 해상 신선과 금기

가경嘉慶 4년(1799년) 정월 초파일에 권신 화신和珅이 실각하여 투옥되었다. 황제가 선포한 '스무 가지 큰 죄목' 중에 이런 죄목이 있었다. "이전에 화신의 재산을 조사해보니, 녹나무로 지은 집은 그 사치스러움이 도를 넘어섰다. 다보각多寶閣과 각양각색의 양식은 모두 영수궁寧壽宮 제도를 본땄고, 정원은 원명원의 봉도요내蓬島瑤臺와 다름없이 꾸몄으니 무슨 생각인지 모르겠다." '다보각'은 공왕부恭王府의 석진재錫晉齋를 가리키며, '정원'은 황제가 내린 정원 '서춘원舒春園'을 말하는데, 오늘날 베이징대학의 웨이밍호未名湖 지역이다. '봉도요대'와 다름이 없다고 한 곳은 오늘날 웨이밍호에 있는 소도小島이다.(삽도 14-9)

옹정제雍正帝로부터 베이징 서쪽 외곽 어원御園은 자금성을 대신하여 새로운 정치 중심지로 떠올랐다. 그 가운데 원명원의 지위가 가장 두드러지는데, 1709년에서 1860년에 이르는 근 반세기 동안 옹정제, 건륭제, 가경제, 도광제, 함풍제 등 5대 황제의 중요한 이궁離宮이었다. 정치 중심이 서쪽으로 이동하면서 베이징성의 구조는 큰 변화가 일어났다. 황제는 이궁에 거처하면서 정사를 처리하였고, 왕공

[삽도 14-9] 베이징대학 웨이밍호의 호심도

대신은 조정에 나가기 편하다는 이유로 사저를 서쪽 성에 많이 지었다. 황제는 어원 부근의 땅을 대신들에게 하사하였다. 바로 이런 배경하에서 화신은 서춘원을 하사받았고, 이름을 '십홀원十笏園'으로 바꿨다.

화신이 공을 들여 정원 안에 크고 작은 호수를 만들었고, 파낸 흙은 쌓아서 호수 안의 조그만 섬과 호수를 둘러싸는 작은 언덕을 만들었다. 정원 안에는 누각이 64개, 방이 1,003칸, 정자가 357칸이 있었고, 호화롭기 그지 없었다. 여러 해 뒤에 화신이 정원에서 '요도봉대'를 모방한 호수 가운데 섬을 만들었다가 뜻하지 않게 횡액을 당하게 되었다.

'일지삼산一池三山'은 일종의 원림 조성의 틀로 정형화되어 황실 원림의 주요한 모델이 되고 있는데, 그 연원은 진한까지 거슬러 올라갈 수 있다. 삼산 가운데 봉도, 요대, 상림上林은 신선 방술이 한창이던 시대에 유행하였다. "제위왕齊威王・제선왕齊宣王 · 연소왕燕昭王 때부터 사람들을 시켜 바다로 가서 봉래蓬萊 · 방장方丈 · 영주瀛洲를 찾아 보도록 하였다. 이 세 개의 신산神山은 전설에 의하면 발해渤海가운데 있었고, 인간 세상과 멀리 떨어져 있지 않았다. 선인仙人(도사)들은 머지않아 배가 도착할 것이 걱정이 되어 얼른 바람을 이용해서 배를 떠밀어 버렸다. 일찍이 그곳에 갔다 왔던 사람이 있는데 거기에는 많은 선인들 및 불사약이 있다고 하였다. 그리고 거기서 나오는 온갖 것들과 하늘을 날아다니는 새들과 기어다니는 짐승들은 색깔이 모두 흰색이요, 궁궐은 모두 황금과 은으로 만들어졌다고 하였다. 그 곳에 아직 도착하기 전에 멀리서 바라다 볼 때는 온통 운해雲海처럼 떨어져 있던 것이, 막상 그곳에 이르고 보니, 이 세 개의 신산神山은 오히려 물 속에 가라 앉아 있었으며, 그 안쪽으로 배를 대어 가까이 접근하면 할수록 이상스런 바람에 의해 배가 떠밀려 끝내 그곳에 도달할 수가 없었다고 한다."〈사기史記 · 봉선전封禪傳〉에 묘사된 바, 제왕이 사람을 보내 바다에 있는 삼신산을 찾게 했다는 이 기록은 사람들을 상상 속에 빠지게 한다. 진시황과 한무제는 모두 바다로 나가 신선을 구하는 데 정신이 팔려 있었다. 진시황이 수 차례에 걸쳐 천하를 돌아다녔던 것도 바다가 마지막 종착지였다. 무제는 여러 차례 바다로 나갔고, 사람을 해변으로 보내 봉래를 바라보게 하였다. 전국시대에 생겨난 연나라와 제나라의 봉래 신화는 진한대에 이르러 피크를 이뤘다.

'일기池'는 봉래와 관련이 있고, '삼신三山'은 곤륜에서 나온 것이다. 중국의 동과 서 각 하나씩의 신화체계에서 후자는 전자에 비해 오래 되었다. 신선의 설은 곤륜에서 가장 먼저 나온다. 황허는 곤륜에서 나오는 것으로 전해지는데, 물은 생명을 구성하는 기본 물질이다. 곤륜은 또 옥의 산지로 유명한데, 옥은 물의 정수이다. 옛 사람들은 옥을 복용하면 장수할 수 있다고 생각했다. 곤륜은 옥의 산지인 동시에 강물이 나오는 곳으로, 선인들의 거처가 되는 것은 당연한 일이었다. '선仙'자는 사람人과 산山으로 구성되어 있는데, 산 속에 사는 사람이라는 의미이다. 서방의 곤륜 신화가 동방으로 전해진 후에 사람들은 자신의 지리환경에 근거하여 가공을 해서 보다 풍부한 봉래 신화를 만들어냈다. 황허는 곤륜에서 나

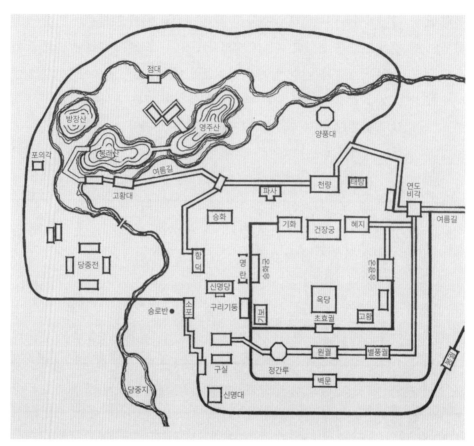

[삽도 14-10] 건장궁의 태액지 삼산

와 발해로 들어가는데, 화하 민족의 어머니 강물이 이 양대 신화에 연계되어 있는 것이다. '일지삼산'은 중국 고대 동서방 교류의 결과라고 할 수 있는 것이다.

바다로 들어가 신선을 구하는 진시황과 한무제의 노력은 물론 결과 없이 종말을 고했다. 이에 물러나 다음으로 추구한 것은 궁궐에 바다의 선산을 모방하는 것이었다. 진시황은 난지蘭池를 지었고, 한무제는 태액지太液池를 만들었다.(삽도 14-10)〈사기·효무본기〉의 기록이다. "(건장궁) 북쪽에 큰 연못을 만들었는데, 대의 높이가 20여장에 이르렀고, 태액지라 하였다. 중앙에 봉래蓬萊, 방장方丈, 영주瀛州, 호량壺梁은 바다의 신산을 본떴다." '난지'는 동서 200리에 남북 30리에 이르렀

[삽도 14-11] 베이징 난하이의 영대瀛臺

고, 태액지는 주변 둘레가 천 경頃에 이르렀지만 훗날 "하늘을 옮기고 땅을 줄여 그대의 품안에 넣겠네"라는 정도의 상상력은 아직 없어서 '권석작수拳石勺水' 정도로 산과 바다를 상징하는 것은 성당盛唐 이후를 기다려야 했다. 진시황과 한무제는 한 술 더 떠서 연못에 고대를 새겼고, 거북을 놓았으며, 이를 통해 이 연못과 섬이 봉래, 곤륜이라는 것을 나타냈다.

한대 이후 신선과 장수를 구하는 풍조가 점차 사그라들었고, 참위讖緯 신학은 웃음거리가 되고 말았다. 하지만 '일지삼산'은 남겨져서 궁궐 안에 산과 물을 꾸미는 전범이 되어 후세 제왕들이 모방하였다. 북위北魏 뤄양의 화림원華林園에 천연지天淵池가 있는데, 선무제宣武帝는 그 연못 안에 봉래산을 만들고 산 위에 선인관仙人館을 지었다. 수양제는 뤄양 서원西苑에 산과 바다를 만들었는데, 둘레가 10여 리에 물의 깊이가 깊었고, 그 안에 각 300보 간격으로 방장, 봉래, 영주 등의 산을 두었다. 당나라 대명궁大明宮에는 봉래지蓬萊池라고도 불리는 태액지가 있는

蓬島瑤台

位于福海中央,有大小三岛,根据唐代画家李思训笔下的仙山琼阁设计,象征传说中的东海三神山,蓬莱、方丈和瀛洲。蓬岛瑶台四个方向,每一方向都可以一览湖上缤纷楼阁的闪耀倒影,景色非常壮观。每逢端午节在福海举行龙舟竞赛,皇太后及后妃内眷不集"蓬岛瑶台"玩赏。

[삽도 14-12] 원명원의 봉도 요대

데, 물살이 도도하고 그 안에는 봉래산이 우뚝 서 있다.

청대의 이궁별원은 '일지삼산一池三山'에 남다른 열정을 보였다. 청제는 관문에 들어선 지 얼마 되지 않아 궁성 근방의 서원 삼해 복구에 착수했다. 여기서 "일지삼산"은 '삼해삼산三海三山'으로 변환된다. 남해南海(삽도 14-11), 중해中海와 원명원의 복해福海가 있는데, 복해는 화신이 죄를 얻은 '복도요지福島瑤池'이다.(삽도 14-12) 황가 원림에 '일지삼산'을 설치하는 것은 정통을 선포하는 의미이다. 이런 풍조는 궁전의 배치에까지 영향을 미쳤다. 궁전에서 가장 흔하게 볼 수 있는 삼전三殿

[삽도 14-13] 베이징대학 웨이밍호의 석방

[삽도 14-14] 청의원 쿤밍호의 청연방

병렬의 구조는 가운데는 높고 주변은 낮은 이런 형식으로 봉래 삼산三山을 암암리에 나타내는 것이다.

'일지삼산'의 연원은 오래 되었다. 또 청대 황제들에 의해 매우 중시되었다. 화신이 정도를 넘어섰다는 죄명과 역심을 품었다는 것은 자명한 일이었다. 더욱이 서춘원 호수 안에 석방石舫(돌로 만든 배)을 하나 세워(삽도 14-13) 건륭제가 청의원 곤명호 안에 세운 석방(삽도 14-14)을 모방하기까지 했다. 건륭제는 본래 석방으로 강산의 영구불변함을 나타내려 한 것이었는데, 이것이 화신의 죄가 되었던 것이다. 한평생 잘 나가던 권신이 이번에는 더 이상 빠져나갈 구멍이 없게 되어 버렸던 것이다.

하지만 당시 백성들의 말로는 "화신은 자빠지고 가경은 배부르다"고 했다. 본래 가경제와 화신 사이의 갈등은 오래 된 일이었다. 이 사건은 옛 말을 재차 인증한 것에 불과하다. 사실상 '일지삼산'의 운용은 황제의 정원에 국한된 일은 아니었다. 역대 개인의 정원에도 나타났던 것이다. 현존하는 유명한 원림 가운데 졸정원의 중앙 부분은 연못을 중심으로 하여, 연못 중앙에 섬 세 개를 배치하였다. 유원留園 가운데에도 연못이 있고, 연못 중앙에 '소봉래小蓬萊'라는 조그만 섬이 있으며, 서북쪽의 조그만 섬과 동남쪽의 호복정濠濮亭이 세 발을 이루고 있다. 이런 배치는 정치적인 상상과는 무관한 것이고, '일지삼산'의 독특한 미학적 취향이 발현된 것이다.

베이징대학 캠퍼스의 웨이밍호를 만든 것은 사실 화신의 서춘원 이전 일이다. 서춘원의 전신은 강희제 무영전武英殿의 대학사 명주明珠의 별장 자의원自怡園으로, 강희 26년(1687년)에 엽조葉洮가 설계를 맡았다. 전해지는 바로는 호수가 매우 넓어서 배를 띄워서 노닐 수 있을 정도였다. 사실 자의원이 모방한 것은 강남의 원림이었다. 북방 원림이 강남 원림을 모방한 것은 늦어도 명나라 말기에는 유행하였다. 자의원의 설계자 엽조는 지금의 상하이에 속하는 강남 청포靑浦 사람이었으니 원림에 물의 고향이라는 취향을 발휘한 것도 당연한 것이었다.

아름다움을 감상하는 심리에서 말하자면 '일지삼산'과 '석방'의 예술적 경지는

[삽도 14-15] 쑤저우 졸정원의 샤오페이훙

거리두기의 아름다움이라는 중국의 전통적인 독특한 추구가 반영된 것이다. 주돈 이周敦頤는 〈애련설愛蓮說〉에서 다음과 같이 말했다. "나는 진흙에서 나고도 때 묻지 않은 연꽃을 사랑한다. 맑은 물로 씻어냈으면서도 요염하지 않고, 몸통은 뚫려 있고, 겉모습은 반듯하며 덩굴이나 가지도 뻗지 않고 향기는 멀어질수록 더욱 맑아지고, 반듯하고 깨끗하게 서 있어서 멀리서 바라볼 수는 있어도 차마 다가갈 수는 없도다." 고전 원림은 면적에 제한이 있어서 거리감을 만들어야 한다. 떨어뜨려 놓는 것은 중요한 수단인 것이다. 〈시경〉에 나오는 "갈대는 무성하고, 흰 이슬은 서리가 되었네, 내 마음에 그리는 이, 물 건너에 있으니"로부터 물 건

너에 있는 미인은 사람들이 저항할 수 없는 아름다움을 더 해 준다. 〈이십사시
품二十四詩品〉에서의 '충담冲淡', "마주치되 너무 깊지 않고, 다가가되 더욱 멀어진
다. 형체를 닮으려는 것에서 벗어나야 하니, 손에 잡힐 듯 하다가 어느 덧 저 멀
리 있다네."의 경지로, 깨달을 수만 있고, 억지로 구할 수는 없고, 거리를 유지해
야만 보이지 않는 조화의 기운을 느낄 수 있는 것이다. 명나라 사람이 산수를 논
함에, "아침에 길을 나서 멀리 바라보니 푸른 산은 아름답고, 흐릿한 것이 사랑스
럽고 안개와 노을이 모습을 바꾸니 이름 짓기가 어렵구나. 산에 올라 내려다보니
더 이상 기이한 모습은 없고, 오직 돌과 나무만 있을 뿐이네."라고 하였다. "대나
무를 창으로 옮기고 배나무를 정원에 나누는 것"은 식물을 빌어 풍경을 드러내
고 정원을 나눈 것이다. "다리를 놓아 물을 나누는 것"은 굽은 다리로 수면의 층
을 늘린 것이다.(삽도 14-15)

'일지삼산'은 마찬가지 기호가 있다. 연못물을 서로 막으면 섬은 멀고 아득해
지며, 그 속에서 상상을 하게 된다. 멀리 볼 수는 있지만 가지는 못하고, 섬은 신
선의 섬으로 바뀌며, 사람은 신선으로 바뀌는 것이다. 마치 이어李漁가 〈답동석제
자答同席諸子〉에서 말한 바, "가까이 있어도 떨어져 있음만 못하고, 가까워도 먼 것
만 못하며, 낱낱이 말하는 것은 상상하는 것만도 못하다"라고 하는 경지이다.

옛 사람들의 예술적 상상력은 매우 발달했다. 문장을 지을 때 "순간에서 고금
을 볼 수 있었고, 눈 깜짝할 사이에 사해를 어루만질 수 있었다." 시와 사를 읽음
에 "앉아서 추위와 더위를 바꿀 수 있었고" 원림의 경치를 감상하는데 "정원에
나무 한 그루를 보고 숲을 떠올릴 수 있었으며 분재 하나에서도 오악을 헤아릴
수 있었다." 그로세René Grousset의 〈동방의 문명〉에서는 중국 고대 청동기 표면의
도철 무늬의 멋진 묘사에 대해서 중국 예술을 감상하는 데 있어서의 상상의 작용
을 충분히 드러냈다. "복잡한 장식 가운데 우리가 괴수의 최면식 눈동자와 산양
같은 굽은 뿔, 높고 큰 콧등, 평평한 입술, 또 간혹 드러내는 송곳니를 구별해 낸
다면 마치 이 괴수는 청동 속에서 튀어나오는 듯 하고, 저항할 수 없는 모습으로
자신의 모습을 드러낸다. 청동은 괴수이며 둘은 하나가 된다. 진실한 동물 형상

으로 만든 것보다 효과가 더욱 강렬하다." 물질이 멈춘 곳에서 상상력은 뻗어나가기 시작하고, 결국 둘은 함께 하나의 작품을 완성한다. 중국예술에서 물질 부분은 시사에서 흥을 일으키는 것과도 같다. "먼저 물질을 말하고 읊조리는 말"의 매개자로서 '말 밖의 의미'와 '형태 밖의 생각'이 관건이 되며, 상상을 빌어 사람들에게 더욱 깊은 흥분과 감동을 주는 것이다.

만약 예술작품이 물질과 상상 두 부분으로 구성되는 것이라면 중국 예술이 물질 방면에서 저조한 것은 상상이 지나치게 발달해서일 것이다. 옛 사람들의 상상력의 발달과 예술에서의 의경에 대한 중시는 동전의 앞뒷면으로, 양자는 서로 원인과 결과가 되며 함께 중국 예술의 방향에 영향을 미쳤다. 중국에서 멋진 모습을 보여주는 건축물이 서방에 비해 뒤떨어진 것은 여기에서 기인한다. 상상에 기대어 현실을 보충한 원림이 천하에 독보적인 것 또한 여기에서 기인된 것이다.

풍수의 이성적 사유

1. 천문을 올려다보며 지리를 내려다 보다
2. 뛰어난 풍수
3. 낙수 북쪽 기슭에 도읍을 정하다
4. 동남 방향의 물흐름流巽과 그 부족함의 보충

풍수의 이성적 사유

중국 풍수술風水術의 기원은 매우 오래 전이다. 땅을 보고 택지를 정하는 전통적 방법으로서 지리술地理術, 감여술堪輿術이라고도 한다. 근대 '과학'이 문화적으로 지배적 위치를 차지한 후에 정교한 풍수는 봉건 미신으로 치부되었고, '진보' 사업의 장애물이 되었다. 중국 현대화 과정에서 이런 합리적 주거 관념은 사람들에게 버림받는 신세가 되었고, 오랜 기간 동안 필요 이상으로 자기 자신을 비하하는 현상이 나타났다. 풍수를 말하는 사람도 없었고, 풍수 관념에 포함된 이성적 사유는 더욱이 무시되었다. 최근 전통 학술의 부흥에 따라 풍수 관념은 날로 학계의 중시를 받게 되었고, 갈수록 토론에 참여하는 사람이 많아지고 있으며 드라마틱한 열기를 뿜어내고 있다. 하지만 그 동안 쌓인 폐단은 일소하기가 어려워 체계적이고 전면적인 연구사업은 아직 진행 과정에 있고, 기획과 설계 의미에서의 풍수 실천은 아직 요원한 실정이다. 중국 전통문화의 중요한 요소로서의 풍수술은 사실 중국 문화의 유전 인자가 되었고, 중국 민족의 골수로 깊이 파고들어 오랫동안 국민들의 사상관념과 행동 패턴에 영향을 미치고 있다는 사실을 인식할 필요가 있다. 풍수술 가운데 자연 지리에 관한 특별한 신념은 중국의 전통적 거주 환경 속에서 갖가지 색다른 풍경을 만들어냈다.

현대의 실험적인 과학 기술의 발달은 오랫동안 쌓아온 고대 경험이 효과가 있었음을 의미한다. 지나치게 자신만만한 현대인은 종종 자신의 성급한 행동에 대해 혹독한 대가를 치러야 한다. 2005년 6월 헤이룽장黑龍江 닝안시寧安市 샤란진沙蘭鎭 중신中心 초등학교에 홍수가 나서 109명의 목숨을 앗아갔고, 그 가운데 초등학생은 105명이었다. 같은 해 10월에는 푸저우福州 무장경찰 지휘학교 훈련대대가 홍수를 만나 신입생 85명이 사망했다. 이 두 차례 재난의 수된 원인은 모두 나지막한 계곡, 즉 '흉지凶地' 위에 건물이 들어선 데 있다. 2005년 8월 미국 뉴올리언스 허리케인으로 최소 700명이 목숨을 잃고 3백억 달러 이상의 피해를 입었다. 인구 백만 명 이상의 도시는 분지에서 삼면이 감도는 가운데 평균 고도는 해수면보다 낮았다. 줄곧 뉴올리언스 사람들의 머리 위에 매달려 있었던 것은 변덕스럽게 넘실대는 파도였다.

1. 천문을 올려다보며 지리를 내려다 보다

'감여堪輿'라고도 불리는 풍수는 한대에 처음 나타났다. 〈한서예문지漢書藝文志 · 수술략數術略 · 오행五行〉에 〈감여금궤堪輿禽匱〉 14권의 안사고顏師古가 말한 "허신許愼이 말하길, 감堪은 천도이고, 여輿는 땅의 도라고 하였다."가 실려 있다. 고대 중국인들의 천문과 지리에 대한 관심은 본질적으로 농경 정착생활 방식에서 결정된 것이다. 농업생산과 생활은 모두 자연환경과 기후 조건에 의지할 수밖에 없었다. 농부는 1년 내내 전심전력으로 하늘과 땅을 관찰하고 자연의 변화에 순응하고, 길한 것을 추구하고 흉한 것을 피해야만 했다. 초기 풍수술의 소박한 취지는 바로 여기에서 벗어나지 않았다.

천지를 따르고 자연에 순응하는 것은 화하 조상의 몸과 마음이 편하고 안정된 것의 기본 준칙이다. 농사를 지으며 살아가는 높은 산, 깊은 계곡의 계단식 지형은 고대인 생존의 이상적인 환경을 만들었다. 척박한 산골 험지와 평원 습지는 농민들의 피땀 어린 노력의 손길을 기다렸다. 초기 어로와 사냥과 채집 시대에 홍수를 피하기 위해 인류는 강줄기 양쪽 기슭 높은 곳에 천연 동굴을 안식처로 삼았다. 〈묵자墨子·사과辭過〉편에 "언덕에 굴을 파고 살았다."고 하였다. 농경시대에 접어들어 농작물 재배에 물이 많이 필요하게 되자 사람들은 높은 산에서 내려와 강물 곁에서 살게 되었다. 〈사기史記·오제본기五帝本紀〉에 "청양青陽은 강수 지역을 하사받고 거주하였다. 둘째 아들은 창의昌意이고 약수若水 지역을 하사받고 거주하였다."고 하였다. 거주지가 복잡하게 변한 천연 지형에서 고대인들은 곳곳에서 적응해야만 했다. 푸스니엔傅斯年 선생은 이에 대해 주목하였다. "인류의 거주지는 자연 형세에 의존할 수밖에 없었다. 따라서 동쪽 평원에서 평지보다 높은 곳에 살게 되었다. 이에 따라 고대 동방 지명은 구丘라는 이름이 많이 붙었다. 서쪽 고원 지대는 물이 가까운 평탄한 지역을 골라 거주하여 고대 서방 지명은 원原이 많다." 하지만 넓은 평원에서 살게 되면 빈번하게 들이닥치는 물난리를 고대인들은 너무 갑작스러워 막아내지 못했다.

우禹 임금은 중국 최초의 왕조 하夏나라를 만든 사람이다. 그가 소도법疏導法으로 치수를 한 이야기는 대대로 전해지고 있다. 화베이 평원은 당시 치수 사업의 주요 무대였다. 우 임금과 그 선배들은 이 곳에 만세에 전해지는 풍성한 업적을 남겼다. 하지만 양쯔강 유역 평원의 치수 공사는 화베이 평원에 비해 일찍 시작되었고, 후난과 후베이 두 성에서 최근에 신석기 중기의 취락 유적지가 여러 곳 발견되었다. 8,000년간 화하 문명의 성장에 대해 커다란 공헌을 했던 대평원과 분지는 조상들의 오랜 동안에 걸친 노력을 거치지 않은 곳이 없다. 화베이 평원, 양쯔강 하류 평원, 청두成都 평원 등은 가뭄과 장마로 인해 엄청난 고통을 당했다. 비라도 오지 않으면 풀 한 포기 자라지 않는 땅이 되었고, 비가 많이 오면 물바다가 되고 말았다. 만약 성공적인 수리 공사가 없었다면 훗날 '곡창穀倉'이라 불린 이 땅들은 아마도 오늘날까지도 사람들이 편하게 살기 힘든 곳이 되었을 것이다.

동서양 도시계획 역사와 건축사를 비교해 보면 항해를 했던 유럽 조상들은 농경을 했던 화하 조상과 달랐다는 것을 알 수 있다. 그들은 자연에 순응하는 내적 체험을 하지 않았다. 따라서 풍수 관념을 가진 바가 없다. 동양과 서양 두 문화가 이런 근본적인 차이를 갖게 된 것은 진지하게 연구해볼만한 중대한 과제이다. 간단하게 말해서, 두 가지 대립되는 사상 관념의 기원은 두 지역의 서로 다른 생활방식에서 기인한다. 그리고 서로 다른 생활방식은 지리 기후적인 차이에서 결징되는 것이 사실이다. 이것과 관련된 연구는 많은 학자들이 수행한 바가 있다. 유명한 유전학자이자 인류 유전자 조합의 다양성 연구계획을 창시한 까발리 스포르자L.L.Cavalli Sforza 교수는 지구 인종의 주요한 차이는 서로 다른 지리 기후에 대한 각자의 장기적인 적응에서 기인하는 것이라고 생각하였다. 심리학자 프로이드Sigmund Freud는 성인 행동에 대한 연구에서 영아기에 자극을 받아서 심리 밑바닥에 쌓여 있는 것에 특히 주목하였다. 전체 인류에 대해서 말하자면, 초기 조상의 생존경험이 현대인들의 문화심리적인 내재 구조를 결정한다는 것이다.

구두나 서면으로 된 표현의 차이로 말미암아 단어를 풀어 문장을 만드는 저속함과 우아함의 차이 때문에 지금 우리가 중국 고대의 풍수술을 현대 지리학과 동일시한다면 몇몇 사람들은 여전히 받아들이기 어려울 것이다. 그러나 중국 조상들의 지리적 인식에 대한 조숙함은 의심할 여지가 없다. 중국 초기 지리학으로서 풍수술의 주요 관심 대상은 본래 현대지리학Geography의 연구 대상과 서로 겹쳐진다. 지리라는 단어가 최초로 등장하는 것은 대략 춘추 시기이다. 〈역易·계사繫辭〉에 이르기를, "고개를 들어 천문을 바라보고, 고개를 숙여 지리를 살펴본다."라고 하였다. 지리 전문서 〈상서尙書·우공禹貢〉과 〈산해경山海經〉이 지어진 시기는 대략 전국시대이다. 이 책들에서는 산맥, 하천, 교통, 생산물 등이 상당히 자세하게 소개되고 있다. 〈상서尙書·낙고洛誥〉에 이르기를, "사람을 보내 그림을 그려 점을 치게 하다."라고 하였다. 주공周公이 낙수洛水를 살펴본 후에 설계도를 그려 성왕에게 보고한 일을 기술하고 있다. 〈고공기考工記〉가 지어진 시기는 대략 전국시대인데, 이 책에 이르기를, "두 산 사이에는 반드시 하천이 있고, 큰 하천에는 반드시 진창이 있다."고 하였다. 몇 마디 되지 않는 말로 산과 하천의 관계와 강물을 따라 뻗어가는 도로의 규칙적 현상에 대해 명확하게 개괄해내고 있다. 〈관자管子·지도地圖〉에서는 다음과 같이 언급하고 있다. "군대를 통수하는 사람은, 반드시 먼저 지리의 형세를 조사하여 알아야 한다. 꼬불꼬불한 험한 산길이나 전차를 뜨게 하는 물길이나 이름난 산과 큰 계곡과 강과, 구릉과 육지의 뭍과 언덕이 있는 위치와, 마른 풀이나 나무와 갈대가 무성한 지역이나 노정의 멀고 가까움과, 성곽의 크고 작음과, 이름난 읍이나 허물어진 읍이며 황무지와 경작할 수 있는 땅 등을 모두 파악해 두고 있어야 한다. 지형이 들쭉날쭉 서로 겹치는 것을 마음에 새겨 두어야 한다. 그런 다음에야 군대를 움직여 읍을 습격할 때, 들고 그치는 것의 선후를 알아 지리의 이점을 잃지 않는다. 이것이 지형 파악에서 항상 주의할 점이다." 장수가 성을 공략하기 전에 반드시 먼저 지도를 준비해야 하고, 이렇게 해야 목적지가 되는 산천, 도로, 성곽 등에 대해 정확하게 이해할 수 있음을 강조한 것이다.

진秦나라 때부터 중국은 통일제국이 되었고, 지역간 정치적 연계의 강화는 지리학을 더욱 발달시켰다. 진시황은 여러 차례 동쪽 변방을 순회하며 산해관 일대에 제국의 동문 이미지와 비석을 세웠다. 〈사기·진시황본기〉에 이르기를, "진시황이 갈석碣石으로 갔다. 연燕나라 사람 노생盧生을 시켜 선문羨門과 고서高誓를 찾게 하였다. 갈석문을 새기고, 성곽을 무너뜨리고 제방을 통하게 하였다." 하였다. 최근에 고고학자들은 랴오닝 수이중綏中 즈마오만止錨灣과 허베이 친황도秦皇島 진샨쭈이金山嘴 두 곳에서 진나라 궁전 유적지를 발굴해냈다. 진샨쭈이와 즈마오만 두 곳은 30km가 떨어져 있는데, 모두 바다로 뻗어나간 곳의 끄트머리에 위치해 있다. 좌우로 대치하면서 한 라인을 이루고, 이로부터 동남쪽으로 뤼순旅順의 라오티에샨老鐵山과 산둥 룽청榮城의 청샨터우成山頭를 마주보고 있다. 아득한 바다 위에서 세 점은 직선을 이루며 보하이만渤海灣을 꽉 막고 있다. 훗날의 풍수 이론으로 말하자면, 이것은 바로 중국의 동쪽 대문을 걸어 잠그는 세 물꼬이다.(삽도 15-1) 연결된 이 선의 길이는 대략 350km로서, 지상에서 육안으로는 절대 살펴볼

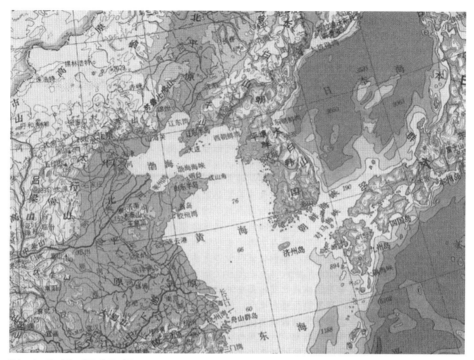

[삽도 15-1] 진한 제국의 동대문

수 없다. 지리적으로 이렇게 정확하게 배치된 것은 사실 우연히 된 것이라고 보기는 어렵다. 그것은 분명히 많은 사람들이 오랜 기간 동안 종합적으로 탐색한 기초 위에서 이루어진 것이다.

간쑤 팡마탄放馬灘 진묘秦墓에서 출토된 천수지역도天水地域圖는 일곱 장의 송판 위에 그려져 있다. 후난 마왕퇴馬王堆 한묘漢墓에서 출토된 장사후국長沙侯國 남부 지도는 두 장의 견직물 위에 그려져 있다. 그것들은 실물로부터 지리적인 면에서의 조상들의 성취를 반영하고 있다. 서진 때에 사공司空이었던 배수裵秀는 '제도 육체制圖六體'를 내놓았는데, 이는 중국 지도 제작방법의 성숙함을 보여준다. 북위 역도원酈道元이 쓴 〈수경주水經注〉에서는 하천의 흐름이 한반도, 중남반도 및 남아 시아에까지 이름을 기술하고 있다. 원대 곽수경郭守敬은 도수감都水監과 사천관司天 官을 역임하였는데, 그는 독일 사람 가우스Carl Friedrich Gauss보다 560년 이르게 지구 고도 표준과 관련하여 바다 평면을 제로로 하는 과학적 이론을 제기하였다. 그가 계획한 원나라 대도大都의 백부천白浮泉 경로는 서산 동남쪽 기슭의 등고선을 따라 굽이굽이 30km 가량 되지만 경사도가 몇 미터밖에 안 된다. 오늘날까지도 경밀인수로京密引水渠는 여전히 그 옛터에 있었으므로 당시 그 지리측량과 수로 시공의 정확성을 충분히 증명하고 있다.

2. 뛰어난 풍수

중국 초기의 역사 문헌에는 지리 선택과 관련된 기록이 많이 있다. 그 중에서 문자 표현은 다양하지만 기본 원칙은 일맥상통한다. 선진 시기에 사람들은 기후와 생산물 및 공격과 방어 등 각 방면을 종합하여 뛰어난 지리 배치를 '형승形勝(지세가 뛰어남)'이라 하였다. 〈순자荀子·강국强國〉에 진秦나라의 자연지리에 관한 기술에서 "견고한 요새는 험하고 지형의 형세는 편리하고 산림이나 개울이나 계곡은 아름답고 천연의 재료들은 이로운 것이 많으니 이것은 지형이 좋은 것이다."라고 하였다. 〈사기史記·고조본기高祖本紀〉에 "진나라는 지형이 좋은 나라이다."라고 하였다. 명대 가정嘉靖 연간의 〈흠주지欽州志〉 권1에서 "옛 사람들이 지형이 좋은 곳形勝에 도읍을 정했던 것이 우연은 아니다."라고 하였다. 더 많은 문헌에서 '형승' 두 글자가 직접 거론되지는 않았더라도 그려내고 있는 형세의 특징이 그것과 완전히 일치하는 것을 볼 수 있다. 안양 은허의 지리 형세에 관해서 〈전국책戰國策〉에서는 "은나라는 왼쪽으로는 맹문孟門이고 오른쪽으로는 장부漳滏이다. 앞으로는 강물이 흐르고 뒤에는 산이 있다"고 하였다. 현재 베이징의 지리 형세에 관해서 〈사기〉에서는 "앞으로는 강물이 흐르고 뒤로는 산들이 둘러싸고 있으며 좌로는 바다가 감싸고 있고, 우로는 태행산이 감싸고 있다."고 하였다. 탄저사潭柘寺는 베이징에서 가장 중요한 명승지 가운데 하나로서 베이징보다도 탄저사가 먼저라고 말할 정도이다. 중간 규모의 사찰과 북방의 주요 도시 베이징을

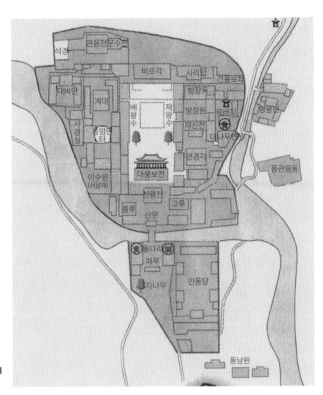

[삽도 15-2] 베이징 먼터우거우門頭溝
탄저사潭柘寺의 지세

동등하게 보는 가장 중요한 이유는 이 곳의 풍수가 매우 좋기 때문이다.(삽도 15-2)
오랜 기간에 걸쳐 자연 그대로 보호된 것이 결국 사람들에게 깊은 인상을 남겨
준 것이다.

고고학적 발굴은 화하의 조상들이 취락 터를 선택할 때에 기본적인 원칙을 세
우고 있음을 보여준다. 최근에 고고학자들은 신석기 시대 문화유적지에 대한 발
굴을 통해 인류는 취락 터를 산맥의 동남 기슭, 특히 강이 흐르거나 두 강물이
합쳐지는 지역으로 잡았다는 것을 밝혀냈다. 〈시경詩經 · 대아大雅 · 공유公劉〉의 내
용이다. "후덕하신 공유公劉 임금이시로구나. 그의 땅이 벌써 광대하게 넓어졌고
그의 땅에 벌써 언덕으로 경계가 이루어져 있고 그 음양이 서로 어우러지는도
다. 그 곳의 흐르는 샘물을 보아라. 그의 군대는 군단이 3개로다. 그 곳의 습지
였던 들판을 헤아려 보아라. 경작지를 만들어 양식을 만드는도다. 그 곳 저 너머

의 해가 지는 곳을 헤아려보아라. 알록달록 보잘 것 없는 그 땅 빈豳은 텅 빈 황폐함이로다. 후덕하신 공유公劉 임금이시로구나. 그 휑한 빈豳 땅에 공관公館을 만드사 장안長安의 위수渭水 너머 어지럽기만 한 땅으로 강을 건너가시고는 야만을 붙잡아 매고, 야만성을 두드려 바로잡고는 전진을 멈추고 터를 닦고 이어서 이성의 법도를 펴시는도다. 이에 사람들이 모이고 이에 사람들이 넉넉하여지니 그 곳을 끼고 있는 두 지역의 황제가 되시고 그의 법도를 거스르는 지역들 사이에서는 지나가버린 분이 되시니 많은 사람들이 가던 발걸음을 멈추니 인구밀도가 높아지고 만곡진 해안의 안팎으로 밀려들 듯 하는도다." 서주의 선조인 공유가 빈으로 옮겨 나라를 세운 고사를 기술하고 있다. 빈은 지금의 샨시성陝西省 빈현彬縣이다. 시에서는 공유가 해의 움직임으로 방위를 정한 후에 산에 올라 음양을 살펴보았다고 하였다. 옛날에는 산의 남쪽과 물의 북쪽을 양이라 하였고, 산의 북쪽과 물의 남쪽을 음이라 하였다. 주희朱熹는 〈시집전詩集傳〉에서 "음양은 향배와 한온寒溫의 마땅함이다."라고 하였다. 고증을 통해서 알 수 있는 것은, 공유가 본 고성 '빈豳'은 위수渭水의 지류인 경하涇河 중류에 위치해 있는데, 서북쪽이 높고 동남쪽이 낮은 지세로서 음양이 잘 맞는 이상적인 거주지였다는 사실이다. 향배와 한온이 적합한지 여부는 태양 움직임의 궤적에 따라 달라지고, 북향이나 남향과 대응되는 것이다. 또 다른 측면에서는 계절적 기후 변화 영향을 받을 수밖에 없어 그 지역 산수 형세의 차이에 주목할 수밖에 없다. 이 두 가지 측면의 고려는 모두 〈대아·공유〉에 담겨 있다. 이렇게 '음양을 봤다.'는 것은 화하 조상이 동북아 대륙의 특수한 지리 기후에 적응하는 중요한 수단이었다고 할 수 있다. 중국에서 화난華南의 샨터우汕頭, 광저우, 난닝南寧 세 지역 이남의 지역을 제외하고 대부분은 북회귀선 위쪽에 자리 잡고 있다. 태양이 수직으로 내리쬐면서 남회귀선과 북회귀선을 왕복하기 때문에 우리가 보기에는 태양은 언제나 남쪽에서 나타나는 것으로 보인다. 지구에서 동일한 위도에 있는 다른 지역, 중국의 중부와 동부 구릉과 평원의 대부분 지역의 기후는 상대적으로 좋지 않아 혹서나 혹한을 경험하게 된다. 화난 연해 지방을 제외하고 중국 대부분 지역의 평균 기온은 세계 동일한

[삽도 15-3] 베이징 방산房山 영취선사靈鷲禪寺의 지세

위도 지역보다 섭씨 2도가 높다. 화베이華北부터 강남까지 여름철 기온은 매년 섭씨 40도를 넘는다. 겨울철 혹한은 오랜 기간 지속되고, 매년 한파 영향으로 중국의 평균 기온은 세계에서 인구밀도가 비교적 높은 다른 국가에 비해 크게 낮다. 하지만 중국의 전체적인 지형은 서북이 높고 동남이 낮다. 칭짱 고원, 황토고원, 몽골 고원은 이어지면서 대륙 서북쪽의 거대한 장벽을 형성하고 있다. 이는 열악한 기후에 대륙에 실제적인 영향을 미치는 것을 막아준다. 대부분의 중국인들이 살고 있는 중부와 동부 지구로 말하자면 이 장벽은 여름철에 바람이 불고 비가 내리게 해준다. 겨울에는 몽골이나 시베리아로부터의 한파가 이 장벽에 의해 약화된다. 천연 산간계곡이나 비탈에서 사람들은 따뜻하고 습기가 많은 환경을 어렵지 않게 찾아낸다. 이 곳은 농작물의 자라기 좋고, 건강에도 도움이 된다. 어떤 의미에서는 추위와 더위는 하늘이 사람들을 도와주는 객관적인 현상인 것 같다. 고대인들이 자연을 인식하는 과정에서 혹독한 추위와 더위는 사람들에게 고통스

러운 체험을 안겨준 다음에 오랜 기간 발전하는 데 필요한 자극과 계시가 되었을 지도 모른다.

물론 적합한 거주지는 아무 곳에서나 찾을 수 있는 것이 아니다. 사람들의 고생을 마다하지 않는 노력을 통해서만 찾는 것이 가능한 것이다.(그림 15-3) 광활한 자연에서 특수한 지리 기후에 적응하기 위해 '음양을 보는' 활동은 오랜 기간 이어졌고, 마침내 풍수학의 원천이 되었다. 자연의 대세에 순응하고 적합하게 개조하고 건설하는 것이 '중용의 도'는 아니었을까? 화하의 조상들은 '음양을 보는' 활동 가운데 중용을 지키기에 이르렀고, 이 '중中'은 중국의 고전 철학을 이루었으며 지금까지도 엄청난 도움을 주고 있다.

'음양을 본다'는 관념의 원류를 살펴보기 위해서는 반드시 신석기시대 이래 화하 선조들의 생존공간의 지리 분포를 주목해야 한다. 가장 주목할 만한 것은 계절풍 기후의 강한 영향을 받는 중동부 구릉과 평원 지역이다. 이 지역은 전체 인구의 대부분을 차지한다. 예로부터 고대인들이 생육 번성한 땅으로서 풍부한 초기 취락 유적지가 이 지역에 많이 분포되어 있다. "우 임금이 도읍지를 양성陽城으로 했다"는 기록에서 양성은 지금의 허난 덩펑登封으로 허난 용산문화 초기 유적지가 집중되어 있는 숭산嵩山 동남쪽 기슭이다. 그 이름은 그 곳의 지리적 환경에서 취한 것이다. 덩펑 분지는 잉허潁河 상류의 서쪽으로 이어지는 산과 계곡이 동남향으로 펼쳐져 있다. 숭산이 막아주는 상황에서 겨울철 찬바람은 주변 지역에 비해서 상당히 약한 편이다. 분지 동서 방향으로 약 100km에 위치해 있는, 위도가 같은 이촨伊川과 통쉬通許와 비교해 보면 덩펑의 기후는 훨씬 따뜻하다. 1월 평균 기온이 이천에 비해 0.7도 높고, 통쉬에 비해서는 0.6도가 높다. 최저 기온은 이촨보다 6도가 높다. 이런 차이가 생기는 이유는 이촨이 북향 계곡이고, 통쉬는 황화이黃淮 평원에 위치해 있기 때문으로, 두 지역의 지형과 방향은 모두 '양陽'이라고 할 수 없다.

화하 문명의 형성과정에서 숭산과 그 주변 지역의 지리와 기후의 이점은 중요한 작용을 한 것이 분명하다. 숭산은 중악中岳이고, 숭산 아래는 중원이다. 숭산에서 사방을 바라보면 동쪽으로 화베이평원, 남쪽으로는 하천과 계곡, 서쪽으로는 이궐伊闕 룽먼龍門이 보인다. 숭산은 낮은 지대와 고원 사이의 중간 지대에 있어 공격과 방어에 모두 적합하다. 땅의 모양이 생물이 다양하게 살아가기에 유리하고, 수륙교통의 발달은 물자와 정보의 전달에 도움이 된다. 숭산 동남 기슭의 생존환경은 더 좋아서 초기 문명의 자라나는 데 매우 유리한 조건을 제공해 주었다.

숭산 서북쪽에 위치한 이뤄허伊洛河 평원은 중원 문명 발전의 근거지가 되었다. 이 곳은 산들이 둘러싸고 있지만 외부로 연결되는 도로는 사통발달로 이어져 있다. 구역 내의 비옥한 하곡 평원은 문명의 지속적 발전에 풍부한 자원을 제공해 주었다. 지금으로부터 약 4,000년 전에 이뤄허 평원 동부의 황허 곁에 있는 옌스偃師 얼리터우二里頭에서 중국 청동기 문화는 최초의 피크에 도달했다. 공구, 무기, 예기, 악기 및 장식품 등이 즐비하다. 하나라 이후 10여 개 왕조가 이 곳에 도읍을 정했고, 얼리터우의 하나라 도읍, 옌스의 상나라 도읍, 동주東周의 왕성王城, 한위의 뤄양, 수당의 동도東都는 지금까지 그 유적을 찾을 수 있다. 역대 도성이 한 곳에 밀집된 이 상황은 고대 세계에서는 매우 보기 드문 일이다.

의약과 위생사업이 발달하지 못했던 고대에는 혹독한 겨울과 여름 두 계절이 인간의 건강과 생물성장에 큰 위협이 되었다. 이 위협을 약화시키기 위해 고대 중국인들은 '음양을 보는' 것으로 대처했다. 화베이 지역에 지금도 남아 있는 남향 요동과 현대 농촌의 남향의 채소 비닐하우스에서 세심하게 살펴본 사람이라면 중국 민간의 오래된 실용적 지혜를 어렵지 않게 발견할 수 있다. 현대과학기술이 비록 열악한 기후의 위협을 상당히 많이 없애기는 했지만 자원과 환경 측면에서 엄청난 댓가를 치루고 있다. 건축에서 냉난방으로 소모되는 에너지는 이미 지구의 지속적 발전을 어렵게 하고 있는 실정이다. 단언컨대, 지금이나 미래에 중국 전통 건축의 남향과 동향으로 위치를 잡는 것은 효과적인 설계 방법이 될 것이고, 포기할 수 없는 귀중한 경험이 될 것이다.

문명의 발전에 따라 방향을 바로잡는 것이 점차 문화적으로 중요한 의미를 갖게 되었다. '북北'자는 두 사람이 등을 돌린 모습을 그린 것으로, 본래 의미는 배후 또는 뒷편이다. 고대 중국인들은 북방으로부터의 한파와 모래먼지를 피하기 위해 남향으로 거주지를 잡았다. 이렇게 해서 '북北'자는 '북쪽 방향'을 가리키는 명사가 되었다. 그리고 그 본래의미는 새로 '배背'자를 만들어 남게 되었다. 북과 상대적인 남쪽은 지리적 방위에서 추상적인 존중의 상징이 되었다. 〈주례周禮·소사구小司寇〉에 "왕은 남쪽을 향하고, 삼공과 주장, 백성은 북쪽을 향한다. 군신은 서쪽을 향하고 군리는 동쪽을 향한다."고 하였다. 〈주례·사의司儀〉에는 "왕과 회동하는 예의를 말한다. 남쪽으로 향하여 제후를 접견한다."고 하였다. 여기에서 말하는 것은 모두 주나라 군신이 조정에서 만날 때에 예제에서 규정한 방향과 위치이다. 〈논어論語·옹야雍也〉편에 "공자가 말하길, '옹雍은 가히 남면南面할 수 있도다.'라고 했다. 염옹冉雍은 자가 중궁仲弓으로 공자의 학생이다. 주희가 남면은 임금의 자리라고 주를 달았다. 글자 그대로의 의미는 염옹이 남쪽을 향해서 앉을 수 있다는 것이고, 그 속에 담긴 의미는 염옹에게 나라를 다스리도록 안심하고 맡길 수 있다는 것이다.

'남면하여 왕 노릇 한다'는 사상은 후세 중국에 깊은 영향을 미쳤다. 하지만 경우에 따라 방향을 잡는 것은 동쪽이 최고였다. 고염무顧炎武는 〈일지록日知錄〉에서 "옛 사람들의 자리는 동향이 으뜸이었다."고 하였다. 우리는 사료에서 많은 예를 찾을 수 있다. 항우項羽가 왕릉王陵의 어머니를 동쪽 방향으로 앉게 하여 존중을 나타냈다. 〈한서漢書·왕릉전王陵傳〉에 "항우가 왕릉의 어머니를 군중에 두고 왕릉을 오게 하였다. 왕릉의 어머니를 동쪽 방향으로 앉게 하고 왕릉을 부르고자 하였다."고 하였다. 정형구井陘口 전투에서 승리를 거둔 후에 한신韓信은 광무군廣武君 이좌거李左車를 포로로 잡고 그를 동쪽방향으로 앉게 한 다음, 제자의 예를 행했다. 〈사기史記·회음후열전淮陰侯列傳〉에 "한신이 그 포박을 풀고 동쪽 방향으로 앉게 하였고, 서쪽 방향으로 마주 앉았다. 당堂 위에서는 남쪽방향을 으뜸으로 하였다."고 하였다. 〈사기史記·항우본기項羽本紀〉에 "폐하가 남쪽 방향으로 향하여 패자를 칭하면 초나라는 반드시 옷깃을 여미고 입조할 것입니다."라고 하였다. 진나라에서 한나라로 넘어가는 싯점에 동쪽 방향을 으뜸으로 한 것은 남향을 으뜸으로 한 것에 복종해야 했다. 한나라 이후 거주 형식의 변화에 따라 동향을 으뜸으로 하는 관념은 점차 사라졌다. 당말 오대에 이르러 초원의 유목민족이 다시 동쪽을 으뜸으로 하는 습속을 가져왔다. 〈신오대사新五代史〉의 기록이다. "거란이 귀신을 좋아하고 태양을 귀하게 여겼다. 매월 초하루가 되면 동쪽으로 향하여 태양에게 절하고 동쪽으로 향하는 것을 으뜸으로 하였다."

　중국 지리 공간의 다원적이고 복잡한 특성으로 말미암아 음양이 가리키는 정확한 방향은 각 지세마다 차이가 있다. 청대 학자는 〈상서〉를 해녹할 때 고대인들의 방위 개념에서 북과 서는 통하고, 남과 동이 통한다고 했는데, 일리가 있다. 화하 조상들은 일찌감치 중국 지리의 대각선 현상에 대해 인식하고 있었다. 〈회남자淮南子·천문훈天文訓〉의 기록이다. "옛날에 공공共工이 전욱顓頊과 다투어 황제가 되려고 했을 때 노하여 부주산不周山에 부딪혀 하늘기둥이 부러지고 땅의 벼리가 끊어져 하늘이 서북쪽으로 기울었으며 일월성신이 서북쪽으로 옮겨졌고, 땅이 동남쪽으로 내려앉아서 물과 빗물과 티끌이 동남으로 돌아갔다." 이 기술은 신화적 색채가 강한데, 만약 모호하게 규정하는 방법을 사용해서 음양을 서북과 동남의 대응으로 본다면 약간 해석이 되기도 한다. 요컨대, '음양을 보는' 주요한 수단이 산의 동남 비탈을 취락 지역으로 택하는 것이고, 그것을 통해 겨울에는 한파를 피할 수 있고, 여름에는 시원한 바람을 쐴 수 있는 것이다. 이런 지리 선택의 방식은 그 유래가 오래 되었고, 숭화문명의 저음과 같이라고노 빌밑 수 있다.

3. 낙수 북쪽 기슭에 도읍을 정하다

　〈중국문화의 지리 배경〉에서 치엔무錢穆 선생은 다음과 같이 말했다. "중국문화의 발생은 정밀하게 말해서 황허 자체에 의지하지 않았다. 그것이 의지한 것은 황허의 각 지류이다. 각 지류의 양쪽 기슭과 그 지류가 황허를 흘러들어갈 때 서로 만나는 그 귀퉁이가 바로 중국 고대문화의 요람이다. 두 물줄기가 만나서 형성되는 삼각 지대를 중국 고서에서는 물굽이汭라고 부르는데, 이 물굽이는 두 물줄기가 감싸고 있다는 의미로서, 중국 고서에서는 경예涇汭, 낙예洛汭 등으로 부르고 있는 바, 이 삼각 지대를 말하는 것이다."

　이런 추론은 최근에 여러 고고학적 발굴에 의해 사실로 증명되고 있다. 허난의 신정新鄭을 중심으로 하는 배리강裵李崗 문화 유적지는 중국 신석기 고고학에서 중대한 의미를 갖는다. 그 중에서 가장 중요한 두 곳의 유적지의 터를 잡은 의도는 매우 분명하다. 한 곳은 신정현 서북쪽으로 7.5km 지점에 있는 배리강으로, 면적이 2만㎡로서, 웨이수이洧水 북쪽 기슭으로 감싸고 있는 언덕 위에 위치해 있고, 높이는 25m에 이른다. 다른 한 곳은 미현密縣의 아구북강莪溝北崗으로 신미성新密城 남쪽 7.5km 지점에 있는 언덕으로 면적은 약 8,000㎡이다. 배리강에서 20km 가량 떨어져 있고, 마찬가지로 삼각주 지역에 자리잡고 있으며, 높이는 70m에 이른다. 허난 장갈석고長葛石固 취락 유적지에 현성 서남쪽으로 12.5km 지점에 자리한 석고촌은 석량하石梁河와 소관하小灌河가 만나는 지점의 서북 언덕 위에 있는데, 높이가 4m이고, 출토 유물의 연대는 배리강 문화, 앙소문화, 용산문화, 춘추전국에서 한대에까지 이른다. 허난 승지澠池 앙소촌仰韶村 취락 유적지는 현성 북쪽 7.5km 떨어진 대지 위에 있는데, 음우하飮牛河 동쪽에서 남쪽으로 감아도는 물줄기가 합쳐지고 앙소촌이 그 가운데 자리를 잡고 3면이 물이다. 황허 유역이나 양쯔강 유역도 모두 마찬가지이다. 삼협 부근의 지류가 양쯔강으로 흘러들면서 형성된 삼각 지대에서 최근에 출토된 고고 문화 유적지도 매우 풍부하다.

　초기 문헌에서 '예汭'에 관한 기록은 매우 많다. 〈일주서逸周書·도읍해都邑解〉의 기록이다. "낙수洛水에서 이수伊水에 이르기까지 평탄하고, 험준한 곳이 없었는데 이곳은 일찍 하조가 정착했던 곳이다." 청나라 사람 주우증朱右曾이 이에 대해 명확한 해석을 내놓았다. "낙수가 황허로 흘러드는 곳은 하남부河南府 공현鞏縣 북쪽이다. 이수가 낙수로 흘러드는 곳은 하남부河南府 언사현偃師縣 북쪽이다." 〈상서尙書·요전堯典〉에 이르기를, "좀 더 사리에 밝은 사람과 뛰어난 기예를 가진 사람이 또 있을까? 만약 정말 유연한 정이 물처럼 깊다면, 많은 사람 가운데 한 사람은 우순虞舜이다."라고 하였다. 상고 시기에 요 임금이 순 임금에게 선위하기 전에 딸을 시집보내는 방식으로 그 덕행에 대해 살펴본 이야기를 기술하고 있다. 구이수이妫水는 샨시山西 영제현永濟縣 서남쪽으로 샨시陝西, 샨시山西, 허난 세 성에 접해 있다. 황허는 여기에서 북으로부터 남으로 꺾어 동으로 나아가 중국 지리상의 최대 물굽이를 이룬다. 그래서 성 이름도 예성芮城이라 하였다.(芮와 汭는 통한다.)

〈상서尙書・소고召誥〉의 기록이다. "태보 소공은 주공 전에 영지를 답사하러 간다. 다음 달은 3월이고 3월 초삼 병오일丙午日이 되면 초생달이 빛을 발하고 3일 무신일戊申日이 되면 태보 소공이 아침에 낙지에 도착하여 점괘를 수도로 한 곳에 이른다. 3일이 지나 경술일庚戌日이 되어 태보는 무리를 이끌고 낙수가 황허로 유입되는 곳으로 가서 자리를 잡았다. 다섯째 날 갑인일甲寅日이 되어 일이 마무리된다." 이 기록은 지금까지 알려진 초기 문헌 가운데 건축 터를 정하는 데 있어서 가장 명확한 부분으로 서주 초년에 태보 주공이 명을 받들어 성주成周(낙읍)을 기획하는 경과를 구체적으로 기술하고 있다. 시간이 흐름에 따라 낙수가 황허로 흘러드는 지점이 계속 하류로 이동하였고, 오늘날의 지도에서 성주 유적지와 낙예洛汭와는 약 60km 떨어져 있다.

낙수가 황허로 유입되는 곳이 고대 중국인들이 활동하던 중요한 무대가 된 원인은 양면 내지 삼면이 물로 둘러싸인 편안한 땅에서 객관적으로 여러 측면의 장점, 즉, 물고기를 잡고, 물을 길고, 농사를 싯고, 방어를 하는 네 유리한 점이 있었기 때문이었다.(삽도 15-4) 〈설문說文・수부水部〉에 이르기를, "예汭는 물이 들어가는 것"이라 하였다. 마찬가지로 물이 교차되면서 형성되는 삼각 형태의 땅을 말하는 것이다. 이 밖에도 같은 강물이 굽어지면서 형성되는 활 모양의 땅을 말하기도 하는데, 이는 예의 위치에 관한 또 다른 종류의 의미이다. 자세히 분석해 보면 다음과 같은 사실을 쉽게 알 수 있다. 전자의 주요 잇점은 교통, 방어 등의 측면에 있고, 도시나 영채의 기획에 적합하며, 후자의 주요 잇점은 거주, 경작 등의 측면에 있고, 취락이나 농경지의 기획에 적합하다.

강물이 굽이쳐 흘러내리면서 형성된 물굽이는 분포된 범위가 비교적 넓어서

[삽도 15-4] 상서湘西 통다오현通道縣 황투향黃土鄕 신자이촌新寨村의 동족侗族(상)

[삽도 15-5] 윈난雲南 리강麗江의 석고진石鼓鎭(하)

중국 문명의 발전과정에서 날로 중요해지고 있다. 고대인들의 유익한 경험은 자연계에 대한 장기간의 관찰에서 시작된다. 현대인들은 현대 수리학적 실험을 통해 그 운동의 특징에 대해 보다 정확한 분석을 할 수 있다. 중력의 작용으로 강물은 언제나 높은 곳에서 낮은 곳으로 흐른다. 상류에서는 지표의 높낮이와 기복이 하류에서 구불구불 돌게 만든다. 지형이 비교적 평탄한 하류에서 강물은 강바닥 양쪽의 지질 강도의 제약을 받게 마련이다.

강물이 굽어지는 곳에서 물살은 움푹 들어간 기슭의 회전반경이 돌출된 기슭보다 크고, 그렇기 때문에 유속도 빠르고 물 아랫부분에서는 가로방향 운동이 발생한다. 움푹 들어간 기슭 아랫부분의 진흙과 모래가 점차 돌출된 기슭에 쌓이게 되는 것이다.(삽도 15-5) 한 방울의 물이 바위를 뚫는 마당에 쉬지 않고 거세게 흐르는 강물은 말할 것도 없다. 연일 계속되는 수평운동의 작용으로 움푹 들어간 기슭의 아랫부분은 없어져 버릴 위험에 처하게 되고, 그 결과는 당연히도 붕괴로 이어진다. 이와 반대로 가로운동으로 인해 돌출된 기슭에 쌓인 진흙과 모래는 원래 견고한 기초 외에도 면적이 계속 늘어나게 된다. 이 현상은 사실상 생존 공간의 위축과 확대를 반영한다. 물 가까이에서 사는 농민들 입장에서는 생존이 걸린 중대한 일이다. 〈진서晉書 · 곽박전郭璞傳〉에서 곽박이 자신의 어머니 장지를 점을 쳐서 물 가까운 곳으로 택하자 주변에서 물에 가까운 곳에 두면 물이 넘쳐 위험하다고 하자, 물이 넘치는 것이 아니라 모래가 넘치는 것이라 했는데, 결국 무덤 주변은 뽕나무 밭이 되었다는 이야기가 나온다. 이 고사는 풍수의 대가로서 곽박이 물 흐름의 법칙을 잘 알고 있었음을 말해주고 있다. 그가 어머니를 위해 선택한 장지가 바로 물살이 굽이쳐 흐르면서 형성되고 자연스럽게 넓어진 물굽이였던 것이다.

물굽이 자리는 대길한 곳으로, 거주와 농경에 적합한 곳이다. 하지만 천연적인 물굽이 자리는 아무 데서나 찾을 수 있지는 않다. 이 밖에 풍수적으로 지세가 뛰어난 요구를 만족시키기 위해서 앞에서 언급한 '음양을 보는' 법이 결합되어야 한다. 남향인지를 살펴야 하기 때문에 더더욱 쉽지 않다. 때로는 천연 공간에 필

[삽도 15-6] 푸지엔福建 더화호德化湖 춘교春橋와 물꼬

요한 인공적인 개조가 필요하기도 하다. 산지에서 사람들은 남향 계곡을 찾기도 한다. 흙으로 언덕을 만들어서 풍수사의 이른바 명당 자리를 형성하여 거주와 농사에 유리하도록 하는 것이다. 또 산기슭과 언덕 사이에 고랑을 파서 물을 밖으로 흐르게 하고 물꼬에 다리와 누각을 짓기도 한다.(삽도 15-6)

오랜 기간 답습하고 운용하면서 원래 이성적 사유가 풍부한 과학적 인식은 점차 사색의 여지가 없는 형식적 숭배로 바뀌어 갔다. 이후 중국의 풍수술은 이런 과정을 거친 정신 산물이었다고 할 수 있고, 물굽이도 상징적 의미가 큰 미학적 도형이 되었다. 고궁 타이허문太和門 앞에 있는 금수하金水河(삽도 15-7), 태묘太廟 앞의 옥대하玉帶河, 전국 각지 공묘孔廟 앞에 있는 반지泮池(삽도 15-8), 그리고 수많은 민가 앞에 있는 반달 연못 등의 형상은 모두 앞부분으로 튀어나온 활 모양 또는 반원 모양으로, 그것들은 우리에게 고대 중국인들의 오래 된 추구를 강렬하게 암시하고 있다.

[삽도 15-7] 베이징 타이허문 앞의 금수하金水河(상)

[삽도 15-8] 안시현安溪縣 문묘文廟의 반지泮池(하)

4. 동남 방향의 물흐름流巽과 그 부족함의 보충

손巽은 팔괘 가운데 하나로 후천팔괘後天八卦에서 동남쪽을 대표한다. 본문에서 '유손流巽'은 물의 흐름이 동남쪽임을 의미한다. 중국 지형의 대세는 서북이 높고, 동남이 낮은 것으로, 크게 말하자면 황허, 양쯔강 등의 큰 강이 서북쪽 높은 산에서 동남쪽의 바다로 흘러간다. 유손은 바로 중국의 물줄기 모습을 전체적으로 개괄한 것이다. 작게 말하자면 중국 대부분 지역의 도시와 농촌의 건축물 배수도 마찬가지인 것이다.

상나라 갑골문에서 '물 수水'자의 형태는 여러 시기에 걸친 변화를 거치면서 강물의 흐름에 대해 조상들이 가졌던 생각들의 흔적을 보존하고 있다. 쉬중徐中舒가 〈갑골문자전甲骨文字典〉에 수집한 제1기부터 4기까지의 '물 수水'자를 예로 들면, 글자체 곡선 형태의 변화를 분석하면 한 가지 법칙을 얻을 수 있다. 제1기의 곡선 형태는 위에서 아래로 모두 동북에서 서남쪽으로 향하고 있고, 제1기로부터 제2, 3, 4기가지의 모든 곡선 형태는 위에서 아래로 모두 서북에서 동남쪽으로 향하고 있다. 최초 출현으로부터 최종 형태 정착까지 물 수水자는 갑골문의 형태변화에서 고대인들의 자연현상에 대한 인식을 보여주고 있다. 감성적인 부분 관찰에서 이성적인 탐색과정을 거치고 있는 것이다. 〈설문해자〉에서 물 수자는 후자의 형태로서 서북에서 동남쪽으로 향하고 있다. 물 수자가 갑골문 전후4기에서 보여주는 서로 다른 형태는 동남방향 의식의 점차적인 확립을 객관적으로 반영하고 있고, 중국 지리에 대한 고대인들의 전체적인 파악이 점차 정확해지고 있음을 의미한다. 갑골문 제1기는 은상殷商 무정武丁시기(기원전 1250~기원전 1192년)에 해당한다. 중국 풍수술의 물의 흐름에 관한 기본적인 인식은 이로부터 시작되었을 가능성이 있다.

상나라 때부터 동남방향 배수의 합원合院 건축 유적지가 남아 있다. 허난河南 옌스偃師 얼리터우二里頭 상나라 궁전 유적지에서 진행된 발굴에서 고고학자들은 합원의 동쪽 회랑 아래에 매설된 배수용 관을 발견하였다. 각각 동쪽과 동남쪽을

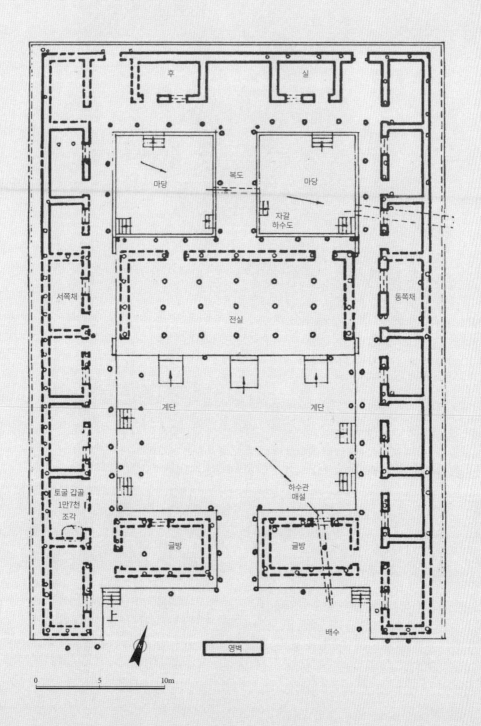

후   실

마당   복도   마당

자갈
하수도

서쪽채   전실   동쪽채

계단   계단

토굴 갑골
1만7천
조각   하수관
매설

글방   글방

上   배수

영벽

0   5   10m

[삽도 15-9] 기산岐山 펑추촌鳳雛村의 서주 시기 사합원 배수

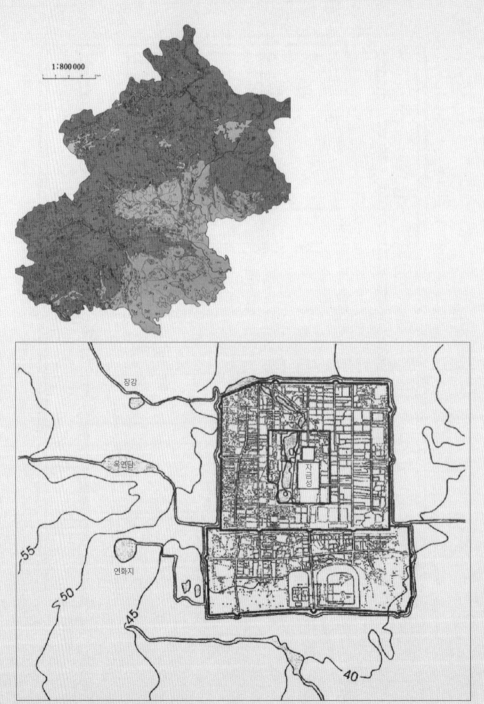

[삽도 15-10] 베이징 고원과 저지대 토양(상)

[삽도 15-11] 명청 시대 베이징 지형(하)

향하고 있었다. 샨시陝西 치샨岐山 펑추촌鳳雛村 합원 유적지에서 진행된 발굴에서 고고학자들은 후원에 돌을 쌓아 만든 배수 구덩이를 발견했다. 방향은 동쪽을 향해 있었다. 앞마당 지하에는 배수관이 있었고, 방향은 동남쪽을 향하고 있었다. 이 두 배수시설의 다른 제작법으로 볼 때, 서북이 높고 동남쪽이 낮은 땅 위에서 서주 사람들은 마당 앞뒤에 모이는 물의 양과 배수 시설에 대해 의식을 하고 있었다. 돌을 쌓아서 만든 구덩이의 배수량은 비교적 적고, 관을 통한 배수량은 비교적 많아, 그것들은 빗물이 모이는 면석이 비교적 작은 후원과 비교적 큰 앞마당으로 나뉘었다. 정밀하게 계산하여 설계한 것이지 제멋대로 만든 것이 아니라는 것을 알 수 있다.(삽도 15-9)

고대 중국의 대부분 지역에서 도시와 건축물의 배수가 동남 방향을 향한 것은 기능적으로 지형에 순응하는 기술적 처리이자 사상적으로 자연을 존중하는 관념의 구현이었다. 원명청 3대 도성 베이징의 경우 화북 평원의 서북쪽 끝, 삼면이 산으로 둘러싸여 있고, 동남쪽만 발해로 완만하게 기울고 있으며, 작은 평야는 '베이징 만'이라 불린다(삽도 15-10). 시즈먼西直門은 해발 50m, 쭤안먼左安門은 해발 40m로 경사가 1000분의 1을 조금 넘어 도시의 자연 배수에 매우 유리하다.(삽도 15-11). 원나라 초에 도읍지를 정할 때, 한인漢人 유병충劉秉忠의 공헌이 가장 컸다. 세조 쿠빌라이의 찬사에 따르면 그는 독선적인 풍수의 대가였다. 〈원사元史·유병충전劉秉忠傳〉의 기록이다. "병충은 짐을 30여 년 모셨는데, 매사 꼼꼼하고 위험한 일을 회피하지 않으며 말을 숨김없이 하고, 음양 술수는 정통하여 점을 잘 치는 것을 짐만이 알고 있고, 다른 사람은 알지 못한다. "명청 자금성의 기획설계는 건축면에서의 완벽한 실천이다. 성전은 웅장하고 배치가 치밀한 것 외에 배수 처리가 잘 되어 있다. 그 남북은 길이 961m, 동서로는 폭 753m로 자금성의 북서쪽 끝에서 동남쪽으로 금수하金水河가 굽이굽이 내려가면서 전반적인 고도는 약 2m, 기울기는 약 1000분의 2정도 된다.

동남 방향으로 물을 흐르게 하는 수법은 다른 터와 건축물과 중화 대지의 전체 면모에 정신적인 동질 관계를 형성해 준다. 또 환경공학에서의 배수와 관련된

[삽도 15-12] 싱가폴의 쌍림사

기술적 요구에 부합한다. 실제 체험에서 나온 이성적 인식은 장시간에 걸친 광범위한 운용을 거쳐 점차 포기할 수 없는 감정 요소 내지 숭배대상으로 강화되었다. 중원 한족이 남방으로 옮겨간 후 주택의 배치는 예전의 동남 방향 배수 법칙을 따랐다. 설령 새로 지은 주택지의 지형이 맞지 않더라도, 예를 들어 광둥 지역의 경우 동쪽이 높고 서쪽이 낮은데, 그렇더라도 법칙은 여전히 지키려 노력하였다. 우리는 중국 내 다민족이 공존하는 지역에서 전통건축의 필드 조사를 진행할 때 이 법칙을 이용하여 주인이 어느 민족인가를 판별하기도 한다. 심지어 적도에 가까운 지역으로 지리적인 기후조건이 중국 대륙과 차이가 큰 싱가폴로 이주하는 경우에도 중국인의 건축 배치는 여전한 경우가 많다. 싱가폴 국가 유적지인 연산蓮山 쌍림사雙林寺는 청나라 광서光緖 연간 복건에서 이주해간 사람들이 자금을 모아 건설한 것으로, 전체 배치에서 서북이 높고, 동남이 낮게 처리하였고, 대웅전과 천왕전天王殿의 지면도 마찬가지로 하였다.(삽도 15-12) 지은 사람이 동남 방향을 집착하는 것은 깊이 자리잡은 사상적 관념이 굳건하게 자리잡고 있음을 보여주는 것이다. 이 때 이 관념은 기술적 측면을 벗어나 비이성적 신앙의 범주로 들어선 것이다. 이런 현상이 합리적인 것은 아니지만 정리에는 부합한다. 따라서 우리는 그것을 단순히 미신이라고 치부해서는 안된다.

한대 문헌에서 중국 지형의 높고 낮음의 특징이 신화 고사로 견강부회되는 요소가 되기도 하는데, 그 객관적인 요소는 실제 도시계획에 커다란 영향을 미친다. 〈주례周禮・대사도소大司徒疏〉에 〈하도괄지상河圖括地象〉을 인용하여 말하길, "하늘은 서북이 부족하고, 땅은 동남이 부족하다. 서북은 하늘문이고, 동남은 땅의 문이다. 하늘문은 위가 없고, 땅의 문은 아래가 없다."고 하였다.

"하늘문天門'과 '땅의 문地戶' 개념은 오랜 기간 전해지다가 결국 구체적인 물꼬 이론으로 변화발전하였다. 청대 〈입산안도설入山眼圖說・수구水口〉에서 다음과 같이 기록되어 있다. "산에 들어가 물꼬를 찾는데… 물이 나오는 곳을 하늘문이라 한다. 만약 원류가 보이지 않으면 그것을 하늘문이 열렸다 하고, 물이 가는 곳을 일러 땅의 문이라 하는데, 물이 가는 곳이 보이지 않으면 땅의 문이 닫혔다고 한다. 물은 본래 재물을 주관하는데, 문이 열리면 재물이 나오고, 문이 닫히면 재물은 써도 고갈되지 않는다." 현재 사용되는 푸지엔과 타이완 방언에서 물 수자의 음과 의미는 준수함과 재물 등의 의미와 매우 관련이 깊다. 언어학자들은 민남 방언에 진당 시기 중원 언어의 많은 요소들이 보존되어 있다고 여긴다. 이로부터 물의 존재와 운동은 중국 전통문화에 대해 얼마나 오랫동안 심각한 영향을 일으켰는지를 쉽게 상상할 수 있다.

명청 시기의 문헌에서 산골 촌락의 물꼬 이론에 관한 서술이 많이 보인다. 그 문자가 종종 거칠기는 하지만 내용은 절대로 미신이 아니다. 남방 구릉 지역의 산골 취락을 관찰해보면 물꼬 이론이 실용적 측면에서 효과를 발휘하고 있음을 쉽게 발견할 수 있다. '하늘문'에서 원류가 보이지 않는 것은 물이 나오거나 감추어져 있는 것을 의미하고, 이것은 인간이 물을 얻게 해주기도 하고, 안전을 보장해 주기도 한다. '땅의 문'에서 물이 간 곳이 보이지 않는 것은 배수가 느리거나 통제를 받고 있음을 의미한다. 우리가 산골 마을의 낮은 곳에서 본 제방과 교량

[삽도 15-13] 광시廣西 롱성현龍勝縣의 금갱金坑 물꼬

은 교통 측면에서 쓰인 것이 아니고 토사 유실을 방지하여 비옥한 농토를 보존하기 위한 것이었다. 거주민과 외부세계의 연결은 통상적으로 물을 따라 이루어졌고, 따라서 '땅의 문'의 중요성은 '하늘문'을 넘어섰다. '땅의 문'은 산골 마을을 개조하는 중점이 되었고, 정자와 누각이 이 곳에서 많이 발견되곤 한다. 그것들은 안전을 지키는 초소로서의 역할 뿐만 아니라 사람들이 손님을 보내고 맞이하며 깊은 정을 나누는 곳이기도 했다.(삽도 15-13) 따라서 현대인들이 물꼬라고 하는 것은 일반적으로 '땅의 문'을 말하는 것이지 '하늘문'을 말하는 것이 아니다.

동남 방향의 물흐름 관념이 중국 취락에서 이용된 것은 물질적 환경 측면에서 추구된 것이고, 중국 전체의 지형과 깊은 관계가 있다. 하지만 그 중에는 별도로 해결해야 할 문제가 있다. 그것은 바로 "하늘이 서북이 부족하고 땅은 동남이 가득차지 않았다"는 말에서 암시하는 부족함이다. 균형과 조화 등은 고대 중국인들이 존중했던 원칙이었다. 따라서 그들이 보기에 하늘과 땅 사이의 불균형 상태는 맘에 드는 것이 아니었다. 이는 보충 기능을 할 수 있는 건축이나 관련 시설의

존재가 필요함을 말해주는 것이고, 그것을
통해 심리적 측면에서 완벽함을 얻도록 해주
는 것이다. 옛 사람들이 취한 구체적인 방법
은 많은 건축 유산에서 보존되어 있다. 비록
생각의 진행 궤적이 비교적 복잡하기는 하지
만 실천 측면에서 현대 학술과는 커다란 공
통점이 있다. 예를 들어 게슈탈트 심리학은
이에 대해 비교적 분명한 설명을 하고 있다.
사람의 시야에 불규칙하고 불완전하며 결함
이 있는 도형이 나타났을 때 사람의 심리에
그것에 대해 완전하게 보충해주려는 필요가
생겨난다는 것이다.

[삽도 15-14] 핑야오성平遙城의 석감당石敢當

전체적으로 약간 부족함을 보이는 중국 지형에 대해 동악 태산은 유일하게 보
충작용을 할 수 있는 실체이다. 태산은 중원 동부의 연해에 위치해 있다. 태산은
하늘을 받치는 기둥처럼 우뚝 솟아 있고, 중국 전체의 손봉巽峰이다. 해발 고도로
볼 때, 태산은 오악 가운데 최고는 아니다. 다만 그 위치가 특별하고, 모습이 장
관이어서 고대 중국인들의 불만족한 심리를 채워줄 수가 있어서 지방 숭배에서
섬차 국가의 세션으로 성능하였다. 〈싱시尙書 요건堯典〉에 "2월에 동쪽으로 시참
을 나가서 대종岱宗에 이르렀다."고 했는데, '대종'이 바로 태산이다. 이로부터 중
화제국의 국경이 넓어지면서 남, 북 2악이 모두 이동이 있었지만 동악은 여전히
태산을 가리키고 있다. 진시황이 태산에서 제사를 지낸 것은 중국 강토 통일의
중요한 표지라고 할 수 있다.

치우蚩尤가 황제黃帝를 물리친 후 제멋대로 태산에 올라 스스로 "세상에 누가
감히 나를 당할 것인가"라고 하였고, 여와는 그 포악함을 제압하기 위하여 돌을
달구고, 그 위에 '태산 석이 감당한다'는 내용을 새겨 마침내 치우는 궤멸되었다.
예로부터 지금까지 도시와 농촌의 대로를 마주한 액을 물리치는 자리에 이 글자

[삽도 15-15] 칭위안慶元 쥐쉐이촌擧水村의 문봉교文鳳橋와 탑(상)

[삽도 15-16] 영석靈石 왕가대원王家大院의 괴성각魁星閣(하)

가 새겨진 돌을 볼 수 있다.(삽도 15-14) 예쁘게 조각되기도 하고, 투박하게 새겨지기도 하지만 액막이를 하는 신비로운 힘이 있다고 여겨진다. 비교적 좁은 지역에서는 태산과 유사한 산은 보기가 드물다. 따라서 사람들은 높고 큰 건축물로 그것을 대체하거나 상징한다. 중국의 많은 곳에서 우리는 문봉탑文峰塔(삽도 15-15)이 도시의 동남쪽 모퉁이에 우뚝 솟아 있는 것과 괴성각魁星閣(삽도 15-16)이 마을의 동남쪽 구석에 높게 자리잡고 있는 것을 보게 된다. 탑과 누각은 풍수 건축으로서 구조와 조형으로 볼 때 중국의 물교 선축과 일맥상통한다. 정신과 의미 면에서 살펴보면 모두 입신출세와 밀접하게 관련되어 있다. 풍수 외에 그것들은 중국 전통문화에서 유불도 3교 합일의 중요한 표지로 볼 수도 있다.

郭黛姮,『中国古代建筑史·第三卷』, 宋、辽、金、西夏建筑北京：中国建筑工业出版社, 2003.

童寯：『江南园林志』, 南京：东南大学出版社, 1993.

刘庆柱、白云翔等,『二十世纪中国百项考古大发现』, 北京：中国社会科学出版社, 2002.

刘敦桢,『苏州古典园林』, 北京：中国建筑工业出版社, 2002.

_____,『中国古代建筑史』第二版, 北京：中国建筑工业出版社, 1984.

刘叙杰、傅熹年、郭黛姮、潘谷西、孙大章,『中国古代建筑』, 新世纪出版社, 2002.

刘叙杰,『中国古代建筑史·第一卷』, 原始社会、夏、商、周、秦、汉建筑, 北京：中国建筑工业出版社, 2003.

柳诒徵,『中国文化史』, 上海：上海三联书店, 2007.

刘致平,『中国居住建筑简史』北京：中国建筑工业出版社, 1990.

_____,『中国建筑类型及结构』北京：中国建筑工业出版社, 2000.

李光地,『周易折中』, 成都：四川出版集团巴蜀书社, 2006.

李允鉌,『华夏意匠』, 天津：天津大学出版社, 2005.

李济,『中国文明的开始』, 南京：江苏教育出版社, 李光谟、李宁编选, 2005.

潘谷西,『中国建筑史(第五版)』, 北京：中国建筑工业出版社, 2005.

_____,『中国古代建筑史·第四卷』, 元、明建筑北京：中国建筑工业出版社, 2001.

傅熹年,『傅熹年建筑史论文集』, 北京：文物出版社, 1998.

_____,『中国古代建筑史·第二卷』, 三国、两晋、南北朝、隋唐、五代建筑北京中国建筑工业出版社, 2001.

_____,『中国科学技术史·建筑卷』, 北京：科学出版社, 2008.

司马光,『资治通鉴』, 长沙：岳麓书社, 2006.

司马迁,『史记』, 北京：中华书局, 1982.

萧默,『敦煌建筑研究』, 北京：机械工业出版社, 2002.

苏秉琦, 『中国文明起源新探』, 北京 : 生活·读书·新知三联书店, 2001.

孙机, 『汉代物质文化资料图说』, 北京 : 文物出版社, 1997.

孙大章, 『中国古代建筑史·第五卷』, 清建筑北京 : 中国建筑工业出版社, 2002.

孙诒让, 『墨子闲诂』, 北京 : 中华书局, 2001.

宋豫秦等, 『中国文明起源的人地关系简论』, 北京 : 科学出版社, 2002.

杨宽, 『中国古代陵寝制度史研究』, 上海人民出版社, 2003.

杨伯峻, 『春秋左传注』, 北京 : 中华书局, 1990.

杨廷宝等, 『中国大百科全书·建筑』, 北京 : 中国大百科全书出版社, 1988.

杨衒之, 『洛阳伽蓝记』, 北京 : 中华书局, 2006.

杨鸿勋, 『建筑考古学论文集』, 北京 : 清华大学出版社, 2008.

余健, 『堪舆考源』, 北京 : 中国建筑工业出版社, 2005.

汪菊渊, 『中国古代园林史』, 北京 : 中国建筑工业出版社, 2006.

王毅, 『中国园林文化史』, 上海 : 上海人民出版社, 2004.

张良皋, 『匠学七说』, 北京 : 中国建筑工业出版社, 2002.

张荫麟, 『中国史纲』, 上海古籍出版社, 1999.

钱穆, 『国史大纲』, 北京 : 商务印书馆, 1996.

周维权, 『中国古典园林史』, 北京 : 清华大学出版社, 1999.

朱熹, 『四书集注』, 长沙 : 岳麓书社, 2004.

中国科学院自然科学史研究所, 『中国古代建筑技术史』, 北京 : 科学出版社, 2000.

中国营造学社, 『中国营造汇刊』, 1930~1944.

_____, 『童寯文集』, 北京 : 中国建筑工业出版社, 2000.

_____, 『梁思成文集』, 北京 : 中国建筑工业出版社, 1984.

_____, 『刘敦桢文集』北京 : 中国建筑工业出版社, 1984.

陈鼓应, 『老子注译及评介』, 北京 : 中华书局, 1984.

陈植, 『园冶注释』, 北京 : 中国建筑工业出版社, 1988.

邹逸麟, 『中国历史人文地理』, 北京 : 科学出版社, 2001.

何晓昕, 『风水探源』, 南京 : 东南大学出版社, 1990.

汉宝德, 『风水与环境』, 天津 : 天津古籍出版社, 2003.

B.Fletcher, *A History of Architecture* London, 2000.

Lionel Browne, *Bridge*, Universal International Pty Ltd, 1996.

가

가우스Carl Friedrich Gauss 391
가의賈誼 146
간란식干欄式 65, 68
갈루세 329
감여금궤堪輿禽匱 387
감여술堪輿術 386
갑골문자전甲骨文字典 406
강남원림지江南園林志 368
강대强臺 309
강유위康有爲 58
거기출행도車騎出行圖 285
건계대乾溪臺 148
건륭제乾隆帝 143, 161, 356
경당經幢 221, 261
경명사景明寺 322
경태제景泰帝 353
계성計成 360, 367
고공기考工記 252, 309, 389
고금주 230, 233
고문상서 155
고염무顧炎武 156, 329, 344, 398

곤명호昆明湖 363
공공共工 47, 399
공부상서工部尙書 252
곽사郭汜 131
곽수경郭守敬 391
관觀 174, 226, 240, 253
관중기關中記 204, 237
괴성각魁星閣 414, 415
교량사화橋梁史話 293
굴가령屈家嶺 69
궐闕 225, 226, 228, 229, 247, 250, 253, 257
그라보Amadeus William Grabau 338
그로세René Grousset 382
금문상서 155
급총주서汲塚周書 350
긴타이교錦帶橋Kintai-kyo Bridge 301
까발리 스포르자L. L. Cavalli Sforza 389

나

낙빈왕駱賓王 328
낙양가람기洛陽伽藍記 214

낙양명원기洛陽名園記 370
난지蘭池 376
남단대南單臺 230
남해기귀내법전南海寄歸內法傳 315

다

답동석제자答同席諸子 382
대계大溪 69
대기臺基 107, 189
대당서역기大唐西域記 57
대명궁大明宮 191, 241, 377
대사臺榭 166, 185, 187, 312
대상정待霜亭 364
대성전大聖殿 122
대장大壯 121, 123, 128, 371, 373
대척부帶脊釜 119
도광제道光帝 357
도덕경道德經 37, 135, 251
도연명陶淵明 332
독락원獨樂園 370
동관冬官 35, 252
동기창董其昌 362
동작원銅雀園 189
동궤東寫 368
동탁董卓 131
두목杜牧 138, 189, 208
두정성杜正勝 335
둥샤핑東下馮 78
따원커우大汶口문화 88

라

란시교蘭溪橋 296
랩우드Ralph Lapwood 338

량쓰청 14~16, 32, 127, 199, 248, 267
레이첼 카슨 49
로버트 템펠 60
룽먼龍門 208, 397
리우둔전劉敦楨 248
리우쉬지에劉敍杰 79
리우이정柳詒徵 132
리우즈핑劉致平 173

마

마단림馬端臨 288
마서진馬瑞辰 228
마자방馬家浜문화 119
만가시挽歌詩 332
만성萬姓 121, 136, 160
만수산萬壽山 162, 363
맹자 43, 48, 102, 134, 136, 150, 158, 161, 167, 170, 365
맹헌자孟獻子 260
멍위교濛淤橋 296
명의고名義考 257
모시전전통석毛詩傳箋通釋 228
모자牟子 319
목천자전穆天子傳 350
몽염蒙恬 350
무산인巫山人 66
묵자 52, 53, 64, 102, 133, 135~138, 150, 259, 311, 334, 335, 388
문봉탑文峰塔 415
문헌통고文獻通考 288
미만종米萬鐘 339
미앙궁未央宮 151, 188
미옥米玉 339

바

박물지博物誌 195

방이지方以智 248

방장方丈 375, 376

배리강裴李崗 46

배수裴秀 391

백거이白居易 333, 370

백운관白雲觀 122

백호통의白虎通義 258

베이신北辛문화 88

보협인경탑寶篋印經塔 221

봉래蓬萊 375, 376

부사罘思 260

불국기佛國記 57

비궁실卑宮室 123

비폄備貶 155

빌 게이츠 52, 53

사

사공司空 36, 187, 225, 227, 250, 252, 391

사기史記 45, 46, 115, 135, 148, 153, 205, 230, 284, 311, 318, 345, 346, 349, 375, 388, 392, 398

사기집해史記集解 349

사마광司馬光 152, 370

사마천司馬遷 135

사마환추司馬桓魋 139, 201

산해경山海經 332, 389

삼보황도三輔黃圖 234

삼출궐三出闕 238

삼해삼산三海三山 378

삼황오제 41, 44

상도승수욕만년길지相度勝水峪萬年吉地 356

상앙商鞅 234

샤당교下黨橋 296

샤오모蕭黙 253, 277

샤왕깡下王崗 유적지 106

석가하石家河 69

석림연어石林燕語 157

석명釋名 186, 336

선덕문宣德門 157, 241

설문해자 129, 186, 203, 283, 309, 334, 336, 406

설원說苑 146, 155, 334

성배계城背溪 69

소거巢居 166, 186

소도법疏導法 388

소동파蘇東坡 365

소릉昭陵 351

소하蕭何 131, 150, 188

소하엽小河沿 문화 92

손국광孫國光 340

송론宋論 159, 160

송평공宋平公 145, 147

수경주水經注 205, 214, 391

수륙공점水陸攻占 285

숙량흘叔梁紇 259, 260

숙향叔向 149

쉬중슈徐中舒 406

스노우Edgar Snow 338

승수연담록澠水燕談錄 290

시경 139, 145, 179, 228, 381, 393

시집전詩集傳 394

신궁부新宮賦 191

신비목량교伸臂木梁橋 289

신선고神仙考 311

신오대사新五代史 399

신정탕후新鄭唐戶 81

십홀원十笏園 338, 374

싱룽와興隆洼 문화 91, 100, 203

쌍림사雙林寺 20, 181, 410

쏭저嵩澤 문화 119

아

아방궁부阿房宮賦 138

아육왕阿育王 315

아폴로도로스Apollodorus 299

악론樂論 130

안사고顔師古 387

안영晏嬰 131, 149

안인마安人馬 339

난탑세멍雁塔題名 325

앙리 라브로스트Henri Labrouste 273

앙소仰韶 문화 41

애련설愛連設 381

양계초梁啓超 58

양슈쯔楊叔子 59

양창밍楊昌鳴 173, 176

양콴楊寬 342

양훙쉰楊鴻勛 184

에펠탑 29, 255, 268~270, 272, 274

여산驪山 331, 347

역대제왕도歷代帝王圖 191

역도원酈道元 146, 208, 391

연원燕園 338, 339

염립본閻立本 191

염철론鹽鐵論 313

엽몽득葉夢得 157

엽조葉洮 380

영녕사永寧寺 322

영락제永樂帝 353

영선령營繕令 140

영애승람瀛崖勝 176

영원影園 361, 362, 364, 371

영조법식營造法式 34, 247

영주瀛洲 375

영화궁章華宮 147

예왕원睿王園 338

옌징燕京대학 278, 338

오궐午闕 243

오문 227, 243, 244, 246, 253, 268

오봉루五鳳樓 244

옥화궁玉華宮 158

옹정제雍正帝 373

완적阮籍 130

왕국유王國維 40, 138

왕균王筠 129

왕미王彌 131

왕우칭王禹偁 368

왕충王充 155, 335

왕치형王其亨 357

왕희지王羲之 332

요광사瑤光寺 322

용산龍山문화 46

운거사雲居寺 324

원굉도袁宏道 368

원모인元謀人 66

원야園冶 360, 368, 371

원야역주園冶譯注 367

원이둬聞一多 310

원정기략遠亭紀略 368

웨이밍호未名湖 277, 338, 373

위지사尉遲寺 유적지 91

위칭교餘慶橋 292

윈강雲岡 208

유령劉伶 128

유병충劉秉忠 409

유손流巽 406

유신庾信 324

유요劉曜 131

유월兪樾 133

유작원기游勺園記 340

유종원柳宗元 36

유좌지기宥坐之器 42

유향劉向 145, 146, 334

유희劉熙 336

육유陸游 157

응소應劭 349

의덕태자묘懿德太子墓 246

이각李催 131

이격비李格非 370

이계李誡 34

이광지李光地 139

이리강二里崗 46

이리두二里頭문화 46

이사李斯 153

이십사시품二十四詩品 382

이아爾雅 186, 230, 337

이어李漁 360, 368, 382

이태백 312

이토오 추우타伊東忠太 127

이혹론理惑論 319

이홍장李鴻章 58

이화원頤和園 362

인덕전麟德殿 191, 241

인차因借 359, 360, 366, 370, 371

일성一姓 121, 136, 160

일지록日知錄 156, 398

일지삼산一池三山 374, 378

입옹비서笠翁祕書 360

장학칠설匠學七說 173

장한가長恨歌 333

장화張華 195

장화대章華臺 145

재인전梓人傳 36

전국책戰國策 146, 392

전욱顓頊 41, 45, 345, 399

정鼎 68, 89, 91, 116, 118, 119

정간루井干樓 312

정원훈鄭元勛 361, 371

정의원靜宜園 162, 268, 364

조광윤趙匡胤 159

조명성趙明誠 205

조셉 니담 39, 59, 60, 61, 62

조역도兆域圖 346

좌전左傳 99, 147, 185, 228, 259

주관周官 35, 336

주기周祈 257

주돈이周敦頤 381

주례周禮 35, 252, 309, 345, 346, 398, 411

주역 43, 66, 121, 128, 132, 139, 141, 253, 273

주왕紂王 116, 145

주초석朱礎石 216

주희朱熹 40, 43, 394

중국건축사 123, 127, 261

중옥重屋 309

증국번曾國藩 58

지리술地理術 386

진인각陳寅恪 159

자

자금성 195, 243, 373, 408, 409

자제문自祭文 333

자치통감資治通鑑 152

작원勺園 339

작원수계도勺園修禊圖 339

잠삼岑參 325

장량구張良皐 173

장자 36, 43, 101, 127, 133, 284, 310, 311, 319, 365

장추사長秋寺 322

차

차하이查海 91

책거柵居 186

책부원귀冊府元龜 139

천관天官 35

천두식穿斗式 69, 177

천정天井 179

천즈陳植 367

청동릉淸東陵 118, 354

청량사淸涼寺 181

청명상하도淸明上河圖 261, 291

청서릉淸西陵 118, 354

청의원淸漪園 143, 161, 362

체의體宜 359, 360, 366, 371, 373

최호崔顥 328

추관秋官 35

춘관春官 35

치엔무錢穆 150, 399

칭장용淸江永 341

풍겁馮劫 153

풍수술風水術 386

프로이드Sigmund Freud 389

ㅋ_ㅌ_ㅍ

카날레토Canaletto 300

타오쓰陶寺 유적지 112, 115

탄저사潭柘寺 392

태액지太液池 193, 376

토갱장土坑葬 337

토루土累 105

통감通鑑 131

통아通雅 248

통천대通天臺 312

판꾸시潘谷西 123

팽두산彭頭山 69

포거대鮑居臺 309

포반蒲坂 45

푸스넌傅斯年 105

푸시니엔傅熹年 258

푸허富河 문화 92

풍거질馮去疾 153

ㅎ

하모도河姆渡 27, 71

한유韓愈 36, 328

함원전含元殿 193, 241

함허정涵虛亭 365

합려閭閭 149, 344

허우런즈侯仁之 340

허우리後李문화 88

헌제獻帝 131, 252

혈거穴居 166

형소邢邵 191

호통사胡統寺 322

호해胡亥 138, 234

화신和珅 373

화이동서설華夷東西說 105

환관桓寬 313

황강죽루기黃江竹樓記 368

황종희黃宗羲 138

회전會典 244

횡혈식橫穴式 74

후스胡適 12, 58

후한서 157, 319

흠주지欽州志 392

홍조론興造論 367

중국전통건축
중국 전통건축의 역사와 지혜를 담다

초판 1쇄 발행 2019년 11월 8일

지은이 팡용方拥
옮긴이 탕쿤 · 신진호
펴낸이 홍종화

편집·디자인 오경희 · 조정화 · 오성현 · 신나래
　　　　　　 김윤희 · 박선주 · 조윤주 · 최지혜
관리 박정대 · 최현수

펴낸곳 민속원
창업 홍기원
출판등록 제1990-000045호
주소 서울시 마포구 토정로 25길 41(대흥동 337-25)
전화 02) 804-3320, 805-3320, 806-3320代
팩스 02) 802-3346
이메일 minsok1@chollian.net,minsokwon@naver.com
홈페이지 www.minsokwon.com

ISBN 978-89-285-1357-4
S E T 978-89-285-0359-9 94380

ⓒ 탕쿤 · 신진호, 2019
ⓒ 민속원, 2019, Printed in Seoul, Korea